FVSR
Fachverlag für Steuern und Recht GmbH

Dipl.-Kfm. Elmar Goldstein

Abschreibungs-Tabellen

Nutzungsdauer der 7.545 Anlagegüter
aus den amtlichen AfA-Tabellen

FVSR FACHVERLAG FÜR STEUERN UND RECHT GMBH

Die Deutsche Bibliothek – CIP-Einheitsaufnahme

Abschreibungs-Tabellen

Nutzungsdauer der 7.545 Anlagegüter aus den amtlichen AfA-Tabellen

ISBN 978-3-941729-23-0

69469 Weinheim, Ahornweg 41
Telefon +49 06201 4883613 Telefax +49 03212 1061207
Internet: http://www.fvsr.de, E-Mail: contact@fvsr.de

Coverfoto: © Peter Kamp / PIXELIO

Layout: WALDENDESIGN, I-57023 Cecina

Druck: BoD GmbH, Gutenbergring 53 D-22848 Norderstedt

Einführung

Mit der Abschreibung wird der Werteverzehr eines Vermögensgegenstandes erfasst und als Aufwand berücksichtigt. Vermögensgegenstände des abnutzbaren Anlagevermögens stehen dem Unternehmen in der Regel für mehr als ein Jahr zur Verfügung. Ihre Anschaffungs- oder Herstellungskosten werden deshalb durch Abschreibungen als Aufwand planmäßig über die Nutzungsdauer verteilt (Absetzung für Abnutzung = AfA).
Für die Schätzung der betriebsgewöhnlichen Nutzungsdauer sind in der Regel die amtlichen AfA-Tabellen des Bundesfinanzministeriums zugrundezulegen. In diesem Buch finden Sie die Anlagegüter aus sämtlichen Abschreibungstabellen. Bei den gelisteten 7.545 Anlagegütern handelt es sich um amtlich vorgegebene Kategorien ohne redaktionelle Eingriffe. Hierbei haben die spezifischen 100 Branchentabellen Vorrang vor der Tabelle für „Allgemein verwendbare Anlagegüter".
Eine betriebsbedingte verkürzte Nutzungsdauer, unterschiedliche Einordnung und Abgrenzung (z.B. SUVs zwischen Pkw und Lkw) sorgen für permanente Diskussionen mit dem Finanzamt. Die in der Regel kürzere Nutzungsdauer auch in fremden Branchentabellen kann Ihnen als Argumentationshilfe für schnellere Abschreibungen in Ihrem Unternehmen dienen. Wir hoffen, Ihnen mit diesen Tabellen in solchen Sonderfällen als auch im Alltag von Nutzen sein zu können.
Für Anregungen, Lob und Kritik sind Autor und Verlag gleichermaßen empfänglich.

Weinheim, im Februar 2016
Dipl.-Kfm. Elmar Goldstein

Inhalt

Voraussetzungen für die Abschreibung

Hohe Abschreibungen mindern den Gewinn und damit die Steuerlast. Dies ist grundsätzlich richtig. Halten Sie sich aber vor Augen, dass der Staat kein Geld verschenkt, sondern die Steuer nur stundet und zwar zeitlich bis zu den in der Zukunft wahrscheinlich höheren Gewinnen. Diesen Zeitvorsprung können Sie nutzen: Sie können bis dahin Ihr Geld besser nutzen, als zu Steuervorauszahlungen zu verwenden.
Doch Sie sollten nicht planlos regelrechte Abschreibungsobjekte bilden, um Steuern zu sparen. Die Investitionen sollten immer auch wirtschaftlich sinnvoll sein oder es sollte damit renditeträchtiges Vermögen gebildet werden. Ansonsten bezahlen Sie einen kurzfristigen Steuervorteil teuer.

Voraussetzung 1: Anschaffung oder Herstellung

Die AfA ist von dem Zeitpunkt an vorzunehmen, an dem das Wirtschaftsgut angeschafft oder hergestellt wurde.

Eine Anschaffung liegt vor, wenn das wirtschaftliche Eigentum also z.B. Nutzung, Lasten und Gefahr des Untergangs übergeht. Für die Frage ob wirtschaftliches Eigentum vorliegt oder nicht, ist das Bestelldatum oder das Datum der Rechnungsstellung absolut irrelevant.

Als hergestellt gilt ein Wirtschaftsgut, wenn es nach seinem Verwendungszweck genutzt werden kann.

Voraussetzung 2: Abschreibungsberechtigung

Abschreibungsberechtigt kann in der Regel nur derjenige sein, der die Kosten für die Anschaffung oder Herstellung getragen hat. Grundsätzlich ist dies der wirtschaftliche Eigentümer, der das Anlagegut nutzt. Ob sich auf einen Gegenstand noch ein Eigentumsvorbehalt erstreckt oder ob eine Sicherungsübereignung an die Bank stattgefunden hat (oft bei Anschaffung von großen Maschinen), ist bedeutungslos.
Bei geleasten Gegenständen können sich in Grenzfällen Zuordnungs-

probleme ergeben. In den meisten Verträgen ist jedoch gewollt, dass der Leasingnehmer kein Eigentümer wird und nicht die Abschreibung, sondern die Leasingraten und die anteilige Sonderzahlung als Betriebsausgabe berücksichtigen kann. Zu diesem Ziel laufen die Leasingverträge über eine Dauer zwischen 40% und 90% der betriebsgewöhnlichen Nutzungsdauer.

Wie wird abgeschrieben?

Planmäßige Abschreibung

Es gibt mehrere Arten um abzuschreiben. Entweder man wählt die Abschreibung in gleichbleibenden Jahresraten (= lineare Abschreibung) oder eine Abschreibung in fallenden Jahresraten nach einem gleichbleibenden Prozentsatz des jeweiligen Restwertes (= degressive Abschreibung) oder man schreibt nach Leistungseinheiten ab (= leistungsbezogene Abschreibung).

Grundsätzlich sollen die Abschreibungen so bemessen sein, dass die Anschaffungs- oder Herstellungskosten am Ende der betriebsgewöhnlichen Nutzungsdauer bis auf einen Erinnerungswert von 1 EUR oder alternativ bis zu einem nicht unerheblichen Schrottwert voll abgesetzt sind. Dabei ist die Gesamtnutzungsdauer bereits zu Beginn des Abschreibungszeitraums abzuschätzen. Grundsätzlich ist es ratsam, sich an die Schätzwerte des Finanzamtes zu halten - nachzulesen in den Amtlichen AfA-Tabellen. Jedoch kann es betriebsindividuelle Gründe geben, Vermögensgegenstände über einen kürzeren Zeitraum abzuschreiben. Wollen Sie dies tun, müssen Sie objektiv nachprüfbare Gründe angeben. Beispiele wären die intensivere Nutzung einer Maschine und damit höherer Verschleiß als bei sonst üblichem Einsatz, die außergewöhnlich hohe Beanspruchung eines Pkws und damit Ansatz von fünf anstatt sechs Jahren, die schnelle Veralterung technischer Anlagen, z.B. Computer und damit z.B. Ansatz von zwei statt drei Jahren u.v.m.

Außerplanmäßige Abschreibungen

Außerplanmäßige Abschreibungen können sowohl beim Anlagevermögen, als auch bei Vorräten und Forderungen aufgrund eines eingetretenen Werteverlusts nötig werden. Eine Sonderstellung nehmen immaterielle Vermögenswerte ein, wie z.B. Software, der Firmenwert oder das Disagio. Sonderabschreibungen und erhöhte Abschreibungen sind rein steuerliche Instrumente. Mit ihnen sollen Investitionen in Gebäude, in den Umweltschutz, innerhalb des Fördergebiets, für kleine und mittlere Betriebe usw. staatlich gefördert werden.

Kalkulatorische Abschreibungen

Kalkulatorische Abschreibungen, die sich ausschließlich in der Kostenrechnung auswirken, nicht jedoch für den steuerlichen Gewinn maßgeblich sind, werden an dieser Stelle nicht behandelt.

Bewegliches Anlagevemögen

Erstmalige Abschreibung

Bei Anschaffung oder Herstellung eines Anlageguts hängt die Höhe der Abschreibungen von der Höhe der Aufwendungen (= dem sogenannten Abschreibungsvolumen), der Nutzungsdauer, des Beginns der Abschreibungen und der Abschreibungsmethode ab.
Die Höhe der Aufwendungen für ein Anlagegut bestimmt sich aus den Anschaffungs- oder Herstellungskosten.

Anschaffungskosten

Zu den Anschaffungskosten gehören sowohl alle Aufwendungen zum Erwerb des Gegenstandes, als auch die, welche ihn in einen betriebsbereiten Zustand zu versetzen. Nebenkosten wie Fracht und Montagekosten gehören dazu, sowie auch nachträgliche Kosten, sofern sie dem Anlagegut einzeln zugerechnet werden können.

Sie sollten versuchen, die Anschaffungskosten möglichst gering zu halten. Denn nicht zurechenbare Aufwendungen können Sie sofort - ohne über den Umweg der Abschreibung - direkt als Aufwand geltend machen und damit im gleichen Jahr Ihren Gewinn mindern.
Vergessen sollten Sie nicht, nachträgliche Rabatte, Skonti und Zuschüsse von den Anschaffungskosten abzuziehen. Damit wird das Abschreibungsvolumen zwar verringert. Dennoch ist es vorteilhafter, die Minderung über die Nutzungsdauer verteilt zu besteuern, als zu 100% im Jahr der Anschaffung.

Herstellungskosten

Bei den Herstellungskosten haben Sie die Wahl, anteilige Kosten der allgemeinen Verwaltung, spezielle Lager- und Finanzierungskosten und Gewerbesteuer einzubeziehen oder nicht. Auch hier empfiehlt es sich, möglichst wenig dem neu geschaffenen Anlagegut zuzurechnen und soviel wie möglich gleich auf den entsprechenden Aufwandskonten zu verbuchen.

Schätzung der Nutzungsdauer

Bei der Einschätzung der Nutzungsdauer, aufgrund derer sich der Abschreibungszeitraum ergibt, wird auf die wirtschaftliche - nicht die technische - Nutzung abgestellt. Häufig sind in der Praxis deshalb bereits abgeschriebene Objekte immer noch voll verwendungsfähig. Versuchen Sie zu begründen, dass der Gegenstand wirtschaftlich so schnell wie möglich als verbraucht gilt, denn:

Je kürzer die Nutzungsdauer, desto höher die Abschreibungen.

Maßgeblich für die Schätzung der betriebsgewöhnlichen Nutzungsdauer sind die amtlichen AfA-Tabellen des Bundesfinanzministeriums. Hierbei haben die 100 spezifischen Branchentabellen Vorrang zu der Tabelle für „Allgemein verwendbare Anlagegüter".
http://www.richtigkontieren.de/afatabres.htm

Bei gebrauchten Gegenständen kann von einer durch den Vorgänger verminderten Restnutzungsdauer lt. AfA-Tabelle ausgegangen werden.

Praxis-Beispiel

Sie legen Ihren 3 Jahre alten Privat-Pkw in das Betriebsvermögen ein. Die Betriebsgewöhnliche Nutzungsdauer beträgt sechs Jahre. Es ist üblicherweise vor dem Finanzamt darstellbar, diesen Wagen innerhalb von vier weiteren Jahre abzuschreiben (Also für das Jahr der Einlegung ein zusätzliches Jahr Nutzungsdauer ansetzen).
Wenn die von Ihnen zusammen mit dem Jahresabschluss eingereichte Inventareinzelaufstellung nicht beanstandet wird, gilt die dem Finanzamt bekannt gemachte Nutzungsdauer als anerkannt und kann - ohne dass sich das Finanzamt einer Nachprüfung vorbehält - nicht im Nachhinein geändert werden.
Wollen Sie schneller abschreiben, so sollten Sie dies auf jeden Fall belegen können, warum eine kürzere Nutzungsdauer zugrunde gelegt wird (FG Niedersachsen, Urteil v. 9.7.2014, Az. 9 K 98/14).z. B. durch eine vertragliche Begrenzung der Nutzungsdauer (z. B. Mietvertrag bei Einbauten) oder den Nachweis einer durchgehend häufigeren Ersatzbeschaffung von Anlagegegenständen. Folgende Gründe können einen kürzeren Zeitraum für die Abschreibung rechtfertigen:

- Bei der Einschätzung sollten Sie prüfen, ob besondere technische Eigenschaften oder Mängel den Ansatz einer kürzeren Nutzungsdauer als typischerweise rechtfertigen können. Ist die Anlage besonderen Umwelteinflüssen ausgesetzt wie Nässe, Hitze, Licht, Abgasen, Chemikalien etc.? Auch absehbare technische oder wirtschaftliche Überalterung (Computer 3 Jahre, Telefonanlage 5 Jahre) und schließlich auch eine gute Ertragslage des Unternehmens können ein Grund sein, ältere Anlagen früher als branchenüblich zu ersetzen und die Nutzungsdauer kürzer als üblich anzusetzen.

- Bei einer geplanten stärkeren Inanspruchnahme einer Anlage kann die AfA bei Zweischichtbetrieb um 25 % bzw. 33 1/3 % bei Dreischichtbetrieb erhöht werden. Bei einem Firmenwagen mit ungewöhnlich hoher Kilometerleistung, z.B. von Außendienstmitarbeitern, bei Taxis, Versicherungsvertretern u.a. können Sie von vier statt fünf Jahren betriebsgewöhnlicher Nutzungsdauer ausgehen.
- Besteht bei Anschaffung von neuen Wirtschaftsgütern ein Nutzungszusammenhang mit älteren Anlagegütern? Wenn dadurch kein neues Wirtschaftsgut entsteht, werden die nachträglichen Anschaffungskosten zum letzten Buchwert hinzugerechnet. Der neue Wert ist nun auf die eventuell neu abzuschätzende Restnutzungsdauer abzuschreiben.

Ist ein Wirtschaftsgut im Betrieb zwar nicht mehr entsprechend der ursprünglichen Zweckbestimmung rentabel nutzbar, lassen sich aber durch Veräußerung erhebliche Erlöse erzielen, ist es auch für den Unternehmer wirtschaftlich noch nicht verbraucht. Daher können Mietwagen, die regelmäßig nach zwei- bis dreijähriger Nutzung zu einem die Hälfte der Anschaffungskosten übersteigenden Preis veräußert werden, nicht in drei Jahren abgeschrieben werden. (BFH-Urteil vom 19.11.1997 (X R 78/94) BStBl. 1998 II S. 59)

Für das Niedersächsisches Finanzgericht (Az. 9 K 98/14 - Urteil vom 09.07.2014) liegt die Bedeutung der amtlichen AfA-Tabellen für Bestimmung des AfA-Satzes in einer gleichheitsgerechten Anwendung von § 7 Abs. 4 Satz 2 EStG.
Danach haben die AfA-Tabellen des BMF für das Finanzamt den Charakter einer Dienstanweisung. Solange die AfA-Tabelle die Nutzungsdauer eines Wirtschaftsgutes im Einzelfall vertretbar abbildet, ist die Finanzverwaltung

an die Erfahrungswerte der Tabelle im Rahmen einer tatsächlichen Verständigung gebunden.
Für den Steuerpflichtigen dagegen handelt es sich lediglich um das Angebot der Verwaltung für eine tatsächliche Verständigung im Rahmen einer Schätzung, das er (z.B. durch die Anwendung der Tabellen bei der Berechnung seiner Einkünfte) annehmen kann, aber nicht muss.

Praxis-Beispiel

Sie haben einen drei Jahre alten PC (Buchwert 1000 EUR), der auf fünf Jahre linear abgeschrieben wird. Dieser soll gegen Ende des Jahres 03 um eine Festplatte und weiterer Arbeitsspeicher zum Preis von 500 EUR erweitert werden. Dadurch soll der geplante Ersatz des Rechners im nächsten Jahr um ein Jahr erschoben werden. Daher wird an der ursprünglichen Nutzungsdauer festgehalten.

Bei Anschaffung und Einbau der Festplatte:

Betriebsausstattung	500 EUR
an Bank	500 EUR

Zum Jahresabschluss verteilen Sie den neuen Buchwert von 1500 EUR auf zwei Jahre (=restliche Nutzungsdauer):

AfA auf Sachanlagen	750 EUR
an Betriebsausstattung	750 EUR

Beachten Sie, dass aus Vereinfachungsgründen die nachträglichen Kosten in den Folgejahren so berücksichtigt werden, als seien sie bereits zu Beginn des Jahres entstanden.

Beginn der Abschreibungen

Jeweils gegen Ende eines Jahres setzt in Deutschland eine hektische Betriebsamkeit ein, um »noch Abschreibungen zu bekommen«. Um Steuern zu sparen, werden Investitionen vermeintlich vorgezogen, die sich aber im nachhinein als unnötig herausstellen.
Der Bestellboom wird aus steuerlichen Gründen angeheizt: Die Abschreibungen bemessen sich in der Regel an der Anzahl der Monate der betrieblichen Nutzung. Wird z.B. ein Firmenwagen im Monat April verkauft, so beträgt die auf ihn entfallene AfA 4/12 der jährlichen Abschreibungen. Es wird hierbei auf volle Monate aufgerundet.

Bei der Herstellung kommt es auf den Zeitpunkt der Betriebsbereitschaft an, ohne dass das Wirtschaftsgut auch tatsächlich ab diesem Zeitpunkt genutzt werden muss.

Wählen Sie die optimale Abschreibungsmethode

Mit der Wahl der günstigsten Abschreibungsart haben Sie schließlich in der Hand, noch mehr an Abschreibung herauszuholen. Wie bereits erwähnt, kommen bei abnutzbaren, beweglichen Anlagegütern die lineare, degressive und die Abschreibung nach Leistungssätzen in Frage.
Bei der linearen AfA verteilen Sie die Anschaffungs-/Herstellungskosten über die Nutzungsdauer in jährlich gleich hohen Abschreibungsbeträgen.
Bei der degressiven (= fallenden) AfA sinken die Abschreibungsbeträge mit jedem Jahr der Nutzung. Von den Anschaffung-/Herstellungskosten bzw. dem jeweiligen Buchwert in den Folgejahren werden 25 % (maximal das zweieinhalbfache des linearen AfA-Satzes) als Aufwand abgesetzt. Für Wirtschaftsgüter, die nach dem 31.12.2010 angeschafft werden, können keine degressive AfA mehr in Anspruch genommen werden.
Ob die Leistungs-AfA in Frage kommt, hängt davon ab, ob Sie stark schwankende Leistung oder Laufzeiten durch Zählwerke o.Ä. nachweisen können und ob die Abschreibung schließlich höher liegen kann, als bei den anderen Methoden.

Praxis-Beispiel

Bis zu einer Generalüberholung leistet ein Sattelzug einer Spedition erfahrungsgemäß ca. 200 000 km / to. Im ersten Jahr beträgt die Leistung 100 000 km / to, im zweiten Jahr 70 000 km / to, im dritten Jahr 50 000 km/to. Die Leistungs-AfA beträgt im ersten Jahr die Hälfte des Anschaffungspreises. Im zweiten Jahr werden 7/20 und im dritten Jahr verbleibende 3/20 der Aufwendungen abgesetzt. Hier hat es sich also gelohnt, die Leistungs-AfA anzuwenden.

Abschreibung Geringwertiger Wirtschaftsgüter (GWG)
Kleingegenstände, also Gegenstände zu Anschaffungskosten unter 100 EUR netto, gehören nicht auf ein Anlagekonto, sondern werden sofort als Aufwand, z.B. unter »Werkzeuge und Kleingeräte«, gebucht.
Geringwertige Anlagegüter bis zum Anschaffungspreis von 410 EUR netto werden während des Jahres auf dem Konto »GWG« erfasst und zum Jahresabschluss als Aufwand ausgebucht.

Praxis-Beispiel

Eine Stehlampe wurde zu 350, eine Sitzgruppe zu 1.099 (lt. Rechnung: 4 Stühle zu je 175, 1 Tisch zum Sonderpreis von 399) angeschafft und jeweils per Banküberweisung bezahlt. Buchung:

GWG	350 EUR
an Bank	350 EUR

GWG	1.099 EUR
an Bank	1.099 EUR

Zum Jahresabschluss wird gebucht:

Sofortabschreibung GWG	1.449 EUR
an GWG	1.449 EUR

Bitte beachten Sie für sämtliche Geringwertigen Wirtschaftsgüter, die Sie sofort abschreiben wollen:
1. Die Wirtschaftsgüter müssen selbständig nutzungsfähig sein.
Z.B. ist ein Drucker nicht alleine nutzungsfähig, Sie können ihn nur an einem PC betreiben. Lösung: Schreiben Sie den Drucker zusammen mit Ihrem ältesten anschließbaren Computer ab, also auch sofort im Jahr der Anschaffung, wenn der PC drei Jahre oder älter ist.
2. Das GWG darf in keinem Nutzungszusammenhang mit anderen, technisch aufeinander abgestimmten Anlagegütern stehen.

- Flachpaletten, die Erstausstattung eines Betriebes wie Möbel, Wäsche, Geschirr eines Hotels oder Restaurants, wie Werkzeug-Grundausstattung einer Werkstatt, Einrichtungsgegenstände eines Ladens, die Bibliothek eines Rechtsanwalts etc. stehen zwar im Nutzungszusammenhang, aber sind nicht technisch aufeinander abgestimmt und somit sofort abzugsfähige GWGs.
- Etwas anderes gilt z.B. für Stahlregalteile, die Sie neu kombinieren könnten. Ausschlaggebend ist der Wert des zusammenhängenden Regals am Jahresende. Lichtleisten (Halterungen und Neonleuchten) sind durch die Montage Teile des Gebäudes und nicht mehr selbständig bewertungsfähig. Autoradios werden Bestandteil des Kfzs und werden mit ihm abgeschrieben.

Ein GWG können Sie im Jahr der Anschaffung entweder sofort abschreiben oder aber die Aufwendungen über die Nutzungsdauer verteilen. Eine Nachholung der Sofortabschreibung des Restwertes in den Folgejahren ist ebenso wenig möglich wie die nachträgliche Aktivierung abgeschriebener Werte.

Seit 2008 gibt es eine zusätzliche Definition für Geringwertige Wirtschaftsgüter:

1. GWG mit Anschaffungskosten bis 150 € sind zwingend in voller Höhe als Betriebsausgaben abzusetzen.

2. GWG zwischen 150 € und 1.000 € sind in einen Sammelposten einzustellen, der über fünf Jahre mit jeweils einem Fünftel gewinnmindernd aufzulösen ist.

Beachten Sie
Selbst wenn ein geringwertiges Wirtschaftsgut aus dem Betriebsvermögen heraus verkauft wird, so vermindert sich der Sammelposten trotzdem nicht.

Ab 2010 können Sie demnach wählen, wie Sie einheitlich sämtliche GWG innerhalb eines Kalenderjahres behandeln wollen:

1. Entweder bis 410 € sofort, darüber hinaus über die Nutzungsdauer abschreiben,

2. oder zwischen 150 und 1000 € Anschaffungskosten in einem Sammelpool auf 5 Jahre verteilen.
Bei Gegenständen, die in das Unternehmen eingelegt werden, tritt an die Stelle der Anschaffungskosten der sog. Teilwert. Bei weniger als drei Jahre alten Gegenständen ist dies der Wert, der sich aus den damaligen Anschaffungskosten abzüglich regulärer, linearer Abschreibungen ergibt. Wurde das Anlagegut mehr als drei Jahre vor der Einlage angeschafft, so wird ein Marktwert realistisch geschätzt. Je höher Sie schätzen, um so mehr Abschreibungsvolumen steht Ihnen zur Verfügung. Kommen Sie auf Werte unter 410 EUR, so können selbst Pkws als GWG sofort abgeschrieben werden.

Auch bei immateriellen Wirtschaftsgüter kann im Jahr der Anschaffung eine Sofortabschreibung in Frage kommen. So gilt Software unter 410 EUR als „Trivialprogramm“ und kann wie ein GWG behandelt werden.

Bei „Office-Bundles“ und ähnlichen Paketen von mehreren, selbständig nutzungsfähiger und auch gesondert vertriebener Programme lohnt sich das Aufschnüren des Pakets jeweils unter die 410 EUR-Grenze.

Bewegliches Anlagevermögen - Altbestand

Nachdem Sie Neuzugänge bewertet und abgeschrieben haben, prüfen Sie das Altinventar:

Sind sämtliche Gegenstände noch vorhanden?

Man sollte es nicht glauben, aber in manchen Inventarverzeichnissen schlummern nicht mehr vorhandene Gegenstände mit ihrem Erinnerungswert. Buchen Sie diese aus, wenn die Gegenstände tatsächlich nicht mehr im Betriebsvermögen sind.

Eine größere Bedeutung haben verschrottete Maschinen oder in Zahlung gegebene Pkws, die weiter abgeschrieben werden. Hier liegt der Buchwertabgang zum Teil beträchtlich höher als die reguläre Jahres-AfA. Auch könnte der Verkaufserlös von Anlagegüter zwar erfasst sein, der Buchwertabgang jedoch nicht. Überprüfen Sie die Daten und veranlassen Sie entsprechende Korrekturen.

Wurden in der Vergangenheit Abschreibungen vergessen?

Auch hier kann sich eine Überprüfung lohnen. Vorausgesetzt, dass keine Willkür dahinter steckt oder die Absicht, in späteren Jahren Steuern zu sparen, können Sie die unterlassenen Abschreibungen nachholen. Die vergessene Abschreibung wird auf die restliche Nutzungsdauer verteilt.

Praxis-Beispiel

Am 31.1. Jahr 1 haben Sie einen Pkw zum Preis von 72 000 EUR angeschafft. Die betriebsgewöhnliche Nutzungsdauer beträgt laut AfA-Tabelle 6 Jahre. Irrtümlich wurde mit der linearen

Abschreibung erst im Jahr 2 begonnen. Sie entdecken den Fehler zum Jahresabschluss 31.12.03.

Buchwert laut Bilanz zum 31.12.2	=	60.000 EUR
verbleibende Nutzungsdauer 4 Jahre,		
Jahres-AfA 3 somit 60.000 EUR / 4 Jahre	=	15.000 EUR
Abschreibung in 3	=	15.000 EUR
Bilanzwert 31.12. 3	=	45.000 EUR
Abschreibung in 4	=	15.000 EUR
Bilanzwert 31.12. 4	=	30.000 EUR
Abschreibung in 5	=	15.000 EUR
Bilanzwert 31.12. 5	=	15.000 EUR
Abschreibung in 6	=	15.000 EUR
Bilanzwert 31.12. 6	=	0 EUR

Jeweils zum Jahresabschluss 31.12.3, 31.12.4, 31.12.5 und 31.12.6 wird gebucht:

AfA auf Sachanlagen	15.000 EUR
an Fahrzeuge	15.000 EUR

Können Sie den Nutzungszeitraum kürzen?

Stellen Sie bei einem Anlagegut fest, dass seine tatsächliche Nutzungsdauer viel zu hoch angesetzt war, können Sie eine Änderung des Abschreibungsplanes vornehmen. Gründe für eine verringerte Nutzungsdauer und damit der vorzeitige Ersatz einer Anlage können sich ergeben aufgrund:

- des erhöhten Verschleißes einzelner Bestandteile,
- Fehleinschätzung von Umwelteinflüssen wie Nässe, Hitze, Licht, Abgase, Chemikalien etc.,
- unerwartet vieler Reparaturen,

- absehbarer technischer Überalterung (v.a. bei Computer, Telefon),
- erhöhten Verbrauchs an Roh-, Hilfs- und Betriebsstoffen (z.B. Kühlmittel bei Fräsmaschinen)
- des unerwarteten Qualitätsverlustes und mangelnder Zuverlässigkeit der gefertigten Arbeiten
- stärkerer Inanspruchnahme als ursprünglich geplant. Aber: Eine um 25 % erhöhte lineare AfA bei Zweischichtbetrieb bzw. 50 % bei Dreischichtbetrieb reicht nicht aus als Begründung.
- der Beeinträchtigung durch außergewöhnliche Ereignisse z.B. teilweise Zerstörung durch Brand, Überschwemmung oder Explosion.

Alternativ können Sie die verkürzte Nutzungsdauer folgendermaßen berücksichtigen, indem Sie den Restbuchwert auf die Restnutzungsdauer (linear) verteilen oder die bislang zu wenig vorgenommenen Abschreibungen nachholen (außerplanmäßige Abschreibung). Der danach verbleibende Restbuchwert wird auf die neu ermittelte Restlaufzeit verteilt.

Praxis-Beispiel

Die Anschaffungskosten einer Maschine betragen 60.000 EUR, die geplante Nutzung 10 Jahre. In den ersten 5 Jahren wurde die Maschine in der Summe linear mit 30.000 EUR abgeschrieben (= 6.000 pro Jahr). Im 6. Jahr stellt sich heraus, dass die Maschine nur noch drei Jahre genutzt werden kann (also insgesamt nur 8 statt 10 Jahre). Der Restbuchwert beträgt zu diesem Zeitpunkt 30.000 EUR.

Verteilung des Restbuchwerts auf Restnutzungsdauer
Für die Jahre 6, 7 und 8 werden deshalb jeweils 30 000 EUR / 3 = 10 000 EUR angesetzt

Nachholung der Abschreibung
Wäre man von Anfang an von 8 Nutzungsjahren ausgegangen,

wären jährlich 7 500 EUR Abschreibung zu buchen gewesen. Diese holen Sie nun über die außerplanmäßige Abschreibung nach:

Restbuchwert zu Anfang des 6.Jahres	30.000 EUR
Außerplanmäßige Abschreibung für 5 Jahre:	
(7.500 - 6.000) x 5	7.500 EUR
Restbuchwert nach Änderung der Nutzungsdauer	22.500 EUR
AfA für die Jahre 6, 7 u. 8 je 22.500 / 3	7.500 EUR

Wie Sie bemerken, betragen die Abschreibungen im 6. Jahr nach der ersten Methode 10.000 EUR, nach der zweiten Methode 15.000 EUR (7 500 regulär + 7 500 außerplanmäßig).

Bei einem möglichst hohen Abschreibungsbedarf sollten Sie also die außerplanmäßigen Abschreibungen in der Gewinn- und Verlustrechnung ansetzen. Beachten Sie aber, dass Sie dadurch möglicherweise die Aufmerksamkeit des Finanzamtes auf sich lenken und dem Beamten eine Begründung schulden, während durch stillschweigende Änderung der planmäßigen AfA in der Regel unbemerkt bleibt.

Liegt eine Wertminderung durch außergewöhnliche Abnutzung vor?

Ähnlich liegt der Fall, wenn Ihre Anlage einen Wertverlust durch Abnutzung erleidet, ohne dass eine Ersatzbeschaffung geplant ist. Auch hier besteht die Möglichkeit, eine außerordentliche Abschreibung vorzunehmen und den Restbuchwert auf die verbleibende Nutzungsdauer zu verteilen. Die Gründe für die Wertminderung sind die gleichen wie bei der Verkürzung der Nutzungsdauer. Es steht aber weniger eine wirtschaftliche, als eine technische Abnutzung im Vordergrund.

Praxis-Beispiel

1. Durch ein neues Produktionsverfahren kann eine technisch noch voll funktionsfähige Maschine nicht mehr lange eingesetzt werden. Die Nutzungsdauer verkürzt sich auf nur noch ein weiteres Jahr, da dann eine neue Anlage angeschafft werden muss.
2. Durch einen schweren Unfall verliert ein Firmenwagen trotz anschließender Reparatur erheblich an Wert. Der Pkw wird weiterhin wie geplant genutzt, die Wertminderung jedoch als außerplanmäßige Abschreibung erfasst.

Gibt es eine Wertminderung aus sonstigen Gründen?
Eine weitere Wertminderung, die nicht auf technischer oder wirtschaftlicher Abnutzung beruht, kann auch darin bestehen, dass ein fiktiver Erwerber im Zuge einer Betriebsveräußerung für einen Gegenstand nur einen niedrigeren Preis als den Buchwert zu zahlen bereit ist. Auf diesen fiktiven Wertansatz, den sogenannten Teilwert, dürfen Sie abschreiben. Auch diese außerplanmäßige Abschreibung müssen Sie gegenüber dem Finanzamt erklären und nachweisen. Sind nämlich die Gründe für eine solche Teilwertabschreibung entfallen, müssen Sie steuerlich zwingend wieder zuschreiben. Einen Versuch wert sind Teilwertwertabschreibungen aus folgenden Gründen:

Die Wiederbeschaffungskosten für das Wirtschaftsgut sind erheblich unter den Buchwert gesunken.
Die Rentabilität des gesamten Unternehmens ist nachhaltig gesunken. Der fiktive Erwerber würde deshalb für die betreffende Maschine nicht den Buchwert zahlen (BFH, Urteil v. 13.04.1983, BStBl 1983 II, S.667).
Die Anschaffung des betreffenden Gegenstandes war von Anfang an eine Fehlentscheidung. Auch für den Erwerber würde es keinen Sinn machen, zum Buchwert zu übernehmen (BFH, Urteil

v. 17.09.1987, BStBl 1988 II, S.488).
Paradoxerweise sind Sie bei einer dauerhaften Wertminderung sogar verpflichtet, eine Teilwertabschreibung im Jahr des Eintritts der Minderung vorzunehmen.

Wenn Sie dem Irrtum unterliegen und die Abschreibung steuerlich für unzulässig halten, sollten Sie die Teilwertabschreibung zum nächstmöglichen Bilanzstichtag, an dem eine Berichtigung vorgenommen werden kann, nachholen. Im Zweifelsfall irren Sie demnach besser zu Ihren Gunsten, also durch den Ansatz einer - wie es sich im Nachhinein erweisen mag - nicht zulässigen Teilwertabschreibung.

Trifft Sie die Zuschreibungspflicht?
Nach Handels- und Steuerrecht besteht ein Wertaufholungsgebot für den Fall, dass die Voraussetzungen für eine Teilwertabschreibung wegen voraussichtlich dauernder Wertminderung am betreffenden Bilanzstichtag nicht (mehr) vorliegen. In früheren Jahren vorgenommene Teilwertabschreibungen/außergewöhnliche Abschreibungen sind somit in der ersten Bilanz nach Wegfall der Gründe wieder durch Zuschreibung rückgängig zu machen.

Praxis-Beispiel

Die Y-GmbH kaufte Anfang des Jahres 1 für 200 000 EUR eine Maschine und schrieb diese folgendermaßen ab:

Anschaffungskosten Jahr 1	200 000 EUR	
./. AfA Jahr 1: 20 % von 200 000 EUR	40 000 EUR	

./. AfA Jahr 2: 20 % von 200 000 EUR	40 000 EUR	
Buchwert 31.12. Jahr 2 laut ursprünglichem Abschreibungsplan		120 000 EUR
./. Teilwertabschreibung Jahr 2	90 000 EUR	
Buchwert 31.12. Jahr 2	30 000 EUR	
a) ./. AfA Jahr 3: 30 000 EUR : 3	10 000 EUR	
Buchwert 31.12. Jahr 3	20 000 EUR	
b) ./. reguläre AfA Jahr 3: 20 % von 200 000 EUR		./. 40 000 EUR
Buchwert 31.12. Jahr 3		80 000 EUR

Ist der Teilwert aufgrund einer dauernden Wertminderung höher als der Wert laut ursprünglichem Abschreibungsplan, so ist ab dem 31.12. Jahr 1 wieder auf diesen alten Wert zuzuschreiben.

Im Jahr 3 entfällt der Grund für die im Jahr 2 vorgenommene Teilwertabschreibung. Sie müssen also steuerlich zuschreiben. In der Handelsbilanz kann der niedrigere Wert aus dem Vorjahr beibehalten werden.

Die Zuschreibung von 20 000 EUR (Buchwert a) auf den regulären Buchwert von 80 000 EUR (Buchwert b) bewirkt eine Gewinnerhöhung von 60 000 EUR.

Buchung

Maschine	60 000 EUR
an Zuschreibungen	60 000 EUR

Der Streit in späteren Betriebsprüfungen um Teilwertansätze ist schon vorprogrammiert.

Sie sind gezwungen, für jedes Objekt, für das Sie eine Teilwertabschreibung in Anspruch nehmen, eine Art Schattenanlagenbuchhaltung zu führen, um die fortgeschriebenen Werte nach Teilwertabschreibung vergleichen zu können mit den Werten, die sich ohne Teilwertabschreibung ergeben hätten.

Gebäude und Grundstücke

Wie beim beweglichen Anlagegut möchten Sie über die Höhe der Aufwendungen das Abschreibungsvolumen festlegen, den Beginn der Abschreibungen feststellen und durch die richtige Wahl der Abschreibungsmethode eine möglichst hohe Gebäude-AfA abzusetzen.

Anschaffungskosten sind aufzuteilen

Die Anschaffungskosten eines Grundstücks sind auf das aufstehende Gebäude einerseits und den Grund und Boden andererseits aufzuteilen, wobei nur der Anteil am Gebäude Abschreibungsvolumen bildet.

Deshalb muss gegebenenfalls aus einem Gesamtkaufpreis und den Nebenkosten (Notargebühren, Maklerprovision, Grunderwerbsteuer usw.) der auf den Grund und Boden entfallende Teil herausgerechnet werden. Straßenanliegerbeiträge, Erschließungskosten, Kosten der Versorgungsanschlüsse und Erstanschlüsse für Abwasserkanal, Ansiedlungsbeiträge, Zuschüsse für den Ausbau einer Ortsstraße oder Schaffung einer Fußgängerzone u.Ä. betreffen nur den Grund und Boden und bleiben für die Abschreibung außen vor.

Einen günstigen Quadratmeterpreis für den erworbenen Grund und Boden sollten Sie auch im Kaufvertrag für das Finanzamt nachlesbar festhalten. Liegen die Bodenpreise ortsüblich niedriger als mit dem Verkäufer verhandelbar, sollten Sie den Grund und Boden nicht innerhalb des Kaufvertrages aufzuschlüsseln, sondern außerhalb in einer separaten Berechnung.

Wenn Sie Ihren Grund und Boden nicht uneingeschränkt nutzen können, kann der ortsübliche Preis nochmals um eventuelle Abschläge gekürzt werden, etwa wegen Hanglage, Beeinträchtigung durch Lärm und anderer ungewöhnlicher Immissionen.
Bei den Anschaffungs- oder Herstellungskosten des Gebäudes sollten Sie darauf achten, dass Sie nur die tatsächlich aktivierungspflichtigen Aufwendungen zurechnen und andere anfallende Kosten als Aufwand buchen. So gehören nicht zu den Herstellungskosten eines Betriebsgebäudes:

- Finanzierungskosten
- der Wert der eigenen Arbeitsleistung
- die Bauwesenversicherung für die Zeit der Baumaßnahme
- Anschlusskosten an eine bestehende Kanalisation sowie Ergänzungsbeiträge für Kanalmodernisierung
- Außenanlagen
- Aufwendungen für Außenanlagen wie Hofbefestigungen, Grünanlagen, Umzäunungen, Zufahrten u.Ä. werden gesondert aktiviert und in der Regel schneller abgeschrieben.
- Betriebsvorrichtungen
- Auch solche Betriebsvorrichtungen, die auch dann als

bewegliche selbständige Wirtschaftsgüter behandelt werden, wenn sie wesentliche Bestandteile des Grundstücks sind, werden sofort abgesetzt. Voraussetzung dazu ist, dass mit ihnen das Gewerbe unmittelbar betrieben wird. Beispiele: Kühleinrichtungen, Schutzvorrichtungen, Verkaufsautomaten, Förderbänder, Abladevorrichtungen, Backöfen, Kesselanlagen, Silos.

- Mietereinbauten
- Einbauten, die ein Mieter auf seine Rechnung durchführen lässt, können von ihm spätestens auf die vertragliche Mietzeit verteilt abgeschrieben werden.
- Vergebliche Planungskosten
- Vergebliche Planungskosten für ein geplantes Gebäude, das so nie gebaut wird, sondern später durch ein völlig anderes Gebäude ersetzt wird, können voll abgesetzt werden.
- Instandhaltungs- und Reparaturkosten
- Instandhaltungs- und Reparaturkosten nach der Anschaffung werden auf Aufwandskonten erfasst und im gleichen Jahr abgesetzt.

Die Entscheidung, wann in Zusammenhang mit Gebäuden Erhaltungsaufwand und in welchen Fällen Herstellungsaufwand vorliegt, war mitunter hart umstritten. Aufwendungen für eine Baumaßnahme an Gebäuden sind auf Antrag als Erhaltungsaufwand zu behandeln, wenn sie nicht den Standard des Gebäudes nicht gehoben haben. Eine zeitliche Nähe zur Anschaffung - drei Jahre - und mehr als 15% des Gebäudekaufpreises für die Renovierung sind steuerliche Kriterien mehr für anschaffungsnahe Herstellungskosten.

Die lineare AfA beträgt bei Gebäuden,

- die vor 1925 gebaut wurden: 2,5 %,
- die ab dem 01.01.1925 erbaut wurden: 2,0 %.

Beträgt die tatsächliche Nutzungsdauer bei Betriebsgebäuden weniger als

33 Jahre und bei anderen Gebäuden weniger als 40 bzw. 50 Jahre, kann das Gebäude entsprechend höher abgeschrieben werden. Voraussetzung hierfür ist, dass die technischen oder wirtschaftlichen Umstände für eine entsprechend kürzere tatsächliche Nutzungsdauer sprechen.
Lineare Abschreibungen sind im Jahr der Anschaffung/Herstellung zeitanteilig vorzunehmen, für jeden Monat 1/12 des Jahresbetrages.

Außerplanmäßige Abschreibungen beim Grund und Boden

Grund und Boden unterliegt zwar gewöhnlich keiner Abnutzung, er kann aber durch besondere Ereignisse an Wert verlieren. Gründe für die Abschreibung auf einen niedrigeren Teilwert können beispielsweise sein:

- Sinken der Grundstückspreise,
- Naturkatastrophen wie z.B. Hochwasser,
- Immissions- und Umweltschäden,
- Änderung der Straßenverkehrsanbindung,
- Fehlentscheidung beim Kauf.

Benötigen Sie z.B. zur Betriebserweiterung ein angrenzendes Grundstück und zahlen dafür einen gegenüber dem Verkehrswert überhöhten Preis, so ist der Ansatz des Teilwerts nicht gerechtfertigt. Eine Fehlentscheidung kann aber dann vorliegen, wenn die Erweiterung wegen der verschlechterten Auftragslage sich zerschlägt und das teure Grundstück nicht wie vorgesehen genutzt werden kann.

Auch das Gebäude kann einen nicht vorhergesehenen Wertverlust erleiden:

- durch Beschädigung, Brand, Abbruch eines Teils wegen eines Umbaus,
- die geplante Nutzung wird faktisch oder rechtlich eingeschränkt, ohne dass dies vorher bekannt war, z.B. wenn Hochwasser in den Folgejahren die Lagerung in Kellerräumen verhindert oder durch

nachträgliche Änderung des Bebauungsplans,

- in der Nachbarschaft wird ein störendes Bauwerk errichtet z.B. eine Mülldeponie oder ein Flugplatz neben einem Hotel,
- rückläufige Rentabilität des Betriebes, wenn diese in den baulichen Anlagen begründet ist oder der Betrieb deswegen eingestellt wird.

Beachten Sie, dass Sie gegebenenfalls eine Wertaufholung durchführen müssen bei Wegfall des Abschreibungsgrunds.

Finanzanlagen

Neben Wertpapiere des Anlagevermögens fallen unter die Kategorie Finanzanlagen auch Beteiligungen und Ausleihungen. Da sich Finanzanlagen nicht abnutzen und im Betriebsablauf kaum eine Rolle spielen, tauchen sie meist nur am Bilanzstichtag aus der Versenkung auf. Dann sollte aber nicht nur geprüft werden, ob sie überhaupt noch vorhanden sind, sondern auch, wieviel sie noch wert sind. Hierbei sind nicht nur Wertverluste interessant, die steuermindernd geltend gemacht werden können, sondern auch eventuelle Wertsteigerungen. Wenn z.B. der Börsenkurs Ihres Aktienpakets im Vergleich zum Vorjahr gestiegen ist, müssen Sie aus steuerlichen Gründen wieder auf den Wert vor dieser Teilwertabschreibung aus dem Vorjahr zuschreiben.
Den Wert börsennotierter Aktien entnehmen Sie der Zeitung (die Abschreibung erfolgt auf den Börsenkurs plus anteiliger Bank- und Maklerprovisionen).

Bewertung von GmbH-Anteilen

Die Bewertung von GmbH-Anteilen ist ungleich schwieriger, das sollten Sie in Absprache mit Ihrem Steuerberater tun. Hier ein paar Anregungen: Eine außerplanmäßige Abschreibung kommt nur dann in Betracht, wenn sich die Beteiligung als eine Fehlentscheidung zur Zeit der Anschaffung erweist oder sie am Bilanzstichtag billiger als seinerzeit zu haben wäre.

So liegt eine Fehlmaßnahme vor, wenn z.B.

- durch die Beteiligung erwartete Geschäftsbeziehungen zu wichtigen Kunden oder Lieferanten ausgeblieben sind oder diese sich wegen der neuen Beteiligung zurückgezogen haben,
- politische Ereignisse eine Auslandsbeteiligung blockieren,
- wegen Konjunktureinbruch oder falscher Preispolitik Umsatz und Ertrag unerwartet nachgeben.

Keine Fehlmaßnahme liegt vor, wenn bisherige Verluste und Mängel beim Management sowie sich abzeichnende politische Änderungen u.Ä. bekannt waren. Ebenso muss vernünftigerweise in den Anfangsjahren eines neuen Unternehmens mit Anlaufverlusten gerechnet werden.
Im Laufe der Zeit kann der Wert einer Beteiligung unter die Anschaffungskosten sinken. Maßgeblich ist hier der Teilwert der Beteiligung, also der Preis, den ein fiktiver Käufer des gesamten Unternehmens für Ihren Anteil zahlen würde. Wenn Anteile in jüngster Vergangenheit verkauft wurden, können Sie diesen Preis daraus ableiten. Ansonsten ist eine Kombination aus Substanz- und Ertragswert steuerlich anerkannt. Die untere Grenze der Bewertung liegt beim Liquidationswert - jedoch nur dann, wenn das Unternehmen tatsächlich zerschlagen werden soll.
Verluste alleine rechtfertigen also keine Teilwertabschreibung bei einer Kapitalgesellschaft. Entweder müssen sich die Ertragsaussichten auf unabsehbare Zeit verschlechtern oder aber es wurden dem Unternehmen erhebliche Vermögenswerte (etwa durch Ausschüttung) entzogen. Dann kommen Sie bei Ihrem erlittenen Vermögensschaden zumindest in den Genuss dieser Abschreibungen.

Beteiligungen an einer Personengesellschaft

Für Beteiligungen an einer Personengesellschaft gilt etwas anderes: Eine Teilwertabschreibung eines Mitunternehmeranteils ist grundsätzlich nicht zulässig, da nach einhelliger Meinung der Bilanzierungsfachleuten der Wert der Beteiligung stets mit dem Kapitalkonto übereinstimmt.

Immaterielle Wirtschaftsgüter

Die Herstellungskosten der von Ihnen selbst geschaffenen immateriellen Wirtschaftsgüter des Anlagevermögens wie Konzessionen, Lizenzen, Markenrechte, Software werden ohne Umweg über Aktivierung und Abschreibungen direkt als Aufwand erfasst. Sie dürfen in der Steuerbilanz nicht aktiviert werden!

Dagegen sind abnutzbare immaterielle Wirtschaftsgüter, die entgeltlich angeschafft wurden, über den Nutzungszeitraum linear abzuschreiben. Hierzu zählen Patente und andere Urheberrechte (höchstens fünf Jahre), Verlagsrechte (drei bis fünf Jahre), Belieferungsrechte (vertragliche Laufzeit) etc. mit nachweislich zeitlicher Begrenzung. Software wird über drei Jahre abgeschrieben. Handelt es sich um so genannte Trivialprogramme (Anschaffungspreis bis zu 410 EUR netto), so können diese wie Geringwertige Wirtschaftsgüter im Jahr der Anschaffung sofort abgesetzt werden.

Bei der Anerkennung von Teilwertabschreibungen bei nicht abnutzbaren immateriellen Wirtschaftsgütern, z.B. Konzessionen im Güterfernverkehr im Zuge des Binnenmarktes, haben sich in der Vergangenheit Finanzämter und Gerichte schwer getan. Bei dieser Art Wirtschaftsgüter sollte Sie sich an laufende Verfahren anhängen und Einspruch gegen Ihren Bescheid einlegen unter gleichzeitiger Beantragung einer Aussetzung der Vollziehung und dann abwarten, wie der Fall ausgeht.

Außerplanmäßig können abgeschrieben werden:

- ein Abonnentenstamm bei überdurchschnittlichen Kündigungen,
- Nutzungsrechte bei Einschränkungen oder vorzeitiger Aufgabe,
- Lizenzen bei unerwartet niedrigem Absatz und in den Fällen, in denen Computerprogramme nicht mehr sinnvoll genutzt werden können.

Computerprogramme sind immaterielle Wirtschaftsgüter. Die Anschaffungskosten müssen in der Bilanz aktiviert werden, wenn die

Programme entgeltlich erworben sind. Etwas anderes gilt, wenn die Computerprogramme selbst hergestellt wurden. In diesem Fall sind sämtliche Entwicklungskosten sofort als Betriebsausgabe abzuziehen. Eine lineare AfA ist auf drei Jahre möglich.

BGA	IKR	SKR03	SKR04	Kontenbezeichnung (SKR)
014	023	0027	0135	EDV-Software

Praxis-Beispiel

Provider und Werbefirma Stalea Active gestaltet u. a. den Internetauftritt ihrer Kunden. Für ihre eigene Homepage sind durch eigenes Personal 150 Stunden mit einem Verrechnungssatz von 80 aufgewendet worden und fremde Programmierarbeit mit 2.000 bezahlt.
Die Fremdkosten fallen bei den gesamten Herstellungskosten am neu geschaffenen, einheitlichen immateriellen Wirtschaftsgut nicht ins Gewicht. In der Buchhaltung sind somit zusätzlich zu den regulären Personalkosten lediglich Fremdarbeiten mit 2.000 zu erfassen.
Buchung

Fremdarbeiten	2.000 EUR
an Bank	2.000 EUR

Wenn Stalea Active für seine Homepage stattdessen einen freien Mitarbeiter 150 Stunden zum gleichen Stundensatz von 80 einsetzt, können sämtliche Kosten umgebucht und als erworbenes immaterielles Wirtschaftsgut aktiviert werden.

Software u. ä.	14.000 EUR
an Fremdarbeiten	14.000 EUR

Eine erworbene Domain-Adresse (www.domain.de) stellt zwar ein immaterielles, mit den aufgewendeten Anschaffungskosten aktivierbares Wirtschaftsgut dar. Es unterliegt jedoch keinem Wertverzehr, d. h., es kann nicht abgeschrieben werden (BFH, Urteil vom 19.10.2006 - III R 6/05). Erst beim Verkauf sind die Anschaffungskosten gewinnmindernd zu berücksichtigen.

Ab dem Jahresabschluss 2010 dürfen nach Handelsrecht - nach wie vor jedoch nicht nach Steuerrecht - die Herstellungskosten (Entwicklungsaufwendungen) eines selbst geschaffenen immateriellen Vermögensgegenstands des Anlagevermögens aktiviert werden. Forschungskosten sind dagegen nicht in die Herstellungskosten einzubeziehen. Der neue § 255 Abs. 2a HGB unterscheidet zwischen:

- Entwicklung als Anwendung von Forschungsergebnissen für die Neu- oder Weiterentwicklung von Gütern oder Verfahren
- Forschung im Vorfeld als die Suche nach neuen wissenschaftlichen oder technischen Erkenntnissen

Können Forschung und Entwicklung nicht verlässlich voneinander unterschieden werden, ist eine Aktivierung ausgeschlossen.
Nicht aktiviert werden dürfen selbst geschaffene Marken, Drucktitel, Verlagsrechte, Kundenlisten u. Ä., da in der Praxis eine Abgrenzung zu ebenfalls nicht aktivierungsfähigen selbstgeschaffenen Firmenwert nicht möglich scheint.
Im Interesse des Gläubigerschutzes sieht § 268 Abs. 8 HGB eine Ausschüttungssperre bei Aktivierung selbst geschaffener immaterieller Vermögensgegenstände des Anlagevermögens vor.
Kann die voraussichtliche Nutzungsdauer von selbst geschaffenen

immateriellen Vermögensgegenständen nicht verlässlich geschätzt werden, sind diese über 10 Jahre abzuschreiben.

Geschäfts- oder Firmenwert

Der erworbene Geschäfts- oder Firmenwert ist grundsätzlich in 15 Jahren linear abzuschreiben. Diese Vorgabe ist schlecht mit unserem Bemühen um hohe Abschreibungen vereinbar. Es lohnt deshalb fast immer, die in dem Firmenwert enthaltenen geschäftswertbildenden unselbständigen Faktoren von möglicherweise anderen immateriellen Einzelwirtschaftsgütern zu unterscheiden. Letztere, wenn wir sie denn entdecken, dürfen weitaus schneller abgeschrieben werden.

Wettbewerbsverbot

Ein zeitlich begrenztes Wettbewerbsverbot kann über den betreffenden Zeitraum abgeschrieben werden, wenn es sich um eine wesentliche Grundlage der Geschäftsübernahme handelt. Beim Tod des Vertragspartners wird sofort abgeschrieben.

Fortführung des Firmennamens, Kundenstamm, Kundenkartei

Die Fortführung des Firmennamens, der Kundenstamm, günstige Einkaufsmöglichkeiten etc. werden zwar in der Theorie als unselbständige Teile des Geschäftswertes abgehandelt. In der Praxis aber geht hin und wieder eine vierjährige Abschreibung des Kundenstamms oder der Lieferantenbeziehungen durch die Steuerprüfung. So wird die Kundenkartei Adresse für Adresse für einen Stückpreis verkauft. Lassen Sie also an der Ernsthaftigkeit im Kaufvertrag keinen Zweifel, dass genau dieser Vermögenswert übereignet werden soll.

Wenn Gewinn und Umsatz nach einer Geschäftsübernahme während eines längeren Zeitraums zurückgehen, können Sie auch den Geschäfts- oder Firmenwert selbst um eine außerplanmäßige Abschreibung reduzieren.

Praxiswert

Für den Praxiswert eines freiberuflichen Unternehmens gilt eine günstigere

Rechtsauffassung. Dieser Wert beruht im wesentlichen auf dem besonderen Vertrauen der Mandanten/Patienten in die Tüchtigkeit des Praxisinhabers. Bei einem Inhaberwechsel verflüchtigt er sich demnach recht schnell, weshalb der Praxiswert in zwei bis fünf Jahren nach dem Erwerb abgeschrieben werden kann. Wenn der frühere Inhaber weiterhin mitarbeitet, sollte der Grad der Mandantenabwanderung noch sorgfältiger geprüft werden. In jedem Fall können die 15 Jahre Abschreibungszeitraum für den Geschäfts- oder Firmenwert deutlich unterschritten werden.

Abschreibungsmöglichkeit für den Mittelstand

Zusätzlich zu der regulären AfA werden kleinere und mittlere Betriebe dadurch gefördert, indem diese bis zu insgesamt 20 % der Aufwendungen absetzen können (§ 7g EStG), beliebig verteilt innerhalb von fünf Jahren ab Anschaffung oder Herstellung. Folgende Voraussetzungen sollten vorliegen:

- bewegliche Anlagegüter - neu oder gebraucht,
- zwei Jahre Verbleib in einer inländischen Betriebsstätte, in diesem
- Zeitraum: zumindest zu 90 % betriebliche Nutzung ein Betriebsvermögen von unter 235.000.

Diese Größenklasse erfüllen alle Betriebe, die ihren Gewinn durch Einnahmen-Überschussrechnung ermitteln. Deren Vorjahresgewinne dürfen allerdings 100.000 EUR) nicht überschritten haben.

Praxis-Beispiel

Lineare Abschreibung und Sonderabschreibung
U kauft am 24.2. Jahr 1 einen Schrank zu 50.000 EUR. In diesem Jahr schreibt er ihn folgendermaßen ab:

Kaufpreis	50.000 EUR

20% von 50 000 EUR	- 10.000 EUR
lineare Abschreibung auf 10 Jahre	- 5.000 EUR
Buchwert 31.12. Jahr 1	35.000 EUR

Diesen Wert verteilt er auf die restlichen 9 Jahre, er nutzt also ab dem Jahr 2 eine jährliche Abschreibung in Höhe von 3.888 EUR (35.000 EUR/9).

Die richtige Erfassung von Zuschüssen

Mit einem staatlichen oder privaten Zuschuss für die Anschaffung von Anlagegütern verfolgt der Zuschussgeber einen bestimmten Zweck, ohne unmittelbaren wirtschaftlichen Zusammenhang mit der Sache.
Für diese Zuschüsse gibt es ein Ansatzwahlrecht. Sie können solche Zuschüsse entweder als Betriebseinnahmen ansetzen oder den Betrag direkt von den Anschaffungs- oder Herstellungskosten abziehen.
Im ersten Fall versteuern Sie zusätzliche Erlöse. Es bleiben auf der anderen Seite die vollen Anschaffungs-/Herstellungskosten und damit maximale AfA erhalten Im zweiten Fall vermindert sich die Bemessungsgrundlage für die AfA und damit die Abschreibungen selbst. Dafür werden keine zusätzlichen Erlöse erfasst.

Praxis-Beispiel

Für die Errichtung einer Windkraftanlage wird aus einem Förderprogramm ein 4 %-iger Zuschuss der Herstellungskosten von 1 Mio. EUR gewährt. Über die betriebsgewöhnliche Nutzungsdauer von 16 Jahren wird linear abgeschrieben.
Erfolgswirksame Erfassung des Zuschusses:

Erlöse aus Zuschuss	40.000 EUR
AfA 1.000.000 EUR / 16	./. 62.500 EUR

Ergebnis mindernd	./. 22.500	EUR
Bank	100.000	EUR
an Erlöse aus Zuschüssen	100.000	EUR
Abschreibungen auf Sachanlagen	62.500	EUR
an Anlagen	62.500	EUR

Erfolgsneutrale Erfassung des Zuschusses:

Erlöse aus Zuschuss	0	EUR
AfA 900.000 / 16	./. 60.000	EUR
Ergebnis mindernd	./. 60.000	EUR
Bank	100.000	EUR
an Anlagen	100.000	EUR
Abschreibungen auf Sachanlagen	60.000	EUR
an Anlagen	60.000	EUR

Wenn der Zuschuss von den Anschaffungs-/Herstellungskosten abgezogen wird, vermindern sich somit die Abschreibungen für sämtliche Wirtschaftsjahre um jeweils 2.500 EUR. Im ersten Jahr jedoch reduziert sich das steuerliche Ergebnis um 37.500 EUR (60.000 EUR vs. 22.500 EUR).

So nutzen Sie die Tabellen optimal

In der nachfolgenden Gesamtliste von 7545 Anlagegüter von „Abblasvorrichtungen“ bis „Zylinderschleifmaschinen“ geht quer über alle Abschreibungstabellen hinweg. Was bringt der Blick über den Branchen-Tellerrand ?

Anlagegüter in fremden Branchentabellen finden

Über welchen Zeitraum werden Heizungsanlagen genutzt? Der Blick in die Tabelle für „Allgemein verwendbare Anlagegüter“ bringt die Buchhaltung nicht weiter. Lediglich die Tabelle für die Kommunalverwaltung gibt eine Nutzungsdauer 15 Jahre vor. (und unterscheidet dort redundant Niederdruckdampf, -Warmluft, und Warmwasserheizungsanlagen mit identischer Nutzungsdauer).

Argumente für eine kürzere Nutzungsdauer

Während Drehbänke als „Allgemein verwendbare Anlagegüter“ über eine Nutzungsdauer von 16 Jahren abzuschreiben sind, sieht die Branchentabelle der Holzverarbeitenden Industrie eine Nutzungsdauer von lediglich 10 Jahren vor. Zwar darf die Nutzungdauer nicht unbesehen auf andere Branchen übertragen werden. Eine betriebsgewöhnliche Nutzungsdauer zwischen 10 und 16 Jahren sind jedoch ein realistischer, nach statistischen Erfahrungswerten anerkannter Zeitrahmen. Es fehlen noch konkret für eine kürzere wirtschaftliche Nutzungsdauer sprechenden Gesichtspunkte. Die können sich z.B. im Nachweis über regelmäßige Ersatzinvestitionen nach jeweils 12 Jahren ergeben.

Anlagegüter der Amtlichen AfA-Tabellen

Anlagegut	ND	% p.a.	Abschreibungstabelle
Abblasvorrichtungen	10	10	Gewerbliche Erzeugung und Aufbereitung von Spinnstoffen, Spinnerei, Weberei
Abbruchraupen mit Greif-, Reiß-, Druck-, Schub- oder komb. Ladeeinr. über 25 t Gesamtgewicht	4	25	Schrott- und Abbruchwirtschaft
Abbruchraupen mit Greif-, Reiß-, Druck-, Schub- oder komb. Ladeeinr. bis 25 t Gesamtgewicht	4	25	Schrott- und Abbruchwirtschaft
Abfüllanlagen	10	10	Allgemein verwendbare Anlagegüter
Abfüllanlagen (Pulver)	7	14.29	Molkereien und sonstige Milchverwertung
Abfüllanlagen (sonstige)	10	10	Torfgewinnung und -aufbereitung
Abfüllanlagen (vollautomatische)	7	14.29	Torfgewinnung und -aufbereitung
Abfüllapparate einschl. Flaschenfüllmaschinen u. -anlagen (halb- u. vollautom.) bei Säureeinwirkung	5	20	Obst- und Gemüseverarbeitungsindustrie
Abfüllapparate einschl. Flaschenfüllmaschinen u. -anlagen (halb- u. vollautom.) im Naßbetrieb	7	14.29	Obst- und Gemüseverarbeitungsindustrie
Abfüllmaschinen	5	20	Süßwarenindustrie
Abfallbehälter	10	10	Kommunalverwaltung, KGSt-Bericht 1/1999
Abfallbeseitigungsanlagen, kombiniert	6	16.67	Papier und Pappe verarbeitende Industrie
Abfallheftmaschinen	10	10	Lederwaren- und Kofferindustrie
Abfallkörbe	10	10	Kommunalverwaltung, KGSt-Bericht 1/1999
Abfall-Paketierpressen	10	10	Aluminiumfolien-Industrie
Abfallpressen, Ballenpressen	6	16.67	Abfallentsorgungs- und Recyclingwirtschaft
Abfallreinigungsmaschinen (Dreizylinderspinnerei)	10	10	Gewerbliche Erzeugung und Aufbereitung von Spinnstoffen, Spinnerei, Weberei
Abfallreinigungsmaschinen (Flachs-, Hanf- und Hartfaser-Spinnerei)	10	10	Gewerbliche Erzeugung und Aufbereitung von Spinnstoffen, Spinnerei, Weberei
Abfallverdichter auf Deponien	4	25	Abfallentsorgungs- und Recyclingwirtschaft
Abfallvermahlungsanlagen	12	8.33	Mühlen (ohne ölmühlen)
Abfallverwertungsmaschinen	10	10	Lederwaren- und Kofferindustrie

Anlagegut	ND	% p.a.	Abschreibungstabelle
Abfallzerkleinerungsanlagen (Shredder)	5	20	Papier und Pappe verarbeitende Industrie
Abfertigungsgebäude (Terminal)	40	2.5	Luftfahrtunternehmen und Flughafenbetriebe
Abfischvorrichtungen (Beton)	20	5	Binnenfischerei, Teichwirtschaft, Fischzucht, fischwirtschaftliche Dienstleistungen
Abfischvorrichtungen (Kunststoff, Holz)	10	10	Binnenfischerei, Teichwirtschaft, Fischzucht, fischwirtschaftliche Dienstleistungen
Abgasmessgeräte (für Kfz)	8	12.5	Allgemein verwendbare Anlagegüter
Abgasmessgeräte (sonstige)	8	12.5	Allgemein verwendbare Anlagegüter
Abgasrückgewinnungsanlagen	10	10	Zellstoff, Holzstoff, Papier und Pappe erzeugende Industrie
Abgasreinigungsanlagen für anorganische Abgasreinigung	6	16.67	Ziegelindustrie
Abgasreinigungsanlagen für organische Abgasreinigung	10	10	Ziegelindustrie
Abgastestgeräte, Scheinwerfereinstellgeräte	4	25	Vertrieb von Erdölerzeugnissen
Abglühöfen	6	16.67	NE-Metallhalbzeugindustrie (NE-Metallhalbzeugwerke und NE-Metallgießereien)
Abglasmaschinen	7	14.29	Lederwaren- und Kofferindustrie
Abgratmaschinen	8	12.5	Stahlverformung
Abkantmaschinen	13	7.69	Allgemein verwendbare Anlagegüter
Abkantmaschinen	8	12.5	Eisen-, Blech- und Metallwarenindustrie
Abkantmaschinen	10	10	Stahl- und Eisenbau
Abkantmaschinen	8	12.5	Stahlverformung
Abkantmaschinen (automatisch)	10	10	Spielwaren-Industrie
Abkantmaschinen (Handbetrieb)	20	5	Spielwaren-Industrie
Abkantpressen	8	12.5	Feinmechanische und Optische Industrie
Abkantpressen	8	12.5	Stahl- und Eisenbau
Abkantpressen (automatisch)	10	10	Spielwaren-Industrie
Abläng- und Trennmaschine	7	14.29	Herstellung von Schreib- und Zeichengeräten
Ablängkettensägemaschinen mit Benzinmotor	3	33.33	Holzverarbeitende Industrie
Ablängkettensägemaschinen mit elektrischem Motor	5	20	Holzverarbeitende Industrie

Anlagegut	ND	% p.a.	Abschreibungstabelle
Ablängkreissägemaschinen, Ablängkettensägemaschinen mit Benzinmotor	3	33.33	Sägeindustrie und Holzbearbeitung
Ablängkreissägemaschinen, Ablängkettensägemaschinen mit elektrischem Motor	5	20	Sägeindustrie und Holzbearbeitung
Ablängmaschinen	5	20	Schuhindustrie
Ablaufgeräte	5	20	Essig- und Senffabrikation
Ablaugenentspanner	10	10	Zellstoff, Holzstoff, Papier und Pappe erzeugende Industrie
Ablaugenspeicherungsanlagen und Neutralisationsanlagen	10	10	Zellstoff, Holzstoff, Papier und Pappe erzeugende Industrie
Ablaugenverbrennungsanlagen	10	10	Zellstoff, Holzstoff, Papier und Pappe erzeugende Industrie
Abluftreinigungsanlagen (Nachverbrennungsanlagen)	10	10	Druckerei und Verlagsunternehmen mit Druckerei
Abnäherautomaten	5	20	Bekleidungsindustrie (ohne Lederbekleidung)
Abpackmaschinen	6	16.67	Fleischwarenindustrie, Fleischer, Schlachthöfe
Abpudermaschinen	5	20	Süßwarenindustrie
Abraumbagger	10	10	Braunkohlenbergbau
Abraumloks (Dampf)	10	10	Braunkohlenbergbau
Abraumloks (elektr.)	8	12.5	Braunkohlenbergbau
Abraumwagen	10	10	Braunkohlenbergbau
Abreißmaschinen	8	12.5	Feinkeramische Industrie
Abreiss- und Ladegerät	10	10	Hopfenanbau
Abricht- und Dickenhobelmaschinen	7	14.29	Sägeindustrie und Holzbearbeitung
Abrichthobelmaschinen	7	14.29	Holzverarbeitende Industrie
Abrichthobelmaschinen (Holzbearbeitung)	8	12.5	NE-Metallhalbzeugindustrie (NE-Metallhalbzeugwerke und NE-Metallgießereien)
Abrichtmaschinen	13	7.69	Allgemein verwendbare Anlagegüter
Abricht-Maschinen für Stanzklötze	8	12.5	Schuhindustrie
Abrollcontainer	8	12.5	Kommunalverwaltung, KGSt-Bericht 1/1999
Abrollprägemaschine	6	16.67	Herstellung von Schreib- und Zeichengeräten

Anlagegut	ND	% p.a.	Abschreibungstabelle
Abrundmaschine	7	14.29	Herstellung von Schreib- und Zeichengeräten
Absackautomaten (f. Mehl)	10	10	Mühlen (ohne ölmühlen)
Absackstationen einschl. autom. Waage	14	7.14	ölmühlen und Margarine-Industrie
Absatzausglas-Maschinen	7	14.29	Schuhindustrie
Absatzauspolier-Maschinen	7	14.29	Schuhindustrie
Absatzbaumaschinen u. Stanzen, Automaten mit numerischer Steuerung (CAD-/CAM-Systeme)	5	20	Schuhindustrie
Absatzbaumaschinen u. Stanzen, sonstige	7	14.29	Schuhindustrie
Absatzsitz-Formpressen	6	16.67	Schuhindustrie
Absatz-Tauchanlagen	5	20	Schuhindustrie
Absaug- und Entwicklungstische	5	20	Druckerei und Verlagsunternehmen mit Druckerei
Absaug- und Filteranlagen, transportabel	8	12.5	Maler- und Lackiererhandwerk
Absauganlagen	6	16.67	Papier und Pappe verarbeitende Industrie
Absauganlagen	6	16.67	Sägeindustrie und Holzbearbeitung
Absauganlagen	10	10	Zigarettenindustrie
Absauganlagen (unter chem. oder therm. Einflüssen)	5	20	Eisen-, Blech- und Metallwarenindustrie
Absauge- und Entstaubungsanlagen	6	16.67	Holzverarbeitende Industrie
Absaugeanlagen	10	10	Spielwaren-Industrie
Absaugeanlagen (unter chem. oder therm. Einflüssen)	5	20	Stahlverformung
Absaugpumpen	8	12.5	Kommunalverwaltung, KGSt-Bericht 1/1999
Abscheider, Fett-	5	20	Allgemein verwendbare Anlagegüter
Abscheider, Magnet-	6	16.67	Allgemein verwendbare Anlagegüter
Abscheider, Nass-	5	20	Allgemein verwendbare Anlagegüter
Abschleppmatte (zum Hartplatz abziehen)	5	20	Kommunalverwaltung, KGSt-Bericht 1/1999
Abschneideapparate (Aufbereitung)	5	20	Ziegelindustrie
Abschneideapparate (Formgebung)	5	20	Ziegelindustrie
Abschraub- und Schraubverschließmaschinen	5	20	Erfrischungsgetränke- und Mineralbrunnenindustrie
Absetzautomatiken	6	16.67	Ziegelindustrie

Anlagegut	ND	% p.a.	Abschreibungstabelle
Absetzer	10	10	Braunkohlenbergbau
Absperrelemente im Terminal	5	20	Luftfahrtunternehmen und Flughafenbetriebe
Absperrvorrichtungen	6	16.67	Erdölgewinnung
Abspielgeräte, Video-	7	14.29	Allgemein verwendbare Anlagegüter
Abstaub- und Pudermaschinen	10	10	Druckerei und Verlagsunternehmen mit Druckerei
Abstech- und Ablängenautomaten	6	16.67	Kraftfahrzeugindustrie
Abstechmaschinen	10	10	Stahl- und Eisenbau
Abstechmaschinen, Beschneidmaschinen, Bürstenmaschinen, Entgratungsmaschinen, und ähnl. Maschinen	10	10	Kautschukindustrie
Abteufpumpen	8	12.5	Baugewerbe
Abtropftisch	10	10	Weinbau und Weinhandel (nach dem 31.12.1988)
Abwälzfräsmaschinen	8	12.5	Feinmechanische und Optische Industrie
Abw.-Reinig..-Anl., biolog.Stufe, masch.Teil d. BelebungsAnl. mit Druckbelüftung	12	8.33	Kommunalverwaltung, KGSt-Bericht 1/1999
Abw.-Reinig..-Anl., biolog.Stufe, masch.Teil d. BelebungsAnl. mit Oberflächenbelüfter	10	10	Kommunalverwaltung, KGSt-Bericht 1/1999
Abwasserhebe- und -reinigungsanlagen (baulicher Teil)	30	3.33	Gem. Anlage 13 des Gesetzes zum NKFG (Neuen Kommunalen Finanzmanagement)
Abwasserhebe- und -reinigungsanlagen (maschinelle Einrichtungen)	10	10	Gem. Anlage 13 des Gesetzes zum NKFG (Neuen Kommunalen Finanzmanagement)
Abwasserhebeanlagen, baulicher Teil:	30	3.33	Kommunalverwaltung, KGSt-Bericht 1/1999
Abwasserhebeanlagen, maschineller Teil, sonstige Pumpen	8	12.5	Kommunalverwaltung, KGSt-Bericht 1/1999
Abwasserhebeanlagen, maschineller Teil: Schneckenpumpen	15	6.67	Kommunalverwaltung, KGSt-Bericht 1/1999
Abwasserkanäle	50	2	Gem. Anlage 13 des Gesetzes zum NKFG (Neuen Kommunalen Finanzmanagement)
Abwasserkanäle	50	2	Kommunalverwaltung, KGSt-Bericht 1/1999
Abwasserneutralisierungsanlagen	10	10	Molkereien und sonstige Milchverwertung

Anlagegut	ND	% p.a.	Abschreibungstabelle
Abwasserreinigungsanlagen	12	8.33	Fleischmehlindustrie bzw. Tierkörperbeseitigung (Herstellung von tierischen Futtermitteln)
Abwasserreinigungsanlagen	10	10	Steinkohlenbergbau
Abwasserreinigungsanlagen, biol. Stufe,masch. Teil des Nachklärbeckens	12	8.33	Kommunalverwaltung, KGSt-Bericht 1/1999
Abwasserreinigungsanlagen, biol.Stufe, masch. Teil der Tropfkörperanlage	20	5	Kommunalverwaltung, KGSt-Bericht 1/1999
Abwasserreinigungsanlagen, biologische Stufe, baulicher Teil:	30	3.33	Kommunalverwaltung, KGSt-Bericht 1/1999
Abwasserreinigungsanlagen, mech. Stufe, masch. Teil der Rechenanlage	10	10	Kommunalverwaltung, KGSt-Bericht 1/1999
Abwasserreinigungsanlagen, mech. Stufe, masch. Teil des Sandfanges	8	12.5	Kommunalverwaltung, KGSt-Bericht 1/1999
Abwasserreinigungsanlagen, mech. Stufe, masch. Teil des Absetzbeckens	12	8.33	Kommunalverwaltung, KGSt-Bericht 1/1999
Abwasserreinigungsanlagen, mechanische Stufe, baulicher Teil:	30	3.33	Kommunalverwaltung, KGSt-Bericht 1/1999
Abwasserreinigungsanlagen, Schaltwerte, elektrischer Teil:	10	10	Kommunalverwaltung, KGSt-Bericht 1/1999
Abwassersammelbehälter aus Beton	15	6.67	Brauereien und Mälzereien
Abwassersammelbehälter aus V2A	12	8.33	Brauereien und Mälzereien
Abwelkpressen	5	20	Leder-Industrie (Ledererzeugung)
Abwickel-, Umwickel- und Abmeßmaschinen	10	10	Aluminiumfolien-Industrie
Abwiegegeräte (automatisch)	5	20	Zahntechniker
Abzugsanlagen (zentral)	7	14.29	Zahntechniker
Abzugsbänder, Schubwagenspeiser	8	12.5	Baugewerbe
Abzugshauben	10	10	Zahntechniker
Abzugsvorrichtungen	14	7.14	Allgemein verwendbare Anlagegüter
Acetylenanlagen	8	12.5	Feinmechanische und Optische Industrie
Ackerbau (Schlepper u. Zubehör)	8	12.5	Landwirtschaft und Tierzucht (nach dem 30.06.1996)
Ackerwagen und Kipper	12	8.33	Gartenbau (nach dem 31.12.1997)
Adressiermaschinen	8	12.5	Allgemein verwendbare Anlagegüter
Adressiermaschinen	10	10	Kommunalverwaltung, KGSt-Bericht 1/1999
Adressiermaschinen für Direktbeanschriftung	5	20	Druckerei und Verlagsunternehmen mit Druckerei

Anlagegut	ND	% p.a.	Abschreibungstabelle
Aerifiziergeräte	5	20	Garten-, Landschafts- und Sportplatzbau
Aerifiziergeräte	5	20	Gartenbau (nach dem 31.12.1997)
Ätzeinrichtungen für Tiefdruckformzylinder	6	16.67	Druckerei und Verlagsunternehmen mit Druckerei
Ätzmaschinen	13	7.69	Allgemein verwendbare Anlagegüter
Ätzmaschinen	5	20	Eisen-, Blech- und Metallwarenindustrie
Ätzmaschinen	5	20	Stahlverformung
Ätzmaschinen für Klischees	5	20	Druckerei und Verlagsunternehmen mit Druckerei
Aggregate	12	8.33	Energie- und Wasserversorgung (nach dem 31.12.1993)
Aggregate für Strom-, Wasser-, Pressluft-Hydraulik, Spülung und Zementierung	7	14.29	Erdölgewinnung
Agraffeneinsetz-Maschinen	8	12.5	Schuhindustrie
Airlessgeräte, Hochdruck- und Niederdruckspritzgeräte	5	20	Maler- und Lackiererhandwerk
Akkulokomotiven	12	8.33	Steinkohlenbergbau
Akkumulatoren	10	10	Allgemein verwendbare Anlagegüter
Akkumulatoren	15	6.67	Energie- und Wasserversorgung (nach dem 31.12.1993)
Akkumulatoren - Batterien	8	12.5	Kommunalverwaltung, KGSt-Bericht 1/1999
Aktenvernichter	8	12.5	Allgemein verwendbare Anlagegüter
Aktenvernichter	10	10	Kommunalverwaltung, KGSt-Bericht 1/1999
Akustische Ausstattung und technische Einrichtungen in Aufnahmeräumen	5	20	Fernseh-, Film- und Hörfunkwirtschaft
Alarm-, Notruf- und Feuermeldeanlagen	8	12.5	Heil-, Kur-, Sport- und Freizeitbäder
Alarmanlagen	11	9.09	Allgemein verwendbare Anlagegüter
Alarmanlagen	15	6.67	Kommunalverwaltung, KGSt-Bericht 1/1999
Alarmanlagen	6	16.67	Landwirtschaft und Tierzucht (nach dem 30.06.1996)
Alarmgeber, Alarmanlagen	5	20	Gem. Anlage 13 des Gesetzes zum NKFG (Neuen Kommunalen Finanzmanagement)
Alkoholdosieranlagen	6	16.67	Druckerei und Verlagsunternehmen mit Druckerei
Allgemeine videotechnische Anlagen	5	20	Fernseh-, Film- und Hörfunkwirtschaft

Anlagegut	ND	% p.a.	Abschreibungstabelle
Alligatorscheren	5	20	Schrott- und Abbruchwirtschaft
Alpine Schlagringmühle mit Sichter	10	10	Fleischmehlindustrie bzw. Tierkörperbeseitigung (Herstellung von tierischen Futtermitteln)
Altölaufbereitungsanlagen	12	8.33	Erdölverarbeitung
Alveograph	5	20	Mühlen (ohne ölmühlen)
Amalgamabscheider	8	12.5	Gesundheitswesen
Ammoniak-Kühlanlagen (Grosskältemaschinen)	10	10	ölmühlen und Margarine-Industrie
Ammoniakkompressoren	10	10	ölmühlen und Margarine-Industrie
Amylographen	7	14.29	Mühlen (ohne ölmühlen)
Analysegeräte	5	20	Gesundheitswesen
Analysegeräte (chem.)	5	20	Eisen-, Blech- und Metallwarenindustrie
Analysegeräte, chemisch	5	20	Stahlverformung
Analysengeräte	4	25	Fleischwarenindustrie, Fleischer, Schlachthöfe
Anbau-Anhängestrohhäcksler	8	12.5	Landwirtschaft und Tierzucht (nach dem 30.06.1996)
Anbau-Exaktdüngerstreuer	6	16.67	Gartenbau (nach dem 31.12.1997)
Anbaugeräte	4	25	Garten-, Landschafts- und Sportplatzbau
Anbaumaishäcksler	8	12.5	Landwirtschaft und Tierzucht (nach dem 30.06.1996)
Anbau-Schleuderdüngerstreuer	8	12.5	Gartenbau (nach dem 31.12.1997)
Anbautransportbehälter	7	14.29	Weinbau und Weinhandel (nach dem 31.12.1988)
Andere Anlagen der Kühlwasserversorgung	23	4.35	Energie- und Wasserversorgung (nach dem 31.12.1993)
Andere Anlagen mit Hilfsanlagen der Dampferzeugung	19	5.26	Energie- und Wasserversorgung (nach dem 31.12.1993)
andere Außenanlagen	12	8.33	Energie- und Wasserversorgung (nach dem 31.12.1993)
andere Aufbaumaschinen (z. B. Flippermaschinen, Einfassmaschinen und ähnliche Maschinen)	8	12.5	Kautschukindustrie
Andere Baulichkeiten	15	6.67	Chemische Industrie
Andere Bauwerke der Dampferzeugung soweit Betriebsvorrichtung	19	5.26	Energie- und Wasserversorgung (nach dem 31.12.1993)

Anlagegut	ND	% p.a.	Abschreibungstabelle
Andere Maschinen für Verarbeitung von Reaktionsharzen (z.B. Epoxide, Faserharz-Spritzanlagen)	8	12.5	Kunststoffverarbeitende Industrie
Andere Rüttler	4	25	Beton- und Fertigteilindustrie
Andere Schweissgeräte	8	12.5	Kunststoffverarbeitende Industrie
Andrückmaschinen (automat. Vorschub)	5	20	Spielwaren-Industrie
Anfeuchtmaschinen	8	12.5	Papier und Pappe verarbeitende Industrie
Angiographen	8	12.5	Gesundheitswesen
Anhängefeldhäcksler	8	12.5	Landwirtschaft und Tierzucht (nach dem 30.06.1996)
Anhänger	11	9.09	Allgemein verwendbare Anlagegüter
Anhänger	6	16.67	Garten-, Landschafts- und Sportplatzbau
Anhänger	8	12.5	Weinbau und Weinhandel (nach dem 31.12.1988)
Anhänger (PKW / LKW)	8	12.5	Kommunalverwaltung, KGSt-Bericht 1/1999
Anhänger, Auflieger	10	10	Gem. Anlage 13 des Gesetzes zum NKFG (Neuen Kommunalen Finanzmanagement)
Anhänger, Auflieger, Wechselaufbauten, Transportcontainer	6	16.67	Personen- und Güterbeförderung (im Straßen- und Schienenverkehr)
Anhänger, einachsig für Pkw und Kombifahrzeuge	6	16.67	Maler- und Lackiererhandwerk
Anhänge-Schürfwagen	6	16.67	Baugewerbe
Ankerbohr- und Setzgeräte	6	16.67	Steinkohlenbergbau
Anklebemaschinen	8	12.5	Druckerei und Verlagsunternehmen mit Druckerei
Anklebemaschinen	8	12.5	Papier und Pappe verarbeitende Industrie
Anknüpf-, Fadenhinreich-, Blattstech- und Lamellenaufsteckmaschinen	10	10	Gewerbliche Erzeugung und Aufbereitung von Spinnstoffen, Spinnerei, Weberei
Anlaßöfen	5	20	Feinmechanische und Optische Industrie
Anlaßöfen	6	16.67	NE-Metallhalbzeugindustrie (NE-Metallhalbzeugwerke und NE-Metallgießereien)
Anlaß-, Anwärm-, Glüh-, Härte- und Trockenöfen	8	12.5	Aluminiumfolien-Industrie
Anlagen für kurzfristige Bevorratung von Malz und Gerste aus Beton	20	5	Brauereien und Mälzereien
Anlagen für kurzfristige Bevorratung von Malz und Gerste aus Holz	10	10	Brauereien und Mälzereien

Anlagegut	ND	% p.a.	Abschreibungstabelle
Anlagen für kurzfristige Bevorratung von Malz und Gerste aus Stahl	20	5	Brauereien und Mälzereien
Anlagen für kurzfristige Bevorratung von Malz und Gerste aus Stahl als Außenanlage	15	6.67	Brauereien und Mälzereien
Anlagen und Hilfsanlagen des Sekundärkreislaufs	12	8.33	Energie- und Wasserversorgung (nach dem 31.12.1993)
Anlagen zum Entzug von Eisen, Schwefel und Kohlensäure	5	20	Erfrischungsgetränke- und Mineralbrunnenindustrie
Anlagen zum Mattieren und ätzen mit Säure von Flachglas	5	20	Glaserzeugende Industrie (Flachglas, Hohlglas und Glasfaser)
Anlagen zum Mattieren und ätzen mit Säure von Hohlglas	4	25	Glaserzeugende Industrie (Flachglas, Hohlglas und Glasfaser)
Anlagen zum Schleifen, Gravieren und Anbringen von Dekorationsschliffen von Hohlglas	5	20	Glaserzeugende Industrie (Flachglas, Hohlglas und Glasfaser)
Anlagen zum Vernickeln, Besamten, Verchromen, Eloxieren	6	16.67	Feinmechanische und Optische Industrie
Anlagen zur automatischen Sendeabwicklung	5	20	Fernseh-, Film- und Hörfunkwirtschaft
Anlagen zur Herstellung von Gitterträgerelementen	8	12.5	Beton- und Fertigteilindustrie
Anlagen zur kurzfristigen Bevorratung aus Beton	20	5	Brauereien und Mälzereien
Anlagen zur kurzfristigen Bevorratung aus Holz	10	10	Brauereien und Mälzereien
Anlagen zur kurzfristigen Bevorratung aus Stahl	20	5	Brauereien und Mälzereien
Anlagen zur kurzfristigen Bevorratung aus Stahl als Außenanlage	15	6.67	Brauereien und Mälzereien
Anlagen zur Lagerung von Brennelementen	19	5.26	Energie- und Wasserversorgung (nach dem 31.12.1993)
Anlagen zur Vor- und Nachklärung (Beton)	20	5	Binnenfischerei, Teichwirtschaft, Fischzucht, fischwirtschaftliche Dienstleistungen
Anlagen zur Vor- und Nachklärung (Holz, Kunststoff)	10	10	Binnenfischerei, Teichwirtschaft, Fischzucht, fischwirtschaftliche Dienstleistungen
Anlagen zur Wasseraufbereitung	10	10	Binnenfischerei, Teichwirtschaft, Fischzucht, fischwirtschaftliche Dienstleistungen

Anlagegut	ND	% p.a.	Abschreibungstabelle
Anlegemaschinen	10	10	Gewerbliche Erzeugung und Aufbereitung von Spinnstoffen, Spinnerei, Weberei
Anleimmaschinen	13	7.69	Allgemein verwendbare Anlagegüter
Anleimmaschinen	8	12.5	Druckerei und Verlagsunternehmen mit Druckerei
Anleimmaschinen	3	33.33	Lederwaren- und Kofferindustrie
Anleimmaschinen	10	10	Zigarettenindustrie
Anleim-Maschinen	8	12.5	Schuhindustrie
Anleimmaschinen, mit und ohne Transportband	8	12.5	Papier und Pappe verarbeitende Industrie
Annahmestation	10	10	Molkereien und sonstige Milchverwertung
Anomaloskope	10	10	Gesundheitswesen
Anpreßmaschinen	5	20	Lederwaren- und Kofferindustrie
Anprobierkabinen	10	10	Waren- und Kaufhäuser
Anreibemaschinen	5	20	Lederwaren- und Kofferindustrie
Anrufbeantworter	5	20	Kommunalverwaltung, KGSt-Bericht 1/1999
Ansalzmaschinen (Poltermaschinen)	6	16.67	Fleischwarenindustrie, Fleischer, Schlachthöfe
Anschlagmaschinen	5	20	Lederwaren- und Kofferindustrie
Anschlagnagel-Maschinen	7	14.29	Schuhindustrie
Anschlussgeleise	25	4	Natursteinindustrie f. d. Wege-, Bahn-, Wasser- u. Betonbau
Anschwemmfilter/Drehfilter, Filtermitteldosiergeräte	5	20	Fruchtsaft- und Fruchtweinindustrie
Anspitzmaschinen	13	7.69	Allgemein verwendbare Anlagegüter
Anspitzmaschinen	10	10	Stahlverformung
Anspitzwerke	10	10	NE-Metallhalbzeugindustrie (NE-Metallhalbzeugwerke und NE-Metallgießereien)
Anstielmaschinen	10	10	Stahlverformung
Antennen einschließlich Kabel und Zubehör	10	10	Fernseh-, Film- und Hörfunkwirtschaft
Antennenanlagen, mobil	5	20	Fernmeldedienste
Antennenanlagen, stationär	10	10	Fernmeldedienste
Antennenmasten	10	10	Allgemein verwendbare Anlagegüter
Antennenträger und Sendemasten	10	10	Fernseh-, Film- und Hörfunkwirtschaft
Antriebe einschl. Motoren	10	10	Erdölgewinnung

Anlagegut	ND	% p.a.	Abschreibungstabelle
Antriebsmotoren	8	12.5	Aluminiumfolien-Industrie
Antriebsmotoren	8	12.5	Erdölgewinnung
Anzeigetafel (elektronisch)	15	6.67	Kommunalverwaltung, KGSt-Bericht 1/1999
Apfelschälmaschinen (Naßbetrieb)	7	14.29	Obst- und Gemüseverarbeitungsindustrie
Apparate, Geräte und Anlagen für therapeutische Zwecke	5	20	Heil-, Kur-, Sport- und Freizeitbäder
Applikatorenmontagemaschine	7	14.29	Herstellung von Schreib- und Zeichengeräten
Appretur-, Steifmaschinen und Einrichtungen	8	12.5	Hut- und Stumpenindustrie
Appretur-, Steifmaschinen und Einrichtungen (hochtourige, automatische)	6	16.67	Hut- und Stumpenindustrie
Arbeitsbühnen, mobil	11	9.09	Allgemein verwendbare Anlagegüter
Arbeitsbühnen, stationär	15	6.67	Allgemein verwendbare Anlagegüter
Arbeitsbehälter	10	10	ölmühlen und Margarine-Industrie
Arbeitsboote	5	20	Baugewerbe
Arbeitsmaschinen, bewegl. (Drehbänke, Bohr-, Fräs-, Schleif- u. Brennschneidemasch.)	5	20	Schiffbau
Arbeitsmaschinen, ortsfest (numerisch gesteuerte Brennschneidemasch. u. Kopierautomaten)	5	20	Schiffbau
Arbeitsmaschinen, ortsfest (sonstige)	7	14.29	Schiffbau
Arbeitsplatte	15	6.67	Kommunalverwaltung, KGSt-Bericht 1/1999
Arbeitstische	6	16.67	Fleischwarenindustrie, Fleischer, Schlachthöfe
Arbeitsvorbereitungseinrichtungen für die elektronische Reproduktion	5	20	Druckerei und Verlagsunternehmen mit Druckerei
Arbeitszelte	6	16.67	Allgemein verwendbare Anlagegüter
Arbeitszelte, Sonnenschutzdächer	6	16.67	Baugewerbe
Aroma- und Konzentratanlagen	10	10	Fruchtsaft- und Fruchtweinindustrie
Artikulatoren	3	33.33	Zahntechniker
Asche- und Wasserschnellbestimmungsgeräte	16	6.25	Steinkohlenbergbau
Asphaltwege	20	5	Kommunalverwaltung, KGSt-Bericht 1/1999

Anlagegut	ND	% p.a.	Abschreibungstabelle
Aspirationsschnecken	20	5	Mühlen (ohne ölmühlen)
Astausbohrmaschinen	7	14.29	Sägeindustrie und Holzbearbeitung
Astausflickautomaten	5	20	Sägeindustrie und Holzbearbeitung
Astlochbohrmaschinen	7	14.29	Holzverarbeitende Industrie
Astzerkleinerer	6	16.67	Kommunalverwaltung, KGSt-Bericht 1/1999
Atemschutzgerät	8	12.5	Kommunalverwaltung, KGSt-Bericht 1/1999
Atemschutzgerät, Maskendichtprüfgerät	8	12.5	Gem. Anlage 13 des Gesetzes zum NKFG (Neuen Kommunalen Finanzmanagement)
Atmungsgeräte	10	10	Heil-, Kur-, Sport- und Freizeitbäder
Atmungsgeräte	5	20	Kommunalverwaltung, KGSt-Bericht 1/1999
Außenbeleuchtung	19	5.26	Allgemein verwendbare Anlagegüter
Außenbeleuchtung	15	6.67	Kommunalverwaltung, KGSt-Bericht 1/1999
Außenbord-Bootsmotor	8	12.5	Kommunalverwaltung, KGSt-Bericht 1/1999
Außenbordmotoren	5	20	Binnenfischerei, Teichwirtschaft, Fischzucht, fischwirtschaftliche Dienstleistungen
Außenrüttler	4	25	Baugewerbe
Außenrüttler	3	33.33	Beton- und Fertigteilindustrie
Audiogeräte	7	14.29	Allgemein verwendbare Anlagegüter
Audiovisuelle Geräte (Fernseher, Audio, Video usw.)	7	14.29	Kommunalverwaltung, KGSt-Bericht 1/1999
Aufbauten, Wechsel	11	9.09	Allgemein verwendbare Anlagegüter
Aufbereitungsanlagen, Wasser-	12	8.33	Allgemein verwendbare Anlagegüter
Aufbereitungsmaschinen für Rohstoffe (Brecher)	10	10	Glaserzeugende Industrie (Flachglas, Hohlglas und Glasfaser)
Aufbereitungsmaschinen für Rohstoffe (Krananlagen)	10	10	Glaserzeugende Industrie (Flachglas, Hohlglas und Glasfaser)
Aufbereitungsmaschinen für Rohstoffe (Mühlen)	10	10	Glaserzeugende Industrie (Flachglas, Hohlglas und Glasfaser)
Aufbereitungsmaschinen für Rohstoffe (Siebanlagen)	10	10	Glaserzeugende Industrie (Flachglas, Hohlglas und Glasfaser)
Aufbereitungsmaschinen für Rohstoffe (Transportanlagen)	10	10	Glaserzeugende Industrie (Flachglas, Hohlglas und Glasfaser)
Aufdeck- und Schneidgerät	10	10	Hopfenanbau

Anlagegut	ND	% p.a.	Abschreibungstabelle
Aufenthaltsgebäude Holzkonstruktion	20	5	Kommunalverwaltung, KGSt-Bericht 1/1999
Aufenthaltsgebäude, massiv	80	1.25	Kommunalverwaltung, KGSt-Bericht 1/1999
Aufenthaltsgebäude, teilmassiv	40	2.5	Kommunalverwaltung, KGSt-Bericht 1/1999
Aufgußbeutelmaschinen	4	25	Kaffee- und Teeverarbeitung (ohne Kaffeemittelproduktion)
Aufhängegestelle für Grubenlampen	10	10	Steinkohlenbergbau
Aufhauenmaschinen	6	16.67	Steinkohlenbergbau
Auflösebehälter	10	10	ölmühlen und Margarine-Industrie
Auflieger	11	9.09	Allgemein verwendbare Anlagegüter
Aufnahmekameras mit Zubehör und Optiken	5	20	Fernseh-, Film- und Hörfunkwirtschaft
Aufplattanlagen	8	12.5	Sägeindustrie und Holzbearbeitung
Aufrauhmaschinen	10	10	Lederwaren- und Kofferindustrie
Aufrauhmaschinen (Kratzmaschinen)	10	10	Rauchwarenverarbeitung
Aufrauhmaschinen für Sohlen	7	14.29	Schuhindustrie
Aufreißmaschinen	8	12.5	Kaffee- und Teeverarbeitung (ohne Kaffeemittelproduktion)
Aufroll- und Bürstenmaschinen	10	10	Textilveredelung
Aufsammelpressen (m. Ballenschleuder) Hoch- u. Niederdruck	10	10	Landwirtschaft und Tierzucht (nach dem 30.06.1996)
Aufsatzrakel	6	16.67	Druckerei und Verlagsunternehmen mit Druckerei
Aufschäummaschinen	6	16.67	Molkereien und sonstige Milchverwertung
Aufschlemmvorrichtung	7	14.29	Herstellung von Schreib- und Zeichengeräten
Aufschliessapparate	8	12.5	Fleischmehlindustrie bzw. Tierkörperbeseitigung (Herstellung von tierischen Futtermitteln)
Aufschneidemaschinen	10	10	Rauchwarenverarbeitung
Aufschnittmaschinen	6	16.67	Fleischwarenindustrie, Fleischer, Schlachthöfe
Aufsetz- und Umsetzmaschinen einschliesslich Rüttler	8	12.5	Torfgewinnung und -aufbereitung
Aufsichtstürme in Freibädern	10	10	Heil-, Kur-, Sport- und Freizeitbäder
Aufsitzrasenmäher	6	16.67	Kommunalverwaltung, KGSt-Bericht 1/1999

Anlagegut	ND	% p.a.	Abschreibungstabelle
Aufstoßmaschinen	6	16.67	Borstenzurichtung und Pinselindustrie
Aufwältigungs- und Reinigungswinden	10	10	Erdölgewinnung
Aufwickelmaschinen	8	12.5	Papier und Pappe verarbeitende Industrie
Aufzüge (mobil), Hublifte, Hebebühnen, Arbeitsbühnen	10	10	Gem. Anlage 13 des Gesetzes zum NKFG (Neuen Kommunalen Finanzmanagement)
Aufzüge, Hebebühnen	10	10	Gartenbau (nach dem 31.12.1997)
Aufzüge, mobil	11	9.09	Allgemein verwendbare Anlagegüter
Aufzüge, stationär	15	6.67	Allgemein verwendbare Anlagegüter
Aufzuchtbecken (Beton)	20	5	Binnenfischerei, Teichwirtschaft, Fischzucht, fischwirtschaftliche Dienstleistungen
Aufzuchtbecken (Kunststoff)	10	10	Binnenfischerei, Teichwirtschaft, Fischzucht, fischwirtschaftliche Dienstleistungen
Aufzug (Hopfendarre)	10	10	Hopfenanbau
Aufzugsanlagen	15	6.67	Kommunalverwaltung, KGSt-Bericht 1/1999
Aufzugswellenkürzmaschinen	5	20	Uhrenindustrie
Aufzugswinden	10	10	Binnenfischerei, Teichwirtschaft, Fischzucht, fischwirtschaftliche Dienstleistungen
Augenarzt	10	10	Gesundheitswesen
Augenschleifmaschinen	6	16.67	Stahlverformung
Augenspiegel	10	10	Gesundheitswesen
Augenspiegelfräsmaschinen	6	16.67	Stahlverformung
auml;steaufbereitung	10	10	Zellstoff, Holzstoff, Papier und Pappe erzeugende Industrie
Aus- und Verpackungsanlagen	6	16.67	Sektkellereien
Aus- und Verpackungsanlagen	6	16.67	Weinbau und Weinhandel (nach dem 31.12.1988)
Ausbettgeräte für Gussmuffel	5	20	Zahntechniker
Ausbettpressen für Kunststofftechnik	5	20	Zahntechniker
Ausblockgeräte	5	20	Zahntechniker
Ausbrühgeräte	6	16.67	Zahntechniker
Ausbrechgerät	5	20	Weinbau und Weinhandel (nach dem 31.12.1988)
Ausbrechmaschinen	8	12.5	Druckerei und Verlagsunternehmen mit Druckerei

Anlagegut	ND	% p.a.	Abschreibungstabelle
Ausbrechmaschinen	8	12.5	Papier und Pappe verarbeitende Industrie
Ausdehnungsgefäße	14	7.14	ölmühlen und Margarine-Industrie
Auseinander-, Band-, Doppel- und sonstige Wickelmaschinen	10	10	Aluminiumfolien-Industrie
Ausfahrtvorrichtungen (elekt. Einfahrtstore)	8	12.5	Kommunalverwaltung, KGSt-Bericht 1/1999
Auslagerung (Flachsiloentnahmegeräte)	8	12.5	Landwirtschaft und Tierzucht (nach dem 30.06.1996)
Auslagerung (Futterverteilwagen, Futtermischwagen)	8	12.5	Landwirtschaft und Tierzucht (nach dem 30.06.1996)
Auslagerung (Siloobenfräsen)	8	12.5	Landwirtschaft und Tierzucht (nach dem 30.06.1996)
Auslagerung (Vorschneidegeräte)	8	12.5	Landwirtschaft und Tierzucht (nach dem 30.06.1996)
Auslaufbauwerke einschl. Rechen und Schützen (Bauwerke)	30	3.33	Gem. Anlage 13 des Gesetzes zum NKFG (Neuen Kommunalen Finanzmanagement)
Ausleist-Maschinen	8	12.5	Schuhindustrie
Auspresser für Duschanlagen	10	10	ölmühlen und Margarine-Industrie
Ausputzmaschinen (übrige)	10	10	Borstenzurichtung und Pinselindustrie
Ausputzmaschinen (automatische)	5	20	Borstenzurichtung und Pinselindustrie
Ausreck- und Abwelkmaschinen	10	10	Rauchwarenverarbeitung
Ausreckmaschinen	5	20	Leder-Industrie (Ledererzeugung)
Ausschanksäulen	5	20	Gastgewerbe
Ausschlaggefäße	14	7.14	Brauereien und Mälzereien
Ausspritzer	5	20	Essig- und Senffabrikation
Ausstossanlagen	10	10	Gewerbliche Erzeugung und Aufbereitung von Spinnstoffen, Spinnerei, Weberei
Ausstossmaschine	8	12.5	Herstellung von Schreib- und Zeichengeräten
Austragungssystem u. Schlackentransportanlage (MVA für feste Abfälle)	12	8.33	Abfallentsorgungs- und Recyclingwirtschaft
Austragungssystem und Schlackentransportanlagen (MVA für feste und flüssige Sonderabfälle)	10	10	Abfallentsorgungs- und Recyclingwirtschaft
Auswachsöfen	6	16.67	Zahntechniker
Auswaschanlagen, Ausblasanlagen für Fotopolymerdruckplatten	5	20	Druckerei und Verlagsunternehmen mit Druckerei
Auswuchtmaschinen	5	20	Uhrenindustrie

Anlagegut	ND	% p.a.	Abschreibungstabelle
Auszeichnungsautomaten	5	20	Fleischwarenindustrie, Fleischer, Schlachthöfe
Auszeichnungsmaschinen	5	20	Chemischreinigung, Wäscherei, Färberei
Autoanalyzer	5	20	Gesundheitswesen
Autobetonpumpen	6	16.67	Baugewerbe
Autofalter, mobil	4	25	Schrott- und Abbruchwirtschaft
Autohebebühne	8	12.5	Kommunalverwaltung, KGSt-Bericht 1/1999
Autohydraulikkräne über 100 t Gesamtgewicht	7	14.29	Schrott- und Abbruchwirtschaft
Autohydraulikkräne bis 100 t Gesamtgewicht	6	16.67	Schrott- und Abbruchwirtschaft
Autoklaven	10	10	Fischverarbeitungsindustrie
Autoklaven	8	12.5	Fleischwarenindustrie, Fleischer, Schlachthöfe
Autoklaven	5	20	Kalk-, Gips-, und Kreideindustrie
Autoklaven (sonstige)	14	7.14	ölmühlen und Margarine-Industrie
Autoklaven aus Edelstahl (massiv)	20	5	ölmühlen und Margarine-Industrie
Autoklaven, nicht Vollautomaten bei Säureeinwirkung	5	20	Obst- und Gemüseverarbeitungsindustrie
Autoklaven, nicht Vollautomaten im Naßbetrieb	7	14.29	Obst- und Gemüseverarbeitungsindustrie
Autoklavpressen	8	12.5	Kautschukindustrie
Autokräne mit Gitterausleger und Seileinrichtung über 30 t Gesamtgewicht	7	14.29	Schrott- und Abbruchwirtschaft
Autokräne mit Gitterausleger und Seileinrichtung bis 30 t Gesamtgewicht	6	16.67	Schrott- und Abbruchwirtschaft
Autokrane über 30 t Hubgewicht	8	12.5	Baugewerbe
Autokrane bis 30 t Hubgewicht	6	16.67	Baugewerbe
Autom. Getreide- und Absackwaagen	12	8.33	Mühlen (ohne ölmühlen)
Autom. Kühlanlagen (75-100.000 kal.)	10	10	ölmühlen und Margarine-Industrie
Autom. Trocken- und Naßputzanlagen (Strahlanlagen)	5	20	Eisen-, Stahl- und Tempergießereien
Automaten, Geldspiel-	4	25	Allgemein verwendbare Anlagegüter
Automaten, Getränke-	7	14.29	Allgemein verwendbare Anlagegüter
Automaten, Leergut-	7	14.29	Allgemein verwendbare Anlagegüter
Automaten, Musik-	8	12.5	Allgemein verwendbare Anlagegüter

Anlagegut	ND	% p.a.	Abschreibungstabelle
Automaten, Passbild-	5	20	Allgemein verwendbare Anlagegüter
Automaten, Unterhaltungs- (Video-)	6	16.67	Allgemein verwendbare Anlagegüter
Automaten, Visitenkarten-	5	20	Allgemein verwendbare Anlagegüter
Automaten, Waren-	5	20	Allgemein verwendbare Anlagegüter
Automaten, Zigaretten-	8	12.5	Allgemein verwendbare Anlagegüter
Automatenfräsmaschinen	6	16.67	Eisen-, Blech- und Metallwarenindustrie
Automatenfräsmaschinen	6	16.67	Kraftfahrzeugindustrie
Automatenfräsmaschinen	6	16.67	Stahlverformung
automatische Bohrmaschinen	5	20	Feinmechanische und Optische Industrie
Automatische Füllanlagen	10	10	ölmühlen und Margarine-Industrie
Automatische Fliesen-/ Plattenpressen	5	20	Feinkeramische Industrie
Automatische Pressen	6	16.67	Kalksandsteinindustrie
Automatische Probenahmeeinrichtungen für Teil- oder Fertigprodukte	16	6.25	Steinkohlenbergbau
Automatische Steinfertigungsmaschinen (einfache Bauart)	5	20	Beton- und Fertigteilindustrie
Automatische Steinfertigungsmaschinen (hochentwikkelte Bauart)	3	33.33	Beton- und Fertigteilindustrie
Automatische Webmaschinen (auch mit Schaftmaschine, auch mit Spulapparat)	7	14.29	Gewerbliche Erzeugung und Aufbereitung von Spinnstoffen, Spinnerei, Weberei
Automatische Webmaschinen mit anderem Schusseintrag als lfd. Nr. VI.9 (auch mit Schaftmaschine)	7	14.29	Gewerbliche Erzeugung und Aufbereitung von Spinnstoffen, Spinnerei, Weberei
Automobilkräne	5	20	Schiffbau
Autosampler	8	12.5	Kommunalverwaltung, KGSt-Bericht 1/1999
Autoschütter	4	25	Kalksandsteinindustrie
Autoschalter	10	10	Kreditwirtschaft
Autoseilbagger, zwei- oder mehrachsig, mit Gitterausleger über 30 t Gesamtgewicht	7	14.29	Schrott- und Abbruchwirtschaft
Autoseilbagger, zwei- oder mehrachsig, mit Gitterausleger bis 30 t Gesamtgewicht	5	20	Schrott- und Abbruchwirtschaft
Autotelefone	5	20	Allgemein verwendbare Anlagegüter

Anlagegut	ND	% p.a.	Abschreibungstabelle
Autotelefone	5	20	Kommunalverwaltung, KGSt-Bericht 1/1999
Autowaschanlagen	10	10	Allgemein verwendbare Anlagegüter
Autowaschstraßen	10	10	Allgemein verwendbare Anlagegüter
Autowaschstraßen	7	14.29	Vertrieb von Erdölerzeugnissen
Bäckereiwaagen, automatische	6	16.67	Brot- und Backwarenindustrie, Herst. v. Tiefkühl-/Kombinationsbackwaren, Bäckereien, Konditoreien
Bäckereiwaagen, elektronische	5	20	Brot- und Backwarenindustrie, Herst. v. Tiefkühl-/Kombinationsbackwaren, Bäckereien, Konditoreien
Bäckereiwaagen, sonstige	8	12.5	Brot- und Backwarenindustrie, Herst. v. Tiefkühl-/Kombinationsbackwaren, Bäckereien, Konditoreien
Bädereinrichtungen	10	10	Kommunalverwaltung, KGSt-Bericht 1/1999
Bädereinrichtungen (bewegl.)	10	10	Gesundheitswesen
Bänder, Förder-	14	7.14	Allgemein verwendbare Anlagegüter
Bänder, Platten-	14	7.14	Allgemein verwendbare Anlagegüter
Bänder, Transport-	14	7.14	Allgemein verwendbare Anlagegüter
Bänke aus Holz	8	12.5	Kommunalverwaltung, KGSt-Bericht 1/1999
Bänke aus Metall oder Kunststoff	20	5	Kommunalverwaltung, KGSt-Bericht 1/1999
Bänke aus Stein, Mauerwerk	30	3.33	Kommunalverwaltung, KGSt-Bericht 1/1999
Bördel- und Beschneidemaschinen	8	12.5	Eisen-, Blech- und Metallwarenindustrie
Bördelmaschinen	8	12.5	Feinmechanische und Optische Industrie
Bördelmaschinen	10	10	Spielwaren-Industrie
Bördelmaschinen	8	12.5	Stahlverformung
Bücher	3	33.33	Kommunalverwaltung, KGSt-Bericht 1/1999
Büffets	10	10	Waren- und Kaufhäuser
Bügel-, Krumpf- und Dekatiermaschinen	7	14.29	Textilveredelung
Bügelmaschinen	10	10	Leder-Industrie (Ledererzeugung)
Bügelmaschinen	10	10	Lederwaren- und Kofferindustrie

Anlagegut	ND	% p.a.	Abschreibungstabelle
Bügelmaschinen (Pelzbekleidungsindustrie und Kürschnerei)	7	14.29	Rauchwarenverarbeitung
Bügelmaschinen (Rauchwarenveredlung)	7	14.29	Rauchwarenverarbeitung
Bügelmaschinen und -apparate (hand- bzw. fussbetrieben, Absaudampfer)	10	10	Chemischreinigung, Wäscherei, Färberei
Bügelmaschinen und -apparate (pneumatische)	5	20	Chemischreinigung, Wäscherei, Färberei
Bügelmaschinen und -apparate (Spezial- und Hilfsapparate wie z. B. ärmeldämpfer, Bügelkolben)	5	20	Chemischreinigung, Wäscherei, Färberei
Bügelpressen	5	20	Schuhindustrie
Bühnen, Arbeits- (mobil)	11	9.09	Allgemein verwendbare Anlagegüter
Bühnen, Arbeits- (stationär)	15	6.67	Allgemein verwendbare Anlagegüter
Bühnen, Hebe- (mobil)	11	9.09	Allgemein verwendbare Anlagegüter
Bühnen, Hebe- (stationär)	15	6.67	Allgemein verwendbare Anlagegüter
Bühnenausstattung	15	6.67	Kommunalverwaltung, KGSt-Bericht 1/1999
Bühnenbeleuchtungs-Stellwerk	20	5	Kommunalverwaltung, KGSt-Bericht 1/1999
Bühnenpodium, versenkbar	15	6.67	Kommunalverwaltung, KGSt-Bericht 1/1999
Bühnentechnische Anlagen	10	10	Fernseh-, Film- und Hörfunkwirtschaft
Bühnenvorhänge	5	20	Filmtheater
Bühnenvorhänge	8	12.5	Gastgewerbe
Bühnenzubehör	20	5	Kommunalverwaltung, KGSt-Bericht 1/1999
Bündel- und Verpackungsmaschinen für Baumschulen	10	10	Gartenbau (nach dem 31.12.1997)
Bündel-, Stock- und Spindelpressen	8	12.5	Druckerei und Verlagsunternehmen mit Druckerei
Bündelfunkanlagen	8	12.5	Luftfahrtunternehmen und Flughafenbetriebe
Bündelmaschinen und -automaten	8	12.5	Papier und Pappe verarbeitende Industrie
Bündelrohrkondensatoren	10	10	Molkereien und sonstige Milchverwertung
Bündelrohrverdampfer (Kühler)	10	10	Molkereien und sonstige Milchverwertung
Büro- und Geschäftsausstattung	3	33.33	Gem. Anlage 13 des Gesetzes zum NKFG (Neuen Kommunalen Finanzmanagement)

Anlagegut	ND	% p.a.	Abschreibungstabelle
Büroausstattung / Büromöbel	15	6.67	Kommunalverwaltung, KGSt-Bericht 1/1999
Bürocontainer	10	10	Allgemein verwendbare Anlagegüter
Bürocontainer	8	12.5	Kommunalverwaltung, KGSt-Bericht 1/1999
Bürogebäude, massiv	80	1.25	Kommunalverwaltung, KGSt-Bericht 1/1999
Bürogebäude, teilmassiv	40	2.5	Kommunalverwaltung, KGSt-Bericht 1/1999
Büromöbel	13	7.69	Allgemein verwendbare Anlagegüter
Büromöbel	10	10	Gem. Anlage 13 des Gesetzes zum NKFG (Neuen Kommunalen Finanzmanagement)
Büromöbel, Stahlschränke, Beleuchtungen, Geräte des Nachrichtenwesens usw.	10	10	Chemische Industrie
Büromaschinen	8	12.5	Kommunalverwaltung, KGSt-Bericht 1/1999
Büromaschinen, Flipcharts, Software	5	20	Gem. Anlage 13 des Gesetzes zum NKFG (Neuen Kommunalen Finanzmanagement)
Bürstenlose Maschinen	5	20	Essig- und Senffabrikation
Bürstenmaschinen	5	20	Essig- und Senffabrikation
Bürstenmaschinen	8	12.5	Feinmechanische und Optische Industrie
Bürstenpressen	10	10	Borstenzurichtung und Pinselindustrie
Bürsten-Voll- und Halbautomaten	5	20	Holzverarbeitende Industrie
Bürstmaschine	10	10	Hutstoff-Fabrikation
Bürstmaschinen	10	10	Allgemein verwendbare Anlagegüter
Bürstmaschinen	10	10	Aluminiumfolien-Industrie
Bürstmaschinen	8	12.5	Chemischreinigung, Wäscherei, Färberei
Bürstmaschinen	10	10	Leder-Industrie (Ledererzeugung)
Bürstmaschinen	10	10	Mühlen (ohne ölmühlen)
Bürstmaschinen	10	10	Rauchwarenverarbeitung
Babywaage	10	10	Kommunalverwaltung, KGSt-Bericht 1/1999
Backöfen	10	10	Mühlen (ohne ölmühlen)
Backenbrecher, Kreiselbrecher, Tonraspler	8	12.5	Feuerfeste- und Steinzeug-Industrie
Backenbrecher, Kreiselbrecher, Tonraspler	8	12.5	Schiefer- und Tonindustrie

Anlagegut	ND	% p.a.	Abschreibungstabelle
Backkammern u. Backschränke	6	16.67	Brot- und Backwarenindustrie, Herst. v. Tiefkühl-/Kombinationsbackwaren, Bäckereien, Konditoreien
Bade- u. Kurmittelhäuser, Hallenbäder (Massiv) f. sonstige medizinische Bäder und Hallenbäder	50	2	Heil-, Kur-, Sport- und Freizeitbäder
Bade- u. Kurmittelhäuser, Hallenbäder (Massiv) f. Thermal-/Mineralsolebäder, Heil- u. Kurbäder	33	3.03	Heil-, Kur-, Sport- und Freizeitbäder
Bade- u. Umkleidekabinen, in Badehäuser eingebaut (massiv)	20	5	Heil-, Kur-, Sport- und Freizeitbäder
Bade- u. Umkleidekabinen, in Badehäuser eingebaut (Montagekonstruktionen)	10	10	Heil-, Kur-, Sport- und Freizeitbäder
Badeanstalten, künstl. angelegte Badebecken	30	3.33	Kommunalverwaltung, KGSt-Bericht 1/1999
Badehallen und -häuser, massiv	80	1.25	Kommunalverwaltung, KGSt-Bericht 1/1999
Badehallen und -häuser, teilmassiv	40	2.5	Kommunalverwaltung, KGSt-Bericht 1/1999
Badekabinen, Holzkonstruktion	20	5	Kommunalverwaltung, KGSt-Bericht 1/1999
Badekabinen, massiv	80	1.25	Kommunalverwaltung, KGSt-Bericht 1/1999
Badekabinen, teilmassiv	40	2.5	Kommunalverwaltung, KGSt-Bericht 1/1999
Badewannen	10	10	Heil-, Kur-, Sport- und Freizeitbäder
Badewasserdesinfektionsanlagen	7	14.29	Heil-, Kur-, Sport- und Freizeitbäder
Bagger	8	12.5	Forstwirtschaft (nach dem 30.09.1995)
Bagger	6	16.67	Schiefer- und Tonindustrie
Bagger	8	12.5	Ziegelindustrie
Bagger (gleisgebunden)	6	16.67	Ziegelindustrie
Bagger (selbstfahrend)	4	25	Ziegelindustrie
Bagger (sonstige)	9	11.11	Naturwerksteinindustrie, Steinbildhauer, Steinmetze
Bagger aller Art (z. B. Löffel-, Greifer-, Eimerketten mit Diesel-, Dampf-, oder sonstigem Antrieb)	6	16.67	Zementindustrie
Bagger auf Raupen (Schürfkübelbagger, Greifbagger, Löffelbagger)	6	16.67	Bimsbaustoffindustrie

Anlagegut	ND	% p.a.	Abschreibungstabelle
Bagger im Steinbruch	5	20	Naturwerksteinindustrie, Steinbildhauer, Steinmetze
Bagger im Untertagebau	4	25	Kalk-, Gips-, und Kreideindustrie
Bagger, allgemein	6	16.67	Kalk-, Gips-, und Kreideindustrie
Bagger, Schrapper	8	12.5	Kalksandsteinindustrie
Bagger, sonstige Baufahrzeuge	8	12.5	Gem. Anlage 13 des Gesetzes zum NKFG (Neuen Kommunalen Finanzmanagement)
Baggerlader	4	25	Garten-, Landschafts- und Sportplatzbau
Baggerlader	8	12.5	Kommunalverwaltung, KGSt-Bericht 1/1999
Bahndienstfahrzeuge, Nebenfahrzeuge	20	5	Personen- und Güterbeförderung (im Straßen- und Schienenverkehr)
Bahnen, Hänge-	14	7.14	Allgemein verwendbare Anlagegüter
Bahnen, Rollen	14	7.14	Allgemein verwendbare Anlagegüter
Bahnkörper (Erdeinschnitt und Damm)	75	1.33	Personen- und Güterbeförderung (im Straßen- und Schienenverkehr)
Bahnkörper (nach gesetzl. Vorschriften)	33	3.03	Allgemein verwendbare Anlagegüter
Bahnkörper (sonstige)	15	6.67	Allgemein verwendbare Anlagegüter
Bahnkörper, Gleisanlagen, Gleiseinrichtungen, Weichen	15	6.67	Gem. Anlage 13 des Gesetzes zum NKFG (Neuen Kommunalen Finanzmanagement)
Bahnsteige, Rampen	25	4	Personen- und Güterbeförderung (im Straßen- und Schienenverkehr)
Bahrwagen	10	10	Kommunalverwaltung, KGSt-Bericht 1/1999
Bakelmaschinen	8	12.5	Rauchwarenverarbeitung
Balkenherdöfen	6	16.67	NE-Metallhalbzeugindustrie (NE-Metallhalbzeugwerke und NE-Metallgießereien)
Balkenmäher, selbstfahrend	4	25	Garten-, Landschafts- und Sportplatzbau
Ballenbrecher	10	10	Gewerbliche Erzeugung und Aufbereitung von Spinnstoffen, Spinnerei, Weberei
Ballenbrecher und Softner	10	10	Gewerbliche Erzeugung und Aufbereitung von Spinnstoffen, Spinnerei, Weberei
Ballenladewagen	12	8.33	Landwirtschaft und Tierzucht (nach dem 30.06.1996)
Ballenpresse	10	10	Hopfenanbau
Ballenpressen	8	12.5	Druckerei und Verlagsunternehmen mit Druckerei
Ballenstechermaschinen	8	12.5	Gartenbau (nach dem 31.12.1997)

Anlagegut	ND	% p.a.	Abschreibungstabelle
Ballenwurfgabel, Ballenauflader	12	8.33	Landwirtschaft und Tierzucht (nach dem 30.06.1996)
Ballone, Heißluft-	5	20	Allgemein verwendbare Anlagegüter
Band- und Rollentrockner	7	14.29	Sägeindustrie und Holzbearbeitung
Band- und Rollentrockner für Furniere	7	14.29	Holzverarbeitende Industrie
Band- und Wagenkühlöfen, Einbrennöfen (Bänder und Getriebe)	5	20	Glaserzeugende Industrie (Flachglas, Hohlglas und Glasfaser)
Band- und Wagenkühlöfen, Einbrennöfen (Feste Ofenteile (ohne I.1.b und I.1.c))	5	20	Glaserzeugende Industrie (Flachglas, Hohlglas und Glasfaser)
Band- und Wagenkühlöfen, Einbrennöfen (Kühlbahnkästen)	5	20	Glaserzeugende Industrie (Flachglas, Hohlglas und Glasfaser)
Bandanlagen, stationäre	8	12.5	Schiefer- und Tonindustrie
Bandanlagen, transportable	6	16.67	Schiefer- und Tonindustrie
Bandbügelmaschinen	5	20	Schuhindustrie
Bandbeschichtungsanlagen	6	16.67	Stahlverformung
Banderolenmaschinen (Druck, Schneiden, Aufkleben)	10	10	Zigarettenindustrie
Banderoliermaschinen	8	12.5	Allgemein verwendbare Anlagegüter
Banderoliermaschinen	6	16.67	Molkereien und sonstige Milchverwertung
Banderoliermaschinen	8	12.5	Papier und Pappe verarbeitende Industrie
Bandfilter	10	10	Brauereien und Mälzereien
Bandklebemaschinen	5	20	Schuhindustrie
Bandkleber	8	12.5	Papier und Pappe verarbeitende Industrie
Bandlaufwerke	4	25	Kommunalverwaltung, KGSt-Bericht 1/1999
Bandmesserspaltmaschinen	5	20	Leder-Industrie (Ledererzeugung)
Bandmesserspalt-Maschinen	8	12.5	Schuhindustrie
Bandmesserzuschneidemaschinen	5	20	Bekleidungsindustrie (ohne Lederbekleidung)
Bandmesserzuschneidemaschinen	5	20	Lederwaren- und Kofferindustrie
Bandsägemaschinen	6	16.67	Holzverarbeitende Industrie
Bandsägemaschinen	10	10	NE-Metallhalbzeugindustrie (NE-Metallhalbzeugwerke und NE-Metallgießereien)
Bandsägen	8	12.5	Papier und Pappe verarbeitende Industrie
Bandsägen (Handwerk)	8	12.5	Naturwerksteinindustrie, Steinbildhauer, Steinmetze

Anlagegut	ND	% p.a.	Abschreibungstabelle
Bandsägen (Industrie)	6	16.67	Naturwerksteinindustrie, Steinbildhauer, Steinmetze
Bandschleifmaschinen	8	12.5	Feinmechanische und Optische Industrie
Bandschleifmaschinen	8	12.5	Stahlverformung
Bandschleifmaschinen (automatische)	6	16.67	Holzverarbeitende Industrie
Bandschleifmaschinen (handgeführte)	6	16.67	Holzverarbeitende Industrie
Bandschleifmaschinen, automatische	6	16.67	Sägeindustrie und Holzbearbeitung
Bandspendegeräte	5	20	Schuhindustrie
Bandtrockner	10	10	Hopfenanbau
Bandumwickelmaschinen	10	10	NE-Metallhalbzeugindustrie (NE-Metallhalbzeugwerke und NE-Metallgießereien)
Bandverzinkung	8	12.5	Eisen-, Blech- und Metallwarenindustrie
Bandwebmaschinen (auch mit Schaftmaschine)	8	12.5	Gewerbliche Erzeugung und Aufbereitung von Spinnstoffen, Spinnerei, Weberei
Bandwebmaschinen, schützenlos (auch mit Schaftmaschine)	7	14.29	Gewerbliche Erzeugung und Aufbereitung von Spinnstoffen, Spinnerei, Weberei
Bankettfräsmaschinen	6	16.67	Forstwirtschaft (nach dem 30.09.1995)
Banknotenzählmaschine	5	20	Kreditwirtschaft
Baracken	16	6.25	Allgemein verwendbare Anlagegüter
Baracken (doppelwandig, oh. Fundament), Wellblechschuppen	7	14.29	Baugewerbe
Baracken (Massivbau)	10	10	Chemische Industrie
Baracken , Holzkonstruktion	20	5	Kommunalverwaltung, KGSt-Bericht 1/1999
Baracken, Behelfsbauten	20	5	Gem. Anlage 13 des Gesetzes zum NKFG (Neuen Kommunalen Finanzmanagement)
Baracken, teilmassiv	40	2.5	Kommunalverwaltung, KGSt-Bericht 1/1999
Barkassen	20	5	Allgemein verwendbare Anlagegüter
Barkassen und Binnenschlepper	18	5.56	Baugewerbe
Barkassen und Schuten	20	5	Schiffbau
Barkassen, Motorboote	20	5	Hochsee-, Küsten- und Binnenschiffahrt
Barrenfräsmaschinen	8	12.5	Aluminiumfolien-Industrie
Barrensägemaschinen	10	10	NE-Metallhalbzeugindustrie (NE-Metallhalbzeugwerke und NE-Metallgießereien)

Anlagegut	ND	% p.a.	Abschreibungstabelle
Barrieren (Sportplätze)	20	5	Kommunalverwaltung, KGSt-Bericht 1/1999
Barschränke	5	20	Gastgewerbe
Bartheken	5	20	Gastgewerbe
Batterieanlagen	10	10	Fernseh-, Film- und Hörfunkwirtschaft
Batterie-Ladegeräte	4	25	Vertrieb von Erdölerzeugnissen
Batterieladestationen, mobil	8	12.5	Steinkohlenbergbau
Batterieladestationen, stationär	10	10	Steinkohlenbergbau
Batterien	7	14.29	Heil-, Kur-, Sport- und Freizeitbäder
Bauaufzüge	7	14.29	Baugewerbe
Baubuden	8	12.5	Allgemein verwendbare Anlagegüter
Baubuden (einwandig)	6	16.67	Baugewerbe
Baucontainer	10	10	Allgemein verwendbare Anlagegüter
Baucontainer	10	10	Baugewerbe
Baucontainer	10	10	Garten-, Landschafts- und Sportplatzbau
Baucontainer, Bürocontainer, Transportcontainer	10	10	Gem. Anlage 13 des Gesetzes zum NKFG (Neuen Kommunalen Finanzmanagement)
Bauholz- und Schwellenkreissägen	6	16.67	Holzverarbeitende Industrie
Bauholzkreissägen	6	16.67	Sägeindustrie und Holzbearbeitung
Baukompressoren mit Elektromotor	8	12.5	Baugewerbe
Baukompressoren mit Verbrennungsmotor	6	16.67	Baugewerbe
Baulicher Teil Kompostieranlage	25	4	Kommunalverwaltung, KGSt-Bericht 1/1999
Baumkuchenmaschinen	8	12.5	Brot- und Backwarenindustrie, Herst. v. Tiefkühl-/Kombinationsbackwaren, Bäckereien, Konditoreien
Baumobstgehölze (Pflanzdichte > 1.600 St / ha)	10	10	Gartenbau (nach dem 31.12.1997)
Baumobstgehölze (Pflanzdichte > 4.000 St / ha)	8	12.5	Gartenbau (nach dem 31.12.1997)
Baumobstgehölze (Pflanzdichte bis 1.600 St / ha)	15	6.67	Gartenbau (nach dem 31.12.1997)
Baum-Verpflanzmaschine	5	20	Garten-, Landschafts- und Sportplatzbau
Baumwollkämmereimaschinen (Wattemaschinen, Kehrstrecken, Kämmaschinen)	10	10	Gewerbliche Erzeugung und Aufbereitung von Spinnstoffen, Spinnerei, Weberei
Baustellencontainer	10	10	Schrott- und Abbruchwirtschaft

Anlagegut	ND	% p.a.	Abschreibungstabelle
Baustellensicherungsgeräte	3	33.33	Kommunalverwaltung, KGSt-Bericht 1/1999
Baustellensicherungshänger	6	16.67	Kommunalverwaltung, KGSt-Bericht 1/1999
Baustellensilos	4	25	Zementindustrie
Baustellenwagen	10	10	Kommunalverwaltung, KGSt-Bericht 1/1999
Baustofförder- und -verarbeitungsanlagen	5	20	Steinkohlenbergbau
Baustoffsilos und Bunker	12	8.33	Steinkohlenbergbau
Bautrocknungs- und Warmluftgeräte	5	20	Baugewerbe
Bautrocknungsgeräte	5	20	Allgemein verwendbare Anlagegüter
Bauwagen	12	8.33	Allgemein verwendbare Anlagegüter
Bauwagen	8	12.5	Baugewerbe
Bauwagen	8	12.5	Garten-, Landschafts- und Sportplatzbau
Bauzaun	3	33.33	Garten-, Landschafts- und Sportplatzbau
Be- und Entlüftungsanlagen (Klimaanlagen)	8	12.5	Kommunalverwaltung, KGSt-Bericht 1/1999
Be- und Entlüftungsanlagen in Kopierwerken	10	10	Fernseh-, Film- und Hörfunkwirtschaft
Be- und Entlüftungsgerät	8	12.5	Kommunalverwaltung, KGSt-Bericht 1/1999
Be- und Entpalettieranlagen	5	20	Brauereien und Mälzereien
Be- und Verarbeitungsmaschinen	10	10	Kommunalverwaltung, KGSt-Bericht 1/1999
Bearbeitungsmaschinen	10	10	Druckerei und Verlagsunternehmen mit Druckerei
Bearbeitungszentren (CNC)	5	20	Eisen-, Blech- und Metallwarenindustrie
Bearbeitungszentren, CNC	5	20	Stahlverformung
Beatmungsgeräte	5	20	Gesundheitswesen
Beatmungsgeräte	5	20	Kommunalverwaltung, KGSt-Bericht 1/1999
Beauthycults für Wechselstrom mit Rundfunkstörschutz, Kabelhalter und Elektrodenanschluss	7	14.29	Friseurgewerbe und Schönheitssalons
Becher- und Kratzförderer	7	14.29	Torfgewinnung und -aufbereitung
Becherabfüllmaschinen	6	16.67	Molkereien und sonstige Milchverwertung
Becherherstellungsanlagen	6	16.67	Molkereien und sonstige Milchverwertung

Anlagegut	ND	% p.a.	Abschreibungstabelle
Becherwerke	7	14.29	Beton- und Fertigteilindustrie
Becherwerke	10	10	Fleischmehlindustrie bzw. Tierkörperbeseitigung (Herstellung von tierischen Futtermitteln)
Becherwerke	6	16.67	Kies-, Sand-, Mörtel- und Transportbetonindustrie
Becherwerke	8	12.5	Schiefer- und Tonindustrie
Becherwerke (Elevatoren)	8	12.5	Baugewerbe
Becherwerke und Elevatoren	6	16.67	Bimsbaustoffindustrie
Becherwerke, Transportbänder, Förderschnecken	6	16.67	Kalksandsteinindustrie
Becken für Mineral- und Solebäder	10	10	Heil-, Kur-, Sport- und Freizeitbäder
Beckeneinsteigsleitern	20	5	Kommunalverwaltung, KGSt-Bericht 1/1999
Beckenreiniger	10	10	Kommunalverwaltung, KGSt-Bericht 1/1999
Bedienungs- und Ladeneinrichtungen überwiegend aus Holz	10	10	Friseurgewerbe und Schönheitssalons
Bedienungs- und Ladeneinrichtungen überwiegend aus Kunststein	15	6.67	Friseurgewerbe und Schönheitssalons
Bedienungs- und Ladeneinrichtungen überwiegend aus Marmor	20	5	Friseurgewerbe und Schönheitssalons
Bedienungsautomaten (Roboter)	5	20	Stahlverformung
Bedienungsstühle	10	10	Friseurgewerbe und Schönheitssalons
Bedruckmaschine	5	20	Herstellung von Schreib- und Zeichengeräten
Beerendämpfer	8	12.5	Fruchtsaft- und Fruchtweinindustrie
Befahrbare Brücken	30	3.33	Kalk-, Gips-, und Kreideindustrie
Befeuerungseinrichtungen	8	12.5	Luftfahrtunternehmen und Flughafenbetriebe
Begasungsanlagen	10	10	Brauereien und Mälzereien
Begehbare Kabelkanäle im Flugfeldbereich	25	4	Luftfahrtunternehmen und Flughafenbetriebe
Behälter	25	4	Energie- und Wasserversorgung (nach dem 31.12.1993)
Behälter für halbfertige u. fertige Margarine aus Aluminium	12	8.33	ölmühlen und Margarine-Industrie
Behälter für halbfertige u. fertige Margarine aus Holz	10	10	ölmühlen und Margarine-Industrie

Anlagegut	ND	% p.a.	Abschreibungstabelle
Behälter für Thermal- oder Solewasser aus Beton oder Mauerwerk	25	4	Heil-, Kur-, Sport- und Freizeitbäder
Behälter für Thermal- oder Solewasser aus Stahl	15	6.67	Heil-, Kur-, Sport- und Freizeitbäder
Behälterwaagen	12	8.33	Mühlen (ohne ölmühlen)
Behälterwaschautomaten	5	20	Fleischwarenindustrie, Fleischer, Schlachthöfe
Behandlung des Zwischenguts	16	6.25	Steinkohlenbergbau
Behandlungstische, Liegen	10	10	Heil-, Kur-, Sport- und Freizeitbäder
Bei Gruppen-AfA Pos. 1.1 - 1.20	8	12.5	Feinkeramische Industrie
Bei Gruppen-AfA Pos. 2.1 - 2.21	5	20	Feinkeramische Industrie
Bei Gruppen-AfA Pos. 3.1 - 3.10	6	16.67	Feinkeramische Industrie
Bei Gruppen-AfA Pos. 4.1 - 4.6	7	14.29	Feinkeramische Industrie
Beiz- und Imprägnierkessel	7	14.29	Herstellung von Schreib- und Zeichengeräten
Beizanlagen	5	20	Eisen-, Blech- und Metallwarenindustrie
Beizanlagen	5	20	Stahlverformung
Beizbottiche	3	33.33	NE-Metallhalbzeugindustrie (NE-Metallhalbzeugwerke und NE-Metallgießereien)
Beizbottiche,ortsfest (schichtunabhängig)	5	20	NE-Metallhalbzeugindustrie (NE-Metallhalbzeugwerke und NE-Metallgießereien)
Beizgießmaschinen	5	20	Holzverarbeitende Industrie
Beizmaschine	3	33.33	Hutstoff-Fabrikation
Beiztrockenapparat für Schweife und Stücke	4	25	Hutstoff-Fabrikation
Belüftergerät für Rasen	10	10	Kommunalverwaltung, KGSt-Bericht 1/1999
Belüftungsgeräte (mobil)	10	10	Allgemein verwendbare Anlagegüter
Beladeanlagen	10	10	Mühlen (ohne ölmühlen)
Belegmaschinen	6	16.67	Vulkanisierbetriebe
Beleuchtung und Belichtung	6	16.67	Gartenbau (nach dem 31.12.1997)
Beleuchtung, Straßen- bzw. Außen-	19	5.26	Allgemein verwendbare Anlagegüter
Beleuchtungsanlagen	20	5	Gem. Anlage 13 des Gesetzes zum NKFG (Neuen Kommunalen Finanzmanagement)
Beleuchtungsanlagen	15	6.67	Kommunalverwaltung, KGSt-Bericht 1/1999

Anlagegut	ND	% p.a.	Abschreibungstabelle
Beleuchtungskörper	4	25	Filmtheater
Belichtungseinrichtungen für Kopie	5	20	Druckerei und Verlagsunternehmen mit Druckerei
Belichtungseinrichtungen für Offsetdruckplattenkopie	5	20	Druckerei und Verlagsunternehmen mit Druckerei
Belichtungssteuergeräte (nicht gerätegebunden)	4	25	Druckerei und Verlagsunternehmen mit Druckerei
Benzinabscheiderwagen	7	14.29	Kommunalverwaltung, KGSt-Bericht 1/1999
Benzinbehälter in der Erde	14	7.14	ölmühlen und Margarine-Industrie
Benzin-Pumpen	5	20	ölmühlen und Margarine-Industrie
Benzinrückgewinnungsanlagen	10	10	Kautschukindustrie
Benzin-Raffinations- und Benzinentschwefelungsanlagen	10	10	Erdölverarbeitung
Benzinsoleabscheider	5	20	ölmühlen und Margarine-Industrie
Benzin-Veredelungsanlagen (Reformierung, Polymerisation, Isomerisation, Alkylierung Extraktion)	8	12.5	Erdölverarbeitung
Benzin-Wasserabscheider	5	20	ölmühlen und Margarine-Industrie
Bepflanzungen in Gebäuden	10	10	Allgemein verwendbare Anlagegüter
Beregnungsanlage, mobil	8	12.5	Kommunalverwaltung, KGSt-Bericht 1/1999
Beregnungsanlage, stationär	10	10	Kommunalverwaltung, KGSt-Bericht 1/1999
Beregnungsanlagen (beweglich)	8	12.5	Gartenbau (nach dem 31.12.1997)
Beregnungsanlagen (beweglicher Teil)	10	10	Landwirtschaft und Tierzucht (nach dem 30.06.1996)
Beregnungsanlagen (stationär)	10	10	Gartenbau (nach dem 31.12.1997)
Beregnungsanlagen (stationärer Teil)	20	5	Landwirtschaft und Tierzucht (nach dem 30.06.1996)
Beregnungsmaschinen	8	12.5	Gartenbau (nach dem 31.12.1997)
Beregnungsmaschinen	8	12.5	Landwirtschaft und Tierzucht (nach dem 30.06.1996)
Bergebrechanlagen	5	20	Steinkohlenbergbau
Bergeversatzmaschinen	5	20	Steinkohlenbergbau
Bergeversatzmaschinen < 80 cbm/h	5	20	Steinkohlenbergbau
Berieselungsanlagen für Rundholzplatz	6	16.67	Forstwirtschaft (nach dem 30.09.1995)
Berieselungsanlagen für Rundholzplatz	6	16.67	Sägeindustrie und Holzbearbeitung

Anlagegut	ND	% p.a.	Abschreibungstabelle
Berieselungskondensatoren	10	10	Molkereien und sonstige Milchverwertung
Berieselungskondensatoren und Bündelrohrkondensatoren	10	10	Brauereien und Mälzereien
Berieselungsverdampfer (Kühler)	10	10	Molkereien und sonstige Milchverwertung
Besäum- und Mehrblattkreissägen (sonstige)	8	12.5	Sägeindustrie und Holzbearbeitung
Besäum- und Mehrblattkreissägen elektronisch gesteuerte	6	16.67	Sägeindustrie und Holzbearbeitung
Besäum- und Schwartenschneidemaschinen, automatische (elektronisch gesteuerte)	6	16.67	Holzverarbeitende Industrie
Besäum- und Schwartenschneidemaschinen, automatische (sonstige)	8	12.5	Holzverarbeitende Industrie
Besäumungsanlagen	6	16.67	Leichtbauplattenindustrie
Besäumungskreissägen	10	10	Spielwaren-Industrie
Besandungsgeräte, Sandstreumaschinen	5	20	Garten-, Landschafts- und Sportplatzbau
Besandungspumpen (Panzerpumpen)	3	33.33	Naturwerksteinindustrie, Steinbildhauer, Steinmetze
Beschallungsanlage	10	10	Kommunalverwaltung, KGSt-Bericht 1/1999
Beschallungsanlagen	9	11.11	Allgemein verwendbare Anlagegüter
Beschallungsanlagen	5	20	Fernseh-, Film- und Hörfunkwirtschaft
Beschallungsanlagen	5	20	Gem. Anlage 13 des Gesetzes zum NKFG (Neuen Kommunalen Finanzmanagement)
Beschichtungsanlagen	6	16.67	Eisen-, Blech- und Metallwarenindustrie
Beschichtungseinrichtungen für Fotopolymerdruckplatten	5	20	Druckerei und Verlagsunternehmen mit Druckerei
Beschichtungsmaschinen	13	7.69	Allgemein verwendbare Anlagegüter
Beschichtungsmaschinen	8	12.5	Aluminiumfolien-Industrie
Beschichtungsmaschinen	5	20	Druckerei und Verlagsunternehmen mit Druckerei
Beschichtungsmaschinen aller Art	6	16.67	Papier und Pappe verarbeitende Industrie
Beschickungs- und Abnahmevorrichtungen (automatische)	6	16.67	Brot- und Backwarenindustrie, Herst. v. Tiefkühl-/Kombinationsbackwaren, Bäckereien, Konditoreien
Beschickungs- und Abnahmevorrichtungen (elektronisch-/ prozeßgesteuerte)	5	20	Brot- und Backwarenindustrie, Herst. v. Tiefkühl-/Kombinationsbackwaren, Bäckereien, Konditoreien
Beschickungsanlagen	6	16.67	Papier und Pappe verarbeitende Industrie

Anlagegut	ND	% p.a.	Abschreibungstabelle
Beschickungsanlagen (f. Zigarettenmaschinen	8	12.5	Zigarettenindustrie
Beschickungseinrichtungen, automatische	5	20	Holzverarbeitende Industrie
Beschneide- und Pinselabschermaschinen	8	12.5	Borstenzurichtung und Pinselindustrie
Beschneidemaschinen	10	10	Lederwaren- und Kofferindustrie
Beschneid-Maschinen	8	12.5	Schuhindustrie
Beschneiungsanlagen, mobil	7	14.29	Seilschwebebahnen und Schlepplifte
Beschneiungsanlagen, stationär	12	8.33	Seilschwebebahnen und Schlepplifte
Beschriftungsanlagen	5	20	Leichtbauplattenindustrie
Besprühanlagen (Pausanlagen)	7	14.29	Bekleidungsindustrie (ohne Lederbekleidung)
Bestuhlung von Trauerhallen	20	5	Kommunalverwaltung, KGSt-Bericht 1/1999
Bestuhlungen	6	16.67	Filmtheater
Bestuhlungen in Vorführräumen	5	20	Fernseh-, Film- und Hörfunkwirtschaft
Beton	17	5.88	Gartenbau (nach dem 31.12.1997)
Betondeckenfertiger, Arbeitsbühnen	6	16.67	Baugewerbe
Betonfahrbahnen und -stapelplätze	10	10	Feuerfeste- und Steinzeug-Industrie
Betonfahrzeuge mit Agitator oder Transportmischer	3	33.33	Kies-, Sand-, Mörtel- und Transportbetonindustrie
Betonkleinmischer	6	16.67	Allgemein verwendbare Anlagegüter
Beton-Lagertanks	17	5.88	Fruchtsaft- und Fruchtweinindustrie
Betonmauer	17	5.88	Allgemein verwendbare Anlagegüter
Betonmauer, Ziegelmauer	20	5	Gem. Anlage 13 des Gesetzes zum NKFG (Neuen Kommunalen Finanzmanagement)
Betonmischer	6	16.67	Garten-, Landschafts- und Sportplatzbau
Betonmischer	6	16.67	Kommunalverwaltung, KGSt-Bericht 1/1999
Betonnachmischer (f. Stollenbau)	6	16.67	Baugewerbe
Betonpumpen und Betonverteilermaste	6	16.67	Baugewerbe
Betonrohrpressen und Betonrohrmaschinen	5	20	Beton- und Fertigteilindustrie
Betonsilos bei Lagerung von Kalk- und Dolomitgestein	12	8.33	Kalk-, Gips-, und Kreideindustrie
Betonsilos bei Lagerung von sonstigem Gestein (z. B. Gips- und Kreidegestein)	15	6.67	Kalk-, Gips-, und Kreideindustrie

Anlagegut	ND	% p.a.	Abschreibungstabelle
Betonspritzgeräte	8	12.5	Baugewerbe
Betonstahlbiegemaschinen	7	14.29	Beton- und Fertigteilindustrie
Betonstahlscheren	7	14.29	Beton- und Fertigteilindustrie
Betonsteuerungen	5	20	Beton- und Fertigteilindustrie
Betontische (fest) oder Metallkonstruktionen	15	6.67	Gartenbau (nach dem 31.12.1997)
Betontischtennisplatten	10	10	Heil-, Kur-, Sport- und Freizeitbäder
Betonverteiler	6	16.67	Baugewerbe
Betriebsfernsprechanlagen (Kernkraftwerke mit Leichtwasserreaktoren)	8	12.5	Energie- und Wasserversorgung (nach dem 31.12.1993)
Betriebsfernsprechanlagen (Verteilungs- und sonstige Anlagen)	10	10	Energie- und Wasserversorgung (nach dem 31.12.1993)
Betriebsfunk-, Sprechanlagen	8	12.5	Kommunalverwaltung, KGSt-Bericht 1/1999
Betriebsfunkanlagen	11	9.09	Allgemein verwendbare Anlagegüter
Betriebsfunkanlagen	8	12.5	Forstwirtschaft (nach dem 30.09.1995)
Betriebsgebäude (Schalt- und Umspannwerke) massiv	50	2	Energie- und Wasserversorgung (nach dem 31.12.1993)
Betriebsgebäude im Steinbruch und Produktionsbereich	20	5	Kalk-, Gips-, und Kreideindustrie
Betriebsgebäude im Steinbruchbereich (Baracken, Schuppen oder andere Behelfsbauten)	5	20	Natursteinindustrie f. d. Wege-, Bahn-, Wasser- u. Betonbau
Betriebsgebäude im Steinbruchbereich (Einstöckig u. Flachbauten, massiv)	30	3.33	Natursteinindustrie f. d. Wege-, Bahn-, Wasser- u. Betonbau
Betriebsgebäude im Steinbruchbereich (Einstöckig u. Flachbauten, Wellblech oder Holz)	10	10	Natursteinindustrie f. d. Wege-, Bahn-, Wasser- u. Betonbau
Betriebsgebäude im Steinbruchbereich (Mehrstöckig-massiv (Beton, Mauerwerk, Skelett))	30	3.33	Natursteinindustrie f. d. Wege-, Bahn-, Wasser- u. Betonbau
Betriebsgebäude im Steinbruchbereich (Transformatoren- u. Schalthäuser)	20	5	Natursteinindustrie f. d. Wege-, Bahn-, Wasser- u. Betonbau
Betten	15	6.67	Gesundheitswesen
Betten	15	6.67	Kommunalverwaltung, KGSt-Bericht 1/1999
Betten-Desinfektionsanlagen	8	12.5	Gesundheitswesen
Bettfedernabfüllwagen	7	14.29	Waren- und Kaufhäuser
Bettfedernreinigungsmaschinen	7	14.29	Waren- und Kaufhäuser

Anlagegut	ND	% p.a.	Abschreibungstabelle
Bettgestelle aus Holz oder Metall	10	10	Gastgewerbe
Bettungsreinigungsmaschinen für Gleise u. Weichen	6	16.67	Baugewerbe
Beutel-Füll- und Verschlußmaschinen, komb. (Säure- und Salzeinwirkung)	4	25	Essig- und Senffabrikation
Beutelhängebahnen	10	10	Personen- und Güterbeförderung (im Straßen- und Schienenverkehr)
Beutelklebemaschinen	8	12.5	Druckerei und Verlagsunternehmen mit Druckerei
Beutelklebemaschinen	8	12.5	Papier und Pappe verarbeitende Industrie
Beutelschweißgeräte (Impuls)	5	20	Essig- und Senffabrikation
Beutelverschließmaschinen	6	16.67	Kaffee- und Teeverarbeitung (ohne Kaffeemittelproduktion)
Bewegl. Förderbrücken mit Bändern	5	20	Eisen-, Stahl- und Tempergießereien
bewegliche Hebezeuge (Aufzüge und Hebebühnen, Lastenaufzüge, Rollenbahnen)	5	20	Schiffbau
Bewegliche Vibrationsmaschinen	3	33.33	Bimsbaustoffindustrie
Biege- und Abkantvorrichtungen	8	12.5	Druckerei und Verlagsunternehmen mit Druckerei
Biege- und Richtmaschinen CNC / NC	8	12.5	Maschinenbau
Biege- und Richtmaschinen ohne CNC / NC	11	9.09	Maschinenbau
Biegeöfen (sowohl Koks- als auch elektr. öfen)	10	10	Glaserzeugende Industrie (Flachglas, Hohlglas und Glasfaser)
Biege-, Abkant- und Bördelmaschinen	8	12.5	Kunststoffverarbeitende Industrie
Biegemaschinen	13	7.69	Allgemein verwendbare Anlagegüter
Biegemaschinen	8	12.5	Eisen-, Blech- und Metallwarenindustrie
Biegemaschinen	10	10	Kommunalverwaltung, KGSt-Bericht 1/1999
Biegemaschinen	8	12.5	NE-Metallhalbzeugindustrie (NE-Metallhalbzeugwerke und NE-Metallgießereien)
Biegemaschinen	10	10	Spielwaren-Industrie
Biegemaschinen	5	20	Stahl- und Eisenbau
Biegemaschinen	8	12.5	Stahlverformung
Biegemaschinen (Automaten)	8	12.5	Stahl- und Eisenbau
Biegemaschinen (elektrisch)	5	20	Lederwaren- und Kofferindustrie
Biegemaschinen (gasbeheizt)	5	20	Lederwaren- und Kofferindustrie

Anlagegut	ND	% p.a.	Abschreibungstabelle
Biegemaschinen (Hand- oder Fußbetrieb)	10	10	Lederwaren- und Kofferindustrie
Biegemaschinen für Draht	8	12.5	Papier und Pappe verarbeitende Industrie
Biegemaschinen für Pappen	8	12.5	Papier und Pappe verarbeitende Industrie
Biegemaschinen für Rohre	10	10	Stahl- und Eisenbau
Biegemaschinen für Stanzlinien	8	12.5	Papier und Pappe verarbeitende Industrie
Biegemaschinen, allgemeine	8	12.5	Feinmechanische und Optische Industrie
Biegewalzen	10	10	Stahl- und Eisenbau
Bieraufzüge	10	10	Gastgewerbe
Bier-Drive-Kompaktanlagen	8	12.5	Brauereien und Mälzereien
Bierdruckregler (Bierpumpen)	7	14.29	Brauereien und Mälzereien
Bierleitungen (ohne Unterscheidung auf Material)	10	10	Brauereien und Mälzereien
Biermischanlagen (High gravity brewing)	8	12.5	Brauereien und Mälzereien
Bierpumpen, sonstige Pumpen	7	14.29	Brauereien und Mälzereien
Biertiefkühler (z.B. Platten-, Bündelrohr-, Wendelrohrkühler)	8	12.5	Brauereien und Mälzereien
Bierzelte	8	12.5	Allgemein verwendbare Anlagegüter
Bierzelte	8	12.5	Brauereien und Mälzereien
Biesenmaschinen	5	20	Bekleidungsindustrie (ohne Lederbekleidung)
Bilder, hochwertige Gemälde (ab 5.000 DM Anschaffungskosten)	20	5	Gastgewerbe
Bilder, hochwertige Grafik, Aquarelle, Zeichnungen (ab 2.000 DM Anschaffungskosten)	20	5	Gastgewerbe
Bilder, sonstige (Druck-)Grafik	5	20	Gastgewerbe
Bilder, sonstige Gemälde	10	10	Gastgewerbe
Bildhauerfräsen und Holzbildschnitzmaschinen	6	16.67	Holzverarbeitende Industrie
Bildmeßgeräte für Fernseh-Meßtechnik	5	20	Fernseh-, Film- und Hörfunkwirtschaft
Bildschirme	3	33.33	Allgemein verwendbare Anlagegüter
Bildverstärker	8	12.5	Gesundheitswesen
Bildwände	3	33.33	Filmtheater
Bindeanlagen	5	20	Sägeindustrie und Holzbearbeitung
Bindemittel-Lagertanks	8	12.5	Baugewerbe

Anlagegut	ND	% p.a.	Abschreibungstabelle
Biogasanlagen	16	6.25	Landwirtschaft und Tierzucht (nach dem 30.06.1996)
Bitumen-Mischanlagen	10	10	Schiefer- und Tonindustrie
Bitumenpumpen	6	16.67	Garten-, Landschafts- und Sportplatzbau
Bitumen-Verarbeitungsanlagen (Oxydation)	12	8.33	Erdölverarbeitung
Bitumen-Verarbeitungsanlagen (Rückstandsverkokung)	10	10	Erdölverarbeitung
Blütenschneidemaschinen	10	10	Tabakanbau (nach dem 30.06.1995)
Blancheure (Naßbetrieb)	7	14.29	Obst- und Gemüseverarbeitungsindustrie
Blanchierkessel bei Säureeinwirkung	5	20	Obst- und Gemüseverarbeitungsindustrie
Blanchierkessel im Naßbetrieb	7	14.29	Obst- und Gemüseverarbeitungsindustrie
Blanchiermaschinen	10	10	Leder-Industrie (Ledererzeugung)
Blankglühöfen	6	16.67	NE-Metallhalbzeugindustrie (NE-Metallhalbzeugwerke und NE-Metallgießereien)
Blasformmaschinen mit Folgeeinrichtungen	6	16.67	Kunststoffverarbeitende Industrie
Blaskessel für Leinöl	14	7.14	ölmühlen und Margarine-Industrie
Blasmaschine	10	10	Hutstoff-Fabrikation
Blastschutzvorrichtungen	8	12.5	Luftfahrtunternehmen und Flughafenbetriebe
Blatt- und Geschirrputzmaschinen	10	10	Gewerbliche Erzeugung und Aufbereitung von Spinnstoffen, Spinnerei, Weberei
Blattbindemaschinen	10	10	Gewerbliche Erzeugung und Aufbereitung von Spinnstoffen, Spinnerei, Weberei
Blechbearbeitungsmaschinen (z.B. Bandeisenstreckmaschinen, Kurbelscheren, Rollenscheren)	10	10	Uhrenindustrie
Blechkantenhobelmaschinen	10	10	Stahl- und Eisenbau
Blechkanthobelmaschinen	8	12.5	Feinmechanische und Optische Industrie
Blechputzmaschinen	5	20	Brot- und Backwarenindustrie, Herst. v. Tiefkühl-/Kombinationsbackwaren, Bäckereien, Konditoreien
Blechrichtmaschinen	10	10	NE-Metallhalbzeugindustrie (NE-Metallhalbzeugwerke und NE-Metallgießereien)
Blechscheren	10	10	NE-Metallhalbzeugindustrie (NE-Metallhalbzeugwerke und NE-Metallgießereien)

Anlagegut	ND	% p.a.	Abschreibungstabelle
Blechscheren (nicht unmittelbar f. Spielwarenfertigung)	10	10	Spielwaren-Industrie
Blechwalzwerke	10	10	NE-Metallhalbzeugindustrie (NE-Metallhalbzeugwerke und NE-Metallgießereien)
Bleich- und Spritzmaschinen	5	20	Holzverarbeitende Industrie
Bleichdickstoffpumpen und Mischer	10	10	Zellstoff, Holzstoff, Papier und Pappe erzeugende Industrie
Bleichfilter	10	10	Zellstoff, Holzstoff, Papier und Pappe erzeugende Industrie
Bleichholländer	10	10	Zellstoff, Holzstoff, Papier und Pappe erzeugende Industrie
Bleichmittelanlagen für Chlordioxydanlagen	10	10	Zellstoff, Holzstoff, Papier und Pappe erzeugende Industrie
Bleichmittelanlagen für Hypochloritlösungen	10	10	Zellstoff, Holzstoff, Papier und Pappe erzeugende Industrie
Bleichtürme	10	10	Zellstoff, Holzstoff, Papier und Pappe erzeugende Industrie
Bleiminenpresse	7	14.29	Herstellung von Schreib- und Zeichengeräten
Blindmaterial (Stege, Regletten, Ausschuß u. dgl.)	5	20	Druckerei und Verlagsunternehmen mit Druckerei
Blindmaterialgießmaschinen (Elrod, Stripcaster u.a.)	10	10	Druckerei und Verlagsunternehmen mit Druckerei
Blindschachtanlagen mit Förderhaspeln >< 200 kW (Einrichtungen für Gefäßförderanlagen)	12	8.33	Steinkohlenbergbau
Blindschachtanlagen mit Förderhaspeln >< 200 kW (Fördereinrichtungen je Fördertrumm)	12	8.33	Steinkohlenbergbau
Blindschachtanlagen mit Förderhaspeln >< 200 kW (Korbbahnanlagen)	12	8.33	Steinkohlenbergbau
Blindschachtanlagen mit Förderhaspeln >< 200 kW (Maschinelle Füllorteinrichtungen)	12	8.33	Steinkohlenbergbau
Blindschachtanlagen mit Förderhaspeln >< 200 kW (Schachtstuhl)	12	8.33	Steinkohlenbergbau
Blindschachtanlagen mit Förderhaspeln >< 200 kW (Signalanlagen)	12	8.33	Steinkohlenbergbau
Blitzschutzanlagen	80	1.25	Kommunalverwaltung, KGSt-Bericht 1/1999

Anlagegut	ND	% p.a.	Abschreibungstabelle
Blockanwärmeöfen	6	16.67	NE-Metallhalbzeugindustrie (NE-Metallhalbzeugwerke und NE-Metallgießereien)
Blockbandsägeanlage (einschl. Transportanlagen)	6	16.67	Sägeindustrie und Holzbearbeitung
Blockbandsägen	6	16.67	Holzverarbeitende Industrie
Blockhaussauna	8	12.5	Heil-, Kur-, Sport- und Freizeitbäder
Blockheizkraftwerke	10	10	Allgemein verwendbare Anlagegüter
Blockheizkraftwerke (Kraft-Wärmekopplungsanlagen)	10	10	Gem. Anlage 13 des Gesetzes zum NKFG (Neuen Kommunalen Finanzmanagement)
Blockhobelmaschinen, doppelseitige, 90 oder 120 cm Breite	6	16.67	Sägeindustrie und Holzbearbeitung
Blockputzmaschinen, in Längs- oder Drehrichtung arbeitend	6	16.67	Sägeindustrie und Holzbearbeitung
Blocksägemaschinen	10	10	Aluminiumfolien-Industrie
Blutzentrifugen für Plasma	8	12.5	Fleischwarenindustrie, Fleischer, Schlachthöfe
Bockfräsen	7	14.29	Holzverarbeitende Industrie
Bodenbearbeitung (Bodenfräsen)	8	12.5	Landwirtschaft und Tierzucht (nach dem 30.06.1996)
Bodenbearbeitung (Feingrubber u. Zinkeneggen)	8	12.5	Landwirtschaft und Tierzucht (nach dem 30.06.1996)
Bodenbearbeitung (Gliedereggen)	8	12.5	Landwirtschaft und Tierzucht (nach dem 30.06.1996)
Bodenbearbeitung (Pflüge)	10	10	Landwirtschaft und Tierzucht (nach dem 30.06.1996)
Bodenbearbeitung (Pflugnachläufer(Packer, Krümler))	10	10	Landwirtschaft und Tierzucht (nach dem 30.06.1996)
Bodenbearbeitung (Saatbettkombination)	8	12.5	Landwirtschaft und Tierzucht (nach dem 30.06.1996)
Bodenbearbeitung (Scheibeneggen)	8	12.5	Landwirtschaft und Tierzucht (nach dem 30.06.1996)
Bodenbearbeitung (Schwergrubber)	10	10	Landwirtschaft und Tierzucht (nach dem 30.06.1996)
Bodenbearbeitung (Spatenrolleggen)	8	12.5	Landwirtschaft und Tierzucht (nach dem 30.06.1996)
Bodenbearbeitung (Untergrundlockerer)	8	12.5	Landwirtschaft und Tierzucht (nach dem 30.06.1996)
Bodenbearbeitung (Walzeggen)	8	12.5	Landwirtschaft und Tierzucht (nach dem 30.06.1996)

Anlagegut	ND	% p.a.	Abschreibungstabelle
Bodenbearbeitung (Walzen)	10	10	Landwirtschaft und Tierzucht (nach dem 30.06.1996)
Bodenbearbeitung (Zapfwelleneggen (Kreisel-, Rüttel-, Taumeleggen))	8	12.5	Landwirtschaft und Tierzucht (nach dem 30.06.1996)
Bodenbearbeitungsgeräte	5	20	Forstwirtschaft (nach dem 30.09.1995)
Bodenbearbeitungsgeräte für Seilzug	7	14.29	Weinbau und Weinhandel (nach dem 31.12.1988)
Bodenbefestigungsmaschinen, Automaten mit numerischer Steuerung (CAD-/CAM-Systeme)	5	20	Schuhindustrie
Bodenbelüfter	10	10	Kommunalverwaltung, KGSt-Bericht 1/1999
Bodenklebemaschinen	8	12.5	Druckerei und Verlagsunternehmen mit Druckerei
Bodenklebemaschinen	8	12.5	Papier und Pappe verarbeitende Industrie
Bodenschleifmaschinen	5	20	Maler- und Lackiererhandwerk
Bodenschutznietmaschinen	5	20	Lederwaren- und Kofferindustrie
Bodenvermörtelungsgeräte	6	16.67	Baugewerbe
Bodenvorbereitungsmaschinen, Automaten mit numerischer Steuerung (CAD-/CAM-Systeme)	5	20	Schuhindustrie
Bogen-Buchdruckmaschinen	8	12.5	Druckerei und Verlagsunternehmen mit Druckerei
Bogendruckmaschinen aller Art	8	12.5	Papier und Pappe verarbeitende Industrie
Bogenglattstoßmaschinen	10	10	Aluminiumfolien-Industrie
Bogen-Rotations-Offsetdruckmaschinen	8	12.5	Druckerei und Verlagsunternehmen mit Druckerei
Bogen-Rotations-Tiefdruckmaschinen	8	12.5	Druckerei und Verlagsunternehmen mit Druckerei
Bogenstapelmaschinen	8	12.5	Papier und Pappe verarbeitende Industrie
Bohnenabspitzmaschinen	8	12.5	Obst- und Gemüseverarbeitungsindustrie
Bohnenbrechmaschinen	8	12.5	Obst- und Gemüseverarbeitungsindustrie
Bohnenschneidemaschinen	8	12.5	Obst- und Gemüseverarbeitungsindustrie
Bohnensortiermaschinen	8	12.5	Obst- und Gemüseverarbeitungsindustrie
Bohnenturbinen	8	12.5	Obst- und Gemüseverarbeitungsindustrie
Bohnermaschinen	8	12.5	Allgemein verwendbare Anlagegüter
Bohnermaschinen	6	16.67	Waren- und Kaufhäuser
Bohr- und Aufriebmaschinen	3	33.33	Stahl- und Eisenbau

Anlagegut	ND	% p.a.	Abschreibungstabelle
Bohr- und Stanzmaschinen (automatische)	5	20	Holzverarbeitende Industrie
Bohrautomaten	8	12.5	NE-Metallhalbzeugindustrie (NE-Metallhalbzeugwerke und NE-Metallgießereien)
Bohrhämmer	7	14.29	Allgemein verwendbare Anlagegüter
Bohrhämmer	6	16.67	Kommunalverwaltung, KGSt-Bericht 1/1999
Bohrhämmer	2	50	Natursteinindustrie f. d. Wege-, Bahn-, Wasser- u. Betonbau
Bohrhammer	3	33.33	Garten-, Landschafts- und Sportplatzbau
Bohrhammer, Bohrmaschine	5	20	Gem. Anlage 13 des Gesetzes zum NKFG (Neuen Kommunalen Finanzmanagement)
Bohrlochverschlüsse	8	12.5	Erdölgewinnung
Bohrmachinen (mobil)	6	16.67	Kommunalverwaltung, KGSt-Bericht 1/1999
Bohrmaschine	6	16.67	Garten-, Landschafts- und Sportplatzbau
Bohrmaschinen	8	12.5	Druckerei und Verlagsunternehmen mit Druckerei
Bohrmaschinen	10	10	NE-Metallhalbzeugindustrie (NE-Metallhalbzeugwerke und NE-Metallgießereien)
Bohrmaschinen	8	12.5	Papier und Pappe verarbeitende Industrie
Bohrmaschinen (allgemein)	10	10	Eisen-, Blech- und Metallwarenindustrie
Bohrmaschinen (allgemein)	10	10	Stahlverformung
Bohrmaschinen (stationär)	10	10	Kommunalverwaltung, KGSt-Bericht 1/1999
Bohrmaschinen CNC / NC	7	14.29	Maschinenbau
Bohrmaschinen mit einer Umdrehungszahl von mindestens 5000 U/min und Bohrautomaten	5	20	Uhrenindustrie
Bohrmaschinen mit einstellbarer Spindel	8	12.5	Stahl- und Eisenbau
Bohrmaschinen mit fester Spindel	10	10	Stahl- und Eisenbau
Bohrmaschinen ohne CNC / NC	8	12.5	Maschinenbau
Bohrmaschinen, Abbauhämmer, Großlochbohrmaschinen bis einschl. 100 mm Bohrlochdurchmesser	3	33.33	Steinkohlenbergbau
Bohrmaschinen, andere	10	10	Uhrenindustrie
Bohrmaschinen, mobil	8	12.5	Allgemein verwendbare Anlagegüter

Anlagegut	ND	% p.a.	Abschreibungstabelle
Bohrmaschinen, stationär	16	6.25	Allgemein verwendbare Anlagegüter
Bohrtürme (vollständig)	9	11.11	Erdölgewinnung
Bohrwagen	6	16.67	Steinkohlenbergbau
Bohrwagen mit Reifen o. Raupenfahrwerk	6	16.67	Baugewerbe
Bohrwerke	8	12.5	Feinmechanische und Optische Industrie
Bohrwerke (allgemein)	10	10	Eisen-, Blech- und Metallwarenindustrie
Bohrwerke (allgemein)	10	10	Stahlverformung
Bolzplätze (rote Erde)	10	10	Kommunalverwaltung, KGSt-Bericht 1/1999
Bonderanlagen	5	20	Stahlverformung
Boote und Kähne mit und ohne Motorantrieb (Holz, Metall, Kunststoff), Bootsanhänger	10	10	Binnenfischerei, Teichwirtschaft, Fischzucht, fischwirtschaftliche Dienstleistungen
Bootsanhänger	8	12.5	Kommunalverwaltung, KGSt-Bericht 1/1999
Borddienstgebäude	40	2.5	Luftfahrtunternehmen und Flughafenbetriebe
Bordstromversorgungsanlagen (stationär)	15	6.67	Luftfahrtunternehmen und Flughafenbetriebe
Borstengeradebindemaschinen (automatische)	5	20	Borstenzurichtung und Pinselindustrie
Borstengeradebindemaschinen (einfache Art und mit Handbetrieb)	10	10	Borstenzurichtung und Pinselindustrie
Borstenreinigungswölfe	6	16.67	Borstenzurichtung und Pinselindustrie
Borstenschlitzmaschinen	5	20	Borstenzurichtung und Pinselindustrie
Borstensiebmaschinen	10	10	Borstenzurichtung und Pinselindustrie
Borstenzupfmaschinen	8	12.5	Borstenzurichtung und Pinselindustrie
BOS-Funkanlagen	8	12.5	Luftfahrtunternehmen und Flughafenbetriebe
Bräunungseinrichtungen	5	20	Heil-, Kur-, Sport- und Freizeitbäder
Brücken (Holzkonstruktion)	20	5	Gem. Anlage 13 des Gesetzes zum NKFG (Neuen Kommunalen Finanzmanagement)
Brücken (Mauerwerk, Beton- oder Stahlkonstruktion, Verbundsystem)	50	2	Gem. Anlage 13 des Gesetzes zum NKFG (Neuen Kommunalen Finanzmanagement)
Brücken aus Beton oder Mauerwerk	40	2.5	Forstwirtschaft (nach dem 30.09.1995)
Brücken aus Beton, Stahl	60	1.67	Energie- und Wasserversorgung (nach dem 31.12.1993)
Brücken aus Eisen oder Stahl	25	4	Forstwirtschaft (nach dem 30.09.1995)

Anlagegut	ND	% p.a.	Abschreibungstabelle
Brücken aus Holz	33	3.03	Energie- und Wasserversorgung (nach dem 31.12.1993)
Brücken aus Holz	10	10	Forstwirtschaft (nach dem 30.09.1995)
Brücken aus Holz	5	20	Kalk-, Gips-, und Kreideindustrie
Brücken aus Stahl oder Beton	30	3.33	Natursteinindustrie f. d. Wege-, Bahn-, Wasser- u. Betonbau
Brücken für den öffentl. Straßen- und Schienenverkehr (aus Beton oder Stahl)	75	1.33	Personen- und Güterbeförderung (im Straßen- und Schienenverkehr)
Brücken und überwege (sonstige)	10	10	Zementindustrie
Brücken und überwege aus Beton und Stahl	30	3.33	Zementindustrie
Brücken und überwege aus Holz (Behelfsbrücken)	5	20	Zementindustrie
Brücken und Anlegestellen (eisern)	20	5	Schiffbau
Brücken und Anlegestellen (hölzern)	10	10	Schiffbau
Brücken- und Portalkräne	10	10	Sägeindustrie und Holzbearbeitung
Brücken, Holzkonstruktion	20	5	Kommunalverwaltung, KGSt-Bericht 1/1999
Brücken, Mauerwerk oder Beton	80	1.25	Kommunalverwaltung, KGSt-Bericht 1/1999
Brücken, Schilder-	10	10	Allgemein verwendbare Anlagegüter
Brücken, Stahlkonstruktion	70	1.43	Kommunalverwaltung, KGSt-Bericht 1/1999
Brücken, Straßen- (Holz)	15	6.67	Allgemein verwendbare Anlagegüter
Brücken, Straßen- (Stahl und Beton)	33	3.03	Allgemein verwendbare Anlagegüter
Brücken, Wege- (Holz)	15	6.67	Allgemein verwendbare Anlagegüter
Brücken, Wege- (Stahl und Beton)	33	3.03	Allgemein verwendbare Anlagegüter
Brückenkrane	15	6.67	Baugewerbe
Brückenwaagen	20	5	Allgemein verwendbare Anlagegüter
Brückenwaagen für Fahrzeuge	10	10	Schrott- und Abbruchwirtschaft
Brückenwaagen für Vieh	8	12.5	Fleischwarenindustrie, Fleischer, Schlachthöfe
Brüdenabzugsanlagen mit Exhauster und Zerreißwolf	10	10	Fleischmehlindustrie bzw. Tierkörperbeseitigung (Herstellung von tierischen Futtermitteln)
Brüdenverdichter, Außen- und Innenkocher, Pfannendunstkondensatoren	10	10	Brauereien und Mälzereien

Anlagegut	ND	% p.a.	Abschreibungstabelle
Brühbottiche	8	12.5	Fleischwarenindustrie, Fleischer, Schlachthöfe
Brühmaschinen (Pansenreinigungsmaschinen)	8	12.5	Fleischwarenindustrie, Fleischer, Schlachthöfe
Brünieranlagen	5	20	Eisen-, Blech- und Metallwarenindustrie
Brünieranlagen	5	20	Stahlverformung
Brandmeldesysteme	12	8.33	Mühlen (ohne ölmühlen)
Brandsohlen-Abglasmaschinen	7	14.29	Schuhindustrie
Brandsohlenabschärf-Maschinen	7	14.29	Schuhindustrie
Brandsohlen-Ausschärfmaschinen	7	14.29	Schuhindustrie
Brandsohlen-Fersenfräsmaschinen	7	14.29	Schuhindustrie
Brandsohlengelenkeinkerb-Maschinen	7	14.29	Schuhindustrie
Brat- und Backöfen	5	20	Gastgewerbe
Bratapparate	5	20	Fischverarbeitungsindustrie
Bratpfannen mit Elektr.	5	20	Fischverarbeitungsindustrie
Bratpfannen mit Gas	5	20	Fischverarbeitungsindustrie
Brause- und Waschanlagen (einschließlich Handbrausen und Handwaschbecken)	10	10	Heil-, Kur-, Sport- und Freizeitbäder
Brech- und Mahlanlagen (Kalkaufbereitung)	8	12.5	Kalksandsteinindustrie
Brech- und Mahlanlagen (Sandgewinnung)	8	12.5	Kalksandsteinindustrie
Brech-, Sieb-, Verladeanlagen und Waagen	10	10	Steinkohlenbergbau
Brechaggregate aller Art mit dazugehör. Rutschen, dem Zubehör (harte und zähe Gesteinsarten)	8	12.5	Natursteinindustrie f. d. Wege-, Bahn-, Wasser- u. Betonbau
Brechaggregate aller Art mit dazugehör. Rutschen, dem Zubehör (weniger harte und zähe Gesteinsarten)	12	8.33	Natursteinindustrie f. d. Wege-, Bahn-, Wasser- u. Betonbau
Brecher	8	12.5	Fleischmehlindustrie bzw. Tierkörperbeseitigung (Herstellung von tierischen Futtermitteln)
Brecher	10	10	Kautschukindustrie
Brecher	12	8.33	Steinkohlenbergbau
Brecher (z. B. Backen-, Hammerbrecher) und Brecheranlagen bei Verarbeitung von Kalk- und Dolomit	8	12.5	Kalk-, Gips-, und Kreideindustrie

Anlagegut	ND	% p.a.	Abschreibungstabelle
Brecher (z. B. Backen-, Hammerbrecher) und Brecheranlagen bei Verarbeitung von sonstigem Gestein	10	10	Kalk-, Gips-, und Kreideindustrie
Brecheranlagen (mobile)	6	16.67	Zementindustrie
Brecheranlagen (stationäre aller Art) (z. B. Hammer-, Walzen-, Kreisel-, Prallbrecher und -mühlen)	10	10	Zementindustrie
Brechmaschinen	8	12.5	Papier und Pappe verarbeitende Industrie
Brechmaschinen	10	10	Textilveredelung
Brechwalzwerke	6	16.67	Ziegelindustrie
Breitbandschleifautomaten	5	20	Holzverarbeitende Industrie
Breitfärbemaschinen	7	14.29	Textilveredelung
Brennöfen	8	12.5	Holzverarbeitende Industrie
Brennöfen / Trocknungsanlage	8	12.5	Herstellung von Schreib- und Zeichengeräten
Brennholzbündelmaschinen, automatische	5	20	Sägeindustrie und Holzbearbeitung
Brennholzkreissägen	5	20	Holzverarbeitende Industrie
Brennholzkreissägen	5	20	Sägeindustrie und Holzbearbeitung
Brennschneideanlagen	8	12.5	Stahlverformung
Brennstofftanks	25	4	Allgemein verwendbare Anlagegüter
Brettchenschleif- oder Rauhschleifmaschine	7	14.29	Herstellung von Schreib- und Zeichengeräten
Brezelschlingmaschinen	6	16.67	Brot- und Backwarenindustrie, Herst. v. Tiefkühl-/Kombinationsbackwaren, Bäckereien, Konditoreien
Briefabholanlage	10	10	Kreditwirtschaft
Briefkästen	12	8.33	Personen- und Güterbeförderung (im Straßen- und Schienenverkehr)
Briefordnermaschinen	8	12.5	Papier und Pappe verarbeitende Industrie
Briefsortier-, -aufstell- und -stempelmaschinen	10	10	Personen- und Güterbeförderung (im Straßen- und Schienenverkehr)
Briefumschlagmaschinen	8	12.5	Papier und Pappe verarbeitende Industrie
Briefverteilanlagen (manueller Teil)	15	6.67	Personen- und Güterbeförderung (im Straßen- und Schienenverkehr)
Briefverteilanlagen (maschineller Teil (einschl. Lese- und Codiereinrichtung))	10	10	Personen- und Güterbeförderung (im Straßen- und Schienenverkehr)
Brikettierpresse	10	10	Holzverarbeitende Industrie
Brikettpressen	15	6.67	Braunkohlenbergbau

Anlagegut	ND	% p.a.	Abschreibungstabelle
Brikettrinneneinrichtung	15	6.67	Braunkohlenbergbau
Bronziermaschinen	10	10	Druckerei und Verlagsunternehmen mit Druckerei
Brunnen	20	5	Allgemein verwendbare Anlagegüter
Brunnen, Zierbrunnen u. dgl. aus Holz	10	10	Kommunalverwaltung, KGSt-Bericht 1/1999
Brunnen, Zierbrunnen u. dgl. aus Metall oder Kunststoff	20	5	Kommunalverwaltung, KGSt-Bericht 1/1999
Brunnen, Zierbrunnen u. dgl. aus Stein oder Mauerwerk	30	3.33	Kommunalverwaltung, KGSt-Bericht 1/1999
Brunnen, zur Wassergewinnung	20	5	Kommunalverwaltung, KGSt-Bericht 1/1999
Brunnenanlagen	15	6.67	Brauereien und Mälzereien
Brunnenbohr-Grossgeräte	5	20	Braunkohlenbergbau
Bruthäuser	20	5	Binnenfischerei, Teichwirtschaft, Fischzucht, fischwirtschaftliche Dienstleistungen
Brutkammern	6	16.67	Molkereien und sonstige Milchverwertung
Brutschränke	10	10	Gesundheitswesen
Brutschränke	10	10	Kommunalverwaltung, KGSt-Bericht 1/1999
Brutschränke (Kontrollschränke)	7	14.29	Obst- und Gemüseverarbeitungsindustrie
Buchblockrundemaschinen aller Art	8	12.5	Papier und Pappe verarbeitende Industrie
Buden, Bau-	8	12.5	Allgemein verwendbare Anlagegüter
Buden, Verkaufs-	8	12.5	Allgemein verwendbare Anlagegüter
Buggkanten-Einschneid-Maschinen	8	12.5	Schuhindustrie
Buggkanten-Zementier-Maschinen	5	20	Schuhindustrie
Bulldog	12	8.33	Allgemein verwendbare Anlagegüter
Bund- und Siebdruckautomaten	5	20	Feinkeramische Industrie
Bunker	6	16.67	Kalk-, Gips-, und Kreideindustrie
Bunker aus Stahlbeton	25	4	Steinkohlenbergbau
Bunker und Gruben	25	4	Heil-, Kur-, Sport- und Freizeitbäder
Bunker, Auftau-, Transport-, Verladeanlagen, Bandbrücken, Waggonkipper, Wasserleitungsnetze u.ä.	10	10	Steinkohlenbergbau
Bunker-, Brech-, Misch- und Transportanlagen, Waagen und Probenahmeeinrichtungen	10	10	Steinkohlenbergbau

Anlagegut	ND	% p.a.	Abschreibungstabelle
Bunker, Waagen, Pumpen, Siebsysteme u. ä.	10	10	Steinkohlenbergbau
Bunker, Waagen, Sieb-, Entstaubungs- und Transporteinrichtungen	16	6.25	Steinkohlenbergbau
Bunkerboote	16	6.25	Vertrieb von Erdölerzeugnissen
Bunkereinrichtungen	10	10	Braunkohlenbergbau
Buschhacker	6	16.67	Kommunalverwaltung, KGSt-Bericht 1/1999
Butterabpackanlagen (Ausformung)	6	16.67	Molkereien und sonstige Milchverwertung
Butterabpackanlagen (Block)	8	12.5	Molkereien und sonstige Milchverwertung
Butterfertiger (Stahl)	10	10	Molkereien und sonstige Milchverwertung
Butterungsanlagen	10	10	Molkereien und sonstige Milchverwertung
CAD-Systeme	5	20	Bekleidungsindustrie (ohne Lederbekleidung)
California-Montagepressen	5	20	Schuhindustrie
Carborundsägen (Handwerk)	8	12.5	Naturwerksteinindustrie, Steinbildhauer, Steinmetze
Carborundsägen (Industrie)	6	16.67	Naturwerksteinindustrie, Steinbildhauer, Steinmetze
Cardiotokographen	8	12.5	Kommunalverwaltung, KGSt-Bericht 1/1999
Cardiotokographen (CTG)	5	20	Gesundheitswesen
Cassettenrecorder	7	14.29	Allgemein verwendbare Anlagegüter
CD-Player	7	14.29	Allgemein verwendbare Anlagegüter
CD-Player	3	33.33	Fernseh-, Film- und Hörfunkwirtschaft
Cellglaseinschlagmaschinen	8	12.5	Zigarettenindustrie
Chargenkäsefertiger	8	12.5	Molkereien und sonstige Milchverwertung
Chargenmischanlagen	12	8.33	Mühlen (ohne ölmühlen)
Checkwiegler	5	20	Fleischwarenindustrie, Fleischer, Schlachthöfe
Chemikalienschränke	10	10	Druckerei und Verlagsunternehmen mit Druckerei
Chesterwannen	8	12.5	Molkereien und sonstige Milchverwertung
Chirurgisches Besteck	3	33.33	Kommunalverwaltung, KGSt-Bericht 1/1999
Chloranlage	5	20	Fleischmehlindustrie bzw. Tierkörperbeseitigung (Herstellung von tierischen Futtermitteln)

Anlagegut	ND	% p.a.	Abschreibungstabelle
Chlorgasalarmanlagen	10	10	Heil-, Kur-, Sport- und Freizeitbäder
Chlorgas-Dosiergerät	15	6.67	Kommunalverwaltung, KGSt-Bericht 1/1999
Chlorverdampfer	10	10	Zellstoff, Holzstoff, Papier und Pappe erzeugende Industrie
CIP-Reinigungsanlage	6	16.67	Molkereien und sonstige Milchverwertung
Cleaneranlagen und Ablaugenerfassungseinrichtungen	10	10	Zellstoff, Holzstoff, Papier und Pappe erzeugende Industrie
CNC-Bohrwerke	7	14.29	Eisen-, Blech- und Metallwarenindustrie
CNC-Bohrwerke	5	20	Stahlverformung
CNC-Drehautomaten	5	20	Eisen-, Blech- und Metallwarenindustrie
CNC-Drehautomaten	5	20	Stahlverformung
CNC-Drehmaschinen	5	20	Eisen-, Blech- und Metallwarenindustrie
CNC-Drehmaschinen	5	20	Stahlverformung
CNC-Fräsmaschinen	5	20	Eisen-, Blech- und Metallwarenindustrie
CNC-Fräsmaschinen	5	20	Stahlverformung
CNC-Funkenerosionsmaschinen	5	20	Eisen-, Blech- und Metallwarenindustrie
CNC-Funkenerosionsmaschinen	5	20	Stahlverformung
CNC-gesteuerte Automaten	5	20	Kraftfahrzeugindustrie
CNC-gesteuerte Bohrmaschinen, Bohrautomaten	7	14.29	Kraftfahrzeugindustrie
CNC-gesteuerte Drehmaschinen	5	20	Kraftfahrzeugindustrie
CNC-gesteuerte Fräsmaschinen	5	20	Kraftfahrzeugindustrie
CNC-gesteuerte Holzbearbeitungsmaschinen	5	20	Kraftfahrzeugindustrie
CNC-gesteuerte Pressen und Preßautomaten	5	20	Kraftfahrzeugindustrie
CNC-gesteuerte Schleif- und Poliermaschinen	5	20	Kraftfahrzeugindustrie
CNC-Graviermaschinen	7	14.29	Eisen-, Blech- und Metallwarenindustrie
CNC-Graviermaschinen	5	20	Stahlverformung
CNC-Maschinen	6	16.67	Feinmechanische und Optische Industrie
CNC-Meß- und Prüfmaschinen	5	20	Eisen-, Blech- und Metallwarenindustrie
CNC-Meß- und Prüfmaschinen	5	20	Stahlverformung
CNC-Schleifmaschinen	5	20	Eisen-, Blech- und Metallwarenindustrie
CNC-Schleifmaschinen	5	20	Stahlverformung
CNC-Schneid- und Schweißanlagen	5	20	Stahlverformung

Anlagegut	ND	% p.a.	Abschreibungstabelle
CNC-Schneide- und Schweißanlagen	6	16.67	Eisen-, Blech- und Metallwarenindustrie
CO 2- Füllanlage	8	12.5	Kommunalverwaltung, KGSt-Bericht 1/1999
CO2-Absauganlagen	10	10	Brauereien und Mälzereien
CO2-Füllanlagen	8	12.5	Brauereien und Mälzereien
CO2-Gewinnungsanlagen	7	14.29	Brauereien und Mälzereien
CO2-Meß-, Regel- und Dosieranlagen	5	20	Brauereien und Mälzereien
Codiereinrichtungen	5	20	Fleischwarenindustrie, Fleischer, Schlachthöfe
Codiersystem	5	20	Kreditwirtschaft
Combinatoren	12	8.33	Mühlen (ohne ölmühlen)
Computer und Zubehör	3	33.33	Gem. Anlage 13 des Gesetzes zum NKFG (Neuen Kommunalen Finanzmanagement)
Computer, Personal-	3	33.33	Allgemein verwendbare Anlagegüter
Computertomographen	8	12.5	Gesundheitswesen
Computertomographen	8	12.5	Kommunalverwaltung, KGSt-Bericht 1/1999
Conchen	10	10	Süßwarenindustrie
Container	10	10	Kommunalverwaltung, KGSt-Bericht 1/1999
Container	10	10	Kreditwirtschaft
Container und Mulden für die Schuttabfuhr	5	20	Schrott- und Abbruchwirtschaft
Container, Büro-	10	10	Allgemein verwendbare Anlagegüter
Container, Bau-	10	10	Allgemein verwendbare Anlagegüter
Container, Mulden, Stapelbehälter	4	25	Schrott- und Abbruchwirtschaft
Container, Transport-	10	10	Allgemein verwendbare Anlagegüter
Container, Wohn-	10	10	Allgemein verwendbare Anlagegüter
Container-Lkw	4	25	Garten-, Landschafts- und Sportplatzbau
Cottonmaschinen zur Herstellung von Oberbekleidung	6	16.67	Maschinenindustrie
Cottonmaschinen zur Herstellung von Strümpfen	8	12.5	Maschinenindustrie
Counter (Abfertigungsschalter)	10	10	Luftfahrtunternehmen und Flughafenbetriebe
Couponstempel-Maschinen	5	20	Schuhindustrie
Cysto-Urethroskope	10	10	Gesundheitswesen

Anlagegut	ND	% p.a.	Abschreibungstabelle
Dämpfanlagen	12	8.33	Mühlen (ohne ölmühlen)
Dämpfanlagen und Dekatiermaschinen	7	14.29	Hut- und Stumpenindustrie
Dämpfer	8	12.5	Textilveredelung
Dämpfer (sonstige)	14	7.14	ölmühlen und Margarine-Industrie
Dämpfer aus Edelstahl (massiv)	20	5	ölmühlen und Margarine-Industrie
Dämpfgruben	8	12.5	Holzverarbeitende Industrie
Dämpfgruben	8	12.5	Sägeindustrie und Holzbearbeitung
Dämpfgruben-Temperaturregistrierung und Programmsteuerung	5	20	Sägeindustrie und Holzbearbeitung
Dämpfkammern (Aluminium)	6	16.67	Holzverarbeitende Industrie
Dämpfkammern (Aluminium)	6	16.67	Sägeindustrie und Holzbearbeitung
Dübeleinleimautomaten, mehrspindlige	5	20	Holzverarbeitende Industrie
Dübeleinschiessgeräte	3	33.33	Stahl- und Eisenbau
Dübellochbohrmaschinen (elektronisch)	5	20	Holzverarbeitende Industrie
Dübellochbohrmaschinen (mechanisch)	6	16.67	Holzverarbeitende Industrie
Dübelmaschinen, mehrstufige (Dübelautomaten)	5	20	Holzverarbeitende Industrie
Düngerdosiergeräte	4	25	Gartenbau (nach dem 31.12.1997)
Düngerstreuer	8	12.5	Hopfenanbau
Düngungsgeräte	6	16.67	Forstwirtschaft (nach dem 30.09.1995)
Dünnschneidemaschinen (Rundmesser-)	5	20	Rauchwarenverarbeitung
Düsenfilter	12	8.33	Mühlen (ohne ölmühlen)
Dampf- und Absaugbügeltische	5	20	Bekleidungsindustrie (ohne Lederbekleidung)
Dampf- und Arbeitsmaschinen (langsam lfd.)	20	5	Energie- und Wasserversorgung (nach dem 31.12.1993)
Dampf- und Arbeitsmaschinen (schnell lfd.)	12	8.33	Energie- und Wasserversorgung (nach dem 31.12.1993)
Dampf- und Feuchtanlagen für Inlandstabake	7	14.29	Zigarettenindustrie
Dampf- und Feuchtanlagen für Orienttabake	10	10	Zigarettenindustrie
Dampf- und Feuchtanlagen für US-Tabake	7	14.29	Zigarettenindustrie

Anlagegut	ND	% p.a.	Abschreibungstabelle
Dampfbügelmaschinen (Handbedienung) (Doppelpressen)	5	20	Bekleidungsindustrie (ohne Lederbekleidung)
Dampfbügelmaschinen (Handbedienung) (Dressurmaschinen)	5	20	Bekleidungsindustrie (ohne Lederbekleidung)
Dampfbügelmaschinen (Handbedienung) (Formpressen)	5	20	Bekleidungsindustrie (ohne Lederbekleidung)
Dampfbügelmaschinen (Handbedienung) (Universalpressen)	7	14.29	Bekleidungsindustrie (ohne Lederbekleidung)
Dampfbügelmaschinen m. Karten- o. elektron. Steuerung (Dämpfpuppen m. Endfinish-Gerät)	5	20	Bekleidungsindustrie (ohne Lederbekleidung)
Dampfbügelmaschinen m. Karten- o. elektron. Steuerung (Dämpfpuppen)	5	20	Bekleidungsindustrie (ohne Lederbekleidung)
Dampfbügelmaschinen m. Karten- o. elektron. Steuerung (Dampfbügelstraßen)	5	20	Bekleidungsindustrie (ohne Lederbekleidung)
Dampfbügelmaschinen m. Karten- o. elektron. Steuerung (Dressurmaschinen)	5	20	Bekleidungsindustrie (ohne Lederbekleidung)
Dampfbügelmaschinen m. Karten- o. elektron. Steuerung (Formpressen)	5	20	Bekleidungsindustrie (ohne Lederbekleidung)
Dampfbügelmaschinen m. Karten- o. elektron. Steuerung (Karusseldampfbügelanlagen)	5	20	Bekleidungsindustrie (ohne Lederbekleidung)
Dampfbügelmaschinen m. Karten- o. elektron. Steuerung (Universalpressen)	5	20	Bekleidungsindustrie (ohne Lederbekleidung)
Dampf-Entwachser	6	16.67	Zahntechniker
Dampferzeuger	10	10	Bekleidungsindustrie (ohne Lederbekleidung)
Dampferzeugung	15	6.67	Allgemein verwendbare Anlagegüter
Dampferzeugung zur Sterilisierung	8	12.5	Weinbau und Weinhandel (nach dem 31.12.1988)
Dampferzeugungsanlagen	15	6.67	Energie- und Wasserversorgung (nach dem 31.12.1993)
Dampferzeugungsanlagen mit Zubehör für feste Brennstoffe	15	6.67	Kalksandsteinindustrie
Dampferzeugungsanlagen mit Zubehör für flüssige und gasförmige Brennstoffe	12	8.33	Kalksandsteinindustrie
Dampfhochdruckreiniger	8	12.5	Allgemein verwendbare Anlagegüter
Dampfkessel	15	6.67	Allgemein verwendbare Anlagegüter

Anlagegut	ND	% p.a.	Abschreibungstabelle
Dampfkessel	10	10	Herstellung von Schreib- und Zeichengeräten
Dampfkessel	12	8.33	Weinbau und Weinhandel (nach dem 31.12.1988)
Dampfkessel und Tankanlagen	20	5	Energie- und Wasserversorgung (nach dem 31.12.1993)
Dampfkessel, Dampfmaschinen, Dampfturbinen, Dampfversorgungsleitungen	10	10	Gem. Anlage 13 des Gesetzes zum NKFG (Neuen Kommunalen Finanzmanagement)
Dampfkraftwerke (Betriebsgebäude (massiv))	50	2	Energie- und Wasserversorgung (nach dem 31.12.1993)
Dampfmaschinen	15	6.67	Allgemein verwendbare Anlagegüter
Dampfschälanlagen im Naßbetrieb	7	14.29	Obst- und Gemüseverarbeitungsindustrie
Dampfstrahler	5	20	Garten-, Landschafts- und Sportplatzbau
Dampfstrahler für Vakuum	14	7.14	ölmühlen und Margarine-Industrie
Dampfstrahlreiniger, Wasserstrahlreiniger	5	20	Baugewerbe
Dampfturbinen	19	5.26	Allgemein verwendbare Anlagegüter
Dampfversorgungsleitungen	15	6.67	Kommunalverwaltung, KGSt-Bericht 1/1999
Dampfverteilung	15	6.67	Kalksandsteinindustrie
Darmschleim- und Gekröseaufschneidemaschinen	6	16.67	Fleischwarenindustrie, Fleischer, Schlachthöfe
Darren (Darrumhüllungen, Darrwender, Darrhorden, Darrventilatoren, Darrheizungsanlagen)	10	10	Brauereien und Mälzereien
Darrgebäude	33	3.03	Hopfenanbau
Datenkabelnetz	10	10	Kommunalverwaltung, KGSt-Bericht 1/1999
Datenmarkierungsanlagen	5	20	Erfrischungsgetränke- und Mineralbrunnenindustrie
Datenmarkierungsanlagen (Dosenabfüllanlagen)	5	20	Brauereien und Mälzereien
Datenmarkierungsanlagen (Flaschenkeller)	5	20	Brauereien und Mälzereien
Datenverarbeitungsanlagen	8	12.5	Energie- und Wasserversorgung (nach dem 31.12.1993)
Dauerwellenapparate	5	20	Friseurgewerbe und Schönheitssalons
Deckelkarden (Hochleistungskarden)	8	12.5	Gewerbliche Erzeugung und Aufbereitung von Spinnstoffen, Spinnerei, Weberei

Anlagegut	ND	% p.a.	Abschreibungstabelle
Deckelkarden, einfache	10	10	Gewerbliche Erzeugung und Aufbereitung von Spinnstoffen, Spinnerei, Weberei
Deckelscheren (elektrisch betrieben)	5	20	Lederwaren- und Kofferindustrie
Deckelscheren (handbetrieben)	10	10	Lederwaren- und Kofferindustrie
Deckelschleifmaschinen	10	10	Gewerbliche Erzeugung und Aufbereitung von Spinnstoffen, Spinnerei, Weberei
Deckelsignierautomaten	6	16.67	Fleischwarenindustrie, Fleischer, Schlachthöfe
Deckelstanzautomaten	5	20	Molkereien und sonstige Milchverwertung
Deckenausbiegemaschinen	8	12.5	Druckerei und Verlagsunternehmen mit Druckerei
Deckenausbiegemaschinen	8	12.5	Papier und Pappe verarbeitende Industrie
Deckenmachmaschinen	8	12.5	Druckerei und Verlagsunternehmen mit Druckerei
Deckenmachmaschinen	8	12.5	Papier und Pappe verarbeitende Industrie
Decksohleninsert-Klebemaschinen	5	20	Schuhindustrie
Decksohlenstempel-Maschinen, ein- und mehrfarbig	7	14.29	Schuhindustrie
Defibrillatoren	5	20	Kommunalverwaltung, KGSt-Bericht 1/1999
Degorgiermaschinen oder -einrichtungen	6	16.67	Sektkellereien
Dekanter	6	16.67	Molkereien und sonstige Milchverwertung
Dekorationsbüsten	2	50	Waren- und Kaufhäuser
Dekupiersägen	5	20	Holzverarbeitende Industrie
Dekupiersägen	10	10	Spielwaren-Industrie
Densitometer	4	25	Druckerei und Verlagsunternehmen mit Druckerei
Dephlegmatoren für Benzinluftgemische	5	20	ölmühlen und Margarine-Industrie
Derrickkräne (Holz) (sonstige)	6	16.67	Naturwerksteinindustrie, Steinbildhauer, Steinmetze
Derrickkräne (Holz) im Steinbruch	4	25	Naturwerksteinindustrie, Steinbildhauer, Steinmetze
Derrickkräne (Metall) (sonstige)	8	12.5	Naturwerksteinindustrie, Steinbildhauer, Steinmetze
Derrickkräne (Metall) im Steinbruch	5	20	Naturwerksteinindustrie, Steinbildhauer, Steinmetze
Derrick-Krane	12	8.33	Baugewerbe

Anlagegut	ND	% p.a.	Abschreibungstabelle
Desinfektionsgeräte	10	10	Allgemein verwendbare Anlagegüter
Destillation: Apparate, Pumpen, Kompressoren, Kondensatoren usw.	7	14.29	ölmühlen und Margarine-Industrie
Destillationsanlagen (Druck-, atmosphärische und Vakuum-Destillation)	12	8.33	Erdölverarbeitung
Destillierapparate	5	20	Aluminiumfolien-Industrie
Destilliergeräte	10	10	Gesundheitswesen
Destillierkolonnen	10	10	ölmühlen und Margarine-Industrie
Destillier-Kolonnen	10	10	ölmühlen und Margarine-Industrie
Detacheure	15	6.67	Mühlen (ohne ölmühlen)
Detachiertische	6	16.67	Chemischreinigung, Wäscherei, Färberei
Dezimeterwellen	8	12.5	Gesundheitswesen
Dia-Anlagen	6	16.67	Filmtheater
Diabetrachtungsgeräte	5	20	Druckerei und Verlagsunternehmen mit Druckerei
Dialysegeräte	8	12.5	Kommunalverwaltung, KGSt-Bericht 1/1999
Dialysegeräte (künstl. Niere)	8	12.5	Gesundheitswesen
Diamantkreissägen (Handwerk)	8	12.5	Naturwerksteinindustrie, Steinbildhauer, Steinmetze
Diamantkreissägen (Industrie)	6	16.67	Naturwerksteinindustrie, Steinbildhauer, Steinmetze
Diamantschleifmaschinen	8	12.5	NE-Metallhalbzeugindustrie (NE-Metallhalbzeugwerke und NE-Metallgießereien)
Diamantzentriermaschinen	6	16.67	Feinmechanische und Optische Industrie
Dichtemeßgeräte	5	20	Brauereien und Mälzereien
Dickenmeßgeräte	3	33.33	Aluminiumfolien-Industrie
Diesel- und Elektroloks im übertragebau	10	10	Schiefer- und Tonindustrie
Diesel- und Elektroloks im Untertagebau	5	20	Schiefer- und Tonindustrie
Dieselbären und Dieselpfahlzieher	5	20	Baugewerbe
Dieselhydraulische Zuglaufkatze	6	16.67	Steinkohlenbergbau
Diesellokomotiven	6	16.67	Steinkohlenbergbau
Diesellokomotiven, Elektrolokomotiven	10	10	Baugewerbe

Anlagegut	ND	% p.a.	Abschreibungstabelle
Dieselmotoren für Not- und Spitzenstromerzeugung	15	6.67	Energie- und Wasserversorgung (nach dem 31.12.1993)
Dieselseilbagger auf Raupen leichte, bis 30 kW Motorleistung	6	16.67	Baugewerbe
Dieselseilbagger auf Raupen mittelschwere, ab 31 kW Motorleistung	8	12.5	Baugewerbe
Dieselseilbagger auf Raupen schwere, ab 75 kW Motorleistung	10	10	Baugewerbe
Digitales Kommunikationssystem (DIKOS)	10	10	Luftfahrtunternehmen und Flughafenbetriebe
Digitalisiertische	5	20	Kommunalverwaltung, KGSt-Bericht 1/1999
Diktenhobelmaschinen	10	10	Spielwaren-Industrie
Diktiergeräte	8	12.5	Kommunalverwaltung, KGSt-Bericht 1/1999
Direktbelichtungssysteme für Fotopolymerdruckplatten	6	16.67	Druckerei und Verlagsunternehmen mit Druckerei
Direktbelichtungssysteme für Offsetdruckplatten	5	20	Druckerei und Verlagsunternehmen mit Druckerei
Direktbesohlungsmaschinen	7	14.29	Schuhindustrie
Direktgraviersysteme für Tiefdruckformzylinder	5	20	Druckerei und Verlagsunternehmen mit Druckerei
Dollies	5	20	Fernseh-, Film- und Hörfunkwirtschaft
Doppel- und Einwellenmischer	6	16.67	Ziegelindustrie
Doppelabkürz-, Nut- und Federautomaten	6	16.67	Sägeindustrie und Holzbearbeitung
Doppelabkürzsägen	6	16.67	Holzverarbeitende Industrie
Doppelendprofiler, automatische	5	20	Holzverarbeitende Industrie
Doppelkrempel (Walzenkrempel)	10	10	Gewerbliche Erzeugung und Aufbereitung von Spinnstoffen, Spinnerei, Weberei
Doppel-Maschinen	7	14.29	Schuhindustrie
Doppelrohrerhitzer	10	10	Weinbau und Weinhandel (nach dem 31.12.1988)
Doppelstichpolier-Maschinen	7	14.29	Schuhindustrie
Doppelwandige Kessel mit Rührwerk	14	7.14	ölmühlen und Margarine-Industrie
Doppelwandige Schmelzkessel	14	7.14	ölmühlen und Margarine-Industrie
Doppelwandige Temperierkessel mit Rührwerk	14	7.14	ölmühlen und Margarine-Industrie
Doppler-Sonographiegeräte	5	20	Gesundheitswesen

Anlagegut	ND	% p.a.	Abschreibungstabelle
Dosenabräumer	5	20	Brauereien und Mälzereien
Dosenabräumer	5	20	Erfrischungsgetränke- und Mineralbrunnenindustrie
Dosenabschneidemaschinen	8	12.5	Fischverarbeitungsindustrie
Dosenförderanlagen (magnetisch)	5	20	Fleischwarenindustrie, Fleischer, Schlachthöfe
Dosenförderanlagen (mechanisch)	7	14.29	Fleischwarenindustrie, Fleischer, Schlachthöfe
Dosenfüller	6	16.67	Brauereien und Mälzereien
Dosenfüller	6	16.67	Erfrischungsgetränke- und Mineralbrunnenindustrie
Dosenfüllmaschinen	8	12.5	Kaffee- und Teeverarbeitung (ohne Kaffeemittelproduktion)
Dosenfüllmaschinen bei Säureeinwirkung	5	20	Obst- und Gemüseverarbeitungsindustrie
Dosenfüllmaschinen im Naßbetrieb	7	14.29	Obst- und Gemüseverarbeitungsindustrie
Dosenherstellungsanlagen	6	16.67	Molkereien und sonstige Milchverwertung
Dosenmilchabfüllanlagen	6	16.67	Molkereien und sonstige Milchverwertung
Dosenverpackungsmaschinen	5	20	Erfrischungsgetränke- und Mineralbrunnenindustrie
Dosenverschließmaschinen (allg. Art) bei Säureeinwirkung	5	20	Obst- und Gemüseverarbeitungsindustrie
Dosenverschließmaschinen (allg. Art) im Naßbetrieb	7	14.29	Obst- und Gemüseverarbeitungsindustrie
Dosenverschließmaschinen (automatisch)	6	16.67	Fleischwarenindustrie, Fleischer, Schlachthöfe
Dosenverschließmaschinen (vollautomatisch) bei Säureeinwirkung	5	20	Obst- und Gemüseverarbeitungsindustrie
Dosenverschließmaschinen (vollautomatisch) im Naßbetrieb	7	14.29	Obst- und Gemüseverarbeitungsindustrie
Dosenverschlußmaschinen	8	12.5	Fischverarbeitungsindustrie
Dosenwaschautomaten	7	14.29	Fleischwarenindustrie, Fleischer, Schlachthöfe
Dosier- und Wägeeinrichtungen (z.B. Dosierwaagen, Dosierschnecken)	8	12.5	Kunststoffverarbeitende Industrie
Dosier-, Mahl- u. Mischanlagen	10	10	Landwirtschaft und Tierzucht (nach dem 30.06.1996)
Dosieranlagen	6	16.67	Erfrischungsgetränke- und Mineralbrunnenindustrie
Dosieranlagen	6	16.67	Feuerfeste- und Steinzeug-Industrie

Anlagegut	ND	% p.a.	Abschreibungstabelle
Dosieranlagen	6	16.67	Fleischwarenindustrie, Fleischer, Schlachthöfe
Dosieranlagen	6	16.67	Kalksandsteinindustrie
Dosiergeräte	8	12.5	Baugewerbe
Dosierpumpe (Druckerhöhungsgerät)	10	10	Kommunalverwaltung, KGSt-Bericht 1/1999
Dosierwaagen	5	20	Fleischwarenindustrie, Fleischer, Schlachthöfe
Drückbänke	10	10	Eisen-, Blech- und Metallwarenindustrie
Drückbänke	10	10	Spielwaren-Industrie
Drückbänke	10	10	Stahlverformung
Dragees-Kessel	8	12.5	Süßwarenindustrie
Drahtanspitzmaschinen	10	10	NE-Metallhalbzeugindustrie (NE-Metallhalbzeugwerke und NE-Metallgießereien)
Drahtbe- und -verarbeitungsmaschinen CNC / NC	6	16.67	Maschinenbau
Drahtbe- und -verarbeitungsmaschinen ohne CNC / NC	9	11.11	Maschinenbau
Drahtbearbeitungsmaschinen, allgemeine	8	12.5	Uhrenindustrie
Drahtbearbeitungsmaschinen, automatische	5	20	Uhrenindustrie
Drahtbiegemaschinen	6	16.67	Eisen-, Blech- und Metallwarenindustrie
Drahtbiegemaschinen	6	16.67	Stahlverformung
Drahtcordschneidmaschinen	10	10	Kautschukindustrie
Drahterodiermaschinen	5	20	Eisen-, Blech- und Metallwarenindustrie
Drahterodiermaschinen	5	20	Stahlverformung
Drahtheftmaschinen	8	12.5	Druckerei und Verlagsunternehmen mit Druckerei
Drahtklammerheftmaschinen	7	14.29	Lederwaren- und Kofferindustrie
Drahtkreisscheren	10	10	NE-Metallhalbzeugindustrie (NE-Metallhalbzeugwerke und NE-Metallgießereien)
Drahtrichtmaschinen	10	10	NE-Metallhalbzeugindustrie (NE-Metallhalbzeugwerke und NE-Metallgießereien)
Drahtschneidemaschinen	10	10	Spielwaren-Industrie

Anlagegut	ND	% p.a.	Abschreibungstabelle
Drahtschneidemaschinen (automatisch)	7	14.29	Spielwaren-Industrie
Drahtseilbahnen (Abraum- u. Schuttseilbahnen, verlegbar) (harte und zähe Gesteinsarten)	3	33.33	Natursteinindustrie f. d. Wege-, Bahn-, Wasser- u. Betonbau
Drahtseilbahnen (Abraum- u. Schuttseilbahnen, verlegbar) (weniger harte und zähe Gesteinsarten)	5	20	Natursteinindustrie f. d. Wege-, Bahn-, Wasser- u. Betonbau
Drahtseilbahnen mit Eisenstützen (harte und zähe Gesteinsarten)	15	6.67	Natursteinindustrie f. d. Wege-, Bahn-, Wasser- u. Betonbau
Drahtseilbahnen mit Eisenstützen (weniger harte und zähe Gesteinsarten)	20	5	Natursteinindustrie f. d. Wege-, Bahn-, Wasser- u. Betonbau
Drahtseilbahnen mit Holzstützen (harte und zähe Gesteinsarten)	8	12.5	Natursteinindustrie f. d. Wege-, Bahn-, Wasser- u. Betonbau
Drahtseilbahnen mit Holzstützen (weniger harte und zähe Gesteinsarten)	12	8.33	Natursteinindustrie f. d. Wege-, Bahn-, Wasser- u. Betonbau
Drahtseilsägen	4	25	Naturwerksteinindustrie, Steinbildhauer, Steinmetze
Drahtwalzwerke	10	10	NE-Metallhalbzeugindustrie (NE-Metallhalbzeugwerke und NE-Metallgießereien)
Drahtzaun	17	5.88	Allgemein verwendbare Anlagegüter
Drahtzieh- und Spulmaschinen	8	12.5	Eisen-, Blech- und Metallwarenindustrie
Drainagegeräte	5	20	Gesundheitswesen
Drainagen (aus Beton oder Mauerwerk)	33	3.03	Allgemein verwendbare Anlagegüter
Drainagen (aus Ton oder Kunststoff)	13	7.69	Allgemein verwendbare Anlagegüter
Drainagen u. Leitungen aus Beton o. Mauerwerk	33	3.03	Landwirtschaft und Tierzucht (nach dem 30.06.1996)
Drainagen u. Leitungen aus Kunststoff	10	10	Landwirtschaft und Tierzucht (nach dem 30.06.1996)
Drainagen u. Leitungen aus Ton	10	10	Landwirtschaft und Tierzucht (nach dem 30.06.1996)
Drainagen und Leitungen aus Beton oder Mauerwerk	33	3.03	Forstwirtschaft (nach dem 30.09.1995)
Drainagen und Leitungen aus Holz	10	10	Forstwirtschaft (nach dem 30.09.1995)
Drainagen und Leitungen aus Kunststoff	10	10	Forstwirtschaft (nach dem 30.09.1995)
Drainagen und Leitungen aus Ton	10	10	Forstwirtschaft (nach dem 30.09.1995)
Dreh- und Schlagbohranlagen, Universalbohranlagen, Saug- und	8	12.5	Baugewerbe

Anlagegut	ND	% p.a.	Abschreibungstabelle
Drehöfen, Schachtöfen, Tunnelöfen, Wärmeöfen	10	10	Kalk-, Gips-, und Kreideindustrie
Drehautomaten	6	16.67	Holzverarbeitende Industrie
Drehautomaten	5	20	Uhrenindustrie
Drehautomaten (allgemein)	6	16.67	Eisen-, Blech- und Metallwarenindustrie
Drehautomaten (allgemein)	6	16.67	Stahlverformung
Drehbänke	16	6.25	Allgemein verwendbare Anlagegüter
Drehbänke	10	10	Holzverarbeitende Industrie
Drehbänke	15	6.67	Kommunalverwaltung, KGSt-Bericht 1/1999
Drehbänke	10	10	Uhrenindustrie
Drehbühnen	15	6.67	Kommunalverwaltung, KGSt-Bericht 1/1999
Drehbürstensieb	6	16.67	Weinbau und Weinhandel (nach dem 31.12.1988)
Drehbank (auch im Hilfsbetrieb)	7	14.29	Herstellung von Schreib- und Zeichengeräten
Dreheinschlagmaschinen	5	20	Süßwarenindustrie
Drehflügler	19	5.26	Allgemein verwendbare Anlagegüter
Drehflügler	14	7.14	Luftfahrtunternehmen und Flughafenbetriebe
Drehhalb- und -vollautomaten	6	16.67	Kraftfahrzeugindustrie
Drehleiter	15	6.67	Kommunalverwaltung, KGSt-Bericht 1/1999
Drehmaschinen (allgemein)	6	16.67	Eisen-, Blech- und Metallwarenindustrie
Drehmaschinen (allgemein)	6	16.67	Stahlverformung
Drehrohröfen	10	10	Feuerfeste- und Steinzeug-Industrie
Drehscheiben (nach gesetzlichen Vorschriften)	33	3.03	Allgemein verwendbare Anlagegüter
Drehscheiben (sonstige)	15	6.67	Allgemein verwendbare Anlagegüter
Drehspindeln	3	33.33	Feinkeramische Industrie
Drehtische	8	12.5	Erdölgewinnung
Drehtische	10	10	Feinkeramische Industrie
Drehtischpressen, Fallstempelpressen	8	12.5	Kalksandsteinindustrie
Drehtrommelöfen	10	10	Eisen-, Stahl- und Tempergießereien
Drehtrommelsiebe	6	16.67	Abfallentsorgungs- und Recyclingwirtschaft

Anlagegut	ND	% p.a.	Abschreibungstabelle
Dreietagen- und Vakuumtrockner	10	10	Fleischmehlindustrie bzw. Tierkörperbeseitigung (Herstellung von tierischen Futtermitteln)
Dreikammer-Rohraufgeber	10	10	Steinkohlenbergbau
Dreimessermaschinen	8	12.5	Druckerei und Verlagsunternehmen mit Druckerei
Dreiseitenkipper	8	12.5	Kommunalverwaltung, KGSt-Bericht 1/1999
Dreizug-Dampfkessel	15	6.67	Fleischmehlindustrie bzw. Tierkörperbeseitigung (Herstellung von tierischen Futtermitteln)
Dressiermaschinen, Plattiermaschinen	7	14.29	Hut- und Stumpenindustrie
Drops-Packmaschinen	5	20	Süßwarenindustrie
Druck- und Saugschlauchfilter	15	6.67	Mühlen (ohne ölmühlen)
Druckanlagen	5	20	Eisen-, Blech- und Metallwarenindustrie
Druckanlagen, Siebdruckanlagen	8	12.5	Kunststoffverarbeitende Industrie
Druckbehälter aus Edelstahl	14	7.14	Sektkellereien
Druckbehälter aus Edelstahl mit Rührwerk	12	8.33	Sektkellereien
Druckbehälter aus Stahl	10	10	Sektkellereien
Drucker	3	33.33	Allgemein verwendbare Anlagegüter
Drucker (Nadel-, Matrix-, Tintenstrahl- und Laserdrucker)	3	33.33	Kommunalverwaltung, KGSt-Bericht 1/1999
Druckereimaschinen	10	10	Kommunalverwaltung, KGSt-Bericht 1/1999
Druckereimaschinen und ähnliches	13	7.69	Gem. Anlage 13 des Gesetzes zum NKFG (Neuen Kommunalen Finanzmanagement)
Druckerhöhungsanlagen	20	5	Energie- und Wasserversorgung (nach dem 31.12.1993)
Druckerhöhungsanlagen	20	5	Kommunalverwaltung, KGSt-Bericht 1/1999
Druckgießanlagen	6	16.67	Feinkeramische Industrie
Druckgußmaschinen	6	16.67	Feinmechanische und Optische Industrie
Druckkessel	15	6.67	Allgemein verwendbare Anlagegüter
Druckkessel für H2	20	5	ölmühlen und Margarine-Industrie
Druckknopfmaschinen	5	20	Lederwaren- und Kofferindustrie
Druckluft- u. Druckgasüberwachungsanlagen	15	6.67	Fernmeldedienste

Anlagegut	ND	% p.a.	Abschreibungstabelle
Druckluft-, Kompressoren mit Druckkessel, Vakuumapparat	7	14.29	Herstellung von Schreib- und Zeichengeräten
Druckluftakkumulatoren	10	10	NE-Metallhalbzeugindustrie (NE-Metallhalbzeugwerke und NE-Metallgießereien)
Druckluftanlagen	12	8.33	Allgemein verwendbare Anlagegüter
Druckluftanlagen (Kompressoren, fahrbar) (harte und zähe Gesteinsarten)	5	20	Natursteinindustrie f. d. Wege-, Bahn-, Wasser- u. Betonbau
Druckluftanlagen (Kompressoren, fahrbar) (weniger harte und zähe Gesteinsarten)	8	12.5	Natursteinindustrie f. d. Wege-, Bahn-, Wasser- u. Betonbau
Druckluftanlagen (mobil)	5	20	Kalk-, Gips-, und Kreideindustrie
Druckluftanlagen (stationär)	8	12.5	Kalk-, Gips-, und Kreideindustrie
Druckluftanlagen (stationär, komplett) (harte und zähe Gesteinsarten)	8	12.5	Natursteinindustrie f. d. Wege-, Bahn-, Wasser- u. Betonbau
Druckluftanlagen (stationär, komplett) (weniger harte und zähe Gesteinsarten)	10	10	Natursteinindustrie f. d. Wege-, Bahn-, Wasser- u. Betonbau
Druckluftanlagen, Kompressoren	5	20	Gem. Anlage 13 des Gesetzes zum NKFG (Neuen Kommunalen Finanzmanagement)
Druckluftbehälter	12	8.33	Baugewerbe
Drucklufthämmer, Drucklufthandrammen	3	33.33	Baugewerbe
Druckluftnachkühler, Wasserrückkühler	8	12.5	Baugewerbe
Drucklufttrammbären	8	12.5	Baugewerbe
Druckmaschinen	13	7.69	Allgemein verwendbare Anlagegüter
Druckmaschinen	8	12.5	Textilveredelung
Druckmaschinen (Flachdruck-, Hochdruck-, Tiefdruck-, Flexodruckmaschinen)	10	10	Kunststoffverarbeitende Industrie
Druckmaschinen aller Art und Zubehör	8	12.5	Aluminiumfolien-Industrie
Druckplatten-Scanner	5	20	Druckerei und Verlagsunternehmen mit Druckerei
Druckrohrleitungen	20	5	Gem. Anlage 13 des Gesetzes zum NKFG (Neuen Kommunalen Finanzmanagement)
Druckrohrleitungen für Abwässer	30	3.33	Kommunalverwaltung, KGSt-Bericht 1/1999
Druckrohrleitungen für Sickerwasser	15	6.67	Kommunalverwaltung, KGSt-Bericht 1/1999

Anlagegut	ND	% p.a.	Abschreibungstabelle
Drucksäurespeicher	10	10	Zellstoff, Holzstoff, Papier und Pappe erzeugende Industrie
Druckschlitzer	8	12.5	Papier und Pappe verarbeitende Industrie
Drucktöpfe	5	20	Zahntechniker
Druckvorbereitungsanlagen (Klischeepressen, Klischee-Schleifmaschinen, u. ä.)	10	10	Aluminiumfolien-Industrie
Dubliergeräte	6	16.67	Zahntechniker
Dumper / Motorkarre	4	25	Garten-, Landschafts- und Sportplatzbau
Dunkelkammereinrichtungen	6	16.67	Druckerei und Verlagsunternehmen mit Druckerei
Dunkelkammereinrichtungen	10	10	Gesundheitswesen
Durchflußmengenregler	12	8.33	Mühlen (ohne ölmühlen)
Durchflußmesser	6	16.67	Sektkellereien
Durchlauföfen mit Schlitten oder Rollenbahnen (Rollenöfen)	8	12.5	Feinkeramische Industrie
Durchlaufbrecher	5	20	Steinkohlenbergbau
Durchlauferhitzer	8	12.5	Kommunalverwaltung, KGSt-Bericht 1/1999
Durchlaufpressen, automatische	6	16.67	Holzverarbeitende Industrie
Durchlaufrollöfen	6	16.67	NE-Metallhalbzeugindustrie (NE-Metallhalbzeugwerke und NE-Metallgießereien)
Durchnäh-Maschinen	7	14.29	Schuhindustrie
Durchschreibmaschinen	8	12.5	Borstenzurichtung und Pinselindustrie
Durchsuchungskabinen	10	10	Luftfahrtunternehmen und Flughafenbetriebe
Dusch-Katheder	5	20	Heil-, Kur-, Sport- und Freizeitbäder
DV-Anlagen (Anlagen der mittl. Datentechnik)	4	25	Kommunalverwaltung, KGSt-Bericht 1/1999
DV-Anlagen (Großrechneranlagen)	4	25	Kommunalverwaltung, KGSt-Bericht 1/1999
Dynamische Entwässerung	10	10	Steinkohlenbergbau
Dynamische Walzen (Vibrationswalzen)	4	25	Garten-, Landschafts- und Sportplatzbau
Dynamomaschinen und Elektromotoren	15	6.67	Kommunalverwaltung, KGSt-Bericht 1/1999
Dynamos, Umformer	10	10	Filmtheater
EB-Kameras	3	33.33	Fernseh-, Film- und Hörfunkwirtschaft

Anlagegut	ND	% p.a.	Abschreibungstabelle
Echogeräte	8	12.5	Gesundheitswesen
Echolote	8	12.5	Binnenfischerei, Teichwirtschaft, Fischzucht, fischwirtschaftliche Dienstleistungen
EC-Kartenleser	8	12.5	Allgemein verwendbare Anlagegüter
Eckenabstoß- und Verbindemaschinen	8	12.5	Druckerei und Verlagsunternehmen mit Druckerei
Eckenabstoß- und Verbindemaschinen	8	12.5	Papier und Pappe verarbeitende Industrie
Eckendrahtheftmaschinen	10	10	Spielwaren-Industrie
Eckeneinpreßmaschinen	7	14.29	Lederwaren- und Kofferindustrie
Eckeneinziehmaschinen	8	12.5	Papier und Pappe verarbeitende Industrie
Eckenziehpressen	7	14.29	Lederwaren- und Kofferindustrie
Edelputz-Mischanlagen einschl. Rohmaterialbunker, Brech- und Siebanlagen, Entstaubungsanlage	6	16.67	Kies-, Sand-, Mörtel- und Transportbetonindustrie
EDV-Anlagen, PC	5	20	Bekleidungsindustrie (ohne Lederbekleidung)
EEG	8	12.5	Gesundheitswesen
Egalisiermaschinen	7	14.29	Schuhindustrie
Egalisiermaschinen	5	20	Vulkanisierbetriebe
Egalisierrahmen	8	12.5	Textilveredelung
Egalisierwalzwerke	10	10	NE-Metallhalbzeugindustrie (NE-Metallhalbzeugwerke und NE-Metallgießereien)
Egge	10	10	Hopfenanbau
Eidophoranlagen	5	20	Fernseh-, Film- und Hörfunkwirtschaft
Eimerkettenschwimmbagger	20	5	Baugewerbe
Eimerkettenschwimmbagger mit Aufbereitung	12	8.33	Kies-, Sand-, Mörtel- und Transportbetonindustrie
Eimerkettentrockenbagger	10	10	Kies-, Sand-, Mörtel- und Transportbetonindustrie
Eimerkettentrockenbagger, Schaufelradbagger	15	6.67	Baugewerbe
Eimerleiterbagger	10	10	Torfgewinnung und -aufbereitung
Einäscherungsöfen	20	5	Kommunalverwaltung, KGSt-Bericht 1/1999
Einachsfräse (selbstfahrend)	4	25	Garten-, Landschafts- und Sportplatzbau
Einachsgeräte m. Anbaufräse	8	12.5	Gartenbau (nach dem 31.12.1997)

Anlagegut	ND	% p.a.	Abschreibungstabelle
Einbauspinde	10	10	Kommunalverwaltung, KGSt-Bericht 1/1999
Einbett- und Mischmaschinen	8	12.5	Zahntechniker
Einbinde- und Spitzenzwick-Maschinen	7	14.29	Schuhindustrie
Einbrennschränke	5	20	Druckerei und Verlagsunternehmen mit Druckerei
Einbruchmeldeanlage	7	14.29	Kreditwirtschaft
Eindampfanlagen	10	10	Zellstoff, Holzstoff, Papier und Pappe erzeugende Industrie
Eindampfungsanlagen	10	10	Zellstoff, Holzstoff, Papier und Pappe erzeugende Industrie
Eindampfungsanlagen (mechanische Brüdenverdichtung)	6	16.67	Molkereien und sonstige Milchverwertung
Eindampfungsanlagen (thermische Brüdenverdichtung)	8	12.5	Molkereien und sonstige Milchverwertung
Eindicker	10	10	Zellstoff, Holzstoff, Papier und Pappe erzeugende Industrie
Einetagenpressen	7	14.29	Holzverarbeitende Industrie
Einfärbgeräte für Pasten und pulverförmige und körnige Stoffe	7	14.29	Kunststoffverarbeitende Industrie
Einfache, nichtautomatische Webmaschinen (auch mit Schaftmaschine)	10	10	Gewerbliche Erzeugung und Aufbereitung von Spinnstoffen, Spinnerei, Weberei
Einfriedungen aus Holz	8	12.5	Kommunalverwaltung, KGSt-Bericht 1/1999
Einfriedungen aus Mauerwerk und Beton	30	3.33	Kommunalverwaltung, KGSt-Bericht 1/1999
Einfriedungen, aus Draht	10	10	Kommunalverwaltung, KGSt-Bericht 1/1999
Einfriedungen, aus Eisen mit Sockel	20	5	Kommunalverwaltung, KGSt-Bericht 1/1999
Eingangshallen (Freibäder)	40	2.5	Kommunalverwaltung, KGSt-Bericht 1/1999
Einhängemaschinen	8	12.5	Druckerei und Verlagsunternehmen mit Druckerei
Einhängemaschinen	8	12.5	Papier und Pappe verarbeitende Industrie
Einlaufbauwerke einschl. Rechen und Schützen (Bauwerke)	30	3.33	Gem. Anlage 13 des Gesetzes zum NKFG (Neuen Kommunalen Finanzmanagement)
Einlegeautomaten	5	20	Fleischwarenindustrie, Fleischer, Schlachthöfe

Anlagegut	ND	% p.a.	Abschreibungstabelle
Einmesserdreischneider	8	12.5	Druckerei und Verlagsunternehmen mit Druckerei
Einrichtung für Gefäßförderanlagen	12	8.33	Steinkohlenbergbau
Einrichtungen für die Siebdruck-Druckformenherstellung	6	16.67	Druckerei und Verlagsunternehmen mit Druckerei
Einrichtungen für Einschienenhänge- und Schienenflurbahnen (ohne Schienen, Seile, Recks)	5	20	Steinkohlenbergbau
Einrichtungen für Laboratorien und Forschungszwecke	5	20	Chemische Industrie
Einrichtungen zur Herstellung von optischem Glas	5	20	Glaserzeugende Industrie (Flachglas, Hohlglas und Glasfaser)
Einsatzkleidung	5	20	Kommunalverwaltung, KGSt-Bericht 1/1999
Einsatzleitwagen	12	8.33	Kommunalverwaltung, KGSt-Bericht 1/1999
Einschienenbahnen	4	25	Baugewerbe
Einschneideanlagen	10	10	Zellstoff, Holzstoff, Papier und Pappe erzeugende Industrie
Einschneidemaschinen und -automaten	8	12.5	Papier und Pappe verarbeitende Industrie
Einspritzkondensatoren	10	10	ölmühlen und Margarine-Industrie
Einstapelanlagen	12	8.33	Steinkohlenbergbau
Einstechmaschinen	7	14.29	Schuhindustrie
Einsteckmaschinen	6	16.67	Druckerei und Verlagsunternehmen mit Druckerei
Einsteckmaschinen	8	12.5	Papier und Pappe verarbeitende Industrie
Einstreichmaschinen	10	10	Süßwarenindustrie
Einstreuanlagen	10	10	Leichtbauplattenindustrie
Einstufige und mehrstufige Kreiselpumpen	8	12.5	Baugewerbe
Eintafelanlagen	10	10	Süßwarenindustrie
Eintafelmaschinen	10	10	Süßwarenindustrie
Eintragemaschinen	10	10	Glaserzeugende Industrie (Flachglas, Hohlglas und Glasfaser)
Einwickel- und Banderoliermaschinen	8	12.5	Druckerei und Verlagsunternehmen mit Druckerei
Einwickel- und Etikettiermaschinen (sonstige)	10	10	ölmühlen und Margarine-Industrie

Anlagegut	ND	% p.a.	Abschreibungstabelle
Einwickel- und Etikettiermaschinen Schnellläufer	8	12.5	ölmühlen und Margarine-Industrie
Einwickelmaschinen	12	8.33	Fischverarbeitungsindustrie
Einwickelmaschinen	10	10	Kaffee- und Teeverarbeitung (ohne Kaffeemittelproduktion)
Einwickelmaschinen	10	10	NE-Metallhalbzeugindustrie (NE-Metallhalbzeugwerke und NE-Metallgießereien)
Einwickelmaschinen	8	12.5	Papier und Pappe verarbeitende Industrie
Einwickelmaschinen	5	20	Süßwarenindustrie
Einzelbuchstaben-Gießmaschinen, lochbandgesteuerte (Montotype)	8	12.5	Druckerei und Verlagsunternehmen mit Druckerei
Einzelentstauber	7	14.29	Schuhindustrie
Einzelgetriebe	6	16.67	Aluminiumfolien-Industrie
Einzelkorn- und Präzisionssämaschinen	8	12.5	Gartenbau (nach dem 31.12.1997)
Einzelplatzabzugsanlagen	5	20	Zahntechniker
Einzelpressen	6	16.67	Molkereien und sonstige Milchverwertung
Einziehmaschinen	7	14.29	Gewerbliche Erzeugung und Aufbereitung von Spinnstoffen, Spinnerei, Weberei
Eirich-Mischer	5	20	Feinkeramische Industrie
Eisautomaten	7	14.29	Fleischwarenindustrie, Fleischer, Schlachthöfe
Eisbearbeitungsmaschinen	10	10	Kommunalverwaltung, KGSt-Bericht 1/1999
Eisenbahnanlagen und -einrichtungen (Ober- und Unterbau sowie sämtliche Bahnbetriebseinrichtungen)	25	4	Chemische Industrie
Eiserner Vorhang	40	2.5	Kommunalverwaltung, KGSt-Bericht 1/1999
Eiserner Vorhang, mechanischer Teil d. Vorhänge	40	2.5	Kommunalverwaltung, KGSt-Bericht 1/1999
Eiserzeuger	10	10	Kommunalverwaltung, KGSt-Bericht 1/1999
Eisfräser	4	25	Fleischwarenindustrie, Fleischer, Schlachthöfe
Eisgeneratoren mit direkter oder indirekter Kühlung	10	10	Brauereien und Mälzereien
Eiskästen	3	33.33	Brauereien und Mälzereien
Eiskremmaschinen	5	20	Süßwarenindustrie

Anlagegut	ND	% p.a.	Abschreibungstabelle
Eislaufhallen	30	3.33	Kommunalverwaltung, KGSt-Bericht 1/1999
Eiswagen	5	20	Fischverarbeitungsindustrie
Eiswasserbehälter	10	10	Brauereien und Mälzereien
Eiswasserbehälter	8	12.5	Molkereien und sonstige Milchverwertung
Eiswasser-Pumpenanlagen mit Duschen	10	10	ölmühlen und Margarine-Industrie
Eiszellen	5	20	Brauereien und Mälzereien
EKG	8	12.5	Gesundheitswesen
EKG-Gerät	10	10	Kommunalverwaltung, KGSt-Bericht 1/1999
Elektr. Haarschneidemaschinen	5	20	Friseurgewerbe und Schönheitssalons
Elektr. Heissluftanlagen	10	10	Friseurgewerbe und Schönheitssalons
Elektr. Heisswasserspeicher	5	20	Friseurgewerbe und Schönheitssalons
elektr. Schalteinrichtungen	10	10	Erdölgewinnung
Elektrische Anlagen (Antrieb u. Verteilung) (Erdkabel im Steinbruchbereich)	10	10	Natursteinindustrie f. d. Wege-, Bahn-, Wasser- u. Betonbau
Elektrische Anlagen (Antrieb u. Verteilung) an sonstigen Betriebsstellen im Steinbruchbereich	10	10	Natursteinindustrie f. d. Wege-, Bahn-, Wasser- u. Betonbau
Elektrische Anlagen (sonst. wie nicht branchengebundene)	8	12.5	Naturwerksteinindustrie, Steinbildhauer, Steinmetze
Elektrische Anlagen im Steinbruch	8	12.5	Naturwerksteinindustrie, Steinbildhauer, Steinmetze
Elektro- und Benzinhämmer	3	33.33	Baugewerbe
Elektroöfen	10	10	Eisen-, Stahl- und Tempergießereien
Elektro-, Schaltanlagen, Freileitungen, Erdkabel u. Transformatoren im übrigen Produktionsbereich	10	10	Kalk-, Gips-, und Kreideindustrie
Elektro-, Schaltanlagen, Freileitungen, Erdkabel u. Transformatoren im Steinbruch u. Aufber.bereich	8	12.5	Kalk-, Gips-, und Kreideindustrie
Elektroanlagen	10	10	Kalksandsteinindustrie
Elektrodurchziehöfen	6	16.67	NE-Metallhalbzeugindustrie (NE-Metallhalbzeugwerke und NE-Metallgießereien)
Elektrofahrzeuge	10	10	Kommunalverwaltung, KGSt-Bericht 1/1999
Elektrofilter	5	20	Fleischwarenindustrie, Fleischer, Schlachthöfe

Anlagegut	ND	% p.a.	Abschreibungstabelle
Elektro-Hängebahnen	8	12.5	Eisen-, Stahl- und Tempergießereien
Elektro-Handhobelmaschinen	3	33.33	Holzverarbeitende Industrie
Elektrohandstampfer	3	33.33	Beton- und Fertigteilindustrie
Elektrokarren	8	12.5	Allgemein verwendbare Anlagegüter
Elektrokarren	10	10	Kommunalverwaltung, KGSt-Bericht 1/1999
Elektrokarren, Dieselkarren, Hubstapler	8	12.5	Baugewerbe
Elektro-Kleingeräte	3	33.33	Gastgewerbe
Elektrolyseure	14	7.14	ölmühlen und Margarine-Industrie
Elektromeißel	3	33.33	Garten-, Landschafts- und Sportplatzbau
Elektro-Motoren einschl. Freileitungen, Schaltanlagen u. Transformatoren in d. Brecheranlagen, usw.)	8	12.5	Natursteinindustrie f. d. Wege-, Bahn-, Wasser- u. Betonbau
Elektromotoren, bewegl.	20	5	Landwirtschaft und Tierzucht (nach dem 30.06.1996)
Elektron. Meß- u. Prüfgeräte f. Mobil- u. Richtfunk	5	20	Fernmeldedienste
Elektron. Streifengeber (Etikettiermaschine)	4	25	Holzverarbeitende Industrie
Elektronische Bildverarbeitungs- und Montagesysteme	5	20	Druckerei und Verlagsunternehmen mit Druckerei
Elektronische Sortiergeräte	6	16.67	Obst- und Gemüseverarbeitungsindustrie
Elektronische Studiokameraanlagen mit Bildkontroll- und Regieeinrichtungen	5	20	Fernseh-, Film- und Hörfunkwirtschaft
Elektronische Zeichen- und Maskenschneidsysteme (MONTAGE)	5	20	Druckerei und Verlagsunternehmen mit Druckerei
Elektronische Zeichen- und Maskenschneidsysteme (Reproduktionsgeräte f. d. elekt. Reproduktion)	5	20	Druckerei und Verlagsunternehmen mit Druckerei
Elektrostaten	10	10	Spielwaren-Industrie
Elektrostatik Spritzanlage	5	20	Holzverarbeitende Industrie
Elektrotherapiegeräte	8	12.5	Gesundheitswesen
Elektrotherapiegeräte	8	12.5	Kommunalverwaltung, KGSt-Bericht 1/1999
Elektrovibrationsbären, Hydraulikvibrationsbären	4	25	Baugewerbe
Elektrozüge	12	8.33	Baugewerbe

Anlagegut	ND	% p.a.	Abschreibungstabelle
Elektrozüge	8	12.5	Eisen-, Stahl- und Tempergießereien
Elektrozuglaufkatze	6	16.67	Steinkohlenbergbau
Elevatoren	14	7.14	Allgemein verwendbare Anlagegüter
Eloxiermaschinen	13	7.69	Allgemein verwendbare Anlagegüter
Emaillieröfen	5	20	Eisen-, Stahl- und Tempergießereien
EMG-Geräte	8	12.5	Gesundheitswesen
Emissionsmessgeräte	8	12.5	Allgemein verwendbare Anlagegüter
Emissionsmessgeräte (für Kfz)	8	12.5	Allgemein verwendbare Anlagegüter
Emissionsmessgeräte (sonstige)	8	12.5	Allgemein verwendbare Anlagegüter
Emulsionsbehälter	10	10	ölmühlen und Margarine-Industrie
Emulsionsspaltanlagen (chemische)	5	20	Abfallentsorgungs- und Recyclingwirtschaft
Emulsionsspaltanlagen (thermische)	8	12.5	Abfallentsorgungs- und Recyclingwirtschaft
Emulsionszwischenbehälter mit Rührwerk	10	10	ölmühlen und Margarine-Industrie
Endoskope	5	20	Gesundheitswesen
Endoskopiegeräte	5	20	Gesundheitswesen
Endoskpiegeräte	8	12.5	Kommunalverwaltung, KGSt-Bericht 1/1999
Energierückgewinnungsanlagen aus Brüden	8	12.5	Fleischmehlindustrie bzw. Tierkörperbeseitigung (Herstellung von tierischen Futtermitteln)
Energieschirme, Schattierung, Verdunklung	6	16.67	Gartenbau (nach dem 31.12.1997)
Engobieranlagen	8	12.5	Feuerfeste- und Steinzeug-Industrie
Ent- und Verschraubungsmaschinen	5	20	Brauereien und Mälzereien
Entalkoholisierungsanlagen	10	10	Brauereien und Mälzereien
Entaschungsanlagen	15	6.67	Energie- und Wasserversorgung (nach dem 31.12.1993)
Entfettungsanlagen	5	20	Eisen-, Blech- und Metallwarenindustrie
Entfettungsanlagen	8	12.5	Papier und Pappe verarbeitende Industrie
Entfettungsanlagen	5	20	Stahlverformung
Entfettungsanlagen	4	25	Uhrenindustrie
Entfettungsanlagen (Pressen)	8	12.5	Fleischmehlindustrie bzw. Tierkörperbeseitigung (Herstellung von tierischen Futtermitteln)
Entfettungsmaschinen	13	7.69	Allgemein verwendbare Anlagegüter

Anlagegut	ND	% p.a.	Abschreibungstabelle
Entfeuchtungsgeräte, Bau-	5	20	Allgemein verwendbare Anlagegüter
Entfleischmaschinen	5	20	Rauchwarenverarbeitung
Entfleischungsmaschinen	5	20	Leder-Industrie (Ledererzeugung)
Entgranner	15	6.67	Mühlen (ohne ölmühlen)
Entgratmaschine	7	14.29	Herstellung von Schreib- und Zeichengeräten
Entgratmaschinen	13	7.69	Allgemein verwendbare Anlagegüter
Entgratungsautomaten	6	16.67	Eisen-, Blech- und Metallwarenindustrie
Entgratungsautomaten	6	16.67	Stahlverformung
Entgratungsmaschinen	8	12.5	Eisen-, Blech- und Metallwarenindustrie
Entgratungsmaschinen	8	12.5	Stahlverformung
Enthärtungsanlagen, Wasser-	12	8.33	Allgemein verwendbare Anlagegüter
Enthäuter	6	16.67	Fleischwarenindustrie, Fleischer, Schlachthöfe
Enthäutungsmaschinen	7	14.29	Fischverarbeitungsindustrie
Enthaarmaschinen	5	20	Leder-Industrie (Ledererzeugung)
Enthaarungsmaschinen (Flammöfen)	6	16.67	Fleischwarenindustrie, Fleischer, Schlachthöfe
Entkeimungsanlagen	8	12.5	Erfrischungsgetränke- und Mineralbrunnenindustrie
Entlüftungsanlagen	6	16.67	Holzverarbeitende Industrie
Entlüftungsanlagen	8	12.5	Kommunalverwaltung, KGSt-Bericht 1/1999
Entlüftungsanlagen (Kellerventilatoren)	8	12.5	Fruchtsaft- und Fruchtweinindustrie
Entlüftungsgerät (mobil)	10	10	Allgemein verwendbare Anlagegüter
Entladeanlagen, Beschickungsanlagen und Transporteinrichtungen	10	10	Zellstoff, Holzstoff, Papier und Pappe erzeugende Industrie
Entladeeinrichtungen, Hub- und Senkwerke	16	6.25	Steinkohlenbergbau
Entnebelungsanlagen	15	6.67	Kommunalverwaltung, KGSt-Bericht 1/1999
Entpalettieranlagen	7	14.29	Obst- und Gemüseverarbeitungsindustrie
Entrappungsmaschinen	8	12.5	Weinbau und Weinhandel (nach dem 31.12.1988)
Entrindungsanlagen und Kappstationen	6	16.67	Sägeindustrie und Holzbearbeitung
Entrindungsmaschinen	6	16.67	Holzverarbeitende Industrie
Entsäure- und Bleicherkessel	14	7.14	ölmühlen und Margarine-Industrie

Anlagegut	ND	% p.a.	Abschreibungstabelle
Entsalzungsanlagen	12	8.33	Erdölverarbeitung
Entschlammungsanlagen	10	10	Fleischmehlindustrie bzw. Tierkörperbeseitigung (Herstellung von tierischen Futtermitteln)
Entschrauber	6	16.67	Molkereien und sonstige Milchverwertung
Entstaubungs- und Luftreinigungsanlagen	4	25	Feuerfeste- und Steinzeug-Industrie
Entstaubungs- und Staubsauganlagen	10	10	Steinkohlenbergbau
Entstaubungsanlagen	8	12.5	Baugewerbe
Entstaubungsanlagen	10	10	Braunkohlenbergbau
Entstaubungsanlagen	4	25	Kaffee- und Teeverarbeitung (ohne Kaffeemittelproduktion)
Entstaubungsanlagen	8	12.5	Naturwerksteinindustrie, Steinbildhauer, Steinmetze
Entstaubungsanlagen (Exhaustor)	8	12.5	Schuhindustrie
Entstaubungsanlagen (soweit selbständig nutzbar)	7	14.29	Eisen-, Stahl- und Tempergießereien
Entstaubungsanlagen (z. B. Filter- und Absauganlagen, Staubabscheider) soweit selbständig bewertbar	4	25	Kalk-, Gips-, und Kreideindustrie
Entstaubungsanlagen (z.B. Staubfilter, Zyklone, Rohrleitungen)	8	12.5	Brauereien und Mälzereien
Entstaubungsanlagen an den Brecher-, Mahl-, Misch- und Trockenanlagen	4	25	Schiefer- und Tonindustrie
Entstaubungsanlagen, komplett Exhaustoren, Filteranlagen, Rohrleitungen usw.	4	25	Natursteinindustrie f. d. Wege-, Bahn-, Wasser- u. Betonbau
Entstaubungsanlagen, sonstige u. a. Industriesauger wie nicht br. geb.	4	25	Chemischreinigung, Wäscherei, Färberei
Entstaubungseinrichtungen	16	6.25	Steinkohlenbergbau
Entstaubungsmaschinen	4	25	Kaffee- und Teeverarbeitung (ohne Kaffeemittelproduktion)
Entstaubungsvorrichtungen	14	7.14	Allgemein verwendbare Anlagegüter
Entsteinmaschinen	10	10	Kaffee- und Teeverarbeitung (ohne Kaffeemittelproduktion)
Entsumpfungsanlagen	12	8.33	Steinkohlenbergbau
Entvliesmaschinen	6	16.67	Fleischwarenindustrie, Fleischer, Schlachthöfe
Entwässerung und Bunkerung der Feinkohle	16	6.25	Steinkohlenbergbau

Anlagegut	ND	% p.a.	Abschreibungstabelle
Entwässerungsanlagen	20	5	Steinkohlenbergbau
Entwässerungsmaschinen	10	10	Zellstoff, Holzstoff, Papier und Pappe erzeugende Industrie
Entwässerungssystem Kompostwerk	15	6.67	Kommunalverwaltung, KGSt-Bericht 1/1999
Entwicklungsanlagen für Tiefdruckformzylinder	5	20	Druckerei und Verlagsunternehmen mit Druckerei
Entwicklungsanlagen, Entwicklungs- und ätzmaschinen für Offsetdruckplatten	5	20	Druckerei und Verlagsunternehmen mit Druckerei
Entwicklungseinrichtungen für die Siebdruck-Druckformenherstellung	6	16.67	Druckerei und Verlagsunternehmen mit Druckerei
Entwicklungströge, auch mit Thermostat	6	16.67	Druckerei und Verlagsunternehmen mit Druckerei
Entzaponieranlagen	5	20	Uhrenindustrie
Epilationsbestecke	7	14.29	Friseurgewerbe und Schönheitssalons
Erbsendreschmaschinen	8	12.5	Obst- und Gemüseverarbeitungsindustrie
Erbsenreinigungsmaschinen	8	12.5	Obst- und Gemüseverarbeitungsindustrie
Erbsensortiermaschinen (allg. Art, Zylinder, Sortiertrommel)	8	12.5	Obst- und Gemüseverarbeitungsindustrie
Erdaufbereiter (Shredder + Siebanlage)	4	25	Garten-, Landschafts- und Sportplatzbau
Erdaufbereitungsmaschinen	7	14.29	Gartenbau (nach dem 31.12.1997)
Erdbeeren (einjährig)	1	100	Gartenbau (nach dem 31.12.1997)
Erdbeeren (mehrjährig)	2	50	Gartenbau (nach dem 31.12.1997)
Erdbelüfter	4	25	Garten-, Landschafts- und Sportplatzbau
Erdbohrer	10	10	Hopfenanbau
Erdbohrer	6	16.67	Kommunalverwaltung, KGSt-Bericht 1/1999
Erdbohrer	8	12.5	Weinbau und Weinhandel (nach dem 31.12.1988)
Erddämpfanlagen	8	12.5	Gartenbau (nach dem 31.12.1997)
Erdfräse	5	20	Kommunalverwaltung, KGSt-Bericht 1/1999
Erdgedeckte Lagerbehälter	16	6.25	Vertrieb von Erdölerzeugnissen
Erdspeicher	10	10	Kommunalverwaltung, KGSt-Bericht 1/1999
Erdtopfpressen	5	20	Gartenbau (nach dem 31.12.1997)
Erdverlegte Leitungen	20	5	Energie- und Wasserversorgung (nach dem 31.12.1993)

Anlagegut	ND	% p.a.	Abschreibungstabelle
Erhitzer	6	16.67	Feuerfeste- und Steinzeug-Industrie
Erntehilfsmaschinen	10	10	Tabakanbau (nach dem 30.06.1995)
Erntemaschinen (Futter-, Stoppelrübenzieh- u. Häckselanbaumaschinen)	8	12.5	Landwirtschaft und Tierzucht (nach dem 30.06.1996)
Erntemaschinen (Futterrübensammelroder)	8	12.5	Landwirtschaft und Tierzucht (nach dem 30.06.1996)
Erntemaschinen (Getreide, Körnermais, Raps)	10	10	Landwirtschaft und Tierzucht (nach dem 30.06.1996)
Erntemaschinen (Kartoffelkrautschläger)	12	8.33	Landwirtschaft und Tierzucht (nach dem 30.06.1996)
Erntemaschinen (Kartoffelroder)	10	10	Landwirtschaft und Tierzucht (nach dem 30.06.1996)
Erntemaschinen (Kartoffelsortiermaschinen)	10	10	Landwirtschaft und Tierzucht (nach dem 30.06.1996)
Erodiermaschinen	13	7.69	Allgemein verwendbare Anlagegüter
Erodiermaschinen	8	12.5	Maschinenbau
Erste Hilfe-Schränke	10	10	Kommunalverwaltung, KGSt-Bericht 1/1999
Essigbildner aller Systeme einschl. Armaturen, Aufgußvorrichtung, Pumpen usw. (Säureeinwirkung)	10	10	Essig- und Senffabrikation
Essigfilter (Säureeinwirkung)	5	20	Essig- und Senffabrikation
Essigpumpen, stationär und fahrbar (Säureeinwirkung)	5	20	Essig- und Senffabrikation
Estrichglättmaschinen	4	25	Baugewerbe
Etagenöfen	8	12.5	Brot- und Backwarenindustrie, Herst. v. Tiefkühl-/Kombinationsbackwaren, Bäckereien, Konditoreien
Etagen-Walzen mit Preßtrog	10	10	ölmühlen und Margarine-Industrie
Etikettendrucker	8	12.5	Herstellung von Schreib- und Zeichengeräten
Etikettenmaschinen	8	12.5	Papier und Pappe verarbeitende Industrie
Etikettenschnellstanzer	8	12.5	Aluminiumfolien-Industrie
Etikettenstempelmaschinen	5	20	Lederwaren- und Kofferindustrie
Etikettenstempel-Maschinen	7	14.29	Schuhindustrie
Etikett-Handdruckmaschinen	5	20	Spielwaren-Industrie
Etikettiermaschine	8	12.5	Herstellung von Schreib- und Zeichengeräten

Anlagegut	ND	% p.a.	Abschreibungstabelle
Etikettiermaschine	6	16.67	Weinbau und Weinhandel (nach dem 31.12.1988)
Etikettiermaschinen	13	7.69	Allgemein verwendbare Anlagegüter
Etikettiermaschinen	5	20	Brauereien und Mälzereien
Etikettiermaschinen	8	12.5	Druckerei und Verlagsunternehmen mit Druckerei
Etikettiermaschinen	5	20	Erfrischungsgetränke- und Mineralbrunnenindustrie
Etikettiermaschinen	5	20	Essig- und Senffabrikation
Etikettiermaschinen	10	10	Fischverarbeitungsindustrie
Etikettiermaschinen	6	16.67	Fleischwarenindustrie, Fleischer, Schlachthöfe
Etikettiermaschinen	6	16.67	Molkereien und sonstige Milchverwertung
Etikettiermaschinen	8	12.5	Papier und Pappe verarbeitende Industrie
Etikettiermaschinen	6	16.67	Sektkellereien
Etikettiermaschinen (Normalbetrieb)	6	16.67	Obst- und Gemüseverarbeitungsindustrie
Etikettiermaschinen bei Säureeinwirkung	5	20	Obst- und Gemüseverarbeitungsindustrie
Excenterpressen	8	12.5	Spielwaren-Industrie
Exhaustoren	15	6.67	Mühlen (ohne ölmühlen)
Exhaustoren (Luft) (Brennanlagen)	8	12.5	Ziegelindustrie
Exhaustoren (Luft) (Trockung)	8	12.5	Ziegelindustrie
Exhaustoren (Rauchgase) (Brennanlagen)	2	50	Ziegelindustrie
Exhaustoren (Rauchgase) (Trockung)	2	50	Ziegelindustrie
Exhaustoren, transportabel	5	20	Maler- und Lackiererhandwerk
Extensograph	5	20	Mühlen (ohne ölmühlen)
Extraktionstürme bzw. Topfextrakteure	10	10	ölmühlen und Margarine-Industrie
Extruder	6	16.67	Herstellung von Schreib- und Zeichengeräten
Extruder einschliesslich Folgemaschinen, Strainer	6	16.67	Kunststoffverarbeitende Industrie
Extrusionsmaschinen für Zuckermassen	7	14.29	Süßwarenindustrie
Exzenterpressen	10	10	NE-Metallhalbzeugindustrie (NE-Metallhalbzeugwerke und NE-Metallgießereien)

Anlagegut	ND	% p.a.	Abschreibungstabelle
Exzenterpressen mit elektrischen Antrieb	8	12.5	Spielwaren-Industrie
Exzenterpressen mit Handbetrieb	10	10	Spielwaren-Industrie
Exzenterschneckenpumpe	7	14.29	Weinbau und Weinhandel (nach dem 31.12.1988)
Fähren aller Art	20	5	Hochsee-, Küsten- und Binnenschiffahrt
Fäkalienwagen	8	12.5	Kommunalverwaltung, KGSt-Bericht 1/1999
Fäkalienwagen, Hochdruckspülwagen u.ä.	8	12.5	Gem. Anlage 13 des Gesetzes zum NKFG (Neuen Kommunalen Finanzmanagement)
Fälzel- und Rändelmaschinen	8	12.5	Druckerei und Verlagsunternehmen mit Druckerei
Fälzel- und Rändelmaschinen	8	12.5	Papier und Pappe verarbeitende Industrie
Färbe- und sonstige Foulards	7	14.29	Textilveredelung
Färbe-,Lackier- und Einbrennmaschinen	8	12.5	Aluminiumfolien-Industrie
Färbeanlagen	5	20	Eisen-, Blech- und Metallwarenindustrie
Färbeanlagen	5	20	Stahlverformung
Färbejigger	7	14.29	Textilveredelung
Färbemaschinen und -apparate für loses Material und Garne	7	14.29	Textilveredelung
Färbemaschinen und Einrichtungen	8	12.5	Hut- und Stumpenindustrie
Färbereimaschinen aus Metall aller Art	10	10	Chemischreinigung, Wäscherei, Färberei
Färbmaschinen	13	7.69	Allgemein verwendbare Anlagegüter
Färbmaschinen	8	12.5	Leder-Industrie (Ledererzeugung)
Fässer aus Holz	5	20	Leder-Industrie (Ledererzeugung)
Fässer aus Stahl	8	12.5	Leder-Industrie (Ledererzeugung)
Förder- u. Lagersysteme	7	14.29	Bekleidungsindustrie (ohne Lederbekleidung)
Förder- und Transportwagen	10	10	Steinkohlenbergbau
Förderanlagen	10	10	Zigarettenindustrie
Förderanlagen (mechanische)	7	14.29	Brauereien und Mälzereien
Förderanlagen (pneumat.) für Mehl, Zucker	8	12.5	Süßwarenindustrie
Förderanlagen (pneumatische)	7	14.29	Brauereien und Mälzereien
Förderanlagen im Freien, bewegliche	7	14.29	Torfgewinnung und -aufbereitung

Anlagegut	ND	% p.a.	Abschreibungstabelle
Förderanlagen und Einblasvorrichtungen für Kronenkork und Schraubverschlüsse	6	16.67	Erfrischungsgetränke- und Mineralbrunnenindustrie
Förderanlagen und Transporteinrichtungen	7	14.29	Kraftfahrzeugindustrie
Förderanlagen z. B. Kastenbeschicker, Bänder, Rutschen, Schnecken, Zuteiler	8	12.5	Feuerfeste- und Steinzeug-Industrie
Förderbänder	14	7.14	Allgemein verwendbare Anlagegüter
Förderbänder	7	14.29	Baugewerbe
Förderbänder	7	14.29	Torfgewinnung und -aufbereitung
Förderbänder (Gummi, Kunststoff)	6	16.67	Fleischwarenindustrie, Fleischer, Schlachthöfe
Förderbänder und -anlagen	7	14.29	Holzverarbeitende Industrie
Förderbänder und -rinnen	6	16.67	Schrott- und Abbruchwirtschaft
Förderband	10	10	Hopfenanbau
Fördereinricht. einschl. Zubehör u. d. als Betriebsvorrichtungen zu betrachtenden Umschliessungen	8	12.5	Natursteinindustrie f. d. Wege-, Bahn-, Wasser- u. Betonbau
Fördereinrichtungen, mechanisch (z.B. Elevatoren, Schnecken, Trogkettenförderer, Redler)	7	14.29	Brauereien und Mälzereien
Fördereinrichtungen, pneumatisch	7	14.29	Brauereien und Mälzereien
Fördergeräte f. losen Dünger	10	10	Gartenbau (nach dem 31.12.1997)
Fördergerüste, Fördertürme, Fördereinrichtungen u. ä.	25	4	Steinkohlenbergbau
Fördermaschinen (Schacht)	7	14.29	Schiefer- und Tonindustrie
Fördermaste, fahrbare	10	10	Erdölgewinnung
Förderpumpenaggregate	10	10	Baugewerbe
Förderschnecken	14	7.14	Allgemein verwendbare Anlagegüter
Förderschnecken	7	14.29	Baugewerbe
Förderschnecken	6	16.67	Torfgewinnung und -aufbereitung
Förderwagenkippeinrichtung	8	12.5	Steinkohlenbergbau
Führungen für Walzenlader	3	33.33	Steinkohlenbergbau
Füllanlagen für Stahlflaschen einschl. Waagen und Anlagen zur Dichtheitsprüfung	8	12.5	Vertrieb von Erdölerzeugnissen
Füllglocken	5	20	Vulkanisierbetriebe
Füllmaschinen	6	16.67	Molkereien und sonstige Milchverwertung

Anlagegut	ND	% p.a.	Abschreibungstabelle
Füllmaschinen und Kegelroller	8	12.5	Süßwarenindustrie
Füllstandsgrenzschalter	8	12.5	Mühlen (ohne ölmühlen)
Fülltechnik/Beschickungsanlagen	6	16.67	Beton- und Fertigteilindustrie
für halbtrockene und trockene Formgebung	6	16.67	Feuerfeste- und Steinzeug-Industrie
für plastische Formgebung	8	12.5	Feuerfeste- und Steinzeug-Industrie
Fütterungsanlagen	10	10	Forstwirtschaft (nach dem 30.09.1995)
Faßdampfanlagen	14	7.14	ölmühlen und Margarine-Industrie
Faßentleerungsmaschinen	20	5	ölmühlen und Margarine-Industrie
Faßetikettiermaschinen	6	16.67	Brauereien und Mälzereien
Faßfüller (Isobarometer)	12	8.33	Brauereien und Mälzereien
Faßpasteure (Kammerpasteure)	8	12.5	Brauereien und Mälzereien
Faßreinigungsmaschinen	8	12.5	Brauereien und Mälzereien
Faßspülanlagen	7	14.29	ölmühlen und Margarine-Industrie
Faßtransportanlagen	7	14.29	Brauereien und Mälzereien
Fabrikations- und Energiegebäude	25	4	Chemische Industrie
Fabrikationsspindelpressen	10	10	NE-Metallhalbzeugindustrie (NE-Metallhalbzeugwerke und NE-Metallgießereien)
Fabrikgebäude, in denen Schmiedehämmer oder schwere Pressen arbeiten	25	4	Stahlverformung
Facettiermaschinen	10	10	Uhrenindustrie
Facettiermaschinen, Klischeebearbeitungsgeräte	10	10	Druckerei und Verlagsunternehmen mit Druckerei
Fachmaschinen (automatische)	6	16.67	Hut- und Stumpenindustrie
Fachmaschinen (einfache)	8	12.5	Hut- und Stumpenindustrie
Fadenabsauganlagen	10	10	Gewerbliche Erzeugung und Aufbereitung von Spinnstoffen, Spinnerei, Weberei
Fadenheftmaschinen	8	12.5	Druckerei und Verlagsunternehmen mit Druckerei
Fadenzwick-Maschinen	7	14.29	Schuhindustrie
Fahnenmasten	10	10	Allgemein verwendbare Anlagegüter
Fahrausweisautomaten	5	20	Personen- und Güterbeförderung (im Straßen- und Schienenverkehr)
Fahrbahnbefestigungen in Pflaster, Asphalt u. Beton	15	6.67	Natursteinindustrie f. d. Wege-, Bahn-, Wasser- u. Betonbau

Anlagegut	ND	% p.a.	Abschreibungstabelle
Fahrbahnbefestigungen Kies-, Schotter- u. Schlackenwege	10	10	Natursteinindustrie f. d. Wege-, Bahn-, Wasser- u. Betonbau
Fahrbahnen (einschl. Abscheider), Parkplätze, Hofbefestigungen (mit Packlage)	10	10	Vertrieb von Erdölerzeugnissen
Fahrbahnen (in Kies, Schotter, Schlacken)	9	11.11	Allgemein verwendbare Anlagegüter
Fahrbahnen (mit Packlage)	19	5.26	Allgemein verwendbare Anlagegüter
Fahrbahnen und Platzbefestigungen bei besonders beanspruchten Teilstücken (z. B. im Rangierbereich)	6	16.67	Kalk-, Gips-, und Kreideindustrie
Fahrbahnen und Platzbefestigungen in Beton, Asphalt, Pflaster und Platten	8	12.5	Kalk-, Gips-, und Kreideindustrie
Fahrbahnen und Platzbefestigungen in Beton, Asphalt, Pflaster und Platten	8	12.5	Zementindustrie
Fahrbahnen und Platzbefestigungen in Kies, Schotter und Schlacken (ohne schwere Packlage)	4	25	Kalk-, Gips-, und Kreideindustrie
Fahrbahnen und Platzbefestigungen in Kies, Schotter und Schlacken (ohne schwere Packlage)	4	25	Zementindustrie
Fahrbahnen, Parkplätze, Hofbefestigungen mit schwerer Packlage	15	6.67	Vertrieb von Erdölerzeugnissen
Fahrbahnen, Parkplätze, Hofbefestigungen ohne schwere Packlage	10	10	Vertrieb von Erdölerzeugnissen
Fahrbare Aggregate	5	20	Fernseh-, Film- und Hörfunkwirtschaft
Fahrbare Arbeitsbühnen und Teleskopanhängeleitern	8	12.5	Baugewerbe
Fahrbare Brecheranlagen	7	14.29	Kalk-, Gips-, und Kreideindustrie
Fahrbare Fördergeräte und Planiergeräte (nur im Steinbruch)	3	33.33	Kalk-, Gips-, und Kreideindustrie
Fahrbare Gleichrichter	10	10	Personen- und Güterbeförderung (im Straßen- und Schienenverkehr)
Fahrbare Hochdruckreiniger	4	25	Vertrieb von Erdölerzeugnissen
Fahrbare Rammgerüste	8	12.5	Baugewerbe
fahrbare Seilauflegewinden	10	10	Steinkohlenbergbau
Fahrbare Sprecherkabinen	5	20	Fernseh-, Film- und Hörfunkwirtschaft
Fahrbare Steinbrecheranlagen	6	16.67	Schrott- und Abbruchwirtschaft

Anlagegut	ND	% p.a.	Abschreibungstabelle
Fahrdrahtlokomotiven	12	8.33	Steinkohlenbergbau
Fahrgastinformations- und -leitsysteme	10	10	Personen- und Güterbeförderung (im Straßen- und Schienenverkehr)
Fahrgastschiffe, große	16	6.25	Hochsee-, Küsten- und Binnenschiffahrt
Fahrkartenverkaufsautomat, Fahrkartenentwerter	8	12.5	Gem. Anlage 13 des Gesetzes zum NKFG (Neuen Kommunalen Finanzmanagement)
Fahrräder	7	14.29	Allgemein verwendbare Anlagegüter
Fahrräder	4	25	Gem. Anlage 13 des Gesetzes zum NKFG (Neuen Kommunalen Finanzmanagement)
Fahrradständer, überdacht	15	6.67	Kommunalverwaltung, KGSt-Bericht 1/1999
Fahrradständer, offen	10	10	Kommunalverwaltung, KGSt-Bericht 1/1999
Fahrsteige	7	14.29	Luftfahrtunternehmen und Flughafenbetriebe
Fahrwege mit Bitumen-, Asphalt- oder Betondecke	15	6.67	Forstwirtschaft (nach dem 30.09.1995)
Fahrwege mit wassergebundener Decke	10	10	Forstwirtschaft (nach dem 30.09.1995)
Fahrzeuge, Feuerwehr	10	10	Allgemein verwendbare Anlagegüter
Fahrzeuge, Krankentransport-	6	16.67	Allgemein verwendbare Anlagegüter
Fahrzeuge, Rettungs-	6	16.67	Allgemein verwendbare Anlagegüter
Fahrzeughallen, Holzkonstruktion	20	5	Kommunalverwaltung, KGSt-Bericht 1/1999
Fahrzeughallen, massiv	80	1.25	Kommunalverwaltung, KGSt-Bericht 1/1999
Fahrzeughallen, teilmassiv	40	2.5	Kommunalverwaltung, KGSt-Bericht 1/1999
Fallhämmer	8	12.5	Eisen-, Blech- und Metallwarenindustrie
Fallzahlmeßgeräte	3	33.33	Mühlen (ohne ölmühlen)
Faltenlegegeräte	5	20	Schuhindustrie
Faltenpressen	10	10	Lederwaren- und Kofferindustrie
Faltschachtelklebemaschinen	8	12.5	Druckerei und Verlagsunternehmen mit Druckerei
Faltschachtelklebemaschinen	8	12.5	Papier und Pappe verarbeitende Industrie
Falzeinbrennmaschinen	8	12.5	Druckerei und Verlagsunternehmen mit Druckerei
Falzeinbrennmaschinen	8	12.5	Papier und Pappe verarbeitende Industrie
Falzmaschinen	13	7.69	Allgemein verwendbare Anlagegüter

Anlagegut	ND	% p.a.	Abschreibungstabelle
Falzmaschinen	8	12.5	Druckerei und Verlagsunternehmen mit Druckerei
Falzmaschinen	8	12.5	Eisen-, Blech- und Metallwarenindustrie
Falzmaschinen	5	20	Leder-Industrie (Ledererzeugung)
Falzmaschinen	7	14.29	Lederwaren- und Kofferindustrie
Falzmaschinen	8	12.5	Papier und Pappe verarbeitende Industrie
Falzmaschinen	5	20	Rauchwarenverarbeitung
Falzniederdruckpressen	8	12.5	Druckerei und Verlagsunternehmen mit Druckerei
Fangausrüstungen für Heringslogger	3	33.33	Hochsee- und Küstenfischerei
Farb- und Appretkücheneinrichtungen	7	14.29	Textilveredelung
Farb- und Goldschnittmaschinen	8	12.5	Druckerei und Verlagsunternehmen mit Druckerei
Farb- und Goldschnittmaschinen	8	12.5	Papier und Pappe verarbeitende Industrie
Farbaufsatzkästen	8	12.5	Druckerei und Verlagsunternehmen mit Druckerei
Farbauszugsgeräte	5	20	Druckerei und Verlagsunternehmen mit Druckerei
Farbbottiche	5	20	Rauchwarenverarbeitung
Farbdruckgefäße	5	20	Maler- und Lackiererhandwerk
Farbkontrollgeräte, Farbanalysatoren, Bildbetrachtungsgeräte	5	20	Druckerei und Verlagsunternehmen mit Druckerei
Farbmühlen	8	12.5	Aluminiumfolien-Industrie
Farbmühlen	10	10	Feinkeramische Industrie
Farbmusterungseinrichtungen (Farbprüfleuchten)	5	20	Druckerei und Verlagsunternehmen mit Druckerei
Farbnebelabsauganlagen	8	12.5	Druckerei und Verlagsunternehmen mit Druckerei
Farbprüfsysteme	5	20	Druckerei und Verlagsunternehmen mit Druckerei
Farbpumpen-, Farbniveauregelungsanlagen	8	12.5	Druckerei und Verlagsunternehmen mit Druckerei
Farbreib- und -mischgeräte	8	12.5	Druckerei und Verlagsunternehmen mit Druckerei
Farbsortiermaschinen	12	8.33	Mühlen (ohne ölmühlen)
Farbspritz- und Tauchanlagen (einschl. Trocknung)	8	12.5	Eisen-, Stahl- und Tempergießereien
Farbspritzanlagen	5	20	Holzverarbeitende Industrie

Anlagegut	ND	% p.a.	Abschreibungstabelle
Farbspritzanlagen	5	20	Leder-Industrie (Ledererzeugung)
Farbspritzanlagen (Kompressor, Motor, Exhauster)	3	33.33	Spielwaren-Industrie
Farbspritzgeräte	4	25	Schiffbau
Farbspritzmaschinen	5	20	Schuhindustrie
Farbspritzstände, ortsfest	10	10	Maler- und Lackiererhandwerk
Farbspritzstände, transportabel	5	20	Maler- und Lackiererhandwerk
Farbsteuergeräte	8	12.5	Druckerei und Verlagsunternehmen mit Druckerei
Farbtrenngeräte	8	12.5	Druckerei und Verlagsunternehmen mit Druckerei
Farbverrührer	8	12.5	Druckerei und Verlagsunternehmen mit Druckerei
Farbwalzenkühlanlagen (Farbwalzentemperieranlagen)	8	12.5	Druckerei und Verlagsunternehmen mit Druckerei
Farinograph	5	20	Mühlen (ohne ölmühlen)
Faschinen	20	5	Allgemein verwendbare Anlagegüter
Faxgeräte	6	16.67	Allgemein verwendbare Anlagegüter
Faxgeräte	5	20	Kommunalverwaltung, KGSt-Bericht 1/1999
Federaugenrollmaschinen	8	12.5	Stahlverformung
Federglühanlagen mit Hochfrequenz, automatische	4	25	Uhrenindustrie
Federnblattwalzen	8	12.5	Stahlverformung
Federnwickelbänke	8	12.5	Stahlverformung
Federnwickelmaschinen	8	12.5	Stahlverformung
Federwickelmaschinen	8	12.5	Eisen-, Blech- und Metallwarenindustrie
Federwickelmaschinen	8	12.5	Feinmechanische und Optische Industrie
Feil- und Sägemaschinen (nicht unmittelbar f. Spielwarenfertigung)	10	10	Spielwaren-Industrie
Feil- und Schränkmaschinen	10	10	Kraftfahrzeugindustrie
Feilmaschinen	13	7.69	Allgemein verwendbare Anlagegüter
Feilmaschinen	8	12.5	Eisen-, Blech- und Metallwarenindustrie
Feilmaschinen	10	10	NE-Metallhalbzeugindustrie (NE-Metallhalbzeugwerke und NE-Metallgießereien)

Anlagegut	ND	% p.a.	Abschreibungstabelle
Feindrahtwalzwerke	10	10	NE-Metallhalbzeugindustrie (NE-Metallhalbzeugwerke und NE-Metallgießereien)
Feindrahtziehmaschinen	10	10	NE-Metallhalbzeugindustrie (NE-Metallhalbzeugwerke und NE-Metallgießereien)
Feingrubber und Zinkeneggen	8	12.5	Gartenbau (nach dem 31.12.1997)
Feinschleifautomaten	5	20	Holzverarbeitende Industrie
Feinschleifmaschinen	7	14.29	Feinmechanische und Optische Industrie
Feinspaltmaschinen	5	20	Lederwaren- und Kofferindustrie
Feinspaltmaschinen	5	20	Schuhindustrie
Feinspinnmaschinen	10	10	Gewerbliche Erzeugung und Aufbereitung von Spinnstoffen, Spinnerei, Weberei
Feinst- und Nachdrehmaschinen -	7	14.29	Feinmechanische und Optische Industrie
Feinstbohrwerke (nicht unmittelbar f. Spielwarenfertigung)	5	20	Spielwaren-Industrie
Feinstbohrwerke im Serienbau	5	20	Kraftfahrzeugindustrie
Feintacks-Maschinen	7	14.29	Schuhindustrie
Feinwalzwerke	8	12.5	Ziegelindustrie
Feldbahngeleise und Weichen im Abbaubereich und auf der Halde	5	20	Schiefer- und Tonindustrie
Feldbahngeleise und Weichen, sonstige	10	10	Schiefer- und Tonindustrie
Feldbahngeleise, Weichen, Aufzüge u. Bremsbahnen, lose verlegt (harte und zähe Gesteinsarten)	5	20	Natursteinindustrie f. d. Wege-, Bahn-, Wasser- u. Betonbau
Feldbahngeleise, Weichen, Aufzüge u. Bremsbahnen, lose verlegt(weniger harte und zähe Gesteinsarten)	8	12.5	Natursteinindustrie f. d. Wege-, Bahn-, Wasser- u. Betonbau
Feldbahngleise (Stammgleise), fest-verlegte	15	6.67	Torfgewinnung und -aufbereitung
Feldbahngleise auf Moor, fliegende	6	16.67	Torfgewinnung und -aufbereitung
Feldbahnloks über 25 kW	20	5	Torfgewinnung und -aufbereitung
Feldbahnloks bis 9 kW	7	14.29	Torfgewinnung und -aufbereitung
Feldbahnloks von 10 bis 25 kW	10	10	Torfgewinnung und -aufbereitung
Feldbahnloren	7	14.29	Torfgewinnung und -aufbereitung
Feldgemüse (Buschbohnenvollernter)	8	12.5	Landwirtschaft und Tierzucht (nach dem 30.06.1996)
Feldgemüse (Erbsenvollernter)	8	12.5	Landwirtschaft und Tierzucht (nach dem 30.06.1996)

Anlagegut	ND	% p.a.	Abschreibungstabelle
Feldgemüse (Gemüsesortiermaschinen)	12	8.33	Landwirtschaft und Tierzucht (nach dem 30.06.1996)
Feldgemüse (Gemüsewaschmaschinen)	14	7.14	Landwirtschaft und Tierzucht (nach dem 30.06.1996)
Feldgemüse (Gurkenflieger-Erntegeräte)	10	10	Landwirtschaft und Tierzucht (nach dem 30.06.1996)
Feldgemüse (Kohlrabi-Erntevorrichtungen für Zuckerrübenvollernter)	8	12.5	Landwirtschaft und Tierzucht (nach dem 30.06.1996)
Feldgemüse (Kopfkohlernter)	8	12.5	Landwirtschaft und Tierzucht (nach dem 30.06.1996)
Feldgemüse (Möhrensammelroder)	8	12.5	Landwirtschaft und Tierzucht (nach dem 30.06.1996)
Feldgemüse (Möhrenvollernter)	8	12.5	Landwirtschaft und Tierzucht (nach dem 30.06.1996)
Feldgemüse (Verlesebänder)	12	8.33	Landwirtschaft und Tierzucht (nach dem 30.06.1996)
Feldgemüse (Vollernter für Blumenkohl)	8	12.5	Landwirtschaft und Tierzucht (nach dem 30.06.1996)
Feldspritzen (An-, Aufbau- und Bandspritzen)	6	16.67	Gartenbau (nach dem 31.12.1997)
Feldspritzen (An-, Aufbau- und Bandspritzen)	10	10	Landwirtschaft und Tierzucht (nach dem 30.06.1996)
Fellaufschneidemaschine	8	12.5	Hutstoff-Fabrikation
Fellbefeuchtungsanlage	10	10	Hutstoff-Fabrikation
Fellschneidemaschinen	8	12.5	Hutstoff-Fabrikation
Fellspann- (Streck-) maschine	10	10	Hutstoff-Fabrikation
Fellwaage	10	10	Hutstoff-Fabrikation
Felsmeißeleinrichtungen, Betonzertrümmerungsgeräte	5	20	Baugewerbe
Fenster- und Futtereinklebemaschinen	8	12.5	Druckerei und Verlagsunternehmen mit Druckerei
Fenster- und Futtereinklebemaschinen	8	12.5	Papier und Pappe verarbeitende Industrie
Fernmeldetürme	25	4	Fernmeldedienste
Fernschreiber	6	16.67	Allgemein verwendbare Anlagegüter
Fernschreiber	5	20	Kommunalverwaltung, KGSt-Bericht 1/1999
Fernsehüberwachungsanlage	7	14.29	Kreditwirtschaft
Fernseher	7	14.29	Allgemein verwendbare Anlagegüter

Anlagegut	ND	% p.a.	Abschreibungstabelle
Fernseh-Füllsenderananlagen	10	10	Fernseh-, Film- und Hörfunkwirtschaft
Fernsehgeräte (in Fremdenzimmern)	3	33.33	Gastgewerbe
Fernseh-Senderanlagen	10	10	Fernseh-, Film- und Hörfunkwirtschaft
Fernsprech-, Fernseh- und übertragungseinrichtungen	6	16.67	Steinkohlenbergbau
Fernsprechnebenstellenanlage	10	10	Kommunalverwaltung, KGSt-Bericht 1/1999
Fernsprechnebenstellenanlagen	10	10	Allgemein verwendbare Anlagegüter
Fernsprechzentralen mit Anschlüssen	8	12.5	Heil-, Kur-, Sport- und Freizeitbäder
Fernsprechzentralen mit Anschlüssen	10	10	Kommunalverwaltung, KGSt-Bericht 1/1999
Fernsteuerungsanlagen (autom.)	10	10	Energie- und Wasserversorgung (nach dem 31.12.1993)
Fernthermometeranlagen	14	7.14	ölmühlen und Margarine-Industrie
Fernwirkanlagen und Einrichtungen zur automatischen Qualitätskontrolle	10	10	Fernseh-, Film- und Hörfunkwirtschaft
Fersenanschlag-, Nagel- und Beschneid-Maschinen	7	14.29	Schuhindustrie
Fersenschlußbügel-Maschinen	5	20	Schuhindustrie
Fersenteilform-Maschinen	5	20	Schuhindustrie
Fersenteil-Spaltmaschinen	7	14.29	Schuhindustrie
Fersenzwickmaschinen (auch hydraulisch)	7	14.29	Schuhindustrie
Fertiger	6	16.67	Garten-, Landschafts- und Sportplatzbau
Festmist- und Kompoststreuer	8	12.5	Gartenbau (nach dem 31.12.1997)
Fettabscheider	5	20	Allgemein verwendbare Anlagegüter
Fettabscheider	10	10	Gastgewerbe
Fettabscheider (Gesamtanlage)	10	10	Fleischwarenindustrie, Fleischer, Schlachthöfe
Fettbackautomaten	5	20	Brot- und Backwarenindustrie, Herst. v. Tiefkühl-/Kombinationsbackwaren, Bäckereien, Konditoreien
Fettbackgeräte	6	16.67	Brot- und Backwarenindustrie, Herst. v. Tiefkühl-/Kombinationsbackwaren, Bäckereien, Konditoreien
Fettbackgeräte	6	16.67	Mühlen (ohne ölmühlen)
Fettlagerbehälter	8	12.5	Fleischmehlindustrie bzw. Tierkörperbeseitigung (Herstellung von tierischen Futtermitteln)

Anlagegut	ND	% p.a.	Abschreibungstabelle
Fettreinigungsanlagen	8	12.5	Fleischmehlindustrie bzw. Tierkörperbeseitigung (Herstellung von tierischen Futtermitteln)
Feucht- und Glättemaschinen	10	10	Zellstoff, Holzstoff, Papier und Pappe erzeugende Industrie
Feuchtigkeitsmeßgeräte	8	12.5	Zigarettenindustrie
Feuchtigkeitsregulierung	12	8.33	Mühlen (ohne ölmühlen)
Feuergastrockner	10	10	Braunkohlenbergbau
Feuerlösch- und Rettungsgeräte	8	12.5	Steinkohlenbergbau
Feuerlöschanlagen	12	8.33	Vertrieb von Erdölerzeugnissen
Feuerlöschfahrzeug	8	12.5	Kommunalverwaltung, KGSt-Bericht 1/1999
Feuerlöschgeräte	8	12.5	Kommunalverwaltung, KGSt-Bericht 1/1999
Feuerlöschgeräte (Handdrucklöschpistole)	6	16.67	Kommunalverwaltung, KGSt-Bericht 1/1999
Feuerlöschgeräte (Handfeuerlöschgerät)	6	16.67	Kommunalverwaltung, KGSt-Bericht 1/1999
Feuermeldeanlagen	10	10	Kommunalverwaltung, KGSt-Bericht 1/1999
Feuerpoliertrommeln	10	10	Glaserzeugende Industrie (Flachglas, Hohlglas und Glasfaser)
Feuerungsanlage (Ofen) (MVA für feste Abfälle)	12	8.33	Abfallentsorgungs- und Recyclingwirtschaft
Feuerungsanlage (Ofen) (MVA für feste und flüssige Sonderabfälle)	10	10	Abfallentsorgungs- und Recyclingwirtschaft
Feuerverzinkungsanlagen	8	12.5	Stahlverformung
Feuerwehrfahrzeuge	10	10	Allgemein verwendbare Anlagegüter
Feuerwehrfahrzeuge, Feuerlöschfahrzeuge, Kraftfahrdrehleiter, Löschboot	15	6.67	Gem. Anlage 13 des Gesetzes zum NKFG (Neuen Kommunalen Finanzmanagement)
Feuerwehrgerätehäuser (massiv)	40	2.5	Gem. Anlage 13 des Gesetzes zum NKFG (Neuen Kommunalen Finanzmanagement)
Feuerwehrgerätehäuser (sonstige Bauweise)	20	5	Gem. Anlage 13 des Gesetzes zum NKFG (Neuen Kommunalen Finanzmanagement)
Feuerwehrgerätehäuser, massiv	80	1.25	Kommunalverwaltung, KGSt-Bericht 1/1999
Feuerwehrgerätehäuser, teilmassiv	40	2.5	Kommunalverwaltung, KGSt-Bericht 1/1999

Anlagegut	ND	% p.a.	Abschreibungstabelle
Feuerwehrleitern (mechanisch)	15	6.67	Kommunalverwaltung, KGSt-Bericht 1/1999
Feuerwehrschränke	10	10	Kommunalverwaltung, KGSt-Bericht 1/1999
Feuerwehrschutzanzug (Gas-Säure-Kontaminations-Schutzanzug)	3	33.33	Kommunalverwaltung, KGSt-Bericht 1/1999
Filatierungsanlagen	5	20	Molkereien und sonstige Milchverwertung
Filetiermaschinen	7	14.29	Fischverarbeitungsindustrie
Filmaufzeichnungs- und Wiedergabeanlagen einschließlich Diageber	5	20	Fernseh-, Film- und Hörfunkwirtschaft
Filmaufzeichnungsanlage mit Bewegungsmelder	7	14.29	Kreditwirtschaft
Filmbelichtungsgeräte (Plotter)	5	20	Druckerei und Verlagsunternehmen mit Druckerei
Filmbetrachtungskästen	10	10	Gesundheitswesen
Filmdruckmaschinen, Bleich-, Säure- und Laugieranlagen	6	16.67	Textilveredelung
Filmentwicklungs- und -kopieranlagen	5	20	Fernseh-, Film- und Hörfunkwirtschaft
Filmentwicklungsgeräte	5	20	Druckerei und Verlagsunternehmen mit Druckerei
Filmentwicklungsgeräte (teilmanuell)	5	20	Druckerei und Verlagsunternehmen mit Druckerei
Filmentwicklungsmaschinen	10	10	Kommunalverwaltung, KGSt-Bericht 1/1999
Filmentwicklungsmaschinen (Fotosatzweiterverarbeitung)	5	20	Druckerei und Verlagsunternehmen mit Druckerei
Filmentwicklungsmaschinen (Reproweiterverarbeitung)	5	20	Druckerei und Verlagsunternehmen mit Druckerei
Filmgeräte	7	14.29	Allgemein verwendbare Anlagegüter
Filmschneidegeräte (Einrichtungen und Zubehör)	8	12.5	Druckerei und Verlagsunternehmen mit Druckerei
Filmschneidegeräte (MONTAGE)	8	12.5	Druckerei und Verlagsunternehmen mit Druckerei
Filmschnitteinrichtungen	5	20	Fernseh-, Film- und Hörfunkwirtschaft
Filmtheatergebäude	30	3.33	Filmtheater
Filmtrickeinrichtungen	5	20	Fernseh-, Film- und Hörfunkwirtschaft
Filmwasch- und Glanziermaschinen	5	20	Fernseh-, Film- und Hörfunkwirtschaft
Filter	7	14.29	Erfrischungsgetränke- und Mineralbrunnenindustrie

Anlagegut	ND	% p.a.	Abschreibungstabelle
Filter-, Hydr.-, Pack-, Tragantpressen	8	12.5	Herstellung von Schreib- und Zeichengeräten
Filterabschlaggeräte	10	10	Zigarettenindustrie
Filteranlage	15	6.67	Kommunalverwaltung, KGSt-Bericht 1/1999
Filteranlagen	6	16.67	Molkereien und sonstige Milchverwertung
Filteranlagen	10	10	Steinkohlenbergbau
Filteransetzmaschinen	8	12.5	Zigarettenindustrie
Filterbrunnen	7	14.29	Braunkohlenbergbau
Filterherstellungsmaschinen	8	12.5	Zigarettenindustrie
Filtermitteldosiergeräte	5	20	Brauereien und Mälzereien
Filterpressen	10	10	Brauereien und Mälzereien
Filterpressen	14	7.14	ölmühlen und Margarine-Industrie
Filterpressen (sonstige)	10	10	Feinkeramische Industrie
Filterpressen mit Hartgummiplatten	8	12.5	Feinkeramische Industrie
Filtertücherwaschmaschinen	8	12.5	Brauereien und Mälzereien
Filtertrockenschränke, -trockenkammern	10	10	Steinkohlenbergbau
Filtriergeräte	10	10	Gesundheitswesen
Filz- und Walkmaschinen (sonstige)	8	12.5	Hut- und Stumpenindustrie
Filzhut- und Stumpenbügelmaschinen	10	10	Hut- und Stumpenindustrie
Filzwasch- und Trockenmaschinen	8	12.5	Aluminiumfolien-Industrie
Fischdampfer mit Dieselmotor-, Kolbenmaschinen oder Turbinenantrieb	13	7.69	Hochsee- und Küstenfischerei
Fischentgrätungsmaschinen	7	14.29	Fischverarbeitungsindustrie
Fischkutter (bei einheitl. Abschreibung zu 4.a - 4.c)	15	6.67	Hochsee- und Küstenfischerei
Fischkutter (Echolote, Funk- und Peilgeräte)	22	4.55	Hochsee- und Küstenfischerei
Fischkutter (Motoren)	8	12.5	Hochsee- und Küstenfischerei
Fischkutter (Schiffskörper)	4	25	Hochsee- und Küstenfischerei
Fischpumpen, Förderanlagen, Netzwinden, Netzgalgen u. ä.	8	12.5	Binnenfischerei, Teichwirtschaft, Fischzucht, fischwirtschaftliche Dienstleistungen
Fischtransportbehälter fürLebendfisch auch mit Sauerstoffversorgung	8	12.5	Binnenfischerei, Teichwirtschaft, Fischzucht, fischwirtschaftliche Dienstleistungen

Anlagegut	ND	% p.a.	Abschreibungstabelle
Fischtransportwagen	6	16.67	Fischverarbeitungsindustrie
Fischwirtschaftsgebäude	20	5	Binnenfischerei, Teichwirtschaft, Fischzucht, fischwirtschaftliche Dienstleistungen
Fitnessgeräte	5	20	Gastgewerbe
Fixiermaschinen (Doppelanlagen mit Abstapler)	5	20	Bekleidungsindustrie (ohne Lederbekleidung)
Fixiermaschinen (Einzelanlagen)	5	20	Bekleidungsindustrie (ohne Lederbekleidung)
Flächen- und Rundschleifmaschinen	8	12.5	Feinmechanische und Optische Industrie
Flächen-Desinfektionsanlagen	10	10	Heil-, Kur-, Sport- und Freizeitbäder
Flächenrüttler	4	25	Garten-, Landschafts- und Sportplatzbau
Flächenrüttler, Vibrostampfer, Explosionsstampframmen	4	25	Baugewerbe
Flächenschleifmaschinen	8	12.5	NE-Metallhalbzeugindustrie (NE-Metallhalbzeugwerke und NE-Metallgießereien)
Flächenschleifmaschinen (nicht unmittelbar f. Spielwarenfertigung)	8	12.5	Spielwaren-Industrie
Flügel	15	6.67	Gastgewerbe
Flüssigdüngungsgeräte (Injektion)	8	12.5	Gartenbau (nach dem 31.12.1997)
Flüssiggaskesselwagen	20	5	Vertrieb von Erdölerzeugnissen
Flüssigkeitsmengen-Automaten	5	20	Zahntechniker
Flüssigkeitssauger	10	10	Kommunalverwaltung, KGSt-Bericht 1/1999
Flüssigmistbelüftung	10	10	Landwirtschaft und Tierzucht (nach dem 30.06.1996)
Flüssig-SO2-Behälter	10	10	Zellstoff, Holzstoff, Papier und Pappe erzeugende Industrie
Flach- und Rundbelichtungsgeräte	5	20	Druckerei und Verlagsunternehmen mit Druckerei
Flachbeutelverschließmaschinen	8	12.5	Kaffee- und Teeverarbeitung (ohne Kaffeemittelproduktion)
Flachheftmaschinen	10	10	Spielwaren-Industrie
Flachnähmaschinen	10	10	Rauchwarenverarbeitung
Flachschieberentmistung	10	10	Landwirtschaft und Tierzucht (nach dem 30.06.1996)
Flachschleifmaschinen (CNC / NC)	6	16.67	Maschinenbau
Flachsteppmaschinen	5	20	Lederwaren- und Kofferindustrie

Anlagegut	ND	% p.a.	Abschreibungstabelle
Flachstrickmaschinen (einfache)	10	10	Maschinenindustrie
Flachstrickmaschinen (Hochleistungsmaschinen)	6	16.67	Maschinenindustrie
Flammöfen	5	20	NE-Metallhalbzeugindustrie (NE-Metallhalbzeugwerke und NE-Metallgießereien)
Flammhärtemaschinen	5	20	Stahlverformung
Flammstrahlgeräte	3	33.33	Maler- und Lackiererhandwerk
Flanschenrohre und zugehörige Armaturen	8	12.5	Baugewerbe
Flaschen- und Gläserwaschmaschinen im Naßbetrieb	7	14.29	Obst- und Gemüseverarbeitungsindustrie
Flaschen- und Kastentransportanlagen (Plattentransporteure, Rollenbänder)	6	16.67	Erfrischungsgetränke- und Mineralbrunnenindustrie
Flaschenabfüllmaschinen	6	16.67	Brauereien und Mälzereien
Flaschenabräumer	5	20	Brauereien und Mälzereien
Flaschenauspack- und -einpackmaschinen	5	20	Brauereien und Mälzereien
Flascheneinfüllmaschinen	5	20	Essig- und Senffabrikation
Flascheneinpack- und -auspackmaschinen	5	20	Erfrischungsgetränke- und Mineralbrunnenindustrie
Flascheneinweichkübel	5	20	Essig- und Senffabrikation
Flascheneinweichräder	5	20	Essig- und Senffabrikation
Flaschenfüllanlagen komplett (einschl. Waschanlagen)	6	16.67	Erfrischungsgetränke- und Mineralbrunnenindustrie
Flaschenfüllmaschinen	6	16.67	Erfrischungsgetränke- und Mineralbrunnenindustrie
Flaschenreinigung	6	16.67	Weinbau und Weinhandel (nach dem 31.12.1988)
Flaschenreinigungsmaschinen	6	16.67	Erfrischungsgetränke- und Mineralbrunnenindustrie
Flaschenreinigungsmaschinen, Rinser	6	16.67	Brauereien und Mälzereien
Flaschensortieranlagen	6	16.67	Brauereien und Mälzereien
Flaschensortieranlagen	6	16.67	Erfrischungsgetränke- und Mineralbrunnenindustrie
Flaschenverschlußmaschinen	5	20	Essig- und Senffabrikation
Flaschenzüge	5	20	Fernseh-, Film- und Hörfunkwirtschaft
Flavourisierungsanlagen	8	12.5	Zigarettenindustrie
Flechtmaschinen	8	12.5	Kautschukindustrie

Anlagegut	ND	% p.a.	Abschreibungstabelle
Fleisch- und Pastetenbacköfen	5	20	Fleischwarenindustrie, Fleischer, Schlachthöfe
Fleischhängewagen Schlachthöfe	6	16.67	Fleischwarenindustrie, Fleischer,
Fleischseparatoren	5	20	Fleischwarenindustrie, Fleischer, Schlachthöfe
Fleischwaagen	11	9.09	Allgemein verwendbare Anlagegüter
Fleischwaagen (Betrieb)	5	20	Fleischwarenindustrie, Fleischer, Schlachthöfe
Fleischzerkleinerungsmaschinen (sonstige)	7	14.29	Fleischwarenindustrie, Fleischer, Schlachthöfe
Flexibelrandandrückmaschinen	6	16.67	Schuhindustrie
Flexible Fertigungssysteme	8	12.5	Maschinenbau
Fließkanalanlagen	20	5	Binnenfischerei, Teichwirtschaft, Fischzucht, fischwirtschaftliche Dienstleistungen
Fliesenglasiermaschinen (Automaten)	5	20	Feinkeramische Industrie
Fliesenglasiermaschinen (einfache Art)	8	12.5	Feinkeramische Industrie
Flip-Chart	5	20	Kommunalverwaltung, KGSt-Bericht 1/1999
Flipper	5	20	Allgemein verwendbare Anlagegüter
Flugbetriebsflächen	15	6.67	Luftfahrtunternehmen und Flughafenbetriebe
Flugfeldmotorkarren	8	12.5	Vertrieb von Erdölerzeugnissen
Flugfunkanlagen	8	12.5	Luftfahrtunternehmen und Flughafenbetriebe
Fluggastbrücken (soweit nicht Gebäude)	10	10	Luftfahrtunternehmen und Flughafenbetriebe
Fluggastinformationssysteme	10	10	Luftfahrtunternehmen und Flughafenbetriebe
Flughafenüberwachungsanlagen	7	14.29	Luftfahrtunternehmen und Flughafenbetriebe
Fluglärmmeßanlagen	8	12.5	Luftfahrtunternehmen und Flughafenbetriebe
Flugmeßgebäude (ASR-Turm)	25	4	Luftfahrtunternehmen und Flughafenbetriebe
Flugsimulatoren für Flugzeuge mit mind. 20 t höchstzul. Fluggewicht	12	8.33	Luftfahrtunternehmen und Flughafenbetriebe
Flugsimulatoren für Flugzeuge unter 20 t höchstzul. Fluggewicht	14	7.14	Luftfahrtunternehmen und Flughafenbetriebe

Anlagegut	ND	% p.a.	Abschreibungstabelle
Flugzeuge mit mind. 20 t höchstzul. Fluggewicht	12	8.33	Luftfahrtunternehmen und Flughafenbetriebe
Flugzeuge unter 20 t höchstzulässigem Fluggewicht	21	4.76	Allgemein verwendbare Anlagegüter
Flugzeuge unter 20 t höchstzul. Fluggewicht	14	7.14	Luftfahrtunternehmen und Flughafenbetriebe
Flugzeugenteisungsanlagen (stationär)	10	10	Luftfahrtunternehmen und Flughafenbetriebe
Flugzeughebekissen	5	20	Luftfahrtunternehmen und Flughafenbetriebe
Flurtransportsysteme	10	10	Zigarettenindustrie
Flutanlagen, transportabel	5	20	Maler- und Lackiererhandwerk
Flutlichtanlage	20	5	Kommunalverwaltung, KGSt-Bericht 1/1999
Flyer	10	10	Gewerbliche Erzeugung und Aufbereitung von Spinnstoffen, Spinnerei, Weberei
Folienätzanlagen	5	20	Aluminiumfolien-Industrie
Folienabfall-Absauganlagen	10	10	Aluminiumfolien-Industrie
Folienklebemaschinen	6	16.67	Holzverarbeitende Industrie
Folienlegegeräte	8	12.5	Gartenbau (nach dem 31.12.1997)
Folienmeß- und Prüfgeräte	3	33.33	Aluminiumfolien-Industrie
Folienschrumpföfen	6	16.67	Erfrischungsgetränke- und Mineralbrunnenindustrie
Folienschrumpföfen (Dosenabfüllanlagen)	6	16.67	Brauereien und Mälzereien
Folienschrumpföfen (Flaschenkeller)	6	16.67	Brauereien und Mälzereien
Folien-Schrumpfmaschinen	6	16.67	Druckerei und Verlagsunternehmen mit Druckerei
Folienschweißgeräte	13	7.69	Allgemein verwendbare Anlagegüter
Folienschweißmaschinen	5	20	Brot- und Backwarenindustrie, Herst. v. Tiefkühl-/Kombinationsbackwaren, Bäckereien, Konditoreien
Folien-Schweißmaschinen	8	12.5	Druckerei und Verlagsunternehmen mit Druckerei
Folienstempelmaschine (automatische)	6	16.67	Herstellung von Schreib- und Zeichengeräten
Folienstempelmaschine (halbautomatische)	8	12.5	Herstellung von Schreib- und Zeichengeräten
Folien-Transportgestelle und -behälter	5	20	Aluminiumfolien-Industrie

Anlagegut	ND	% p.a.	Abschreibungstabelle
Folienverpackungsautomaten	7	14.29	Schuhindustrie
Folienverpackungsmaschinen	6	16.67	Papier und Pappe verarbeitende Industrie
Folienverpackungsmaschinen	4	25	Sägeindustrie und Holzbearbeitung
Folienzieh-, Preß-, Glätte- u. Klebemaschinen (einschl. Automaten)	8	12.5	Aluminiumfolien-Industrie
Folienziehgeräte	10	10	Zahntechniker
Fondantkochmaschinen	8	12.5	Süßwarenindustrie
Form- und Kernmaschinen für Handbetrieb	10	10	Eisen-, Stahl- und Tempergießereien
Form- und Kerntrockenkammern	10	10	Eisen-, Stahl- und Tempergießereien
Form-, Streck- und Ziehmaschinen	8	12.5	Hut- und Stumpenindustrie
Form-, Streck- und Ziehmaschinen (automatische)	6	16.67	Hut- und Stumpenindustrie
Formatsätze	4	25	Fleischwarenindustrie, Fleischer, Schlachthöfe
Formatschneidemaschinen	10	10	Zellstoff, Holzstoff, Papier und Pappe erzeugende Industrie
Formatschneider	8	12.5	Aluminiumfolien-Industrie
Formbuggmaschinen	5	20	Schuhindustrie
Form-Einspritzmaschinen	8	12.5	Kautschukindustrie
Formen	3	33.33	Kunststoffverarbeitende Industrie
Formen für Reifen	4	25	Kautschukindustrie
Formen für technische Formartikel und Schaumartikel (keine Formen für modische Artikel)	2	50	Kautschukindustrie
Formen- und Hordenreinigung	6	16.67	Molkereien und sonstige Milchverwertung
Formenstaplung	5	20	Molkereien und sonstige Milchverwertung
Formerei- und Gießmaschinen	7	14.29	Schiffbau
Formfüllmaschinen	10	10	Süßwarenindustrie
Formfüllmaschinen/Formwalzen	8	12.5	Brot- und Backwarenindustrie, Herst. v. Tiefkühl-/Kombinationsbackwaren, Bäckereien, Konditoreien
Formgebungsautomaten zum Ein- und überdrehen	4	25	Feinkeramische Industrie
Formmaschinen	8	12.5	Fleischwarenindustrie, Fleischer, Schlachthöfe
Form-Maschinen für Spitzen und Fersen	5	20	Schuhindustrie

Anlagegut	ND	% p.a.	Abschreibungstabelle
Formpreßmaschinen	8	12.5	Druckerei und Verlagsunternehmen mit Druckerei
Formtemperiergeräte	5	20	Kunststoffverarbeitende Industrie
Forschungs-, Werkstatt-, Lager- und Sozialgebäude	33	3.03	Chemische Industrie
Fotogeräte	7	14.29	Allgemein verwendbare Anlagegüter
Fotokopiergeräte (Fotosatzweiterverarbeitung)	5	20	Druckerei und Verlagsunternehmen mit Druckerei
Fotokopiergeräte (MONTAGE)	5	20	Druckerei und Verlagsunternehmen mit Druckerei
Fotosetzgeräte (z.B. Diatype, Letterphot, Starsettograph u.a.)	5	20	Druckerei und Verlagsunternehmen mit Druckerei
Fotosetzkompaktsysteme	5	20	Druckerei und Verlagsunternehmen mit Druckerei
Fotosetzverbundsysteme (Erfassungseinheiten, Verarbeitungseinheiten, Ausgabeeinheiten)	5	20	Druckerei und Verlagsunternehmen mit Druckerei
Fräs- und Hobelmaschinen	10	10	Druckerei und Verlagsunternehmen mit Druckerei
Fräsautomaten	8	12.5	NE-Metallhalbzeugindustrie (NE-Metallhalbzeugwerke und NE-Metallgießereien)
Fräsautomaten	10	10	Spielwaren-Industrie
Fräsautomaten	5	20	Uhrenindustrie
Fräse	6	16.67	Weinbau und Weinhandel (nach dem 31.12.1988)
Fräsen für Düngetorfgewinnung	8	12.5	Torfgewinnung und -aufbereitung
Fräserschleifmaschinen	8	12.5	NE-Metallhalbzeugindustrie (NE-Metallhalbzeugwerke und NE-Metallgießereien)
Fräslader im übertagebau	6	16.67	Schiefer- und Tonindustrie
Fräslader im Untertagebau	5	20	Schiefer- und Tonindustrie
Fräsmaschinen	7	14.29	Feinmechanische und Optische Industrie
Fräsmaschinen	7	14.29	Lederwaren- und Kofferindustrie
Fräsmaschinen	10	10	Stahl- und Eisenbau
Fräsmaschinen	10	10	Uhrenindustrie
Fräsmaschinen	8	12.5	Zahntechniker
Fräsmaschinen (allgemein)	8	12.5	Eisen-, Blech- und Metallwarenindustrie

Anlagegut	ND	% p.a.	Abschreibungstabelle
Fräsmaschinen (allgemein)	10	10	Kraftfahrzeugindustrie
Fräsmaschinen (allgemein)	8	12.5	Stahlverformung
Fräsmaschinen (horizontale und vertikale)	8	12.5	Feinmechanische und Optische Industrie
Fräsmaschinen CNC / NC	7	14.29	Maschinenbau
Fräsmaschinen ohne CNC / NC	8	12.5	Maschinenbau
Fräsmaschinen, mobil	8	12.5	Allgemein verwendbare Anlagegüter
Fräsmaschinen, stationär	15	6.67	Allgemein verwendbare Anlagegüter
Fräsmaschinen, stationär	10	10	Kommunalverwaltung, KGSt-Bericht 1/1999
Frankiermaschinen	8	12.5	Allgemein verwendbare Anlagegüter
Frankiermaschinen	6	16.67	Kommunalverwaltung, KGSt-Bericht 1/1999
Freezer	5	20	Süßwarenindustrie
Freibäder (bauliche Anlagen)	30	3.33	Gem. Anlage 13 des Gesetzes zum NKFG (Neuen Kommunalen Finanzmanagement)
Freifallmischer	6	16.67	Beton- und Fertigteilindustrie
Freifallrammbären, Dampframmbären, Freifallbirnen	12	8.33	Baugewerbe
Freifallrammen mit Dieselantrieb	8	12.5	Baugewerbe
Freileitungen	20	5	Energie- und Wasserversorgung (nach dem 31.12.1993)
Freileitungen für Strom	20	5	Kommunalverwaltung, KGSt-Bericht 1/1999
Freischneidegeräte	5	20	Forstwirtschaft (nach dem 30.09.1995)
Freischneidegeräte	4	25	Garten-, Landschafts- und Sportplatzbau
Freischneider	3	33.33	Kommunalverwaltung, KGSt-Bericht 1/1999
Frequenz- und Spannungswandler	5	20	Baugewerbe
Friedhofsbagger	8	12.5	Kommunalverwaltung, KGSt-Bericht 1/1999
Friedhofskapellen	80	1.25	Kommunalverwaltung, KGSt-Bericht 1/1999
Friedhofskreuze	20	5	Kommunalverwaltung, KGSt-Bericht 1/1999
Friktionsspindelpressen	8	12.5	Spielwaren-Industrie
Friktionswinden für Blindschächte	8	12.5	Steinkohlenbergbau
Frontdrehmaschinen	8	12.5	Kraftfahrzeugindustrie

Anlagegut	ND	% p.a.	Abschreibungstabelle
Frontlader	6	16.67	Weinbau und Weinhandel (nach dem 31.12.1988)
Frontlader (Scraper)	5	20	Ziegelindustrie
Frostschutzdosier- und -sprüheinrichtungen	16	6.25	Steinkohlenbergbau
Fruchtbrecher und Fruchtraspeln	5	20	Obst- und Gemüseverarbeitungsindustrie
Fruchtdosiergeräte	6	16.67	Molkereien und sonstige Milchverwertung
Fußtanks	20	5	ölmühlen und Margarine-Industrie
Fugenfräser	3	33.33	Maler- und Lackiererhandwerk
Fugenschneidegerät	6	16.67	Kommunalverwaltung, KGSt-Bericht 1/1999
Fugenschneider	4	25	Garten-, Landschafts- und Sportplatzbau
Fugenschneider, Betondeckenfräsen	4	25	Baugewerbe
Fugenvergusskessel, Papierabrollwagen	6	16.67	Baugewerbe
Fuhrwerks-, Brücken- u. Waggonwaagen	20	5	Natursteinindustrie f. d. Wege-, Bahn-, Wasser- u. Betonbau
Fundusgegenstände	5	20	Fernseh-, Film- und Hörfunkwirtschaft
Funkalarmempfänger	6	16.67	Kommunalverwaltung, KGSt-Bericht 1/1999
Funkanlagen	11	9.09	Allgemein verwendbare Anlagegüter
Funkanlagen	10	10	Energie- und Wasserversorgung (nach dem 31.12.1993)
Funkanlagen	6	16.67	Kommunalverwaltung, KGSt-Bericht 1/1999
Funkanlagen	8	12.5	Landwirtschaft und Tierzucht (nach dem 30.06.1996)
Funkenerosions- und Abtragmaschinen, allgemein	6	16.67	Kraftfahrzeugindustrie
Funkenerosionsmaschine	7	14.29	Herstellung von Schreib- und Zeichengeräten
Funkenerosionsmaschinen	7	14.29	Allgemein verwendbare Anlagegüter
Funkenerosionsmaschinen	7	14.29	Feinmechanische und Optische Industrie
Funkenerosionsmaschinen	5	20	Uhrenindustrie
Funkenerosionsmaschinen (allgemein)	6	16.67	Eisen-, Blech- und Metallwarenindustrie
Funkenerosionsmaschinen (allgemein)	6	16.67	Stahlverformung
Funken-Erosionsmaschinen, CNC-gesteuert	5	20	Kraftfahrzeugindustrie

Anlagegut	ND	% p.a.	Abschreibungstabelle
Funkgerät	6	16.67	Kommunalverwaltung, KGSt-Bericht 1/1999
Funksprechanlagen für Kfz und Baustellen, einschl. Sender	5	20	Maler- und Lackiererhandwerk
Funksprechgerät/Handfunksprechgerät	6	16.67	Kommunalverwaltung, KGSt-Bericht 1/1999
Funktelefon	5	20	Allgemein verwendbare Anlagegüter
Funktelefon	5	20	Kommunalverwaltung, KGSt-Bericht 1/1999
Furnierfügemaschinen	8	12.5	Sägeindustrie und Holzbearbeitung
Furnierfügemaschinen (Kantenfräsen)	7	14.29	Holzverarbeitende Industrie
Furniermessermaschinen	8	12.5	Holzverarbeitende Industrie
Furniermessermaschinen	7	14.29	Sägeindustrie und Holzbearbeitung
Furniermesserstrassen	6	16.67	Sägeindustrie und Holzbearbeitung
Furnierpaketscheren	7	14.29	Holzverarbeitende Industrie
Furnierpaketscherenstrassen	6	16.67	Sägeindustrie und Holzbearbeitung
Furnierpaketschneidemaschinen	7	14.29	Holzverarbeitende Industrie
Furnierpaketsortierstrassen	6	16.67	Sägeindustrie und Holzbearbeitung
Furnierpressen	7	14.29	Sägeindustrie und Holzbearbeitung
Furnierrundschälmaschinen	8	12.5	Holzverarbeitende Industrie
Furniersägen	8	12.5	Sägeindustrie und Holzbearbeitung
Furnierschälmaschinen	7	14.29	Sägeindustrie und Holzbearbeitung
Furnierschälstrassen	6	16.67	Sägeindustrie und Holzbearbeitung
Furnierscheren	7	14.29	Sägeindustrie und Holzbearbeitung
Furnierstanzen	7	14.29	Holzverarbeitende Industrie
Furniervermessungseinrichtungen (elektronisch)	5	20	Sägeindustrie und Holzbearbeitung
Furnierwickelmaschinen	6	16.67	Holzverarbeitende Industrie
Furnierzusammensetz- und Furnierklebemaschinen	6	16.67	Holzverarbeitende Industrie
Furnierzusammensetzmaschinen (längs und quer)	8	12.5	Sägeindustrie und Holzbearbeitung
Futter- und Lederbedruckmaschinen	10	10	Hut- und Stumpenindustrie
Futtereinrollgeräte	5	20	Schuhindustrie
Futterklebemaschinen	5	20	Schuhindustrie
Futtermischer	12	8.33	Landwirtschaft und Tierzucht (nach dem 30.06.1996)

Anlagegut	ND	% p.a.	Abschreibungstabelle
Futtermittelsilos	16	6.25	Landwirtschaft und Tierzucht (nach dem 30.06.1996)
Futterschneidmaschinen	5	20	Lederwaren- und Kofferindustrie
Futtersilos (massiv)	12	8.33	Binnenfischerei, Teichwirtschaft, Fischzucht, fischwirtschaftliche Dienstleistungen
Futtersilos (textil)	8	12.5	Binnenfischerei, Teichwirtschaft, Fischzucht, fischwirtschaftliche Dienstleistungen
Futterstempelmaschinen	5	20	Lederwaren- und Kofferindustrie
Gär- / Wärmeschränke	8	12.5	Mühlen (ohne ölmühlen)
Gäranlagen, halbautomatische	6	16.67	Brot- und Backwarenindustrie, Herst. v. Tiefkühl-/Kombinationsbackwaren, Bäckereien, Konditoreien
Gäranlagen, vollautomatische	6	16.67	Brot- und Backwarenindustrie, Herst. v. Tiefkühl-/Kombinationsbackwaren, Bäckereien, Konditoreien
Gärbottiche	10	10	Zellstoff, Holzstoff, Papier und Pappe erzeugende Industrie
Gärgefäße (z.B. Bottiche o. Tanks) aus Aluminium, Stahl und sonstige (z.B. Krick)	12	8.33	Brauereien und Mälzereien
Gärgefäße (z.B. Bottiche o. Tanks) aus Niro	15	6.67	Brauereien und Mälzereien
Gärschränke	8	12.5	Brot- und Backwarenindustrie, Herst. v. Tiefkühl-/Kombinationsbackwaren, Bäckereien, Konditoreien
Gärschränke, bewegliche	5	20	Brot- und Backwarenindustrie, Herst. v. Tiefkühl-/Kombinationsbackwaren, Bäckereien, Konditoreien
Gärtanks, einzelisoliert (Outdoor- und ZK-Tanks)	12	8.33	Brauereien und Mälzereien
Gärtnerunterkunft, Holzkonstruktion	20	5	Kommunalverwaltung, KGSt-Bericht 1/1999
Gärtnerunterkunft, massiv	80	1.25	Kommunalverwaltung, KGSt-Bericht 1/1999
Gärtnerunterkunft, teilmassiv	40	2.5	Kommunalverwaltung, KGSt-Bericht 1/1999
Gärunterbrechungsanlagen	5	20	Brot- und Backwarenindustrie, Herst. v. Tiefkühl-/Kombinationsbackwaren, Bäckereien, Konditoreien

Anlagegut	ND	% p.a.	Abschreibungstabelle
Güllebehälter (Holz)	10	10	Landwirtschaft und Tierzucht (nach dem 30.06.1996)
Güllebehälter (Stahlblech, Beton)	20	5	Landwirtschaft und Tierzucht (nach dem 30.06.1996)
Güllemixer	10	10	Landwirtschaft und Tierzucht (nach dem 30.06.1996)
Güllewagen	10	10	Landwirtschaft und Tierzucht (nach dem 30.06.1996)
Güterkähne ohne eigenen Antrieb	17	5.88	Hochsee-, Küsten- und Binnenschiffahrt
Gütermotorschiffe, Motorschuten	15	6.67	Hochsee-, Küsten- und Binnenschiffahrt
Güterwagen (einschl. Gelenkwagen-Waggons)	20	5	Personen- und Güterbeförderung (im Straßen- und Schienenverkehr)
Gabelstapler	8	12.5	Baugewerbe
Gabelstapler	8	12.5	Kommunalverwaltung, KGSt-Bericht 1/1999
Gabelstapler	8	12.5	Maler- und Lackiererhandwerk
Gabelstapler	4	25	Sägeindustrie und Holzbearbeitung
Gabelstapler	4	25	Schrott- und Abbruchwirtschaft
Gabelstapler	5	20	Sektkellereien
Gabelstapler	5	20	Weinbau und Weinhandel (nach dem 31.12.1988)
Gallenlithotripter	8	12.5	Gesundheitswesen
Galvanische Anlagen	5	20	Kraftfahrzeugindustrie
Galvanische Bäder	10	10	Druckerei und Verlagsunternehmen mit Druckerei
Galvanische Geräte (Beizgeräte, Galvanisiergeräte, Glänzgeräte, Plattiergeräte fürGlanzgold)	8	12.5	Zahntechniker
Galvanisieranlagen	5	20	Feinmechanische und Optische Industrie
Galvanisieranlagen	5	20	Stahlverformung
Galvanisiermaschinen	13	7.69	Allgemein verwendbare Anlagegüter
Galvanisierungsanlagen	5	20	Eisen-, Blech- und Metallwarenindustrie
Galvanotechnische Anlagen (z.B. Galvanobadbehälter, Galvanogleichrichter, Beizanlagen)	5	20	Uhrenindustrie
Garagen (massiv)	40	2.5	Gem. Anlage 13 des Gesetzes zum NKFG (Neuen Kommunalen Finanzmanagement)
Garagen (sonstige Bauweise)	20	5	Gem. Anlage 13 des Gesetzes zum NKFG (Neuen Kommunalen Finanzmanagement)

Anlagegut	ND	% p.a.	Abschreibungstabelle
Garagen und Fertiggaragen auf eigenen Grundstücken	20	5	Vertrieb von Erdölerzeugnissen
Garagen und Fertiggaragen auf fremden Grundstücken	12	8.33	Vertrieb von Erdölerzeugnissen
Garagen, Holz- und Blechkonstruktion	20	5	Kommunalverwaltung, KGSt-Bericht 1/1999
Garagen, massiv	80	1.25	Kommunalverwaltung, KGSt-Bericht 1/1999
Garagen, teilmassiv	40	2.5	Kommunalverwaltung, KGSt-Bericht 1/1999
Garderoben	10	10	Gastgewerbe
Garderobenausstattung	10	10	Kommunalverwaltung, KGSt-Bericht 1/1999
Garnabziehmaschinen	10	10	Gewerbliche Erzeugung und Aufbereitung von Spinnstoffen, Spinnerei, Weberei
Garnbefeuchtungsmaschinen	10	10	Gewerbliche Erzeugung und Aufbereitung von Spinnstoffen, Spinnerei, Weberei
Garniermaschinen	5	20	Feinkeramische Industrie
Garniermaschinen	8	12.5	Holzverarbeitende Industrie
Garniertische	4	25	Feinkeramische Industrie
Garniturenstanzmaschinen	10	10	Lederwaren- und Kofferindustrie
Gartenmöbel	8	12.5	Kommunalverwaltung, KGSt-Bericht 1/1999
Gas- und Säurekühler	10	10	Zellstoff, Holzstoff, Papier und Pappe erzeugende Industrie
Gasöl-Raffinationsanlagen (Entparaffinierung)	10	10	Erdölverarbeitung
Gasöl-Raffinationsanlagen (Entschwefelung)	8	12.5	Erdölverarbeitung
Gas, öl	4	25	Ziegelindustrie
Gas-, Mess- und Reduzierstationen	7	14.29	Erdölgewinnung
Gasabscheider	10	10	Erdölgewinnung
Gasbacköfen	15	6.67	Süßwarenindustrie
Gasbehälter (Gaskessel)	50	2	Energie- und Wasserversorgung (nach dem 31.12.1993)
Gasbottiche	10	10	Zellstoff, Holzstoff, Papier und Pappe erzeugende Industrie
Gaschromatograph	10	10	Kommunalverwaltung, KGSt-Bericht 1/1999

Anlagegut	ND	% p.a.	Abschreibungstabelle
Gaserzeugungsanlagen (Sauerstoff, Azetylen usw.)	10	10	Schiffbau
Gaskühler	10	10	Zellstoff, Holzstoff, Papier und Pappe erzeugende Industrie
Gaskühler, Zwischenkühler, Umlaufregler, Naphtalin-, Ammoniak- und Benzolwäscher, Reinigungsanlagen	15	6.67	Energie- und Wasserversorgung (nach dem 31.12.1993)
Gaskammeröfen einschl. Generatoren o. Gasverteiler f. übr. Erzeugnisse der feinkeramischen Industrie	6	16.67	Feinkeramische Industrie
Gaskammeröfen einschl. Generatoren o. Gasverteiler f. Gegenst. a. graubl. Steinzeug, Ton-u.Töpferw.	8	12.5	Feinkeramische Industrie
Gasleitungen	40	2.5	Gem. Anlage 13 des Gesetzes zum NKFG (Neuen Kommunalen Finanzmanagement)
Gasleitungen	40	2.5	Kommunalverwaltung, KGSt-Bericht 1/1999
Gasolinanlagen	10	10	Erdölgewinnung
Gasometer für H2	20	5	ölmühlen und Margarine-Industrie
Gasreinigungsanlagen, elektrische	10	10	Zellstoff, Holzstoff, Papier und Pappe erzeugende Industrie
Gassterilisatoren	8	12.5	Gesundheitswesen
Gaststätten, massiv	80	1.25	Kommunalverwaltung, KGSt-Bericht 1/1999
Gaststätten, teilmassiv	40	2.5	Kommunalverwaltung, KGSt-Bericht 1/1999
Gaststätteneinbauten	8	12.5	Allgemein verwendbare Anlagegüter
Gaststätteninventar (Leihinventar im wechselnden Einsatz z.B. Kühlmöbel, Messestände)	5	20	Brauereien und Mälzereien
Gas-Verarbeitungsanlagen (Gas-Fraktionierung, - Entschwefelung, -Krackung, -Dehydrierung)	8	12.5	Erdölverarbeitung
Gas-Verarbeitungsanlagen (Gastrennung, Benzin-Rückgewinnung, Stabilisierung)	10	10	Erdölverarbeitung
Gasversorgung (Betriebsgebäude (massiv))	50	2	Energie- und Wasserversorgung (nach dem 31.12.1993)
Gaszähler	15	6.67	Energie- und Wasserversorgung (nach dem 31.12.1993)
Gattierungsanlagen	8	12.5	Eisen-, Stahl- und Tempergießereien

Anlagegut	ND	% p.a.	Abschreibungstabelle
Gebäckfüllmaschinen	10	10	Süßwarenindustrie
Gebäck-Form-, -präge- und -aus-preßmaschinen	8	12.5	Süßwarenindustrie
Gebäude (Magazin, Abfüllhallen, Werkstätten, Rampen)	25	4	Vertrieb von Erdölerzeugnissen
Gebäudeähnliche Betriebsvorrichtungen (Aufbereitung)	25	4	Steinkohlenbergbau
Gebäudeähnliche Betriebsvorrichtungen (Bruchhohlraumverfüllung)	25	4	Steinkohlenbergbau
Gebäudeähnliche Betriebsvorrichtungen (Landabsatzanlagen)	25	4	Steinkohlenbergbau
Gebäudeähnliche Betriebsvorrichtungen für Füllsender (Umsetzer)	10	10	Fernseh-, Film- und Hörfunkwirtschaft
Gebindeeinschlagmaschinen	8	12.5	Zigarettenindustrie
Gebläse und Ventilatoren	8	12.5	Feinmechanische und Optische Industrie
Gebläse und Ventilatoren unter chemischen und thermischen Einflüssen	5	20	Feinmechanische und Optische Industrie
Gebläse, Heißluft-(mobil)	11	9.09	Allgemein verwendbare Anlagegüter
Gebläse, Kaltluft-(mobil)	11	9.09	Allgemein verwendbare Anlagegüter
Gebläse, Sandstrahl-	9	11.11	Allgemein verwendbare Anlagegüter
Gebläse-Sprühgeräte	6	16.67	Gartenbau (nach dem 31.12.1997)
Gebläse-Sprühgeräte	10	10	Landwirtschaft und Tierzucht (nach dem 30.06.1996)
Gedeckte Pontons	18	5.56	Baugewerbe
Geflügelhaltung (Brutmaschinen)	10	10	Landwirtschaft und Tierzucht (nach dem 30.06.1996)
Geflügelhaltung (Eiersortiermaschinen)	10	10	Landwirtschaft und Tierzucht (nach dem 30.06.1996)
Geflügelhaltung (Eiertransportanlagen)	10	10	Landwirtschaft und Tierzucht (nach dem 30.06.1996)
Geflügelhaltung (Fütterungsanlagen (Kettensystem))	8	12.5	Landwirtschaft und Tierzucht (nach dem 30.06.1996)
Geflügelhaltung (Geflügelaufzucht- u. Legebatterien)	8	12.5	Landwirtschaft und Tierzucht (nach dem 30.06.1996)
Geflügelhaltung (Schlachtereieinrichtung)	8	12.5	Landwirtschaft und Tierzucht (nach dem 30.06.1996)

Anlagegut	ND	% p.a.	Abschreibungstabelle
Gefrierfleischschneider	7	14.29	Fleischwarenindustrie, Fleischer, Schlachthöfe
Gefrierfleischzerkleinerer	7	14.29	Fleischwarenindustrie, Fleischer, Schlachthöfe
Gefriergerät	10	10	Kommunalverwaltung, KGSt-Bericht 1/1999
Gefrier-Portionierautomaten	5	20	Süßwarenindustrie
Gegenstromkühler	12	8.33	Mühlen (ohne ölmühlen)
Gegenstromkondensatoren	10	10	Molkereien und sonstige Milchverwertung
Gegenstromverdampfer (Kühler)	10	10	Molkereien und sonstige Milchverwertung
Gehgestelle	10	10	Gesundheitswesen
Gehrungstanzen	6	16.67	Holzverarbeitende Industrie
Gehstützen	10	10	Gesundheitswesen
Gehwagen	10	10	Gesundheitswesen
Geländer (Schutzgeländer) Holz	10	10	Kommunalverwaltung, KGSt-Bericht 1/1999
Geländer (Schutzgeländer)Eisen	20	5	Kommunalverwaltung, KGSt-Bericht 1/1999
Geldausgabeautomat, Automatischer Kassentresor (AKT)	5	20	Kreditwirtschaft
Geldprüfgeräte	7	14.29	Allgemein verwendbare Anlagegüter
Geldscheinleser, Kreditkartenleser, Registrierkassen und Verkabelung	5	20	Vertrieb von Erdölerzeugnissen
Geldschleuse für grössere Geldtransporte	10	10	Kreditwirtschaft
Geldschrank, Panzerschrank	20	5	Kreditwirtschaft
Geldsortiergerät	5	20	Kreditwirtschaft
Geldsortiergeräte	7	14.29	Allgemein verwendbare Anlagegüter
Geldspielgeräte (Spielgeräte mit Gewinnmöglichkeit)	4	25	Allgemein verwendbare Anlagegüter
Geldtransportkarren	8	12.5	Kreditwirtschaft
Geldverpackungsmaschine	5	20	Kreditwirtschaft
Geldwaage, elektronisch	5	20	Kreditwirtschaft
Geldwaage, mechanisch	10	10	Kreditwirtschaft
Geldwechselautomat	5	20	Kreditwirtschaft
Geldwechselgeräte	7	14.29	Allgemein verwendbare Anlagegüter
Geldzählgerät	5	20	Kreditwirtschaft

Anlagegut	ND	% p.a.	Abschreibungstabelle
Geldzählgeräte	7	14.29	Allgemein verwendbare Anlagegüter
Geleekochkessel	7	14.29	Fischverarbeitungsindustrie
Geleise einschl. Fahrleitungen (außer Anschlussbahnen)	10	10	Braunkohlenbergbau
Gelenkausgleich-Maschinen	7	14.29	Schuhindustrie
Gelenkausschärf-Maschinen	7	14.29	Schuhindustrie
Gelenkwagen-Waggons	25	4	Allgemein verwendbare Anlagegüter
Gemüse-Erntegeräte	8	12.5	Gartenbau (nach dem 31.12.1997)
Gemüseputzmaschinen	10	10	Fischverarbeitungsindustrie
Gemüsewagen	11	9.09	Allgemein verwendbare Anlagegüter
Gemüsewaschmaschinen (Naßbetrieb)	7	14.29	Obst- und Gemüseverarbeitungsindustrie
Gemeindezentren, Bürgerhäuser, Saalbauten, Vereins-, Jugendheime	40	2.5	Gem. Anlage 13 des Gesetzes zum NKFG (Neuen Kommunalen Finanzmanagement)
Gemeinschaftsantennen	10	10	Kommunalverwaltung, KGSt-Bericht 1/1999
Gemenge-Einlegemaschinen	10	10	Glaserzeugende Industrie (Flachglas, Hohlglas und Glasfaser)
Gemengemischmaschinen	10	10	Glaserzeugende Industrie (Flachglas, Hohlglas und Glasfaser)
Generator	5	20	Kommunalverwaltung, KGSt-Bericht 1/1999
Generatoren	8	12.5	Aluminiumfolien-Industrie
Generatoren	20	5	Energie- und Wasserversorgung (nach dem 31.12.1993)
Generatoren, Strom-	19	5.26	Allgemein verwendbare Anlagegüter
Gepäckförderungsanlagen komplett	15	6.67	Luftfahrtunternehmen und Flughafenbetriebe
Gepäckkanal (-tunnel)	25	4	Luftfahrtunternehmen und Flughafenbetriebe
Geräte für Beleuchtungseffekte	5	20	Fernseh-, Film- und Hörfunkwirtschaft
Geräte für galvanische Zylinderkorrektur	6	16.67	Druckerei und Verlagsunternehmen mit Druckerei
Geräte für Rebholzzerkleinerung und Mulchen	5	20	Weinbau und Weinhandel (nach dem 31.12.1988)
Geräte zur Brand- und Schädlingsbekämpfung	10	10	Forstwirtschaft (nach dem 30.09.1995)
Geräte zur Wasseranalyse	8	12.5	Binnenfischerei, Teichwirtschaft, Fischzucht, fischwirtschaftliche Dienstleistungen

Anlagegut	ND	% p.a.	Abschreibungstabelle
Gerätegebäude u. Schuppen, Holzkonstrukt.	20	5	Kommunalverwaltung, KGSt-Bericht 1/1999
Gerätegebäude u. Schuppen, massiv	80	1.25	Kommunalverwaltung, KGSt-Bericht 1/1999
Gerätegebäude u. Schuppen, teilmassiv	40	2.5	Kommunalverwaltung, KGSt-Bericht 1/1999
Gerätespülautomaten	6	16.67	Brot- und Backwarenindustrie, Herst. v. Tiefkühl-/Kombinationsbackwaren, Bäckereien, Konditoreien
Gerätewagen	10	10	Kommunalverwaltung, KGSt-Bericht 1/1999
Gerüste u. Fahrgerüste aus Stahlrohr einschl. Rahmentafeln aller Art	8	12.5	Maler- und Lackiererhandwerk
Gerüste und Fahrgerüste aus Stahl einschl. Rahmentafeln aus Stahl	8	12.5	Baugewerbe
Gerüste, mobil	11	9.09	Allgemein verwendbare Anlagegüter
Gerüste, stationär	15	6.67	Allgemein verwendbare Anlagegüter
Gerbbottiche	5	20	Rauchwarenverarbeitung
Gerbmaschinen und Mixer	8	12.5	Leder-Industrie (Ledererzeugung)
Geschäftsgebäude (Massive Gebäude, die überwiegend Bürozwecken dienen)	40	2.5	Chemische Industrie
Geschäftsgebäude, massiv	80	1.25	Kommunalverwaltung, KGSt-Bericht 1/1999
Geschäftsgebäude, teilmassiv	40	2.5	Kommunalverwaltung, KGSt-Bericht 1/1999
Geschäftshäuser (auch gemischt genutzt mit Wohnungen)	50	2	Gem. Anlage 13 des Gesetzes zum NKFG (Neuen Kommunalen Finanzmanagement)
Geschirrpressen	5	20	Feinkeramische Industrie
Geschirrspülmaschinen	7	14.29	Allgemein verwendbare Anlagegüter
Geschirrspülmaschinen	5	20	Gastgewerbe
Geschirrspülmaschinen	8	12.5	Kommunalverwaltung, KGSt-Bericht 1/1999
Geschirrwaschmaschinen	5	20	Feinkeramische Industrie
Gesenkfräsmaschinen	10	10	Spielwaren-Industrie
Gesenksprühanlagen (mobil)	5	20	Stahlverformung
Gesichtspflegeapparate	7	14.29	Friseurgewerbe und Schönheitssalons
Gesteins-Bohrmaschinen	3	33.33	Natursteinindustrie f. d. Wege-, Bahn-, Wasser- u. Betonbau

Anlagegut	ND	% p.a.	Abschreibungstabelle
Gesteinsbohrmaschinen im Untertagebau	3	33.33	Kalk-, Gips-, und Kreideindustrie
Gesteinsbohrmaschinen und Lafetten	6	16.67	Baugewerbe
Gesteinsbohrmaschinen, allgemein	5	20	Kalk-, Gips-, und Kreideindustrie
Gestellpressen	7	14.29	Holzverarbeitende Industrie
Getränkeautomaten	7	14.29	Allgemein verwendbare Anlagegüter
Getränkeverkaufsautomaten	5	20	Brauereien und Mälzereien
Getreide (Einrichtungen z. Annahme, Trocknung, Reinigung u. Aufbereitung von Getreide)	12	8.33	Landwirtschaft und Tierzucht (nach dem 30.06.1996)
Getreide (Körnerannahmegosse)	20	5	Landwirtschaft und Tierzucht (nach dem 30.06.1996)
Getreide (Körnerannahmesumpf)	20	5	Landwirtschaft und Tierzucht (nach dem 30.06.1996)
Getreide (Lagerbehälter f. Getreide)	20	5	Landwirtschaft und Tierzucht (nach dem 30.06.1996)
Getreideelevatoren	12	8.33	Mühlen (ohne ölmühlen)
Getreidemeßapparate	15	6.67	Mühlen (ohne ölmühlen)
Getriebe, Kupplungen, Bremsen	5	20	Steinkohlenbergbau
Gewächshäuser	20	5	Kommunalverwaltung, KGSt-Bericht 1/1999
Gewächshäuser (Folientunnel (bis 1,50 m Höhe))	2	50	Gartenbau (nach dem 31.12.1997)
Gewächshäuser (Konstruktion wie 15.1 jedoch Abdeckung mit Folien)	10	10	Gartenbau (nach dem 31.12.1997)
Gewächshäuser (Stahl- o. Aluminiumkonstr. in Normal- o. Leichtbau gedeckt mit Glas o. Kunststoffpl.)	15	6.67	Gartenbau (nach dem 31.12.1997)
Gewässerausbau naturnah, offene Gräben	20	5	Gem. Anlage 13 des Gesetzes zum NKFG (Neuen Kommunalen Finanzmanagement)
Gewürzmühlen	8	12.5	Fischverarbeitungsindustrie
Gewürzmühlen	8	12.5	Fleischwarenindustrie, Fleischer, Schlachthöfe
Gewürzmischer	8	12.5	Fleischwarenindustrie, Fleischer, Schlachthöfe
Gewebeschneidmaschinen	10	10	Kautschukindustrie
Gewerbetränkanlagen (Imprägnieranlagen)	10	10	Kautschukindustrie
Gewindefräsen	7	14.29	Holzverarbeitende Industrie

Anlagegut	ND	% p.a.	Abschreibungstabelle
Gewindefräsmaschinen	8	12.5	Feinmechanische und Optische Industrie
Gewindefräsmaschinen	8	12.5	Kraftfahrzeugindustrie
Gewindeherstellungs- u. Verzahnungsmaschinen	8	12.5	Kraftfahrzeugindustrie
Gewindeschneideautomaten	7	14.29	NE-Metallhalbzeugindustrie (NE-Metallhalbzeugwerke und NE-Metallgießereien)
Gewindeschneidemaschinen	6	16.67	Eisen-, Blech- und Metallwarenindustrie
Gewindeschneidemaschinen	8	12.5	Stahl- und Eisenbau
Gewindeschneidemaschinen	6	16.67	Stahlverformung
Gewindeschneidmaschinen	8	12.5	Feinmechanische und Optische Industrie
Gewindeschneidmaschinen, Sägen und Fräsmaschinen	5	20	Stahl- und Eisenbau
Gewindewalzen (automatisch)	6	16.67	Stahlverformung
GFK-Tanks	12	8.33	Weinbau und Weinhandel (nach dem 31.12.1988)
GGC-Trockenanlagen	7	14.29	Druckerei und Verlagsunternehmen mit Druckerei
Gießöfen	5	20	NE-Metallhalbzeugindustrie (NE-Metallhalbzeugwerke und NE-Metallgießereien)
Gießbandanlagen	8	12.5	Feinkeramische Industrie
Gieß-Dreh-Spritzkarussells	4	25	Feinkeramische Industrie
Gießereianlagen	6	16.67	Kraftfahrzeugindustrie
Gießereigebäude	25	4	Eisen-, Stahl- und Tempergießereien
Gieß-Hängebahnen, Vergießeinrichtungen	8	12.5	Eisen-, Stahl- und Tempergießereien
Gießleitungen für Sanitärkeramik	6	16.67	Feinkeramische Industrie
Gießmaschinen	13	7.69	Allgemein verwendbare Anlagegüter
Gießwagen	6	16.67	Gartenbau (nach dem 31.12.1997)
Gießwassersammelbecken	10	10	Gartenbau (nach dem 31.12.1997)
Gießwerke	10	10	Druckerei und Verlagsunternehmen mit Druckerei
Gipsaufbereitungsanlagen	5	20	Feinkeramische Industrie
Gipsquirle	5	20	Spielwaren-Industrie
Gipsrührgeräte	7	14.29	Zahntechniker
Gipssilos	10	10	Zahntechniker
Gipstische	10	10	Zahntechniker

Anlagegut	ND	% p.a.	Abschreibungstabelle
Gipstrimmer, Gipsschleifer	6	16.67	Zahntechniker
Gitteraufsatz für Ballentransport	12	8.33	Landwirtschaft und Tierzucht (nach dem 30.06.1996)
Glänzerei- und Appreturmaschinen für Garne	7	14.29	Textilveredelung
Gläser-Abfüllmaschinen (Säure- und Salzeinwirkung)	5	20	Essig- und Senffabrikation
Gläserspülmaschinen	7	14.29	Allgemein verwendbare Anlagegüter
Gläserverschließapparate bei Säureeinwirkung	5	20	Obst- und Gemüseverarbeitungsindustrie
Gläserverschließapparate im Naßbetrieb	7	14.29	Obst- und Gemüseverarbeitungsindustrie
Gläserwaschmaschinen (Naßbetrieb, Säure- und Salzeinwirkung)	5	20	Essig- und Senffabrikation
Glättmaschinen	8	12.5	Leder-Industrie (Ledererzeugung)
Glättmaschinen	10	10	Lederwaren- und Kofferindustrie
Glüh- und Härteöfen	5	20	Feinmechanische und Optische Industrie
Glühöfen (schichtunabhängig)	6	16.67	Stahl- und Eisenbau
Glüherei- und Härteanlagen für Gas, Elektrizität u. öl	7	14.29	Eisen-, Stahl- und Tempergießereien
Glühwagen	4	25	Aluminiumfolien-Industrie
Glanzstoßmaschinen	8	12.5	Leder-Industrie (Ledererzeugung)
Glasbohrmaschinen	10	10	Glaserzeugende Industrie (Flachglas, Hohlglas und Glasfaser)
Glasfaserkabel	20	5	Fernmeldedienste
Glasgravur-Raster	10	10	Druckerei und Verlagsunternehmen mit Druckerei
Glasierautomaten	4	25	Feinkeramische Industrie
Glasierbänder	8	12.5	Feinkeramische Industrie
Glasiermaschinen	8	12.5	Süßwarenindustrie
Glasspeiser (im Dauerbetrieb)	4	25	Glaserzeugende Industrie (Flachglas, Hohlglas und Glasfaser)
Glastrennmaschinen	8	12.5	Feinmechanische und Optische Industrie
Glasurabputzmaschinen	4	25	Feinkeramische Industrie
Glasur-Spritzkabinen	6	16.67	Feinkeramische Industrie
Glaswaschmaschinen	10	10	Glaserzeugende Industrie (Flachglas, Hohlglas und Glasfaser)

Anlagegut	ND	% p.a.	Abschreibungstabelle
Glaszuschneidemaschinen	10	10	Glaserzeugende Industrie (Flachglas, Hohlglas und Glasfaser)
Glatteisfrühwarnsysteme	8	12.5	Luftfahrtunternehmen und Flughafenbetriebe
Glattwalzen (Dieseldreirad- und Tandemwalzen), Schaffußwalzen	10	10	Baugewerbe
Gleichrichter	19	5.26	Allgemein verwendbare Anlagegüter
Gleichrichter	5	20	Filmtheater
Gleichrichteranlagen	20	5	Energie- und Wasserversorgung (nach dem 31.12.1993)
Gleis- und Bandbrücken (Betriebsvorrichtungen)	25	4	Steinkohlenbergbau
Gleisanlagen	32	3.13	Energie- und Wasserversorgung (nach dem 31.12.1993)
Gleisanlagen (fest verlegt)	8	12.5	Kalksandsteinindustrie
Gleisanlagen (lose verlegt)	6	16.67	Kalksandsteinindustrie
Gleisanlagen (nach gesetzlichen Vorschriften)	33	3.03	Allgemein verwendbare Anlagegüter
Gleisanlagen (sonstige)	15	6.67	Allgemein verwendbare Anlagegüter
Gleisanlagen (sonstige)	10	10	Schrott- und Abbruchwirtschaft
Gleisanlagen im Grubenbereich (fest verlegt)	8	12.5	Ziegelindustrie
Gleisanlagen im Grubenbereich (lose verlegt)	6	16.67	Ziegelindustrie
Gleisanlagen nach Bundesbahnvorschriften	25	4	Schrott- und Abbruchwirtschaft
Gleisbildstellwerke und ähnliche Weichenstellvorrichtungen	12	8.33	Steinkohlenbergbau
Gleisbremsen, Gleisabschlüsse und andere Rangieranlagen	10	10	Personen- und Güterbeförderung (im Straßen- und Schienenverkehr)
Gleise	25	4	Personen- und Güterbeförderung (im Straßen- und Schienenverkehr)
Gleiseinrichtungen	25	4	Kommunalverwaltung, KGSt-Bericht 1/1999
Gleisgebundene Förderwagen und Lokomotiven (z. B. Gleisanlagen, Normal- und Schmalspur) im Bruch	8	12.5	Kalk-, Gips-, und Kreideindustrie
Gleisgebundene Förderwagen und Lokomotiven im Untertagebetrieb	5	20	Kalk-, Gips-, und Kreideindustrie

Anlagegut	ND	% p.a.	Abschreibungstabelle
Gleislose Spezialtransportwagen (z. B. Kastenkipper, Kastenwagen, Lastkraftwagen und Autoschütter))	3	33.33	Kalk-, Gips-, und Kreideindustrie
Gleislosfahrzeuge	3	33.33	Steinkohlenbergbau
Gleismeßwagen	6	16.67	Steinkohlenbergbau
Gleisrückmaschinen	10	10	Braunkohlenbergbau
Gleisumbauzüge mit Greifeinrichtung	6	16.67	Steinkohlenbergbau
Gleitschleif- und Polieranlagen	5	20	Eisen-, Blech- und Metallwarenindustrie
Gleitschleif- und Polieranlagen	5	20	Stahlverformung
Gliedereggen	8	12.5	Gartenbau (nach dem 31.12.1997)
Glyzerinbehälter	14	7.14	ölmühlen und Margarine-Industrie
Goldwaage, elektronisch	5	20	Kreditwirtschaft
Goldwaage, mechanisch	10	10	Kreditwirtschaft
Golfplätze	20	5	Allgemein verwendbare Anlagegüter
Gräben, befestigte	8	12.5	Forstwirtschaft (nach dem 30.09.1995)
Gräben, Massivbau	20	5	Forstwirtschaft (nach dem 30.09.1995)
Grünanlagen	15	6.67	Allgemein verwendbare Anlagegüter
Grünanlagen	10	10	Vertrieb von Erdölerzeugnissen
Grünfutter, Stroh, Blatt, Heu (Abladegebläse u. Gebläsehäcksler)	12	8.33	Landwirtschaft und Tierzucht (nach dem 30.06.1996)
Grünfutter, Stroh, Blatt, Heu (Dosiergeräte f. Siliermittel u. Futterzusätze)	10	10	Landwirtschaft und Tierzucht (nach dem 30.06.1996)
Grünfutter, Stroh, Blatt, Heu (Drehkrangreifer)	12	8.33	Landwirtschaft und Tierzucht (nach dem 30.06.1996)
Grünfutter, Stroh, Blatt, Heu (Förderbänder, Ballenförderanlagen)	12	8.33	Landwirtschaft und Tierzucht (nach dem 30.06.1996)
Grünfutter, Stroh, Blatt, Heu (Greiferaufzüge)	12	8.33	Landwirtschaft und Tierzucht (nach dem 30.06.1996)
Grünfutter, Stroh, Blatt, Heu (Hallenlaufkräne)	12	8.33	Landwirtschaft und Tierzucht (nach dem 30.06.1996)
Grünfutter, Stroh, Blatt, Heu (Heubelüftungsanlagen (Gebläse, Schächte))	14	7.14	Landwirtschaft und Tierzucht (nach dem 30.06.1996)
Grünfutter, Stroh, Blatt, Heu (Heutürme)	10	10	Landwirtschaft und Tierzucht (nach dem 30.06.1996)
Grünfutter, Stroh, Blatt, Heu (Heuunterdachtrocknung)	8	12.5	Landwirtschaft und Tierzucht (nach dem 30.06.1996)

Anlagegut	ND	% p.a.	Abschreibungstabelle
Grünfutter, Stroh, Blatt, Heu (Hochsilos f. Häckselgut)	14	7.14	Landwirtschaft und Tierzucht (nach dem 30.06.1996)
Grünfutter, Stroh, Blatt, Heu (Silopressen)	8	12.5	Landwirtschaft und Tierzucht (nach dem 30.06.1996)
Grünfutter, Stroh, Blatt, Heu (Teleskopverteileranlagen f. Heu u. Stroh)	12	8.33	Landwirtschaft und Tierzucht (nach dem 30.06.1996)
Grützschneider	10	10	Mühlen (ohne ölmühlen)
Grabenfräse	4	25	Garten-, Landschafts- und Sportplatzbau
Grabenfräsen ab 36 kW Motorleistung	8	12.5	Baugewerbe
Grabenfräsen bis 35 kW Motorleistung	5	20	Baugewerbe
Grabenfräsmaschinen	6	16.67	Forstwirtschaft (nach dem 30.09.1995)
Grabsicherheitslaufroste	10	10	Kommunalverwaltung, KGSt-Bericht 1/1999
Grabverbaugerätesatz	3	33.33	Kommunalverwaltung, KGSt-Bericht 1/1999
Grader	5	20	Garten-, Landschafts- und Sportplatzbau
Grader (Motorstraßenhobel)	5	20	Baugewerbe
Granulat- und Sandstreuer	10	10	Gartenbau (nach dem 31.12.1997)
Granulatorer	10	10	Kautschukindustrie
Granulieranlagen	6	16.67	Abfallentsorgungs- und Recyclingwirtschaft
Granuliermaschinen	8	12.5	Druckerei und Verlagsunternehmen mit Druckerei
Graphitabschmelzöfen (elektrisch)	5	20	NE-Metallhalbzeugindustrie (NE-Metallhalbzeugwerke und NE-Metallgießereien)
Gras- und Laubaufnahmegeräte, nicht selbstfahrend	5	20	Garten-, Landschafts- und Sportplatzbau
Gras- und Laubaufnahmegeräte, selbstfahrend	5	20	Garten-, Landschafts- und Sportplatzbau
Gravierautomaten	6	16.67	Feinmechanische und Optische Industrie
Gravierfräsmaschinen	8	12.5	Druckerei und Verlagsunternehmen mit Druckerei
Graviermaschinen	13	7.69	Allgemein verwendbare Anlagegüter
Graviermaschinen	8	12.5	Feinmechanische und Optische Industrie
Graviermaschinen	5	20	Uhrenindustrie
Graviermaschinen (allgemein)	8	12.5	Eisen-, Blech- und Metallwarenindustrie
Graviermaschinen (allgemein)	8	12.5	Stahlverformung

Anlagegut	ND	% p.a.	Abschreibungstabelle
Graviermaschinen für Klischees	5	20	Druckerei und Verlagsunternehmen mit Druckerei
Graviermaschinen für Tiefdruckformzylinder	5	20	Druckerei und Verlagsunternehmen mit Druckerei
Gravurwalzen dazu	3	33.33	Holzverarbeitende Industrie
Greifbagger	7	14.29	Torfgewinnung und -aufbereitung
Greifzüge	8	12.5	Baugewerbe
Greifzüge	8	12.5	Garten-, Landschafts- und Sportplatzbau
Greifzange	4	25	Kalksandsteinindustrie
Großbehälterstreuer	10	10	Gartenbau (nach dem 31.12.1997)
Großcontainer	10	10	Kommunalverwaltung, KGSt-Bericht 1/1999
Großflächenmäher	6	16.67	Kommunalverwaltung, KGSt-Bericht 1/1999
Großlochbohrmaschinen ab 200 mm Bohrlochdurchmesser	6	16.67	Steinkohlenbergbau
Großpackenpressen	6	16.67	Landwirtschaft und Tierzucht (nach dem 30.06.1996)
Großrechner	7	14.29	Allgemein verwendbare Anlagegüter
Großstück- bzw. Blockpackmaschinen	10	10	ölmühlen und Margarine-Industrie
Großstanzanlagen	6	16.67	Bekleidungsindustrie (ohne Lederbekleidung)
Großzugwagen	6	16.67	Steinkohlenbergbau
Grobdrahtziehmaschinen	10	10	NE-Metallhalbzeugindustrie (NE-Metallhalbzeugwerke und NE-Metallgießereien)
Gross-Vakuum-Mischmaschinen 200-300 kg Fassungsvermögen	10	10	ölmühlen und Margarine-Industrie
Grosswaschanlagen, stationär	8	12.5	Chemischreinigung, Wäscherei, Färberei
Gruben aus Holz	8	12.5	Leder-Industrie (Ledererzeugung)
Grubenbaue	33	3.03	Steinkohlenbergbau
Grubenventilatoren	10	10	Steinkohlenbergbau
Grundiermaschinen	7	14.29	Holzverarbeitende Industrie
Grundmischmaschinen	7	14.29	Holzverarbeitende Industrie
Grundstücksanschlußkanäle	50	2	Kommunalverwaltung, KGSt-Bericht 1/1999
Gruppenabschreibungen der Anlagegüter des Fabrikationsbetriebs (gedeckt)	15	6.67	Braunkohlenbergbau

Anlagegut	ND	% p.a.	Abschreibungstabelle
Gruppenabschreibungen des Gruben- und Abraumbetriebs (offen)	10	10	Braunkohlenbergbau
Gußputzanlagen	5	20	Kraftfahrzeugindustrie
Gummi- und Flexklischeebearbeitungs- und -montagegeräte	10	10	Druckerei und Verlagsunternehmen mit Druckerei
Gummi- und Flexklischeeverarbeitungsgeräte	10	10	Druckerei und Verlagsunternehmen mit Druckerei
Gummierautomaten	5	20	Eisen-, Blech- und Metallwarenindustrie
Gummiermaschinen	8	12.5	Druckerei und Verlagsunternehmen mit Druckerei
Gummiermaschinen	8	12.5	Papier und Pappe verarbeitende Industrie
Gummifadenmaschinen	5	20	Bekleidungsindustrie (ohne Lederbekleidung)
Gummiradwalze	10	10	Kommunalverwaltung, KGSt-Bericht 1/1999
Gummiradwalzen	8	12.5	Baugewerbe
Gummituchwascheinrichtungen	6	16.67	Druckerei und Verlagsunternehmen mit Druckerei
Gurkenstech- und Schneidemaschinen (Naßbetrieb)	7	14.29	Obst- und Gemüseverarbeitungsindustrie
Gurkenteilmaschinen im Naßbetrieb	7	14.29	Obst- und Gemüseverarbeitungsindustrie
Gurkenwaschmaschinen	7	14.29	Obst- und Gemüseverarbeitungsindustrie
Gurtennietmaschinen	5	20	Lederwaren- und Kofferindustrie
Gussasphaltfertiger	6	16.67	Baugewerbe
Gussasphaltmotorkocher	6	16.67	Baugewerbe
Gussgeräte (Motorschleudern, Federzugschleudern, Induktionsgussschleudern, Vakuumdruckgussgeräte)	6	16.67	Zahntechniker
Gymnastik- und Fitneßgeräte	5	20	Heil-, Kur-, Sport- und Freizeitbäder
Gymnastikgeräte	10	10	Gesundheitswesen
Häcksel-Automatikwagen	12	8.33	Landwirtschaft und Tierzucht (nach dem 30.06.1996)
Häcksler	6	16.67	Kommunalverwaltung, KGSt-Bericht 1/1999
Häcksler und Schredder	6	16.67	Gartenbau (nach dem 31.12.1997)
Hälterungen	10	10	Binnenfischerei, Teichwirtschaft, Fischzucht, fischwirtschaftliche Dienstleistungen

Anlagegut	ND	% p.a.	Abschreibungstabelle
Hämmer	8	12.5	Stahl- und Eisenbau
Hämmer	8	12.5	Stahlverformung
Hämmer (allgemein)	8	12.5	Eisen-, Blech- und Metallwarenindustrie
Hämmermaschinen	6	16.67	Eisen-, Blech- und Metallwarenindustrie
Hämmermaschinen	6	16.67	Stahlverformung
Hängebahnen	14	7.14	Allgemein verwendbare Anlagegüter
Hängebank und Wagenumlauf	16	6.25	Steinkohlenbergbau
Härteöfen	6	16.67	NE-Metallhalbzeugindustrie (NE-Metallhalbzeugwerke und NE-Metallgießereien)
Härteöfen	5	20	Uhrenindustrie
Härtekessel	10	10	Kalksandsteinindustrie
Härtemaschinen	13	7.69	Allgemein verwendbare Anlagegüter
Härtewagen	10	10	Kalksandsteinindustrie
Häufelpflüge mit und ohne Umsetzer	5	20	Torfgewinnung und -aufbereitung
Häuser, Pumpen-	20	5	Allgemein verwendbare Anlagegüter
Höhensonnen	7	14.29	Friseurgewerbe und Schönheitssalons
Hörtestgeräte	8	12.5	Gesundheitswesen
Hühnerbratroste (elektrische, mit Gas oder Kohle)	5	20	Gastgewerbe
Hülsenabstech-, Schneide- u. Schleifmaschinen, Rohrsägen	8	12.5	Aluminiumfolien-Industrie
Hülsenbohrmaschine	6	16.67	Herstellung von Schreib- und Zeichengeräten
Hülsenkaschiermaschinen	8	12.5	Aluminiumfolien-Industrie
Hülsenmaschinen	8	12.5	Druckerei und Verlagsunternehmen mit Druckerei
Hülsenmaschinen einschl. Nebenaggregate	6	16.67	Papier und Pappe verarbeitende Industrie
Haar-(Woll-)trockner	10	10	Leder-Industrie (Ledererzeugung)
Haarballenpressen (Wollballenpressen)	10	10	Leder-Industrie (Ledererzeugung)
Haarmischtrommel	10	10	Hutstoff-Fabrikation
Haarschleudern	10	10	Leder-Industrie (Ledererzeugung)
Hack- und Schneidemaschinen (z. B. für Formartikelrohlinge)	10	10	Kautschukindustrie
Hackmaschinen	10	10	Zellstoff, Holzstoff, Papier und Pappe erzeugende Industrie

Anlagegut	ND	% p.a.	Abschreibungstabelle
Hackrotoren	3	33.33	Holzverarbeitende Industrie
Hackrotoren	16	6.25	Steinkohlenbergbau
Hackschnitzelsilos	20	5	Zellstoff, Holzstoff, Papier und Pappe erzeugende Industrie
Hackschnitzelsortierungsanlagen	10	10	Zellstoff, Holzstoff, Papier und Pappe erzeugende Industrie
Halb- oder vollautomat. Polier-Anlagen für Flachglas	10	10	Glaserzeugende Industrie (Flachglas, Hohlglas und Glasfaser)
Halb- oder vollautomat. Schleifanlagen	10	10	Glaserzeugende Industrie (Flachglas, Hohlglas und Glasfaser)
Halb- und 3/4-automat. Maschinen zur Herstellung von Hohl- und Pressglas	10	10	Glaserzeugende Industrie (Flachglas, Hohlglas und Glasfaser)
Halbautomaten (f. Großpackungen)	8	12.5	Zigarettenindustrie
Halbautomatendrehmaschinen	7	14.29	Feinmechanische und Optische Industrie
Hallen (massiv)	40	2.5	Gem. Anlage 13 des Gesetzes zum NKFG (Neuen Kommunalen Finanzmanagement)
Hallen (sonstige Bauweise)	20	5	Gem. Anlage 13 des Gesetzes zum NKFG (Neuen Kommunalen Finanzmanagement)
Hallen in Leichtbauweise	14	7.14	Allgemein verwendbare Anlagegüter
Hallen in Leichtbauweise	10	10	Vertrieb von Erdölerzeugnissen
Hallen, Kühl-	20	5	Allgemein verwendbare Anlagegüter
Hallen, Squash-	20	5	Allgemein verwendbare Anlagegüter
Hallen, Tennis-	20	5	Allgemein verwendbare Anlagegüter
Hallen, Tragluft-	10	10	Allgemein verwendbare Anlagegüter
Hallenbäder	40	2.5	Gem. Anlage 13 des Gesetzes zum NKFG (Neuen Kommunalen Finanzmanagement)
Hallenbäder	60	1.67	Kommunalverwaltung, KGSt-Bericht 1/1999
Hallenbauten, Holzkonstruktion	20	5	Kommunalverwaltung, KGSt-Bericht 1/1999
Hallenbauten, massiv	80	1.25	Kommunalverwaltung, KGSt-Bericht 1/1999
Hallenbauten, teilmassiv	40	2.5	Kommunalverwaltung, KGSt-Bericht 1/1999
Hallenkonstruktion	25	4	Gartenbau (nach dem 31.12.1997)
Halogenier-Maschinen	6	16.67	Schuhindustrie
Haltestellenüberdachungen (Leichtbauweise)	10	10	Personen- und Güterbeförderung (im Straßen- und Schienenverkehr)

Anlagegut	ND	% p.a.	Abschreibungstabelle
Haltestellenüberdachungen (massiv)	25	4	Personen- und Güterbeförderung (im Straßen- und Schienenverkehr)
Hand- und Fußhebelpressen	8	12.5	Feinmechanische und Optische Industrie
Hand- und Kreissägemaschinen	7	14.29	Kommunalverwaltung, KGSt-Bericht 1/1999
Hand- und Radialschrapperanlagen	6	16.67	Baugewerbe
Handapplanationstonometer	8	12.5	Gesundheitswesen
Handbohrmaschinen	8	12.5	Feinmechanische und Optische Industrie
Handbohrmaschinen (elektrische)	3	33.33	Holzverarbeitende Industrie
Handdrehbank	10	10	Spielwaren-Industrie
Handdrucktische	8	12.5	Druckerei und Verlagsunternehmen mit Druckerei
Handdrucktische mit Aufsatzrakel	8	12.5	Druckerei und Verlagsunternehmen mit Druckerei
Handelspindelpressen	8	12.5	Feinmechanische und Optische Industrie
Handfülltische (Naßbetrieb)	7	14.29	Obst- und Gemüseverarbeitungsindustrie
Handgleisstopfgeräte als Einzelgeräte	4	25	Baugewerbe
Handgleisstopfgeräte als komplette Anlage	5	20	Baugewerbe
Handhabungsautomaten für Pflanzen	6	16.67	Gartenbau (nach dem 31.12.1997)
Handkabelwinden	4	25	Baugewerbe
Handkreissägen, elektrische	3	33.33	Sägeindustrie und Holzbearbeitung
Handmetallsuchgeräte	4	25	Sägeindustrie und Holzbearbeitung
Handmischer, elektrisch	3	33.33	Maler- und Lackiererhandwerk
Handsägen	3	33.33	Fleischwarenindustrie, Fleischer, Schlachthöfe
Handscheinwerfer	6	16.67	Kommunalverwaltung, KGSt-Bericht 1/1999
Handschleifapparate	3	33.33	Holzverarbeitende Industrie
Handschleifmaschinen	8	12.5	Feinmechanische und Optische Industrie
Handschleifmaschinen (elektrisch)	6	16.67	Feinmechanische und Optische Industrie
Handschleifmaschinen für Spachtelmassen	3	33.33	Maler- und Lackiererhandwerk
Handschuhbügelmaschinen	10	10	Lederwaren- und Kofferindustrie
Handstrickmaschinen	10	10	Spielwaren-Industrie
Handwerkszeug und Arbeitsgeräte usw.	5	20	Chemische Industrie
Handy	5	20	Allgemein verwendbare Anlagegüter

Anlagegut	ND	% p.a.	Abschreibungstabelle
Harmonisierungsmaschinen, Wuchtmaschinen und Durchleuchtungseinrichtungen	8	12.5	Kautschukindustrie
Hartplatzpflegegerät	5	20	Kommunalverwaltung, KGSt-Bericht 1/1999
Hartseparatoren	6	16.67	Fleischwarenindustrie, Fleischer, Schlachthöfe
Haspelkufen	7	14.29	Textilveredelung
Haspeln	8	12.5	Eisen-, Blech- und Metallwarenindustrie
Haspeln	5	20	Schiefer- und Tonindustrie
Haspeln	8	12.5	Stahlverformung
Haspeln (> 90 kW / 120 PS)	10	10	Steinkohlenbergbau
Haspeln aus Holz	6	16.67	Leder-Industrie (Ledererzeugung)
Haspeln, Winden und Seilbahnmaschinen < 90 kW	5	20	Steinkohlenbergbau
Haubenöfen	6	16.67	Feuerfeste- und Steinzeug-Industrie
Haupt- und Zubringerpumpen	12	8.33	Steinkohlenbergbau
Hausdruckregler	20	5	Energie- und Wasserversorgung (nach dem 31.12.1993)
Hebebühnen	10	10	Steinkohlenbergbau
Hebebühnen (stationär)	10	10	Vertrieb von Erdölerzeugnissen
Hebebühnen mit hydraulischem Antrieb, auf Fahrzeug montiert (oh. Fahrzeug)	8	12.5	Baugewerbe
Hebebühnen mit hydraulischem Antrieb, auf Fahrzeug montiert (ohne Fahrzeug)	8	12.5	Maler- und Lackiererhandwerk
Hebebühnen, mobil	11	9.09	Allgemein verwendbare Anlagegüter
Hebebühnen, stationär	15	6.67	Allgemein verwendbare Anlagegüter
Hebetische, hydraulische	5	20	Holzverarbeitende Industrie
Hebevorrichtungen für Kisten	10	10	Zigarettenindustrie
Hebewerke	10	10	Erdölgewinnung
Hebezeuge	10	10	Gartenbau (nach dem 31.12.1997)
Hebezeuge (unter 5 t Traglast)	8	12.5	Eisen-, Stahl- und Tempergießereien
Hechelmaschinen (Flachs und Hanf)	10	10	Gewerbliche Erzeugung und Aufbereitung von Spinnstoffen, Spinnerei, Weberei
Heckenschere	4	25	Kommunalverwaltung, KGSt-Bericht 1/1999

Anlagegut	ND	% p.a.	Abschreibungstabelle
Heckenschneidmaschine	6	16.67	Kommunalverwaltung, KGSt-Bericht 1/1999
Hefereinzuchtanlagen	15	6.67	Brauereien und Mälzereien
Hefetrockner	10	10	Brauereien und Mälzereien
Hefewannen aus Aluminium	8	12.5	Brauereien und Mälzereien
Hefewannen aus Kupfer oder Niro	10	10	Brauereien und Mälzereien
Hefewaschanlagen (Vibrationssiebe)	8	12.5	Brauereien und Mälzereien
Heftmaschine	5	20	Weinbau und Weinhandel (nach dem 31.12.1988)
Heftmaschinen	13	7.69	Allgemein verwendbare Anlagegüter
Heftmaschinen	5	20	Holzverarbeitende Industrie
Heftmaschinen	10	10	Zigarettenindustrie
Heftmaschinen und -automaten	8	12.5	Papier und Pappe verarbeitende Industrie
Heiß- und Kaltluftanlagen, Abzugsvorrichtungen, Ventilatoren, Klimaanlagen	10	10	Gem. Anlage 13 des Gesetzes zum NKFG (Neuen Kommunalen Finanzmanagement)
Heißgetränke- und Kühlautomaten	5	20	Erfrischungsgetränke- und Mineralbrunnenindustrie
Heißluft- bzw. Heißdampferzeugungsgeräte für Aufbereitung und Formgebung	4	25	Ziegelindustrie
Heißluftanlagen	14	7.14	Allgemein verwendbare Anlagegüter
Heißluftapparate	10	10	Gesundheitswesen
Heißluftballone	5	20	Allgemein verwendbare Anlagegüter
Heißluftgebläse	5	20	Schuhindustrie
Heißluftgebläse	5	20	Zahntechniker
Heißluftgebläse (mobil)	11	9.09	Allgemein verwendbare Anlagegüter
Heißluftsterilisatoren	8	12.5	Gesundheitswesen
Heißsiegelgeräte	5	20	Essig- und Senffabrikation
Heißsiegelmaschinen und -automaten	6	16.67	Papier und Pappe verarbeitende Industrie
Heißspritzgeräte	5	20	Holzverarbeitende Industrie
Heißwasserbereiter (Gegenstromapparate) aus Niro, Kupfer	8	12.5	Brauereien und Mälzereien
Heißwasserbereiter (Gegenstromapparate) aus Stahl	6	16.67	Brauereien und Mälzereien
Heißwasserbereitungsanlage	8	12.5	Kommunalverwaltung, KGSt-Bericht 1/1999

Anlagegut	ND	% p.a.	Abschreibungstabelle
Heime, Personal- und Schwestern-, Alten-, Kinder-	40	2.5	Gem. Anlage 13 des Gesetzes zum NKFG (Neuen Kommunalen Finanzmanagement)
Heissluftttrocknungsanlagen (Ofen, Rohre (Heizaggregat))	5	20	Tabakanbau (nach dem 30.06.1995)
Heissluftttrocknungsanlagen (Typ Bulk Cuiring Anlagen (Virgin-Trocknungsanlagen))	10	10	Tabakanbau (nach dem 30.06.1995)
Heissluftttrocknungsanlagen (umgeb. Mauerwerk)	25	4	Tabakanbau (nach dem 30.06.1995)
Heiz- und Vulkanisierkessel	14	7.14	Kautschukindustrie
Heizöl-Entschwefelungsanlagen	8	12.5	Erdölverarbeitung
Heizgeräte (Raumtrockner, Heizregister)	5	20	Maler- und Lackiererhandwerk
Heizgeräte, Raum- mobil	9	11.11	Allgemein verwendbare Anlagegüter
Heizkanäle	40	2.5	Gem. Anlage 13 des Gesetzes zum NKFG (Neuen Kommunalen Finanzmanagement)
Heizkanäle	14	7.14	Kautschukindustrie
Heizkanäle	40	2.5	Kommunalverwaltung, KGSt-Bericht 1/1999
Heizmaschinen, automatische	8	12.5	Kautschukindustrie
Heizpressen (Plattenpressen, Maulpressen u. ä.)	8	12.5	Kautschukindustrie
Heizpressen, automatische, für Reifen (Doppel- und Einzelheizer)	8	12.5	Kautschukindustrie
Heizungs- und Kesselanlagen	10	10	Gartenbau (nach dem 31.12.1997)
Heizungsanlagen	15	6.67	Kalksandsteinindustrie
Heizungsanlagen, Niederdruckdampf-	15	6.67	Kommunalverwaltung, KGSt-Bericht 1/1999
Heizungsanlagen, Warmluft	15	6.67	Kommunalverwaltung, KGSt-Bericht 1/1999
Heizungsanlagen, Warmwasser	15	6.67	Kommunalverwaltung, KGSt-Bericht 1/1999
Hellinge	25	4	Schiffbau
Henkelgießtürme	6	16.67	Feinkeramische Industrie
Herde	5	20	Gastgewerbe
Heringslogger mit einer Motorenstärke von mehr als 400 PS	13	7.69	Hochsee- und Küstenfischerei
Heringsschneidemaschinen	7	14.29	Fischverarbeitungsindustrie
Herrenbedienungssessel (ölpumpstühle)	10	10	Friseurgewerbe und Schönheitssalons

Anlagegut	ND	% p.a.	Abschreibungstabelle
Herrenbedienungssessel (sonstige (einfache))	15	6.67	Friseurgewerbe und Schönheitssalons
Himbeeren	6	16.67	Gartenbau (nach dem 31.12.1997)
Hinterdrehmaschinen	8	12.5	Feinmechanische und Optische Industrie
Hinterkappengummierapparate	7	14.29	Schuhindustrie
Hitzeschutzanzug	3	33.33	Kommunalverwaltung, KGSt-Bericht 1/1999
Hitzschutzüberwurf	3	33.33	Kommunalverwaltung, KGSt-Bericht 1/1999
H-Milch (Kartonabfüll- u. verschlußmaschinen)	6	16.67	Molkereien und sonstige Milchverwertung
HNO	10	10	Gesundheitswesen
Hobel- und Fräsmaschinen (Handwerk)	8	12.5	Naturwerksteinindustrie, Steinbildhauer, Steinmetze
Hobel- und Fräsmaschinen (Industrie)	6	16.67	Naturwerksteinindustrie, Steinbildhauer, Steinmetze
Hobel- und Nutmaschine	7	14.29	Herstellung von Schreib- und Zeichengeräten
Hobel-, Fräs- und Kehlmaschinen, mehrseitige (Hochleistungsanlagen)	6	16.67	Sägeindustrie und Holzbearbeitung
Hobel-, Stoß- und Räummaschinen	9	11.11	Maschinenbau
Hobelkörper, -antriebe-, -führungen	3	33.33	Steinkohlenbergbau
Hobelmaschinen	8	12.5	Eisen-, Blech- und Metallwarenindustrie
Hobelmaschinen	8	12.5	NE-Metallhalbzeugindustrie (NE-Metallhalbzeugwerke und NE-Metallgießereien)
Hobelmaschinen	8	12.5	Stahlverformung
Hobelmaschinen, ein- und mehrseitige, auch kombiniert mit Abrichte	6	16.67	Holzverarbeitende Industrie
Hobelmaschinen, mobil	9	11.11	Allgemein verwendbare Anlagegüter
Hobelmaschinen, mobil	8	12.5	Kommunalverwaltung, KGSt-Bericht 1/1999
Hobelmaschinen, stationär	16	6.25	Allgemein verwendbare Anlagegüter
Hobelmaschinen, stationär	10	10	Kommunalverwaltung, KGSt-Bericht 1/1999
Hobelmesserschärfautomaten	5	20	Holzverarbeitende Industrie
Hochbehälter (auch unterirdisch) (Bauwerke)	50	2	Energie- und Wasserversorgung (nach dem 31.12.1993)

Anlagegut	ND	% p.a.	Abschreibungstabelle
Hochdruck-Andruckmaschinen (Abzieh-, Andruck- u. Formtestpresse(n))	10	10	Druckerei und Verlagsunternehmen mit Druckerei
Hochdruckkompressoren, Hochdruckgeneratoren und Hochdruckreinigungsanlagen	15	6.67	Energie- und Wasserversorgung (nach dem 31.12.1993)
Hochdruckreiniger	8	12.5	Allgemein verwendbare Anlagegüter
Hochdruckreiniger	6	16.67	Sektkellereien
Hochdruckreiniger	6	16.67	Weinbau und Weinhandel (nach dem 31.12.1988)
Hochdruckreiniger / Unterwassersauger	5	20	Heil-, Kur-, Sport- und Freizeitbäder
Hochdruckreiniger, Heißwasser- und Dampf-	5	20	Maler- und Lackiererhandwerk
Hochdruckreiniger, Kaltwasser-	5	20	Maler- und Lackiererhandwerk
Hochdruckreinigungsgerät	5	20	Kommunalverwaltung, KGSt-Bericht 1/1999
Hochdruckrohrleitungen einschl. Hochdruckbehälter	25	4	Energie- und Wasserversorgung (nach dem 31.12.1993)
Hochdruckspülwagen	8	12.5	Kommunalverwaltung, KGSt-Bericht 1/1999
Hochdrucktanks	10	10	Fruchtsaft- und Fruchtweinindustrie
Hochdruck-Wärmeaustauscher	10	10	Steinkohlenbergbau
Hochfrequenzpressen und Hochfrequenzgeneratoren	7	14.29	Holzverarbeitende Industrie
Hochfrequenz-Schweißanlagen und -automaten	5	20	Papier und Pappe verarbeitende Industrie
Hochfrequenz-Schweißstanzen	5	20	Schuhindustrie
Hochfrequenztrockner	8	12.5	Druckerei und Verlagsunternehmen mit Druckerei
Hochfrequenz-Wärmetherapiegeräte	8	12.5	Gesundheitswesen
Hochgeschwindigkeitszüge	25	4	Allgemein verwendbare Anlagegüter
Hochgeschwindigkeitszüge	15	6.67	Personen- und Güterbeförderung (im Straßen- und Schienenverkehr)
Hochleistungs- und Präzisionskreuzspulmaschinen	8	12.5	Gewerbliche Erzeugung und Aufbereitung von Spinnstoffen, Spinnerei, Weberei
Hochleistungsgatter	8	12.5	Holzverarbeitende Industrie
Hochleistungsgatter	8	12.5	Sägeindustrie und Holzbearbeitung
Hochleistungsgatter ab 600 mm Hub	6	16.67	Holzverarbeitende Industrie
Hochleistungsgatter ab 600 mm Hub	6	16.67	Sägeindustrie und Holzbearbeitung

Anlagegut	ND	% p.a.	Abschreibungstabelle
Hochleistungskarden	8	12.5	Gewerbliche Erzeugung und Aufbereitung von Spinnstoffen, Spinnerei, Weberei
Hochleistungskrempelsätze	8	12.5	Gewerbliche Erzeugung und Aufbereitung von Spinnstoffen, Spinnerei, Weberei
Hochleistungslüfter	8	12.5	Kommunalverwaltung, KGSt-Bericht 1/1999
Hochleistungspressen	7	14.29	Feinmechanische und Optische Industrie
Hochleistungs-Schlichtanlagen	8	12.5	Gewerbliche Erzeugung und Aufbereitung von Spinnstoffen, Spinnerei, Weberei
Hochleistungs-Spannrahmen	7	14.29	Textilveredelung
Hochleistungsspinnmaschinen	8	12.5	Gewerbliche Erzeugung und Aufbereitung von Spinnstoffen, Spinnerei, Weberei
Hochleistungsstrecken (Dreizylinderspinnerei)	8	12.5	Gewerbliche Erzeugung und Aufbereitung von Spinnstoffen, Spinnerei, Weberei
Hochleistungsstrecken (Jutespinnerei)	7	14.29	Gewerbliche Erzeugung und Aufbereitung von Spinnstoffen, Spinnerei, Weberei
Hochleistungsstrecken (Kammgarnspinnerei)	8	12.5	Gewerbliche Erzeugung und Aufbereitung von Spinnstoffen, Spinnerei, Weberei
Hochleistungstrockner	7	14.29	Textilveredelung
Hochleistungs-Zettel- und Schäranlagen	7	14.29	Gewerbliche Erzeugung und Aufbereitung von Spinnstoffen, Spinnerei, Weberei
Hochregallager	15	6.67	Allgemein verwendbare Anlagegüter
Hochseeyachten	20	5	Hochsee-, Küsten- und Binnenschiffahrt
Hochspannungsfreileitungen (Cu / Alu mit überwiegend Holzmasten bis 20 kV)	25	4	Energie- und Wasserversorgung (nach dem 31.12.1993)
Hochspannungsfreileitungen (Cu / Alu mit Eisen- und Betonmasten ü. 50 kV)	35	2.86	Energie- und Wasserversorgung (nach dem 31.12.1993)
Hochspannungsfreileitungen (Cu / Alu mit Eisen- und Betonmasten 20 kV bis 50 kV)	30	3.33	Energie- und Wasserversorgung (nach dem 31.12.1993)
Hochtourige Maschinen (z.B. Nähmaschinen ab 2,8 tsd Tourenzahl)	6	16.67	Hut- und Stumpenindustrie
Hochwasserschutzanlagen (dauerhafte), z.B. Deiche	70	1.43	Gem. Anlage 13 des Gesetzes zum NKFG (Neuen Kommunalen Finanzmanagement)
Hofbefestigungen (in Kies, Schotter, Schlacken)	9	11.11	Allgemein verwendbare Anlagegüter
Hofbefestigungen (mit Packlage)	19	5.26	Allgemein verwendbare Anlagegüter
Hohldeckenanlage	8	12.5	Beton- und Fertigteilindustrie
Hohlkörper-Formmaschinen	8	12.5	Süßwarenindustrie

Anlagegut	ND	% p.a.	Abschreibungstabelle
Hohlsaummaschinen	5	20	Bekleidungsindustrie (ohne Lederbekleidung)
Holz	5	20	Gartenbau (nach dem 31.12.1997)
Holz- und Metallbearbeitungsmaschinen	10	10	Eisen-, Stahl- und Tempergießereien
Holz- und Rindenzerkleinerungsmaschinen	3	33.33	Sägeindustrie und Holzbearbeitung
Holzaufbereitungsanlagen, z.B. Schäl-, Entrindungs- und Hackmaschinen	10	10	Zellstoff, Holzstoff, Papier und Pappe erzeugende Industrie
Holzbaracken	5	20	Chemische Industrie
Holzbearbeitungsmaschinen (allgemein)	10	10	Kraftfahrzeugindustrie
Holzbearbeitungsmaschinen und -einrichtungen	10	10	Steinkohlenbergbau
Holzdruckmaschinen	6	16.67	Holzverarbeitende Industrie
Holzernte- und Entrindungsmaschinen	6	16.67	Forstwirtschaft (nach dem 30.09.1995)
Holzhäcksler / Buschhacker über 10 cm Schnittgutbreite	4	25	Garten-, Landschafts- und Sportplatzbau
Holzhäcksler / Buschhacker bis 10 cm Schnittgutbreite	3	33.33	Garten-, Landschafts- und Sportplatzbau
Holzpressanlagen	7	14.29	Sägeindustrie und Holzbearbeitung
Holzrinnen für Abkühlung der Emulsion	10	10	ölmühlen und Margarine-Industrie
Holzschleifmaschinen	8	12.5	NE-Metallhalbzeugindustrie (NE-Metallhalbzeugwerke und NE-Metallgießereien)
Holzspaltgerät	10	10	Kommunalverwaltung, KGSt-Bericht 1/1999
Holzverleimanlagen	7	14.29	Sägeindustrie und Holzbearbeitung
Holzwolleballenpressen	7	14.29	Holzverarbeitende Industrie
Holzwollemaschinen	6	16.67	Holzverarbeitende Industrie
Holzwolle-Seilspinnmaschinen	7	14.29	Holzverarbeitende Industrie
Holzwoll-Maschinen	10	10	Leichtbauplattenindustrie
Holzwoll-Mischmaschinen und Rührwerke	6	16.67	Leichtbauplattenindustrie
Holzzaun	5	20	Allgemein verwendbare Anlagegüter
Holzzerhacker (zur Erzeugung von Brennspänen), grobe	4	25	Sägeindustrie und Holzbearbeitung

Anlagegut	ND	% p.a.	Abschreibungstabelle
Homogenisiermaschinen	6	16.67	Brot- und Backwarenindustrie, Herst. v. Tiefkühl-/Kombinationsbackwaren, Bäckereien, Konditoreien
Homogenisiermaschinen	6	16.67	Molkereien und sonstige Milchverwertung
Homogenisierungsmaschinen	7	14.29	Süßwarenindustrie
Hon-, Finish-, Läpp- und Poliermaschinen	8	12.5	Maschinenbau
Honmaschinen	8	12.5	Eisen-, Blech- und Metallwarenindustrie
Honmaschinen	8	12.5	Feinmechanische und Optische Industrie
Honmaschinen	8	12.5	Stahlverformung
Honmaschinen (Innenschleifautomaten)	8	12.5	Kraftfahrzeugindustrie
Hopfenanlage (Gerüst einschl. Jungpflanzen)	15	6.67	Hopfenanbau
Hopfenanlage (Wildschutzzäune (bewegl.))	5	20	Hopfenanbau
Hopfendosieranlagen	10	10	Brauereien und Mälzereien
Hopfenerntewagen	10	10	Hopfenanbau
Hopfenfräse	10	10	Hopfenanbau
Hopfengrubber (-kultivator)	10	10	Hopfenanbau
Hopfenseiher	10	10	Brauereien und Mälzereien
Hopfenspritz- und -sprühgeräte einschl. Unterstockspritze	8	12.5	Hopfenanbau
Hopfenvorratsbehälter	10	10	Hopfenanbau
Hordendarre einschl. Rührgerät und Heizanlage	10	10	Hopfenanbau
Horizontal-Drehmaschinen CNC / NC	6	16.67	Maschinenbau
Horizontal-Drehmaschinen ohne CNC / NC	8	12.5	Maschinenbau
Horizontale Bearbeitungszentren (CNC / NC)	6	16.67	Maschinenbau
Horizontale und vertikale Stoßmaschinen	8	12.5	Feinmechanische und Optische Industrie
Horizontalfräsmaschinen, automatisch (nicht unmittelbar f. Spielwarenfertigung)	6	16.67	Spielwaren-Industrie
Horizontalgatter	10	10	Holzverarbeitende Industrie
Horizontalgatter	10	10	Sägeindustrie und Holzbearbeitung

Anlagegut	ND	% p.a.	Abschreibungstabelle
Horizontalschleifmaschinen (nicht unmittelbar f. Spielwarenfertigung)	8	12.5	Spielwaren-Industrie
Hotflue	8	12.5	Textilveredelung
Hub-, Gelenkmastarbeitsbühnen	10	10	Steinkohlenbergbau
Hubarbeitsbühnen auf Anhänger	6	16.67	Garten-, Landschafts- und Sportplatzbau
Hubarbeitsbühnen auf Lkw	6	16.67	Garten-, Landschafts- und Sportplatzbau
Hubgelenkbühnen (Sky-Lifte)	6	16.67	Baugewerbe
Hubgelenkbühnen (Sky-Lifte)	6	16.67	Maler- und Lackiererhandwerk
Hubkorb	10	10	Kommunalverwaltung, KGSt-Bericht 1/1999
Hublifte, mobil	11	9.09	Allgemein verwendbare Anlagegüter
Hublifte, stationär	15	6.67	Allgemein verwendbare Anlagegüter
Hubschrauber	19	5.26	Allgemein verwendbare Anlagegüter
Hubstapler	4	25	Kalksandsteinindustrie
Hubstapler im Kältebereich	4	25	Süßwarenindustrie
Hubstapler und Elektrokarren	4	25	Feuerfeste- und Steinzeug-Industrie
Hubstapler und Elektrokarren	4	25	Schiefer- und Tonindustrie
Hubsteiger	10	10	Kommunalverwaltung, KGSt-Bericht 1/1999
Hubwagen	8	12.5	Allgemein verwendbare Anlagegüter
Hubwagen	5	20	Holzverarbeitende Industrie
Hubwagen	8	12.5	Kommunalverwaltung, KGSt-Bericht 1/1999
Hubwagen	5	20	Sektkellereien
Hubwagen	5	20	Weinbau und Weinhandel (nach dem 31.12.1988)
Hubwagen, Gerätewagen	6	16.67	Gem. Anlage 13 des Gesetzes zum NKFG (Neuen Kommunalen Finanzmanagement)
Humustransportbehälter für Steillagen	10	10	Weinbau und Weinhandel (nach dem 31.12.1988)
Hutpressen	10	10	Hut- und Stumpenindustrie
Hutpressen, soweit sie einem besonderen Moderisiko unterworfen sind	5	20	Hut- und Stumpenindustrie
Hydraul. Sandaufbereitungsanlagen	6	16.67	Baugewerbe
Hydraul. und Pneum. Schnitteinrichtungen	6	16.67	Gartenbau (nach dem 31.12.1997)
Hydraulikbagger über 1,0 cbm Löffelinhalt	8	12.5	Garten-, Landschafts- und Sportplatzbau

Anlagegut	ND	% p.a.	Abschreibungstabelle
Hydraulikbagger über 30 t Gesamtgewicht	7	14.29	Schrott- und Abbruchwirtschaft
Hydraulikbagger ab 151 kW Motorleistung	8	12.5	Baugewerbe
Hydraulikbagger ab 36 kW Motorleistung	7	14.29	Baugewerbe
Hydraulikbagger bis 0,5 cbm Löffelinhalt	5	20	Garten-, Landschafts- und Sportplatzbau
Hydraulikbagger bis 1,0 cbm Löffelinhalt	7	14.29	Garten-, Landschafts- und Sportplatzbau
Hydraulikbagger bis 30 t Gesamtgewicht	5	20	Schrott- und Abbruchwirtschaft
Hydraulikbagger bis 35 kW Motorleistung	5	20	Baugewerbe
Hydraulikhammer	6	16.67	Kommunalverwaltung, KGSt-Bericht 1/1999
Hydraulische Einständer-Pressen (CNC / NC)	6	16.67	Maschinenbau
Hydraulische Pressen	6	16.67	Feuerfeste- und Steinzeug-Industrie
Hydraulische Pressen	10	10	Leichtbauplattenindustrie
Hydraulische Pressen und Mehrstufenpressen	6	16.67	Kraftfahrzeugindustrie
Hydraulische Pressen und Pumpen	8	12.5	Baugewerbe
Hydraulische Rückeinrichtung für Streckenförderer	6	16.67	Steinkohlenbergbau
Hydraulische Schalungshubwagen	6	16.67	Baugewerbe
Hydraulische Schalungskipptische	6	16.67	Baugewerbe
Hydraulische Schrott- und Papierpressen	7	14.29	Schrott- und Abbruchwirtschaft
Hydraulische Schrottscheren	7	14.29	Schrott- und Abbruchwirtschaft
Hydraulische Spritzgussmaschinen für thermoplastische Massen (Gültig ab 1.1.1983)	6	16.67	Spielwaren-Industrie
Hydraulische Zweiständer-Pressen (CNC / NC)	6	16.67	Maschinenbau
Im Freien stehende, nicht überdachte Tankbehälter	12	8.33	Vertrieb von Erdölerzeugnissen
Impedanzmeßgeräte	8	12.5	Gesundheitswesen
Imprägnieranlagen	6	16.67	Brauereien und Mälzereien

Anlagegut	ND	% p.a.	Abschreibungstabelle
Imprägnieranlagen	6	16.67	Erfrischungsgetränke- und Mineralbrunnenindustrie
Imprägnieranlagen	6	16.67	Feuerfeste- und Steinzeug-Industrie
Imprägnieranlagen	6	16.67	Stahlverformung
Imprägnierkessel	7	14.29	Sägeindustrie und Holzbearbeitung
Imprägniermaschinen	8	12.5	Kunststoffverarbeitende Industrie
Imprägniertröge	8	12.5	Sägeindustrie und Holzbearbeitung
Indemvisusautomaten	8	12.5	Gesundheitswesen
Index-Automaten	5	20	Spielwaren-Industrie
Induktionsöfen	6	16.67	NE-Metallhalbzeugindustrie (NE-Metallhalbzeugwerke und NE-Metallgießereien)
Induktionsanlagen	8	12.5	Uhrenindustrie
Induktionshärtemaschinen	5	20	Stahlverformung
Induktionswärmeanlagen	8	12.5	Kraftfahrzeugindustrie
Induktive Mengenmesser	5	20	Brauereien und Mälzereien
Industriegebäude, Werkstätten (mit und ohne Sozialtrakt)	40	2.5	Gem. Anlage 13 des Gesetzes zum NKFG (Neuen Kommunalen Finanzmanagement)
Industrieroboter	5	20	Eisen-, Stahl- und Tempergießereien
Industrieroboter (CNC / NC)	6	16.67	Maschinenbau
Industriestaubsauger	7	14.29	Allgemein verwendbare Anlagegüter
Industriestaubsauger	8	12.5	Kommunalverwaltung, KGSt-Bericht 1/1999
Infrarotheizungen, beweglich	5	20	Gastgewerbe
Infrarottrockner, fahrbar	5	20	Maler- und Lackiererhandwerk
Infusionsgeräte	5	20	Gesundheitswesen
Infusionsgeräte	5	20	Kommunalverwaltung, KGSt-Bericht 1/1999
Inhalationsgeräte	8	12.5	Gesundheitswesen
Inhalationsgeräte	8	12.5	Kommunalverwaltung, KGSt-Bericht 1/1999
Inlinemaschinen für die Wellpappenverarbeitung	8	12.5	Papier und Pappe verarbeitende Industrie
Innenmischer	10	10	Kautschukindustrie
Innenrüttler	3	33.33	Baugewerbe
Innenrandbeschneid-Maschinen	7	14.29	Schuhindustrie
Innenrandnaht-Maschinen	7	14.29	Schuhindustrie

Anlagegut	ND	% p.a.	Abschreibungstabelle
Innenrandzwickmaschinen	7	14.29	Schuhindustrie
Instrumentenlandesystemanlagen	8	12.5	Luftfahrtunternehmen und Flughafenbetriebe
Instrumentenschränke	12	8.33	Gesundheitswesen
Instrumentenschränke	10	10	Kommunalverwaltung, KGSt-Bericht 1/1999
Instrumententische	12	8.33	Gesundheitswesen
Instrumententische	10	10	Kommunalverwaltung, KGSt-Bericht 1/1999
Instrumentenwaagen	10	10	Kommunalverwaltung, KGSt-Bericht 1/1999
Instrumentenwagen	12	8.33	Gesundheitswesen
Intensivüberwachung	8	12.5	Gesundheitswesen
Intensivbetten	8	12.5	Gesundheitswesen
Intensivnetzer	10	10	Mühlen (ohne ölmühlen)
Interne Modulations- und Signalleitungsnetze einschl. Verstärker und Verteilereinrichtungen	5	20	Fernseh-, Film- und Hörfunkwirtschaft
Ionenchromatograph	8	12.5	Kommunalverwaltung, KGSt-Bericht 1/1999
Isol. Behälter mit Kühlschlangen für Herstellung von Eiswasser	10	10	ölmühlen und Margarine-Industrie
Isol. Lagerbehälter mit Kühl- und Wärmevorrichtungen	14	7.14	ölmühlen und Margarine-Industrie
IV-Anlagen (Hardware) für technische Zwecke	5	20	Kraftfahrzeugindustrie
Jacquardmaschinen	7	14.29	Gewerbliche Erzeugung und Aufbereitung von Spinnstoffen, Spinnerei, Weberei
Jauchefässer	12	8.33	Landwirtschaft und Tierzucht (nach dem 30.06.1996)
Jauchepumpen	12	8.33	Landwirtschaft und Tierzucht (nach dem 30.06.1996)
Joghurttische	6	16.67	Molkereien und sonstige Milchverwertung
Kälteanlagen	14	7.14	Allgemein verwendbare Anlagegüter
Kälteanlagen	10	10	Brauereien und Mälzereien
Kältekompressoren (ohne Kondensator)	8	12.5	Molkereien und sonstige Milchverwertung
Kältemaschinen und Kühlschränke	8	12.5	Feinmechanische und Optische Industrie
Kältemittelpumpen	7	14.29	Brauereien und Mälzereien

Anlagegut	ND	% p.a.	Abschreibungstabelle
Kältemittelsammelbehälter	8	12.5	Brauereien und Mälzereien
Kälterzeugungsanlagen	30	3.33	Kommunalverwaltung, KGSt-Bericht 1/1999
Kältetrockner(-anlage)	8	12.5	Herstellung von Schreib- und Zeichengeräten
Kämm-Maschinen (Flachs-, Hanf- und Hartfaser-Spinnerei)	10	10	Gewerbliche Erzeugung und Aufbereitung von Spinnstoffen, Spinnerei, Weberei
Kämm-Maschinen (Kammgarnspinnerei)	10	10	Gewerbliche Erzeugung und Aufbereitung von Spinnstoffen, Spinnerei, Weberei
Käseabfüllanlagen	8	12.5	Molkereien und sonstige Milchverwertung
Käseabpackmaschinen	6	16.67	Molkereien und sonstige Milchverwertung
Käseetikettierapparate	6	16.67	Molkereien und sonstige Milchverwertung
Käsefertiger (kontinuierlich)	6	16.67	Molkereien und sonstige Milchverwertung
Käseformen (Alu, Kunststoff)	5	20	Molkereien und sonstige Milchverwertung
Käseformen (Niro)	6	16.67	Molkereien und sonstige Milchverwertung
Käsehorden (Niro)	4	25	Molkereien und sonstige Milchverwertung
Käseregale (Fe)	10	10	Molkereien und sonstige Milchverwertung
Käseregale (Holz)	5	20	Molkereien und sonstige Milchverwertung
Käsereinigungsmaschinen	10	10	Molkereien und sonstige Milchverwertung
Käsetische (Alu)	7	14.29	Molkereien und sonstige Milchverwertung
Käsetische (Holz)	5	20	Molkereien und sonstige Milchverwertung
Käsewölfe	10	10	Molkereien und sonstige Milchverwertung
Käsewalzen	12	8.33	Molkereien und sonstige Milchverwertung
Käsewannen (Alu)	8	12.5	Molkereien und sonstige Milchverwertung
Käsewannen (Holz)	12	8.33	Molkereien und sonstige Milchverwertung
Köderbiegmaschinen	5	20	Lederwaren- und Kofferindustrie
Köderheftmaschinen	5	20	Lederwaren- und Kofferindustrie
Köderschneidmaschinen	5	20	Lederwaren- und Kofferindustrie
Köpfmaschinen	7	14.29	Fischverarbeitungsindustrie
Körnerkühlgeräte	12	8.33	Mühlen (ohne ölmühlen)
Körnerwaschmaschinen (Naßbetrieb)	7	14.29	Obst- und Gemüseverarbeitungsindustrie
Kücheneinrichtung	15	6.67	Kommunalverwaltung, KGSt-Bericht 1/1999
Küchengeräte	10	10	Kommunalverwaltung, KGSt-Bericht 1/1999
Küchenspülbecken, falls Betriebsvorrichtungen	10	10	Gastgewerbe

Anlagegut	ND	% p.a.	Abschreibungstabelle
Kühl- u. Tiefgefrieranlagen (schichtunabhängig)	5	20	Brot- und Backwarenindustrie, Herst. v. Tiefkühl-/Kombinationsbackwaren, Bäckereien, Konditoreien
Kühl- und Wärmebecken	8	12.5	Zahntechniker
Kühl-, Gefrier-, Klimaanlagen, Warmwasserbereiter, Wärmepumpen, Eismaschinen u. ä.	8	12.5	Binnenfischerei, Teichwirtschaft, Fischzucht, fischwirtschaftliche Dienstleistungen
Kühlanlagen	8	12.5	Fruchtsaft- und Fruchtweinindustrie
Kühlanlagen, elektrische	5	20	Gastgewerbe
Kühlanlagen, stationäre (Dauerbackwaren-Industrie)	10	10	Süßwarenindustrie
Kühlanlagen, stationäre (Kakao- und Schokoladenindustrie)	10	10	Süßwarenindustrie
Kühlanlager	10	10	Kautschukindustrie
Kühlbänder für Asphaltmehl	10	10	Schiefer- und Tonindustrie
Kühlbandeinrichtungen (Dauerbackwaren-Industrie)	8	12.5	Süßwarenindustrie
Kühlbandeinrichtungen (Kakao- und Schokoladenindustrie)	8	12.5	Süßwarenindustrie
Kühlbandeinrichtungen (Zuckerwarenindustrie)	8	12.5	Süßwarenindustrie
Kühleinrichtungen	8	12.5	Allgemein verwendbare Anlagegüter
Kühleinrichtungen	10	10	Kommunalverwaltung, KGSt-Bericht 1/1999
Kühleinrichtungen	10	10	Molkereien und sonstige Milchverwertung
Kühlhäuser	80	1.25	Kommunalverwaltung, KGSt-Bericht 1/1999
Kühlhallen	20	5	Allgemein verwendbare Anlagegüter
Kühlmaschinen	8	12.5	Fleischwarenindustrie, Fleischer, Schlachthöfe
Kühlmaschinen, klein (Dauerbackwaren-Industrie)	5	20	Süßwarenindustrie
Kühlmaschinen, klein (Kakao- und Schokoladenindustrie)	5	20	Süßwarenindustrie
Kühlräume (stationär) zur Lagerung von Vorprodukten	10	10	Süßwarenindustrie
Kühlrohre	10	10	Molkereien und sonstige Milchverwertung
Kühlschränke	10	10	Allgemein verwendbare Anlagegüter
Kühlschränke	5	20	Druckerei und Verlagsunternehmen mit Druckerei

Anlagegut	ND	% p.a.	Abschreibungstabelle
Kühlschränke mit Plattentransportband	10	10	ölmühlen und Margarine-Industrie
Kühltürme	25	4	Energie- und Wasserversorgung (nach dem 31.12.1993)
Kühltürme	14	7.14	ölmühlen und Margarine-Industrie
Kühltürme aus Beton	20	5	Brauereien und Mälzereien
Kühltürme aus Holz	10	10	Brauereien und Mälzereien
Kühltische	10	10	Süßwarenindustrie
Kühltrommeln für direkte Verdampfung mit Ammoniak	10	10	ölmühlen und Margarine-Industrie
Kühltunnel	8	12.5	Molkereien und sonstige Milchverwertung
Kühlungsanlagen	10	10	Fernseh-, Film- und Hörfunkwirtschaft
Kühlvitrinen	10	10	Kommunalverwaltung, KGSt-Bericht 1/1999
Kühlvorrichtungen	15	6.67	Braunkohlenbergbau
Kühlwasser-Rückkühlanlagen	10	10	Steinkohlenbergbau
Kühlzellen	20	5	Kommunalverwaltung, KGSt-Bericht 1/1999
Küvettenkühler	8	12.5	Zahntechniker
Küvettenpressen	10	10	Zahntechniker
Kabel- und Verteilungsanlagen im Kraftwerk	15	6.67	Energie- und Wasserversorgung (nach dem 31.12.1993)
Kabel-, Verteilungs- und Schaltanlagen im Kraftwerk	12	8.33	Energie- und Wasserversorgung (nach dem 31.12.1993)
Kabelkrane	8	12.5	Baugewerbe
Kabelleitungen	33	3.03	Kommunalverwaltung, KGSt-Bericht 1/1999
Kabelleitungen (erdverlegt)	33	3.03	Kommunalverwaltung, KGSt-Bericht 1/1999
Kabelleitungen als Hochspannungskabel	35	2.86	Energie- und Wasserversorgung (nach dem 31.12.1993)
Kabelnetz für Telekommunikationsanlagen	20	5	Kommunalverwaltung, KGSt-Bericht 1/1999
Kabelnetze (auch Rohre, Schächte)	20	5	Gem. Anlage 13 des Gesetzes zum NKFG (Neuen Kommunalen Finanzmanagement)
Kabeltrennmaschinen	6	16.67	Schrott- und Abbruchwirtschaft
Kabinen, Toiletten-	9	11.11	Allgemein verwendbare Anlagegüter

Anlagegut	ND	% p.a.	Abschreibungstabelle
Kabinenbahnen, mechanischer Teil und Betriebsvorrichtungen (z.B. Stützen, Pfeiler, Seile, Kabinen)	17	5.88	Seilschwebebahnen und Schlepplifte
Kablier-, Schnür- und Seilschlagmaschinen (einfache)	10	10	Garnbearbeitung in der Textilindustrie
Kablier-, Schnür- und Seilschlagmaschinen (hochtourige)	8	12.5	Garnbearbeitung in der Textilindustrie
Kachelpressen	5	20	Feinkeramische Industrie
Kaffeeautomaten	5	20	Brot- und Backwarenindustrie, Herst. v. Tiefkühl-/Kombinationsbackwaren, Bäckereien, Konditoreien
Kaffeelagerbehälter (innen)	10	10	Kaffee- und Teeverarbeitung (ohne Kaffeemittelproduktion)
Kaffeemühlen, elektrische	5	20	Gastgewerbe
Kaffeemaschinen, elektrische	5	20	Gastgewerbe
Kaffeesilos (außen)	25	4	Kaffee- und Teeverarbeitung (ohne Kaffeemittelproduktion)
Kaimauern und Molen (massiv)	20	5	Schiffbau
Kaimauern und Molen (Stahlspundwände)	20	5	Schiffbau
Kaimauern und Molen mit Holz	10	10	Schiffbau
Kakaobohnen-Brech-, Reinigungs-, Sortier- und Auslesemaschinen	10	10	Süßwarenindustrie
Kakaobutter-Pressen	10	10	Süßwarenindustrie
Kakaoentkeimungsmaschinen	10	10	Süßwarenindustrie
Kakaopulverisiermaschinen	10	10	Süßwarenindustrie
Kakaoröster und Darren	8	12.5	Süßwarenindustrie
Kakaowalzwerke	8	12.5	Süßwarenindustrie
Kalander	8	12.5	Druckerei und Verlagsunternehmen mit Druckerei
Kalander	10	10	Kautschukindustrie
Kalander	8	12.5	Papier und Pappe verarbeitende Industrie
Kalander mit Folgeeinrichtungen	8	12.5	Kunststoffverarbeitende Industrie
Kaldaunen- und Mickertische aus Metall	7	14.29	Fleischwarenindustrie, Fleischer, Schlachthöfe
Kaldaunenwaschmaschinen	7	14.29	Fleischwarenindustrie, Fleischer, Schlachthöfe
Kalibriermaschinen	8	12.5	Stahlverformung
Kalksilos (Beton)	15	6.67	Kalksandsteinindustrie

Anlagegut	ND	% p.a.	Abschreibungstabelle
Kalksilos (Holz)	6	16.67	Kalksandsteinindustrie
Kalksilos (Stahl)	10	10	Kalksandsteinindustrie
Kaltbiegemaschinen	8	12.5	Stahlverformung
Kaltlicht	5	20	Gesundheitswesen
Kaltluftgebläse (mobil)	11	9.09	Allgemein verwendbare Anlagegüter
Kaltpolier-Maschinen	7	14.29	Schuhindustrie
Kaltsägemaschinen	8	12.5	Feinmechanische und Optische Industrie
Kaltsägemaschinen	10	10	NE-Metallhalbzeugindustrie (NE-Metallhalbzeugwerke und NE-Metallgießereien)
Kaltsägen (nicht unmittelbar f. Spielwarenfertigung)	10	10	Spielwaren-Industrie
Kaltsetzmaschinen	8	12.5	Stahlverformung
Kaltwalzwerke	10	10	NE-Metallhalbzeugindustrie (NE-Metallhalbzeugwerke und NE-Metallgießereien)
Kaltwasserleitungen	33	3.03	Heil-, Kur-, Sport- und Freizeitbäder
Kaltwasserversorgungsleitungen	20	5	Kommunalverwaltung, KGSt-Bericht 1/1999
Kamera (Digitalkamera)	5	20	Kommunalverwaltung, KGSt-Bericht 1/1999
Kamera (Reprokamera)	10	10	Kommunalverwaltung, KGSt-Bericht 1/1999
Kamera (Spezialminikamera kl. Fernauge)	5	20	Kommunalverwaltung, KGSt-Bericht 1/1999
Kamera (Wärmebidkamera)	5	20	Kommunalverwaltung, KGSt-Bericht 1/1999
Kamerakräne	5	20	Fernseh-, Film- und Hörfunkwirtschaft
Kameras	7	14.29	Allgemein verwendbare Anlagegüter
Kamerastative	5	20	Fernseh-, Film- und Hörfunkwirtschaft
Kamin (gemauert) (MVA für feste Abfälle)	33	3.03	Abfallentsorgungs- und Recyclingwirtschaft
Kamin (Stahl) (MVA für feste und flüssige Sonderabfälle)	10	10	Abfallentsorgungs- und Recyclingwirtschaft
Kammer- und Kanaltrockenanlagen (soweit Betriebsvorrichtung einschl. Einrichtung)	10	10	Ziegelindustrie
Kammer- und Kanaltrocknungsanlagen	10	10	Feuerfeste- und Steinzeug-Industrie
Kammeröfen	8	12.5	Kraftfahrzeugindustrie

Anlagegut	ND	% p.a.	Abschreibungstabelle
Kammer-Einzelöfen	12	8.33	Feuerfeste- und Steinzeug-Industrie
Kammerfilterpressen	12	8.33	Steinkohlenbergbau
Kammerfilterpressen (beweglich)	5	20	Abfallentsorgungs- und Recyclingwirtschaft
Kammerfilterpressen (stationär)	6	16.67	Abfallentsorgungs- und Recyclingwirtschaft
Kammerkühlöfen	10	10	Glaserzeugende Industrie (Flachglas, Hohlglas und Glasfaser)
Kammer-Ringöfen	12	8.33	Feuerfeste- und Steinzeug-Industrie
Kammertrocknungsanlagen	10	10	Textilveredelung
Kanäle aus Beton, Dämme, Stauseen	60	1.67	Energie- und Wasserversorgung (nach dem 31.12.1993)
Kanäle aus Lehm, Kies	50	2	Energie- und Wasserversorgung (nach dem 31.12.1993)
Kanalleuchte mit Anschluß	8	12.5	Kommunalverwaltung, KGSt-Bericht 1/1999
Kanalrohrfräse	5	20	Kommunalverwaltung, KGSt-Bericht 1/1999
Kanalverlegte Leitungen	25	4	Energie- und Wasserversorgung (nach dem 31.12.1993)
Kannenkettenförderer	6	16.67	Molkereien und sonstige Milchverwertung
Kannenkipper (automatisch)	6	16.67	Molkereien und sonstige Milchverwertung
Kannenrollbahnen	6	16.67	Molkereien und sonstige Milchverwertung
Kannenwaschmaschinen	7	14.29	Molkereien und sonstige Milchverwertung
Kantenabschneidemaschinen	7	14.29	Lederwaren- und Kofferindustrie
Kantenabschrägemaschinen	8	12.5	Papier und Pappe verarbeitende Industrie
Kantenabschrägmaschinen	8	12.5	Druckerei und Verlagsunternehmen mit Druckerei
Kantenbearbeitungsautomat	5	20	Holzverarbeitende Industrie
Kantenbeschneid-Maschinen	7	14.29	Schuhindustrie
Kantenbrechmaschinen	8	12.5	Stahlverformung
Kantenbrennmaschinen	5	20	Lederwaren- und Kofferindustrie
Kantenfurnier- und Kantenfurnierbearbeitungsautomaten	5	20	Holzverarbeitende Industrie
Kantenklopf-Maschinen	8	12.5	Schuhindustrie
Kantennähmaschinen	5	20	Lederwaren- und Kofferindustrie
Kantenpressen	7	14.29	Holzverarbeitende Industrie
Kantenumschlagmaschinen	8	12.5	Papier und Pappe verarbeitende Industrie

Anlagegut	ND	% p.a.	Abschreibungstabelle
Kantenumsturz- und Falzmaschinen	7	14.29	Lederwaren- und Kofferindustrie
Kantenumsturz- und Falzmaschinen	5	20	Schuhindustrie
Kantenverleim- und Nachbearbeitungsmaschine	5	20	Holzverarbeitende Industrie
Kanzel (Frontlader-, Aufbau-)	10	10	Hopfenanbau
Kanzeln (geschlossene Hochsitze) aus Holz	5	20	Forstwirtschaft (nach dem 30.09.1995)
Kanzeln (geschlossene Hochsitze) aus Stahl	10	10	Forstwirtschaft (nach dem 30.09.1995)
Kapellen, Kirchen	60	1.67	Gem. Anlage 13 des Gesetzes zum NKFG (Neuen Kommunalen Finanzmanagement)
Kapellenausstattung	60	1.67	Kommunalverwaltung, KGSt-Bericht 1/1999
Kappen-Formmaschinen	7	14.29	Schuhindustrie
Kappenpressen	7	14.29	Schuhindustrie
Kappen-Schärfautomaten	7	14.29	Schuhindustrie
Kappen-Schärfmaschinen	7	14.29	Schuhindustrie
Kappsägen	6	16.67	Sägeindustrie und Holzbearbeitung
Kapselabbürstmaschine	6	16.67	Weinbau und Weinhandel (nach dem 31.12.1988)
Kapselanpreßmaschinen	6	16.67	Sektkellereien
Kapselanrollmaschine	6	16.67	Weinbau und Weinhandel (nach dem 31.12.1988)
Kapselpressen	10	10	Borstenzurichtung und Pinselindustrie
Kapselschmiertische	5	20	Feinkeramische Industrie
Kapselschnellpressen für Schamotte und Korund	5	20	Feinkeramische Industrie
Kapselschnellpressen für SiC-Material	4	25	Feinkeramische Industrie
Kaptal-, Hinterklebe- und Begazemaschinen	8	12.5	Druckerei und Verlagsunternehmen mit Druckerei
Kaptalmaschinen	8	12.5	Papier und Pappe verarbeitende Industrie
Kapuschiermaschinen und Dockenschlitzer	8	12.5	Zigarettenindustrie
Karbonisieranlagen	8	12.5	Hut- und Stumpenindustrie
Karbonisiermaschinen	7	14.29	Textilveredelung
Karottenkochschnecken (Naßbetrieb)	7	14.29	Obst- und Gemüseverarbeitungsindustrie
Karottenputzmaschinen (Naßbetrieb)	7	14.29	Obst- und Gemüseverarbeitungsindustrie
Karren, Elektro-	8	12.5	Allgemein verwendbare Anlagegüter

Anlagegut	ND	% p.a.	Abschreibungstabelle
Kartenleser (EC-, Kredit-)	8	12.5	Allgemein verwendbare Anlagegüter
Kartenleser an Eingangstüren	5	20	Kreditwirtschaft
Kartoffellager- u. -aufbereitungsmaschinen (Abkippanlagen, Förderbänder, Boxenstapler, usw.)	10	10	Landwirtschaft und Tierzucht (nach dem 30.06.1996)
Kartoffel-Legemaschinen	10	10	Gartenbau (nach dem 31.12.1997)
Kartoffelpflegegeräte (Häufler, Striegel, Netzeggen)	12	8.33	Landwirtschaft und Tierzucht (nach dem 30.06.1996)
Kartonagenheftmaschinen	10	10	ölmühlen und Margarine-Industrie
Kartonheftmaschinen	10	10	Lederwaren- und Kofferindustrie
Kartonheft-Maschinen	8	12.5	Schuhindustrie
Kartonpacker, Drehpacker	6	16.67	Molkereien und sonstige Milchverwertung
Kartonstempelmaschinen	5	20	Lederwaren- und Kofferindustrie
Kartonverpackungsanlagen (z.B. Kartonfalt- und -verschließmaschinen)	5	20	Brauereien und Mälzereien
Kartonverschließmaschinen	7	14.29	Fleischwarenindustrie, Fleischer, Schlachthöfe
Kartuschenpresse	7	14.29	Herstellung von Schreib- und Zeichengeräten
Karussell- und Plandrehmaschinen	8	12.5	Kraftfahrzeugindustrie
Kaschiermaschinen	8	12.5	Druckerei und Verlagsunternehmen mit Druckerei
Kaschiermaschinen und -automaten	8	12.5	Papier und Pappe verarbeitende Industrie
Kassen (mechanisch und elektronisch)	5	20	Gastgewerbe
Kassen- und Schalterterminal	5	20	Kreditwirtschaft
Kassen, Registrier-	6	16.67	Allgemein verwendbare Anlagegüter
Kassenanlagen (z. B. Kassenautomaten, Ein- und Ausgangskontrolle)	8	12.5	Heil-, Kur-, Sport- und Freizeitbäder
Kassenbox (schussicher)	10	10	Kreditwirtschaft
Kassenzahltisch, Tagestresor	10	10	Kreditwirtschaft
Kassettenrecorder	7	14.29	Allgemein verwendbare Anlagegüter
Kastenkipper, Muldenkipper, Betonkipper, Plattformwagen, Drehschemelwagen	10	10	Baugewerbe
Kastensortieranlagen	6	16.67	Brauereien und Mälzereien
Kastenwagen	8	12.5	Kommunalverwaltung, KGSt-Bericht 1/1999
Kastenwaschanlagen	6	16.67	Brauereien und Mälzereien

Anlagegut	ND	% p.a.	Abschreibungstabelle
Kastenwascher	6	16.67	Erfrischungsgetränke- und Mineralbrunnenindustrie
Katalysatorenbrennapparate	14	7.14	ölmühlen und Margarine-Industrie
Kauen und Buden, transportabel	5	20	Erdölgewinnung
Kauenreinigungs-, Hochdruckspritzmaschinen	5	20	Steinkohlenbergbau
Kegelbahnen	8	12.5	Gastgewerbe
Keg-Reinigungs- und Abfüllmaschinen	8	12.5	Brauereien und Mälzereien
Kehlhobelmaschinen, ein und mehrseitige	6	16.67	Holzverarbeitende Industrie
Kehrmaschinen	4	25	Abfallentsorgungs- und Recyclingwirtschaft
Kehrmaschinen	9	11.11	Allgemein verwendbare Anlagegüter
Kehrmaschinen	6	16.67	Garten-, Landschafts- und Sportplatzbau
Kehrmaschinen (selbstfahrend)	8	12.5	Baugewerbe
Kehrmaschinen, Bürgersteig-	8	12.5	Kommunalverwaltung, KGSt-Bericht 1/1999
Kehrmaschinen, Dreirad	5	20	Kommunalverwaltung, KGSt-Bericht 1/1999
Kehrmaschinen, Hand-	5	20	Kommunalverwaltung, KGSt-Bericht 1/1999
Kehrmaschinen, selbstaufnehmend	8	12.5	Kommunalverwaltung, KGSt-Bericht 1/1999
Kehrmaschinen, Straßenkehrmaschine	8	12.5	Kommunalverwaltung, KGSt-Bericht 1/1999
Kehrmaschinen, Vorbaukehrmaschine	5	20	Kommunalverwaltung, KGSt-Bericht 1/1999
Kehrrichtkarren	10	10	Kommunalverwaltung, KGSt-Bericht 1/1999
Keilzinkenanlagen	6	16.67	Sägeindustrie und Holzbearbeitung
Keilzinkenfräsen	6	16.67	Holzverarbeitende Industrie
Keilzinkenverleimpressen	7	14.29	Holzverarbeitende Industrie
Keimvorrichtungen (z.B. Kastenmälzereien, pneumatische Mälzereien, Tennenmälzereien)	10	10	Brauereien und Mälzereien
Keramiköfen (m. Vakuum)	8	12.5	Zahntechniker
Kerbsägen, elektronisch gesteuerte	5	20	Holzverarbeitende Industrie

Anlagegut	ND	% p.a.	Abschreibungstabelle
Kern-, Explorations- und Großlochbohrmaschinen > 100 < 200 mm	6	16.67	Steinkohlenbergbau
Kernkraftwerke mit Leichtwasserreaktoren (Betriebsgebäude)	40	2.5	Energie- und Wasserversorgung (nach dem 31.12.1993)
Kernkraftwerke mit Leichtwasserreaktoren (Verwaltungsgebäude)	50	2	Energie- und Wasserversorgung (nach dem 31.12.1993)
Kernsandaufbereitungsanlagen	5	20	Eisen-, Stahl- und Tempergießereien
Kernspintomographen	8	12.5	Gesundheitswesen
Kernspintomographen	8	12.5	Kommunalverwaltung, KGSt-Bericht 1/1999
Kessel (MVA für feste Abfälle)	12	8.33	Abfallentsorgungs- und Recyclingwirtschaft
Kessel (MVA für feste und flüssige Sonderabfälle)	10	10	Abfallentsorgungs- und Recyclingwirtschaft
Kessel einschl. Druckkessel	15	6.67	Allgemein verwendbare Anlagegüter
Kessel- und Spezialwagen	15	6.67	Personen- und Güterbeförderung (im Straßen- und Schienenverkehr)
Kessel, Druck-	15	6.67	Allgemein verwendbare Anlagegüter
Kessel, Druckwasser-	15	6.67	Allgemein verwendbare Anlagegüter
Kessel-, Topf- und Spezialwagen	15	6.67	Chemische Industrie
Kessel, Wasser-	15	6.67	Allgemein verwendbare Anlagegüter
Kesselanlagen	20	5	Energie- und Wasserversorgung (nach dem 31.12.1993)
Kesselanlagen	15	6.67	Mühlen (ohne ölmühlen)
Kesselfilter (Filterkeller)	7	14.29	Brauereien und Mälzereien
Kesselfilter mit bewegl. Teilen (Würzeklärung und -kühlung)	8	12.5	Brauereien und Mälzereien
Kesselfilter ohne bewegl. Teile (Würzeklärung und -kühlung)	10	10	Brauereien und Mälzereien
Kesselhäuser, massiv	80	1.25	Kommunalverwaltung, KGSt-Bericht 1/1999
Kesselhäuser, teilmassiv	40	2.5	Kommunalverwaltung, KGSt-Bericht 1/1999
Kesselwagen	25	4	Allgemein verwendbare Anlagegüter
Kesselwagen	25	4	ölmühlen und Margarine-Industrie
Kesselwagen (Leichtbauweise)	20	5	Vertrieb von Erdölerzeugnissen

Anlagegut	ND	% p.a.	Abschreibungstabelle
Kesselwagen (Normalbauweise)	25	4	Vertrieb von Erdölerzeugnissen
Kettenfertigungsmaschinen, automatische	8	12.5	Uhrenindustrie
Kettenfräsen	6	16.67	Holzverarbeitende Industrie
Kettenmaschinen (allgem.)	8	12.5	Eisen-, Blech- und Metallwarenindustrie
Kettenmaschinen, allgemein	8	12.5	Stahlverformung
Kettensäge	5	20	Kommunalverwaltung, KGSt-Bericht 1/1999
Kettenschleifgerät	10	10	Kommunalverwaltung, KGSt-Bericht 1/1999
Kettenschweißmaschinen	5	20	Eisen-, Blech- und Metallwarenindustrie
Kettenschweißmaschinen	5	20	Stahlverformung
Kettenstühle und Rascheln (Doppelkettenstühle)	8	12.5	Maschinenindustrie
Kettenstühle und Rascheln (einfache)	10	10	Maschinenindustrie
Kettenstühle und Rascheln (Hochleistungsmaschinen)	6	16.67	Maschinenindustrie
Kettenstichdurchnähmaschinen	5	20	Lederwaren- und Kofferindustrie
Kettenstichdurchnäh-Maschinen	7	14.29	Schuhindustrie
Kettenstichmaschinen (alle Stichtypen)	5	20	Bekleidungsindustrie (ohne Lederbekleidung)
Kies- und Sand-Silos aus Eisen	10	10	Kies-, Sand-, Mörtel- und Transportbetonindustrie
Kies- und Sand-Silos aus Holz	6	16.67	Kies-, Sand-, Mörtel- und Transportbetonindustrie
Kindergärten, Kindertagesstätten	40	2.5	Gem. Anlage 13 des Gesetzes zum NKFG (Neuen Kommunalen Finanzmanagement)
Kindergärten, massiv	80	1.25	Kommunalverwaltung, KGSt-Bericht 1/1999
Kippbühnen für Getreideannahme	20	5	Mühlen (ohne ölmühlen)
Kippbratpfannen	5	20	Fleischwarenindustrie, Fleischer, Schlachthöfe
Kippbratpfannen	5	20	Gastgewerbe
Kipper	9	11.11	Allgemein verwendbare Anlagegüter
Kipper	5	20	Forstwirtschaft (nach dem 30.09.1995)
Kippfahrzeuge	4	25	Schrott- und Abbruchwirtschaft
Kippschaufellader	6	16.67	Steinkohlenbergbau

Anlagegut	ND	% p.a.	Abschreibungstabelle
Kipptisch für Traubenbütten	10	10	Weinbau und Weinhandel (nach dem 31.12.1988)
Kippwagen	7	14.29	Brauereien und Mälzereien
Kirnmaschinen mit elektr. Motorenantrieb	10	10	ölmühlen und Margarine-Industrie
Kirschenentsteinmaschinen	8	12.5	Obst- und Gemüseverarbeitungsindustrie
Kirschenentstielmaschinen	8	12.5	Obst- und Gemüseverarbeitungsindustrie
Kisten- und Kistenbretterbündelmaschinen	5	20	Holzverarbeitende Industrie
Kistennagelmaschinen	10	10	Fischverarbeitungsindustrie
Kistennagelmaschinen	5	20	Holzverarbeitende Industrie
Kistennagelmaschinen	10	10	Spielwaren-Industrie
Kistenwagen (Karren)	5	20	Fischverarbeitungsindustrie
Kläranlage Kompostwerk	20	5	Kommunalverwaltung, KGSt-Bericht 1/1999
Kläranlagen mit Zu- und Ableitung	20	5	Allgemein verwendbare Anlagegüter
Klammerheftmaschinen	7	14.29	Lederwaren- und Kofferindustrie
Klammerheft-Maschinen	7	14.29	Schuhindustrie
Klassier- und Waschanlagen (z. B. Schwingsiebe, Siebtrommeln, Schwerterwäschen, Waschtrommeln)	4	25	Kalk-, Gips-, und Kreideindustrie
Klauenzangen	5	20	Fleischwarenindustrie, Fleischer, Schlachthöfe
Klaviere	10	10	Gastgewerbe
Klebebandmaschinen und -automaten	8	12.5	Papier und Pappe verarbeitende Industrie
Klebebindegeräte und -maschinen	8	12.5	Druckerei und Verlagsunternehmen mit Druckerei
Klebebindemaschinen und -automaten	8	12.5	Papier und Pappe verarbeitende Industrie
Kleberauswaschgeräte	7	14.29	Mühlen (ohne ölmühlen)
Klebezwick-Maschinen für Spitzen und Fersen	5	20	Schuhindustrie
Klebstoffauftrage-Maschinen	5	20	Schuhindustrie
Kleideraufzugs- und Aufbewahrungsanlagen	10	10	Steinkohlenbergbau
Kleiderspinde	10	10	Heil-, Kur-, Sport- und Freizeitbäder
Kleiepressen	10	10	Mühlen (ohne ölmühlen)
Kleieschleudern	10	10	Mühlen (ohne ölmühlen)

Anlagegut	ND	% p.a.	Abschreibungstabelle
Kleinbagger	8	12.5	Kommunalverwaltung, KGSt-Bericht 1/1999
Kleinbus	8	12.5	Kommunalverwaltung, KGSt-Bericht 1/1999
Kleineinsatzfahrzeug	8	12.5	Kommunalverwaltung, KGSt-Bericht 1/1999
Kleinfüllanlagen und Flüssiggas-Tankstellen	12	8.33	Vertrieb von Erdölerzeugnissen
Kleingeräteträger und Weichreifen	5	20	Weinbau und Weinhandel (nach dem 31.12.1988)
Kleinmischmaschinen mit Holztrögen 50-80 kg Fassungsvermögen	7	14.29	ölmühlen und Margarine-Industrie
Kleinpackungsanlagen	7	14.29	Mühlen (ohne ölmühlen)
Kleinsaugbagger mit Schneidkopfeinrichtung	12	8.33	Baugewerbe
Kleinspielplätze	10	10	Kommunalverwaltung, KGSt-Bericht 1/1999
Kleintraktor	8	12.5	Kommunalverwaltung, KGSt-Bericht 1/1999
Kleintraktoren	8	12.5	Allgemein verwendbare Anlagegüter
Kleintraktoren (bis 12 kW)	4	25	Gartenbau (nach dem 31.12.1997)
Kleintransporter	8	12.5	Kommunalverwaltung, KGSt-Bericht 1/1999
Kleintransporter, Mannschaftstransportfahrzeuge	6	16.67	Gem. Anlage 13 des Gesetzes zum NKFG (Neuen Kommunalen Finanzmanagement)
Kleinwaagen	6	16.67	Schrott- und Abbruchwirtschaft
Kleinwaagen (Laden)	4	25	Fleischwarenindustrie, Fleischer, Schlachthöfe
Klettenwölfe und Karbonisiermaschinen	8	12.5	Gewerbliche Erzeugung und Aufbereitung von Spinnstoffen, Spinnerei, Weberei
Klima- und Kühlzellen	15	6.67	Gartenbau (nach dem 31.12.1997)
Klima-, Luftbefeuchtungsanlagen (ohne bauliche Anlagen)	10	10	Gewerbliche Erzeugung und Aufbereitung von Spinnstoffen, Spinnerei, Weberei
Klimaanlagen	8	12.5	Kommunalverwaltung, KGSt-Bericht 1/1999
Klimaanlagen (wenn Betriebsvorrichtung)	8	12.5	Feinmechanische und Optische Industrie
Klimageräte (mobil)	11	9.09	Allgemein verwendbare Anlagegüter
Klimaschränke	8	12.5	Süßwarenindustrie
Klimatunnel u. Klimabahnen	6	16.67	Molkereien und sonstige Milchverwertung

Anlagegut	ND	% p.a.	Abschreibungstabelle
Klippautomaten	4	25	Fleischwarenindustrie, Fleischer, Schlachthöfe
Klippmaschinen	5	20	Fleischwarenindustrie, Fleischer, Schlachthöfe
Klopfmaschinen (Pelzbekleidungsindustrie und Kürschnerei)	10	10	Rauchwarenverarbeitung
Klopfmaschinen (Rauchwarenveredlung)	10	10	Rauchwarenverarbeitung
Knet- und Mischmaschine	8	12.5	Herstellung von Schreib- und Zeichengeräten
Knet- und Mischmaschinen	10	10	Fischverarbeitungsindustrie
Knochenentfetter	8	12.5	Fleischwarenindustrie, Fleischer, Schlachthöfe
Knochenmühlen	6	16.67	Fleischwarenindustrie, Fleischer, Schlachthöfe
Knopfannähmaschinen	5	20	Bekleidungsindustrie (ohne Lederbekleidung)
Knopfbefestigungsmaschinen	5	20	Schuhindustrie
Knopflochmaschinen	5	20	Bekleidungsindustrie (ohne Lederbekleidung)
Knopflochmaschinen	5	20	Lederwaren- und Kofferindustrie
Knopflochmaschinen mit elektr. Antrieb	5	20	Spielwaren-Industrie
Koch-, Brat-, Sterilisieranlagen	5	20	Binnenfischerei, Teichwirtschaft, Fischzucht, fischwirtschaftliche Dienstleistungen
Kochapparate	10	10	Fischverarbeitungsindustrie
Kocher	3	33.33	Schiefer- und Tonindustrie
Kochgutbehälter (Zwischenlager)	8	12.5	Fleischmehlindustrie bzw. Tierkörperbeseitigung (Herstellung von tierischen Futtermitteln)
Kochkessel	8	12.5	Fischverarbeitungsindustrie
Kochkessel	7	14.29	Gastgewerbe
Kochkessel, Luft-, Dampf-, Gaskochanlagen, elektr. Kocher	7	14.29	Fleischwarenindustrie, Fleischer, Schlachthöfe
Kochschinken-Rüttelpressen	5	20	Fleischwarenindustrie, Fleischer, Schlachthöfe
Kochschränke	5	20	Fleischwarenindustrie, Fleischer, Schlachthöfe

Anlagegut	ND	% p.a.	Abschreibungstabelle
Kofferdeckelformpressen	7	14.29	Lederwaren- und Kofferindustrie
Kohle	5	20	Ziegelindustrie
Kohlenbagger	10	10	Braunkohlenbergbau
Kohlenförderanlagen einschl. Kräne	15	6.67	Energie- und Wasserversorgung (nach dem 31.12.1993)
Kohlensäurekompressoren	5	20	Erfrischungsgetränke- und Mineralbrunnenindustrie
Kohlensäureleitungen	10	10	Erfrischungsgetränke- und Mineralbrunnenindustrie
Kohlensäuretanks	10	10	Erfrischungsgetränke- und Mineralbrunnenindustrie
Kohlenstaubanlagen	15	6.67	Energie- und Wasserversorgung (nach dem 31.12.1993)
Kohlenwagen	10	10	Braunkohlenbergbau
Kohletürme	14	7.14	ölmühlen und Margarine-Industrie
Kokskohlenmischung und -verladung	16	6.25	Steinkohlenbergbau
Koksschmelzöfen	5	20	NE-Metallhalbzeugindustrie (NE-Metallhalbzeugwerke und NE-Metallgießereien)
Kolbenkompressoren	7	14.29	Sektkellereien
Kolbenkompressoren (verdichter)	7	14.29	Brauereien und Mälzereien
Kolbenkompressoren für Druckluftakkumulatoren	10	10	NE-Metallhalbzeugindustrie (NE-Metallhalbzeugwerke und NE-Metallgießereien)
Kolbenpumpen	15	6.67	Energie- und Wasserversorgung (nach dem 31.12.1993)
Kolbenpumpen für Spülbetrieb, Hochdruck-Kolbenpumpen bis 200 bar	8	12.5	Baugewerbe
Kolbenpumpen für Tiefbrunneneinsatz	12	8.33	Baugewerbe
Kolbenpumpen mit Elektro- oder Dieselantrieb	10	10	Maler- und Lackiererhandwerk
Kolbenverdichter und Luftkessel	10	10	Brauereien und Mälzereien
Kollergänge	10	10	Feinkeramische Industrie
Kolonnenfahrzeug	6	16.67	Kommunalverwaltung, KGSt-Bericht 1/1999
Kolposkope	8	12.5	Gesundheitswesen
Komb. Abkant-, Anfärb- und Putzmaschinen	5	20	Lederwaren- und Kofferindustrie

Anlagegut	ND	% p.a.	Abschreibungstabelle
Komb. Füll-, Gieß- und Auspudermaschinen	8	12.5	Süßwarenindustrie
Kombi	4	25	Garten-, Landschafts- und Sportplatzbau
Kombinationsapparate für kontinuierliche Margarinefabrikation	7	14.29	ölmühlen und Margarine-Industrie
Kombiniertes Füll- und Korkgerät	6	16.67	Weinbau und Weinhandel (nach dem 31.12.1988)
Kombiwagen	6	16.67	Allgemein verwendbare Anlagegüter
Kommandoanlagen, Mischpulte (besondere filmtechnische Anlagen und Geräte)	5	20	Fernseh-, Film- und Hörfunkwirtschaft
Kommandoanlagen, Mischpulte (elektronische Produktion und Sendeabwicklung Fernsehen)	5	20	Fernseh-, Film- und Hörfunkwirtschaft
Kommandowagen	12	8.33	Kommunalverwaltung, KGSt-Bericht 1/1999
Kommunikationsendgeräte, allgemein	8	12.5	Allgemein verwendbare Anlagegüter
Kompaßanlagen	10	10	Binnenfischerei, Teichwirtschaft, Fischzucht, fischwirtschaftliche Dienstleistungen
Kompaktlader	4	25	Garten-, Landschafts- und Sportplatzbau
Kompaktstationen	10	10	Steinkohlenbergbau
Komplette Walzanlagen	8	12.5	Aluminiumfolien-Industrie
Kompostdeponie, -plätze	10	10	Gem. Anlage 13 des Gesetzes zum NKFG (Neuen Kommunalen Finanzmanagement)
Kompostplätze Deponie	8	12.5	Kommunalverwaltung, KGSt-Bericht 1/1999
Kompostplätze Grünflächen	20	5	Kommunalverwaltung, KGSt-Bericht 1/1999
Kompostsiebanlage	5	20	Garten-, Landschafts- und Sportplatzbau
Kompressor	6	16.67	Garten-, Landschafts- und Sportplatzbau
Kompressor	10	10	Kommunalverwaltung, KGSt-Bericht 1/1999
Kompressoranlagen	8	12.5	Vulkanisierbetriebe
Kompressor-Anlagen	8	12.5	Schuhindustrie
Kompressoren	14	7.14	Allgemein verwendbare Anlagegüter
Kompressoren	8	12.5	Aluminiumfolien-Industrie
Kompressoren	10	10	Druckerei und Verlagsunternehmen mit Druckerei

Anlagegut	ND	% p.a.	Abschreibungstabelle
Kompressoren	8	12.5	Feinmechanische und Optische Industrie
Kompressoren	6	16.67	Schrott- und Abbruchwirtschaft
Kompressoren	10	10	Zahntechniker
Kompressoren (Preßluftanlagen)	10	10	Mühlen (ohne ölmühlen)
Kompressoren einschl. Preßluftanlagen	10	10	Eisen-, Stahl- und Tempergießereien
Kompressoren für H2	14	7.14	ölmühlen und Margarine-Industrie
Kompressoren im Steinbruch (fahrbar)	5	20	Naturwerksteinindustrie, Steinbildhauer, Steinmetze
Kompressoren im Steinbruch (stationär)	8	12.5	Naturwerksteinindustrie, Steinbildhauer, Steinmetze
Kompressoren mit Rohrleitungsanlagen	8	12.5	Zementindustrie
Kompressoren mit Verbrennungsmotor oder Elektromotor)	7	14.29	Maler- und Lackiererhandwerk
Kompressoren und Kraftmaschinen (beweglich)	5	20	Schiffbau
Kompressoren und Kraftmaschinen (ortsfest)	10	10	Schiffbau
Kompressoren und Pumpen	5	20	Stahl- und Eisenbau
Kompressoren und Vakuumanlagen	6	16.67	Chemischreinigung, Wäscherei, Färberei
Kompressoren, Druckluftanlagen, Hochdruckpumpen	8	12.5	Vertrieb von Erdölerzeugnissen
Kompressoren, fahrbar o. transportable mit Elektro-, Diesel- o. Benzinmotor, Leist. bis 1,0 cbm/min	5	20	Maler- und Lackiererhandwerk
Kompressoren, fahrbare (Diesel- und Elektroantrieb)	5	20	Schiefer- und Tonindustrie
Kompressoren, stationäre, Langsamläufer	8	12.5	Schiefer- und Tonindustrie
Kompressoren, stationäre, Schnelläufer	5	20	Schiefer- und Tonindustrie
Komprimiermaschinen	8	12.5	Süßwarenindustrie
Kondensatoren	20	5	Energie- und Wasserversorgung (nach dem 31.12.1993)
Kondensatoren	8	12.5	Fleischmehlindustrie bzw. Tierkörperbeseitigung (Herstellung von tierischen Futtermitteln)
Kondensatoren für Benzingase	5	20	ölmühlen und Margarine-Industrie
Konditionierungsanlage	10	10	Hopfenanbau
Konditionierungsanlagen	12	8.33	Mühlen (ohne ölmühlen)

Anlagegut	ND	% p.a.	Abschreibungstabelle
Konditionierungsanlagen	10	10	Zigarettenindustrie
Konfektionsmaschinen (Aufbaumaschinen für die Reifenfertigung)	8	12.5	Kautschukindustrie
Konfiskatförderer u. ähnl. Anlagen	6	16.67	Fleischwarenindustrie, Fleischer, Schlachthöfe
Kontaktkopiergeräte	5	20	Druckerei und Verlagsunternehmen mit Druckerei
Konti-Trockner	8	12.5	Fleischmehlindustrie bzw. Tierkörperbeseitigung (Herstellung von tierischen Futtermitteln)
Kontoauszugdrucker	5	20	Kreditwirtschaft
Kontoführungstisch	8	12.5	Kreditwirtschaft
Kontroll- und Sortiersiebe	14	7.14	Mühlen (ohne ölmühlen)
Kontrollturm	25	4	Luftfahrtunternehmen und Flughafenbetriebe
Konus-Färbemaschinen	5	20	Hut- und Stumpenindustrie
Kopierapparate	6	16.67	Druckerei und Verlagsunternehmen mit Druckerei
Kopierdrehmaschinen	6	16.67	Kraftfahrzeugindustrie
Kopierdrucker	8	12.5	Kommunalverwaltung, KGSt-Bericht 1/1999
Kopiereinrichtungen für die Siebdruck-Druckformenherstellung	6	16.67	Druckerei und Verlagsunternehmen mit Druckerei
Kopiereinrichtungen für Tiefdruckformherstellung	6	16.67	Druckerei und Verlagsunternehmen mit Druckerei
Kopiereinrichtungen, Kopierrahmen	6	16.67	Druckerei und Verlagsunternehmen mit Druckerei
Kopierfräsen	6	16.67	Holzverarbeitende Industrie
Kopiergerät	5	20	Kommunalverwaltung, KGSt-Bericht 1/1999
Kopiergeräte	7	14.29	Allgemein verwendbare Anlagegüter
Kopierrahmen, Kopiereinrichtungen	6	16.67	Druckerei und Verlagsunternehmen mit Druckerei
Kornspalter	15	6.67	Mühlen (ohne ölmühlen)
Koronarangiographische Arbeitseinheiten	8	12.5	Gesundheitswesen
Korrektur-Abziehpressen	6	16.67	Aluminiumfolien-Industrie
Korundscheibenmühle	7	14.29	Herstellung von Schreib- und Zeichengeräten

Anlagegut	ND	% p.a.	Abschreibungstabelle
Kosmetiklegeautomat	7	14.29	Herstellung von Schreib- und Zeichengeräten
Kotelettschneider	4	25	Fleischwarenindustrie, Fleischer, Schlachthöfe
Kouponstempelmaschinen	5	20	Lederwaren- und Kofferindustrie
Koupontrennmaschine	5	20	Kreditwirtschaft
Kräne	10	10	Feinmechanische und Optische Industrie
Kräne (Helling-, Turmdreh-, Wipp- und Portalkräne einschließlich Kranbahnen, Schwimmkräne)	15	6.67	Schiffbau
Kräne, Bauaufzüge, Winden, Flaschenzüge und Hubgeräte	5	20	Stahl- und Eisenbau
Kräne, Hebezeuge (fest)	17	5.88	Kommunalverwaltung, KGSt-Bericht 1/1999
Kräne, soweit sie im Gießereibetrieb eingesetzt sind	8	12.5	Eisen-, Stahl- und Tempergießereien
Kräuselmaschinen	5	20	Bekleidungsindustrie (ohne Lederbekleidung)
Krackanlagen (thermisch und katalytisch)	10	10	Erdölverarbeitung
Krafterzeug.-, Wasserversorg.- und -verteil.anlagen (bauliche Betriebsvorr. aus Mauerwerk und Beton)	20	5	Zementindustrie
Krafterzeug.-, Wasserversorg.- und -verteil.anlagen (masch. Anlagen und Ausrüstungen zu E.1)	10	10	Zementindustrie
Kraftfahrdrehleiter (Fahrzeuge)	10	10	Kommunalverwaltung, KGSt-Bericht 1/1999
Kraftfahrdrehleiter(Maschinen und Geräte)	15	6.67	Kommunalverwaltung, KGSt-Bericht 1/1999
Kraftfahrzeug	5	20	Kreditwirtschaft
Kraftfahrzeuge (Sonderkonstruktion für Steintransporte)	3	33.33	Naturwerksteinindustrie, Steinbildhauer, Steinmetze
Kraftfahrzeuge (sonst. wie nicht branchengebundene)	3	33.33	Naturwerksteinindustrie, Steinbildhauer, Steinmetze
Krafträder	6	16.67	Kommunalverwaltung, KGSt-Bericht 1/1999
Kraft-Wärme-Kopplungsanlagen	10	10	Gartenbau (nach dem 31.12.1997)
Kraft-Wärmekopplungsanlagen (Blockheizkraftwerke)	10	10	Allgemein verwendbare Anlagegüter

Anlagegut	ND	% p.a.	Abschreibungstabelle
Kraftwagen, Personen-	6	16.67	Allgemein verwendbare Anlagegüter
Kragenaufsetzmaschinen	5	20	Bekleidungsindustrie (ohne Lederbekleidung)
Kragenautomaten	5	20	Bekleidungsindustrie (ohne Lederbekleidung)
Kran, Ladekran	10	10	Kommunalverwaltung, KGSt-Bericht 1/1999
Kran, Laufkran	10	10	Kommunalverwaltung, KGSt-Bericht 1/1999
Krananlagen	10	10	Kommunalverwaltung, KGSt-Bericht 1/1999
Krananlagen (Füllorteinrichtungen an Tagesschächten)	12	8.33	Steinkohlenbergbau
Krananlagen (Lokomotiven und Einrichtungen der Lokwerkstatt)	10	10	Steinkohlenbergbau
Krananlagen (ortsfest o. a. Schienen)	21	4.76	Allgemein verwendbare Anlagegüter
Krananlagen (Pumpen der Hauptwasserhaltung, stationär)	12	8.33	Steinkohlenbergbau
Krananlagen (sonstige)	14	7.14	Allgemein verwendbare Anlagegüter
Krananlagen (stationär und beweglich)	10	10	Zementindustrie
Krananlagen (Werkstattmaschinen)	10	10	Steinkohlenbergbau
Krananlagen im Steinbruch (stationär)	10	10	Natursteinindustrie f. d. Wege-, Bahn-, Wasser- u. Betonbau
Krananlagen im Steinbruch (transportabel)	5	20	Natursteinindustrie f. d. Wege-, Bahn-, Wasser- u. Betonbau
Krananlagen in Betriebsgebäuden (Dampfkraftwerke)	20	5	Energie- und Wasserversorgung (nach dem 31.12.1993)
Krananlagen in Betriebsgebäuden (Wasserkraftwerke)	20	5	Energie- und Wasserversorgung (nach dem 31.12.1993)
Krananlagen in Brechanlagen	10	10	Natursteinindustrie f. d. Wege-, Bahn-, Wasser- u. Betonbau
Krananlagen, Aufzüge, Bunkerbefahrungseinrichtungen	16	6.25	Steinkohlenbergbau
Kranbahnen und Kranbrücken mit und ohne Ausleger	12	8.33	Schrott- und Abbruchwirtschaft
Krankenfahrstühle	10	10	Gesundheitswesen
Krankenhäuser	40	2.5	Gem. Anlage 13 des Gesetzes zum NKFG (Neuen Kommunalen Finanzmanagement)
Krankentragen	10	10	Gesundheitswesen

Anlagegut	ND	% p.a.	Abschreibungstabelle
Krankentragen mit Fahrgestell	5	20	Kommunalverwaltung, KGSt-Bericht 1/1999
Krankentransportfahrzeuge	6	16.67	Allgemein verwendbare Anlagegüter
Krankentransportwagen	10	10	Gesundheitswesen
Krankentransportwagen	5	20	Kommunalverwaltung, KGSt-Bericht 1/1999
Krankentransportwagen, -fahrzeuge, Notarzteinsatzwagen, Rettungstransportwagen	6	16.67	Gem. Anlage 13 des Gesetzes zum NKFG (Neuen Kommunalen Finanzmanagement)
Kranrüttler, Tiefenrüttler	4	25	Baugewerbe
Kranwagen	8	12.5	Kommunalverwaltung, KGSt-Bericht 1/1999
Kranztransportwagen	10	10	Kommunalverwaltung, KGSt-Bericht 1/1999
Krautschneidemaschinen	8	12.5	Obst- und Gemüseverarbeitungsindustrie
Kreditkartenleser	8	12.5	Allgemein verwendbare Anlagegüter
Kreisbeschleuniger	8	12.5	Gesundheitswesen
Kreiselegge	6	16.67	Weinbau und Weinhandel (nach dem 31.12.1988)
Kreiselmähwerk	10	10	Landwirtschaft und Tierzucht (nach dem 30.06.1996)
Kreiselpumpen	10	10	Energie- und Wasserversorgung (nach dem 31.12.1993)
Kreiselpumpen für Sand-Wasser-Gemische	6	16.67	Baugewerbe
Kreiselpumpen mit Motoren	10	10	Heil-, Kur-, Sport- und Freizeitbäder
Kreiselschwader	12	8.33	Landwirtschaft und Tierzucht (nach dem 30.06.1996)
Kreiselstreuer	8	12.5	Kommunalverwaltung, KGSt-Bericht 1/1999
Kreiselzettwender	12	8.33	Landwirtschaft und Tierzucht (nach dem 30.06.1996)
Kreismessermaschinen, zum Schneiden der Bezugsstoffe und Schnellpolstermatten	5	20	Holzverarbeitende Industrie
Kreismesserschleifmaschinen	10	10	Rauchwarenverarbeitung
Kreismesserzuschneidemaschinen	5	20	Bekleidungsindustrie (ohne Lederbekleidung)
Kreissäge	7	14.29	Kommunalverwaltung, KGSt-Bericht 1/1999

Anlagegut	ND	% p.a.	Abschreibungstabelle
Kreissägen	5	20	Holzverarbeitende Industrie
Kreissägen	8	12.5	Papier und Pappe verarbeitende Industrie
Kreissägen	10	10	Spielwaren-Industrie
Kreissägen (Präzisionsinstrumente für Metallbearbeitung)	10	10	Druckerei und Verlagsunternehmen mit Druckerei
Kreissägen für Rohre	10	10	NE-Metallhalbzeugindustrie (NE-Metallhalbzeugwerke und NE-Metallgießereien)
Kreisscheren	8	12.5	Druckerei und Verlagsunternehmen mit Druckerei
Kreisscheren	10	10	Spielwaren-Industrie
Kreistransporte	6	16.67	Feuerfeste- und Steinzeug-Industrie
Krematorien	50	2	Gem. Anlage 13 des Gesetzes zum NKFG (Neuen Kommunalen Finanzmanagement)
Krematorien (ohne Einäscherungsöfen)	80	1.25	Kommunalverwaltung, KGSt-Bericht 1/1999
Krematorium	10	10	Fleischmehlindustrie bzw. Tierkörperbeseitigung (Herstellung von tierischen Futtermitteln)
Kremgießmaschinen	8	12.5	Süßwarenindustrie
Krempelmaschinen und Apparate	10	10	Hut- und Stumpenindustrie
Krempeln, einfache	10	10	Gewerbliche Erzeugung und Aufbereitung von Spinnstoffen, Spinnerei, Weberei
Kreppmaschinen	8	12.5	Druckerei und Verlagsunternehmen mit Druckerei
Kreppmaschinen	8	12.5	Papier und Pappe verarbeitende Industrie
Kreuzbodenleger	8	12.5	Papier und Pappe verarbeitende Industrie
Kreuzleger	8	12.5	Druckerei und Verlagsunternehmen mit Druckerei
Kreuzspulautomaten	7	14.29	Gewerbliche Erzeugung und Aufbereitung von Spinnstoffen, Spinnerei, Weberei
Kreuzspulmaschinen, einfache	10	10	Gewerbliche Erzeugung und Aufbereitung von Spinnstoffen, Spinnerei, Weberei
Krispelmaschinen	10	10	Leder-Industrie (Ledererzeugung)
Kronenkorker	6	16.67	Brauereien und Mälzereien
Kronenkorkförderanlagen	6	16.67	Brauereien und Mälzereien
Kronenkorkmaschinen	6	16.67	Sektkellereien
Kronenkorkverschließmaschinen	6	16.67	Erfrischungsgetränke- und Mineralbrunnenindustrie

Anlagegut	ND	% p.a.	Abschreibungstabelle
Krumpfanlagen	7	14.29	Bekleidungsindustrie (ohne Lederbekleidung)
Kubizierapparate, Durchlaufzähler zum Eichen	10	10	Brauereien und Mälzereien
Kuchenbrecher	10	10	Essig- und Senffabrikation
Kugel-(Farb-)Mühlen	10	10	Beton- und Fertigteilindustrie
Kugel-, Hammer- und Schlagmühlen	8	12.5	Ziegelindustrie
Kugeldreh- und Kugelfräsmaschinen	6	16.67	Feinmechanische und Optische Industrie
Kugelhomogenisatoren	7	14.29	Mühlen (ohne ölmühlen)
Kugelschreiberspitzenautomat	7	14.29	Herstellung von Schreib- und Zeichengeräten
Kugelstrahlgeräte mit Strahl- mittelumlauf, transportabel	8	12.5	Maler- und Lackiererhandwerk
Kulturzäune	8	12.5	Forstwirtschaft (nach dem 30.09.1995)
Kunststoff-, Glas- und Papierbearbeitungsmaschinen	5	20	Kraftfahrzeugindustrie
Kunststoff-Lagertanks	12	8.33	Fruchtsaft- und Fruchtweinindustrie
Kunststoffspritzgeräte	10	10	Zahntechniker
Kunststoff-Spritzmaschinen (automatisch) (Gültig ab 1.1.1983)	6	16.67	Spielwaren-Industrie
Kunststoff-Spritzmaschinen mit Handbedienung (Gültig ab 1.1.1983)	6	16.67	Spielwaren-Industrie
Kunstwerke (ohne Werke anerkannter Künstler)	15	6.67	Allgemein verwendbare Anlagegüter
Kupferdruck- und Stahlstichprägedruckpressen	10	10	Druckerei und Verlagsunternehmen mit Druckerei
Kupferkabel	15	6.67	Fernmeldedienste
Kupolofenanlagen (Heißwind und Kaltwind)	10	10	Eisen-, Stahl- und Tempergießereien
Kuppmaschinen	6	16.67	Stahlverformung
Kurbelpressen	10	10	NE-Metallhalbzeugindustrie (NE-Metallhalbzeugwerke und NE-Metallgießereien)
Kurbelscheren	10	10	NE-Metallhalbzeugindustrie (NE-Metallhalbzeugwerke und NE-Metallgießereien)
Kursanzeigetafel (elektronisch), Speedboardtafel	5	20	Kreditwirtschaft
Kurz- u. Langnahtautomaten	5	20	Bekleidungsindustrie (ohne Lederbekleidung)

Anlagegut	ND	% p.a.	Abschreibungstabelle
Kurz- und Langhobelmaschinen	8	12.5	Feinmechanische und Optische Industrie
Kurzholzpolter	10	10	Zellstoff, Holzstoff, Papier und Pappe erzeugende Industrie
Kurzhub-Hebebühnen	8	12.5	Vulkanisierbetriebe
Kurzlebige Maschinen der Förderung (z. B. Schwerst-Spezial-Lkw, Planierraupen)	3	33.33	Zementindustrie
Kurzschnitt-Ladewagen	8	12.5	Landwirtschaft und Tierzucht (nach dem 30.06.1996)
Kurzwangendrehmaschinen -	8	12.5	Feinmechanische und Optische Industrie
Kurzwellen	8	12.5	Gesundheitswesen
Kurzwellen-Senderanlagen	10	10	Fernseh-, Film- und Hörfunkwirtschaft
Kurzzeiterhitzer (Dosenabfüllanlagen)	8	12.5	Brauereien und Mälzereien
Kurzzeiterhitzer (Flaschenkeller)	8	12.5	Brauereien und Mälzereien
Kuvertiermaschinen	8	12.5	Allgemein verwendbare Anlagegüter
Kuvertiermaschinen	8	12.5	Druckerei und Verlagsunternehmen mit Druckerei
Kuvertiermaschinen	10	10	Kommunalverwaltung, KGSt-Bericht 1/1999
Kuvertiermaschinen	8	12.5	Papier und Pappe verarbeitende Industrie
Längenabh. Wirtschaftsgüter (insb. Gestänge,Schienen, Bandanlagen, Kabel- u. Rohrleitungs-Netze)	33	3.03	Steinkohlenbergbau
Längenabh. Wirtschaftsgüter (insb. nicht ortsfeste Gestänge, usw.) sowie nicht unter 1.2 erfasst	10	10	Steinkohlenbergbau
Längs- und Falzmaschinen	10	10	Spielwaren-Industrie
Längs- und Querschneideeinrichtungen	10	10	Zellstoff, Holzstoff, Papier und Pappe erzeugende Industrie
Läppmaschinen	6	16.67	Eisen-, Blech- und Metallwarenindustrie
Läppmaschinen	8	12.5	Kraftfahrzeugindustrie
Läppmaschinen	6	16.67	Stahlverformung
Lärm- und Klimaschutzkabinen	10	10	Steinkohlenbergbau
Lärmschutzeinrichtungen	10	10	Druckerei und Verlagsunternehmen mit Druckerei
Läufer	3	33.33	Gastgewerbe
Läutertrommeln	10	10	Rauchwarenverarbeitung
Läutertrommeln aus Holz oder Stahl	7	14.29	Rauchwarenverarbeitung

Anlagegut	ND	% p.a.	Abschreibungstabelle
Löffelwalzen	8	12.5	Eisen-, Blech- und Metallwarenindustrie
Löschanlagen (z. B. Löschschnecken und Löschmaschinen)	8	12.5	Kalk-, Gips-, und Kreideindustrie
Löschsilo- und Reaktoranlagen (Beton)	15	6.67	Kalksandsteinindustrie
Löschsilo- und Reaktoranlagen (Holz)	6	16.67	Kalksandsteinindustrie
Löschsilo- und Reaktoranlagen (Stahl)	10	10	Kalksandsteinindustrie
Löschtrommel	8	12.5	Kalksandsteinindustrie
Löschwasserteiche	20	5	Allgemein verwendbare Anlagegüter
Löschwasserteiche	20	5	Gem. Anlage 13 des Gesetzes zum NKFG (Neuen Kommunalen Finanzmanagement)
Löse- und Mischanlagen	10	10	Zigarettenindustrie
Lösungskneter	10	10	Kautschukindustrie
Lösungsmittelrückgewinnungsanlagen	10	10	Druckerei und Verlagsunternehmen mit Druckerei
Lösungsmittel-Rückgewinnungsanlagen	5	20	Aluminiumfolien-Industrie
Lösungsmitteltankanlagen	10	10	Aluminiumfolien-Industrie
Lösungsspritzmaschinen	6	16.67	Vulkanisierbetriebe
Lötanlagen	6	16.67	Feinmechanische und Optische Industrie
Lötgeräte	13	7.69	Allgemein verwendbare Anlagegüter
Lötgeräte	10	10	Kommunalverwaltung, KGSt-Bericht 1/1999
Lötmaschinen	8	12.5	Eisen-, Blech- und Metallwarenindustrie
Lüfter	5	20	Brauereien und Mälzereien
Lüftungsanlagen	10	10	Fernseh-, Film- und Hörfunkwirtschaft
Labor- und Prüfgeräte	8	12.5	Baugewerbe
Laboreinrichtungen	14	7.14	Allgemein verwendbare Anlagegüter
Laboreinrichtungen	8	12.5	Erfrischungsgetränke- und Mineralbrunnenindustrie
Laboreinrichtungen	8	12.5	Fruchtsaft- und Fruchtweinindustrie
Laboreinrichtungen	15	6.67	Kommunalverwaltung, KGSt-Bericht 1/1999
Laboreinrichtungen	8	12.5	Molkereien und sonstige Milchverwertung
Laborgeräte	13	7.69	Allgemein verwendbare Anlagegüter
Laborgeräte	10	10	Kommunalverwaltung, KGSt-Bericht 1/1999
Labormühle	15	6.67	Kommunalverwaltung, KGSt-Bericht 1/1999

Anlagegut	ND	% p.a.	Abschreibungstabelle
Labormühlen	7	14.29	Mühlen (ohne ölmühlen)
Labortechn. Apparate, Geräte, Anlagen	5	20	Herstellung von Schreib- und Zeichengeräten
Laborwaagen (Analysewaagen)	10	10	Kommunalverwaltung, KGSt-Bericht 1/1999
Laborwaagen (Präzisionswaagen)	10	10	Kommunalverwaltung, KGSt-Bericht 1/1999
Laborzentrifugen	8	12.5	Kommunalverwaltung, KGSt-Bericht 1/1999
Lack- und Farbenaufbereitungsanlagen	10	10	Aluminiumfolien-Industrie
Lack- und Farbenmischmaschinen	10	10	Aluminiumfolien-Industrie
Lackgießmaschinen	5	20	Holzverarbeitende Industrie
Lackgießmaschinen	6	16.67	Leder-Industrie (Ledererzeugung)
Lackier- und Spritzanlagen	5	20	Uhrenindustrie
Lackier- und Tauchanlage	8	12.5	Herstellung von Schreib- und Zeichengeräten
Lackieröfen	5	20	Feinmechanische und Optische Industrie
Lackieröfen	5	20	Stahlverformung
Lackier-, Beflockungsanlagen und andere Veredelungsgeräte	6	16.67	Kunststoffverarbeitende Industrie
Lackier-, Lackiervorbereitungs- und Konservieranlagen	5	20	Kraftfahrzeugindustrie
Lackieranlagen	5	20	Eisen-, Blech- und Metallwarenindustrie
Lackieranlagen	5	20	Feinmechanische und Optische Industrie
Lackieranlagen	5	20	Stahlverformung
Lackiermaschinen	13	7.69	Allgemein verwendbare Anlagegüter
Lackiermaschinen	8	12.5	Druckerei und Verlagsunternehmen mit Druckerei
Lackiermaschinen	5	20	Lederwaren- und Kofferindustrie
Lackiermaschinen	8	12.5	Papier und Pappe verarbeitende Industrie
Lacktrockner	5	20	Holzverarbeitende Industrie
Lackvorwärmer, elektrische	5	20	Holzverarbeitende Industrie
Lackwalzen	5	20	Holzverarbeitende Industrie
Ladeaggregate	19	5.26	Allgemein verwendbare Anlagegüter
Ladegeräte (Greifer, Kübelraupen und sonstige Lademaschinen)	8	12.5	Torfgewinnung und -aufbereitung
Ladekran für Lkw	6	16.67	Garten-, Landschafts- und Sportplatzbau

Anlagegut	ND	% p.a.	Abschreibungstabelle
Ladenbacköfen/Backstationen mit Gärschränken und / oder Gärunterbrechern	5	20	Brot- und Backwarenindustrie, Herst. v. Tiefkühl-/Kombinationsbackwaren, Bäckereien, Konditoreien
Ladeneinbauten	8	12.5	Allgemein verwendbare Anlagegüter
Ladeneinrichtungen	8	12.5	Allgemein verwendbare Anlagegüter
Laderampe, Beton/Mauerwerk	80	1.25	Kommunalverwaltung, KGSt-Bericht 1/1999
Laderampe, fahrbar	10	10	Kommunalverwaltung, KGSt-Bericht 1/1999
Laderampen	25	4	Allgemein verwendbare Anlagegüter
Laderampen aus Beton u. Mauerwerk	20	5	Natursteinindustrie f. d. Wege-, Bahn-, Wasser- u. Betonbau
Laderaupe	4	25	Garten-, Landschafts- und Sportplatzbau
Laderaupe und Radlader	4	25	Abfallentsorgungs- und Recyclingwirtschaft
Laderaupen	5	20	Schiefer- und Tonindustrie
Ladeschiene	10	10	Garten-, Landschafts- und Sportplatzbau
Ladestationen	10	10	Heil-, Kur-, Sport- und Freizeitbäder
Ladestationen	8	12.5	Kommunalverwaltung, KGSt-Bericht 1/1999
Ladewagen	10	10	Landwirtschaft und Tierzucht (nach dem 30.06.1996)
Lagenwickelmaschinen	6	16.67	Feinmechanische und Optische Industrie
Lager (massiv)	40	2.5	Gem. Anlage 13 des Gesetzes zum NKFG (Neuen Kommunalen Finanzmanagement)
Lager (sonstige Bauweise)	20	5	Gem. Anlage 13 des Gesetzes zum NKFG (Neuen Kommunalen Finanzmanagement)
Lager- und Transportkisten für Frischfisch, Fischprodukte u. ä.	8	12.5	Binnenfischerei, Teichwirtschaft, Fischzucht, fischwirtschaftliche Dienstleistungen
Lager- und Werkstattgebäude	25	4	Kalk-, Gips-, und Kreideindustrie
Lager, Hochregal-	15	6.67	Allgemein verwendbare Anlagegüter
Lagerbehälter aus GFK oder Kunststoff	12	8.33	Sektkellereien
Lagerbehälter für losen Dünger (Holz-, Stahl-, Kunststoff- und Hochsilos)	20	5	Gartenbau (nach dem 31.12.1997)
Lagerbehälter oder Fässer aus Beton, Holz, Edelstahl	17	5.88	Sektkellereien
Lagerbehälter, Maische- und Abfüllbottiche (Säureeinwirkung)	7	14.29	Essig- und Senffabrikation

Anlagegut	ND	% p.a.	Abschreibungstabelle
Lagerboxen	12	8.33	Schiefer- und Tonindustrie
Lagereinrichtungen	14	7.14	Allgemein verwendbare Anlagegüter
Lagereinrichtungen	10	10	Kommunalverwaltung, KGSt-Bericht 1/1999
Lagereinrichtungen (Fertigwaren, Verpackungsmaterial, Schnitt)	10	10	Zigarettenindustrie
Lagerhäuser, Holzkonstruktion	20	5	Kommunalverwaltung, KGSt-Bericht 1/1999
Lagerhäuser, massiv	80	1.25	Kommunalverwaltung, KGSt-Bericht 1/1999
Lagerhäuser, teilmassiv	40	2.5	Kommunalverwaltung, KGSt-Bericht 1/1999
Lagertanks aus Aluminium, Stahl und sonstige	12	8.33	Brauereien und Mälzereien
Lagertanks aus Niro	15	6.67	Brauereien und Mälzereien
Lagertanks, Vorstapelbehälter (oh. Rührwerk) (Alu)	8	12.5	Molkereien und sonstige Milchverwertung
Lagertanks, Vorstapelbehälter (oh. Rührwerk) (Fe)	10	10	Molkereien und sonstige Milchverwertung
Lagertanks, Vorstapelbehälter (oh. Rührwerk) (Kunststoff)	7	14.29	Molkereien und sonstige Milchverwertung
Lagertanks, Vorstapelbehälter (oh. Rührwerk) (Steriltanks)	7	14.29	Molkereien und sonstige Milchverwertung
Lagertanks, Vorstapelbehälter (oh. Rührwerk) (V2A)	12	8.33	Molkereien und sonstige Milchverwertung
Lagervorrichtungen, Behälter zur Lagerung von unverpackten Erzeugnissen aus Beton	12	8.33	Feuerfeste- und Steinzeug-Industrie
Lagervorrichtungen, Behälter zur Lagerung von unverpackten Erzeugnissen aus Stahl	8	12.5	Feuerfeste- und Steinzeug-Industrie
Lakeaufbereitungsanlagen	5	20	Fleischwarenindustrie, Fleischer, Schlachthöfe
Lamellenverdampfer (Kühler)	10	10	Molkereien und sonstige Milchverwertung
Landestege und Brücken (eisern)	20	5	Hochsee- und Küstenfischerei
Landestege und Brücken (hölzern)	15	6.67	Hochsee- und Küstenfischerei
Landungsbrücken u. -stege	20	5	Kommunalverwaltung, KGSt-Bericht 1/1999
Langarmnähmaschinen	5	20	Lederwaren- und Kofferindustrie
Langholzanhänger	6	16.67	Holzverarbeitende Industrie

Anlagegut	ND	% p.a.	Abschreibungstabelle
Langholzlastzüge	4	25	Holzverarbeitende Industrie
Langlochfräsen	6	16.67	Holzverarbeitende Industrie
Langroll- und Wirkmaschinen	10	10	Süßwarenindustrie
Langsam laufende Maschinen (bis 2,8 tsd Tourenzahl)	10	10	Hut- und Stumpenindustrie
Laptops	3	33.33	Allgemein verwendbare Anlagegüter
Laschenkleber	8	12.5	Papier und Pappe verarbeitende Industrie
Laschmaschinen	8	12.5	Aluminiumfolien-Industrie
Laseranlagen für das Härten (CNC / NC)	5	20	Maschinenbau
Laser-Bearbeitungsmaschinen	5	20	Eisen-, Blech- und Metallwarenindustrie
Laser-Bearbeitungsmaschinen	5	20	Stahlverformung
Laser-Beschriftungsanlagen (CNC / NC)	5	20	Maschinenbau
Laserhärteanlagen	5	20	Eisen-, Blech- und Metallwarenindustrie
Laserhärteanlagen	5	20	Stahlverformung
Laserschneidmaschinen und schneidzentren (CNC / NC)	5	20	Maschinenbau
Laser-Schweißanlagen (CNC / NC)	5	20	Maschinenbau
Lastaufnahmemittel (f. Krane)	4	25	Baugewerbe
Lastenfahrstühle	10	10	Gastgewerbe
Lastkraftwagen	9	11.11	Allgemein verwendbare Anlagegüter
Lastkraftwagen	4	25	Fleischmehlindustrie bzw. Tierkörperbeseitigung (Herstellung von tierischen Futtermitteln)
Lastkraftwagen	8	12.5	Kommunalverwaltung, KGSt-Bericht 1/1999
Lastkraftwagen	4	25	Schrott- und Abbruchwirtschaft
Lastkraftwagen	5	20	Ziegelindustrie
Lastkraftwagen, Sattelschlepper, Kipper ab 7,5 to zulässigem Gesamtgewicht	5	20	Personen- und Güterbeförderung (im Straßen- und Schienenverkehr)
Lastkraftwagen, Sattelschlepper, Kipper unter 7,5 to zulässigem Gesamtgewicht	6	16.67	Personen- und Güterbeförderung (im Straßen- und Schienenverkehr)
Lastkraftwagen, Sattelschlepper, Wechselaufbauten u. ä.	8	12.5	Gem. Anlage 13 des Gesetzes zum NKFG (Neuen Kommunalen Finanzmanagement)
Latex-Spritzanlagen	5	20	Schuhindustrie
Laubblasgeräte	6	16.67	Kommunalverwaltung, KGSt-Bericht 1/1999

Anlagegut	ND	% p.a.	Abschreibungstabelle
Laubschneidegerät	5	20	Weinbau und Weinhandel (nach dem 31.12.1988)
Laufbandtrockner	7	14.29	Druckerei und Verlagsunternehmen mit Druckerei
Laufkran und Müllkran in Betriebsgebäuden (MVA für feste Abfälle)	12	8.33	Abfallentsorgungs- und Recyclingwirtschaft
Laufkran und Müllkran in Betriebsgebäuden (MVA für feste und flüssige Sonderabfälle)	10	10	Abfallentsorgungs- und Recyclingwirtschaft
Laufrohrsysteme	12	8.33	Mühlen (ohne ölmühlen)
Laugebehälter	10	10	ölmühlen und Margarine-Industrie
Laugenbottiche	10	10	Zellstoff, Holzstoff, Papier und Pappe erzeugende Industrie
Laugendurchlaufgeräte	5	20	Brot- und Backwarenindustrie, Herst. v. Tiefkühl-/Kombinationsbackwaren, Bäckereien, Konditoreien
Laugen-Neutralisations- und -aufbereitungsanlagen	8	12.5	Brauereien und Mälzereien
Laugenpumpen (CIP-Reinigung)	4	25	Molkereien und sonstige Milchverwertung
Laugentürme aus Beton	20	5	Zellstoff, Holzstoff, Papier und Pappe erzeugende Industrie
Laugentürme aus Holz	15	6.67	Zellstoff, Holzstoff, Papier und Pappe erzeugende Industrie
Laugewäscher und Wasserwäscher für Rückgasreinigung	10	10	ölmühlen und Margarine-Industrie
Lautsprecher	7	14.29	Allgemein verwendbare Anlagegüter
Lautsprecher- und Musikanlagen	8	12.5	Heil-, Kur-, Sport- und Freizeitbäder
Lautsprecheranlagen	6	16.67	Filmtheater
Lautsprecheranlagen	8	12.5	Kommunalverwaltung, KGSt-Bericht 1/1999
Lavalzentrifuge	5	20	Fleischmehlindustrie bzw. Tierkörperbeseitigung (Herstellung von tierischen Futtermitteln)
Lecithintrockner	10	10	ölmühlen und Margarine-Industrie
Leder-Abfallheft-Maschinen	8	12.5	Schuhindustrie
Ledermeßmaschinen	5	20	Lederwaren- und Kofferindustrie
Ledermeßmaschinen (elektronisch)	6	16.67	Leder-Industrie (Ledererzeugung)
Ledermeßmaschinen (mechanisch)	10	10	Leder-Industrie (Ledererzeugung)
Ledermessmaschinen, elektronisch	6	16.67	Schuhindustrie

Anlagegut	ND	% p.a.	Abschreibungstabelle
Ledermessmaschinen, mechanisch	10	10	Schuhindustrie
Lederprägemaschinen	6	16.67	Leder-Industrie (Ledererzeugung)
Lederpressen	10	10	Leder-Industrie (Ledererzeugung)
Lederschärfmaschinen	8	12.5	Papier und Pappe verarbeitende Industrie
Lederschleifmaschinen und Entstaubung	6	16.67	Leder-Industrie (Ledererzeugung)
Lederschneidmaschinen	5	20	Lederwaren- und Kofferindustrie
Ledersohlennarbenglasmaschinen	7	14.29	Schuhindustrie
Lederspaltmaschinen (feststehend)	5	20	Lederwaren- und Kofferindustrie
Lederstapler im Naßbereich	5	20	Leder-Industrie (Ledererzeugung)
Lederstapler im Trockenbereich	7	14.29	Leder-Industrie (Ledererzeugung)
Lederstempelmaschinen	5	20	Lederwaren- und Kofferindustrie
Ledertrocknungsanlagen	7	14.29	Leder-Industrie (Ledererzeugung)
Lederwalzen	10	10	Leder-Industrie (Ledererzeugung)
Lederwalzen	10	10	Lederwaren- und Kofferindustrie
Leergutautomaten	7	14.29	Allgemein verwendbare Anlagegüter
Leerkastenkontrollanzeigen	5	20	Brauereien und Mälzereien
Lege- u. Packmaschinen	7	14.29	Bekleidungsindustrie (ohne Lederbekleidung)
Legemaschinen (Halbautomaten)	6	16.67	Bekleidungsindustrie (ohne Lederbekleidung)
Legemaschinen (Handbetrieb)	10	10	Bekleidungsindustrie (ohne Lederbekleidung)
Legemaschinen (Vollautomaten)	5	20	Bekleidungsindustrie (ohne Lederbekleidung)
Lehr- und Lernmaterial	3	33.33	Kommunalverwaltung, KGSt-Bericht 1/1999
Lehrenbohrwerke	6	16.67	Kraftfahrzeugindustrie
Lehrenbohrwerke	8	12.5	Stahlverformung
Lehren-Bohrwerke	8	12.5	Eisen-, Blech- und Metallwarenindustrie
Lehrenschleifmaschinen	8	12.5	Feinmechanische und Optische Industrie
Leichenhallen	80	1.25	Kommunalverwaltung, KGSt-Bericht 1/1999
Leichenhallen, Trauerhallen	60	1.67	Gem. Anlage 13 des Gesetzes zum NKFG (Neuen Kommunalen Finanzmanagement)
Leichenwagen	10	10	Kommunalverwaltung, KGSt-Bericht 1/1999

Anlagegut	ND	% p.a.	Abschreibungstabelle
Leichtbauhallen	14	7.14	Allgemein verwendbare Anlagegüter
Leichtbautriebwagen (im Regionalbereich)	15	6.67	Personen- und Güterbeförderung (im Straßen- und Schienenverkehr)
Leichtmetallgerüste einschl. Rahmentafeln	5	20	Baugewerbe
Leichtmetallgerüste einschl. Rahmentafeln aller Art	5	20	Maler- und Lackiererhandwerk
Leim-, Wachs- und Bitumenkaschiermaschinen, Leimstreifenkaschiemaschinen	8	12.5	Aluminiumfolien-Industrie
Leimaufbereitungsanlagen	8	12.5	Papier und Pappe verarbeitende Industrie
Leimauftraggeräte	8	12.5	Druckerei und Verlagsunternehmen mit Druckerei
Leimauftragmaschinen	7	14.29	Holzverarbeitende Industrie
Leimmaschinen, -automaten, Leim- und Minenlegmaschinen	6	16.67	Herstellung von Schreib- und Zeichengeräten
Leimpressen	10	10	Spielwaren-Industrie
Leimrührmaschinen	5	20	Holzverarbeitende Industrie
Leinwände	8	12.5	Allgemein verwendbare Anlagegüter
Leit- und Zug-Spindel-Drehmaschinen	8	12.5	Feinmechanische und Optische Industrie
Leitern, fahrbare	15	6.67	Kommunalverwaltung, KGSt-Bericht 1/1999
Leitpfostenwaschgerät	8	12.5	Kommunalverwaltung, KGSt-Bericht 1/1999
Leitspindeldrehbänke (nicht unmittelbar f. Spielwarenfertigung)	6	16.67	Spielwaren-Industrie
Leitstellentechnik	5	20	Gem. Anlage 13 des Gesetzes zum NKFG (Neuen Kommunalen Finanzmanagement)
Leitungen (bewegl.)	4	25	Fruchtsaft- und Fruchtweinindustrie
Leitungen aus säurebeständigem Material im Werk	15	6.67	Energie- und Wasserversorgung (nach dem 31.12.1993)
Leitungen für Teer, Ammoniak, ungerein. Gas, Säuren, Laugen im Werk	10	10	Energie- und Wasserversorgung (nach dem 31.12.1993)
Leitungen, stationäre (Edelstahl)	10	10	Fruchtsaft- und Fruchtweinindustrie
Leitungen, stationäre (Kunststoff)	5	20	Fruchtsaft- und Fruchtweinindustrie
Lesepult	10	10	Kommunalverwaltung, KGSt-Bericht 1/1999
Leser, Karten-	8	12.5	Allgemein verwendbare Anlagegüter

Anlagegut	ND	% p.a.	Abschreibungstabelle
Leucht- und Montagetische (Einrichtungen und Zubehör)	6	16.67	Druckerei und Verlagsunternehmen mit Druckerei
Leucht- und Montagetische (MONTAGE)	6	16.67	Druckerei und Verlagsunternehmen mit Druckerei
Lichtdosiergeräte	5	20	Druckerei und Verlagsunternehmen mit Druckerei
Lichtdruckmaschinen	10	10	Druckerei und Verlagsunternehmen mit Druckerei
Lichtmaschinenprüfstände	10	10	Kommunalverwaltung, KGSt-Bericht 1/1999
Lichtpausgeräte (Fotosatzweiterverarbeitung)	5	20	Druckerei und Verlagsunternehmen mit Druckerei
Lichtpausgeräte (MONTAGE)	5	20	Druckerei und Verlagsunternehmen mit Druckerei
Lichtpausmaschinen	7	14.29	Bekleidungsindustrie (ohne Lederbekleidung)
Lichtreklame	9	11.11	Allgemein verwendbare Anlagegüter
Lichtsignalanlagen	15	6.67	Kommunalverwaltung, KGSt-Bericht 1/1999
Lichtsteuer- und -überwachungsanlagen	5	20	Fernseh-, Film- und Hörfunkwirtschaft
Lifte, Hub-, mobil	11	9.09	Allgemein verwendbare Anlagegüter
Lifte, Hub-, stationär	15	6.67	Allgemein verwendbare Anlagegüter
Linearbeschleuniger	8	12.5	Gesundheitswesen
Liniermaschinen	8	12.5	Druckerei und Verlagsunternehmen mit Druckerei
Liniermaschinen	8	12.5	Papier und Pappe verarbeitende Industrie
Liniier- und Kontrollgeräte	6	16.67	Druckerei und Verlagsunternehmen mit Druckerei
Lippen-Aufpreßmaschinen	7	14.29	Schuhindustrie
Lippen-Aufsetzmaschinen	7	14.29	Schuhindustrie
Lithotripter	8	12.5	Gesundheitswesen
LKW	9	11.11	Allgemein verwendbare Anlagegüter
Lkw	4	25	Garten-, Landschafts- und Sportplatzbau
LKW mit Hydraulikkran	4	25	Schrott- und Abbruchwirtschaft
LKW/Anhänger/Tieflader/ Absetzkipper/Wechselaufbauten	4	25	Schrott- und Abbruchwirtschaft
Lkw-Reifenmontagepressen	5	20	Vulkanisierbetriebe
Lkw-Reifenwaschanlagen	5	20	Steinkohlenbergbau

Anlagegut	ND	% p.a.	Abschreibungstabelle
Lkw-Tiefladeanhänger über 5,0 t	8	12.5	Garten-, Landschafts- und Sportplatzbau
Lkw-Tiefladeanhänger bis 5,0 t	6	16.67	Garten-, Landschafts- und Sportplatzbau
LKW-Waage	15	6.67	Kommunalverwaltung, KGSt-Bericht 1/1999
Loch- und öseneinsetzmaschinen	5	20	Schuhindustrie
Loch- und öseneinsetzmaschinen (autom.)	5	20	Lederwaren- und Kofferindustrie
Loch-, ös- und Nietmaschinen	8	12.5	Papier und Pappe verarbeitende Industrie
Lochstanzen	8	12.5	Eisen-, Blech- und Metallwarenindustrie
Lochstanzen	8	12.5	Stahlverformung
Lokomotiven	25	4	Allgemein verwendbare Anlagegüter
Lokomotiven	8	12.5	Kalksandsteinindustrie
Lokomotiven	20	5	Personen- und Güterbeförderung (im Straßen- und Schienenverkehr)
Lokomotiven und Förderbahnwagen, Gleisanlagen aller Art im Steinbruch	8	12.5	Zementindustrie
Lokomotiven, Güter- und Personenwagen	20	5	Chemische Industrie
Lokomotiven, Waggons, Gelenkwagen-Waggons, Kesselwagen	25	4	Gem. Anlage 13 des Gesetzes zum NKFG (Neuen Kommunalen Finanzmanagement)
Loren	25	4	Allgemein verwendbare Anlagegüter
Loren	6	16.67	Kalksandsteinindustrie
Luftabgabegeräte	3	33.33	Vertrieb von Erdölerzeugnissen
Luftaustragungen	12	8.33	Mühlen (ohne ölmühlen)
Luftbefeuchtungsanlagen	8	12.5	Papier und Pappe verarbeitende Industrie
Luftbefeuchtungsgeräte	6	16.67	Druckerei und Verlagsunternehmen mit Druckerei
Luftbereifte Lade- und Planiergeräte, Baggerlader	4	25	Baugewerbe
Luftentfeuchter	15	6.67	Landwirtschaft und Tierzucht (nach dem 30.06.1996)
Lufterhitzer mit Zubehör (allgemein)	8	12.5	Ziegelindustrie
Lufterhitzer mit Zubehör mit Rauchgas	2	50	Ziegelindustrie
Luftgekühlter Verflüssiger	10	10	Steinkohlenbergbau
Luftkompressoren und Gebläse	10	10	Heil-, Kur-, Sport- und Freizeitbäder
Luftreinigungsanlagen (biologisch)	10	10	Fleischmehlindustrie bzw. Tierkörperbeseitigung (Herstellung von tierischen Futtermitteln)

Anlagegut	ND	% p.a.	Abschreibungstabelle
Luftreinigungsanlagen (chemisch)	10	10	Fleischmehlindustrie bzw. Tierkörperbeseitigung (Herstellung von tierischen Futtermitteln)
Luftrocknungsanlagen	10	10	Brauereien und Mälzereien
Luftschiffe	8	12.5	Allgemein verwendbare Anlagegüter
Mäh- und Mulchgeräte	6	16.67	Gartenbau (nach dem 31.12.1997)
Mähaufbereiter (Quetschen, Knicken, Schlagen)	10	10	Landwirtschaft und Tierzucht (nach dem 30.06.1996)
Mäher, nicht selbstfahrend	2	50	Garten-, Landschafts- und Sportplatzbau
Mähgeräte (Rasen-, Sichel-, Spindel-, Balken-, Kreisel-, Frontauslegemäher usw.)	6	16.67	Kommunalverwaltung, KGSt-Bericht 1/1999
Mähmaschinen	5	20	Binnenfischerei, Teichwirtschaft, Fischzucht, fischwirtschaftliche Dienstleistungen
Mähwerke, Anbaugeräte	12	8.33	Landwirtschaft und Tierzucht (nach dem 30.06.1996)
Möbel (Einbaumöbel)	20	5	Kommunalverwaltung, KGSt-Bericht 1/1999
Möbel (einschl. Einbaumöbel), übrige	10	10	Gastgewerbe
Möbel (einschl. Einbaumöbel), antike und hochwertige	12	8.33	Gastgewerbe
Möbel (Polstermöbel)	10	10	Kommunalverwaltung, KGSt-Bericht 1/1999
Mörtelförder- und Verputzgeräte	4	25	Baugewerbe
Mühle für Senfmehlherstellung	10	10	Essig- und Senffabrikation
Mühlen	6	16.67	Abfallentsorgungs- und Recyclingwirtschaft
Mühlen für Semmel- und Brotzerkleinerung	8	12.5	Brot- und Backwarenindustrie, Herst. v. Tiefkühl-/Kombinationsbackwaren, Bäckereien, Konditoreien
Mühlen, Brecher, Rutschen für Kohlen, Koks	10	10	Energie- und Wasserversorgung (nach dem 31.12.1993)
Müllentsorgungsfahrzeug	6	16.67	Kommunalverwaltung, KGSt-Bericht 1/1999
Müllentsorgungsfahrzeuge	6	16.67	Gem. Anlage 13 des Gesetzes zum NKFG (Neuen Kommunalen Finanzmanagement)
Mülltonnen	10	10	Kommunalverwaltung, KGSt-Bericht 1/1999

Anlagegut	ND	% p.a.	Abschreibungstabelle
Mülltonneninstandhaltungsgerät	15	6.67	Kommunalverwaltung, KGSt-Bericht 1/1999
Mülltonnentransportkarren	10	10	Kommunalverwaltung, KGSt-Bericht 1/1999
Müllverdichter/Radlader	8	12.5	Kommunalverwaltung, KGSt-Bericht 1/1999
Maßabschneider	8	12.5	Eisen-, Blech- und Metallwarenindustrie
Magazine zu Zeilengießmaschinen	4	25	Druckerei und Verlagsunternehmen mit Druckerei
Magnetabscheider	6	16.67	Abfallentsorgungs- und Recyclingwirtschaft
Magnetabscheider	6	16.67	Allgemein verwendbare Anlagegüter
Magnetapparate	10	10	Mühlen (ohne ölmühlen)
Magnetfilter	5	20	Feinkeramische Industrie
Magnetische Aufzeichnungs- und Wiedergabeanlagen	5	20	Fernseh-, Film- und Hörfunkwirtschaft
Magnetmaschinen	10	10	NE-Metallhalbzeugindustrie (NE-Metallhalbzeugwerke und NE-Metallgießereien)
Mahlanlagen aller Art für Rohstoffe, Kohlen und Klinker (Hammer-, Prall-Ring-, Schlagkreuzmühlen)	8	12.5	Zementindustrie
Mahlanlagen und Windsichter (z. B. Hammer-, Rohr-, Schlagkreuzmühlen, Mahltrocknungsanlagen)	7	14.29	Kalk-, Gips-, und Kreideindustrie
Maische- und Würzepumpen	7	14.29	Brauereien und Mälzereien
Maische-, Lager- und Abfüllbottiche mit oder ohne Rührwerk (Säure- und Salzeinwirkung)	5	20	Essig- und Senffabrikation
Maischebehälter	8	12.5	Fruchtsaft- und Fruchtweinindustrie
Maischefilter	12	8.33	Brauereien und Mälzereien
Maischelagerbehälter	12	8.33	Weinbau und Weinhandel (nach dem 31.12.1988)
Maischeleitungen	6	16.67	Weinbau und Weinhandel (nach dem 31.12.1988)
Maischepumpe	8	12.5	Weinbau und Weinhandel (nach dem 31.12.1988)
Maischerührwerksbehälter	8	12.5	Weinbau und Weinhandel (nach dem 31.12.1988)

Anlagegut	ND	% p.a.	Abschreibungstabelle
Maischewagen	7	14.29	Weinbau und Weinhandel (nach dem 31.12.1988)
Maischewanne mit Förderschnecke	8	12.5	Weinbau und Weinhandel (nach dem 31.12.1988)
Maishackgeräte	12	8.33	Landwirtschaft und Tierzucht (nach dem 30.06.1996)
Malz- bzw. Gerstenrümpfe	10	10	Brauereien und Mälzereien
Malzentkeimungsanlagen	10	10	Brauereien und Mälzereien
Malzkeimverarbeitungsanlagen	10	10	Brauereien und Mälzereien
Malzkonditionieranlagen	8	12.5	Brauereien und Mälzereien
Malzpolieranlagen	10	10	Brauereien und Mälzereien
Malzputze	10	10	Brauereien und Mälzereien
Malzrümpfe	10	10	Brauereien und Mälzereien
Malzwaagen (autom.)	10	10	Brauereien und Mälzereien
Manipulator	5	20	Eisen-, Stahl- und Tempergießereien
Mannschaftstransportfahrzeuge	8	12.5	Kommunalverwaltung, KGSt-Bericht 1/1999
Markierungsmaschine	20	5	Kommunalverwaltung, KGSt-Bericht 1/1999
Markisen	8	12.5	Gastgewerbe
Markisen	8	12.5	Heil-, Kur-, Sport- und Freizeitbäder
Markisen (außen)	10	10	Kommunalverwaltung, KGSt-Bericht 1/1999
Markthallen, Holzkonstruktion	20	5	Kommunalverwaltung, KGSt-Bericht 1/1999
Markthallen, massiv	80	1.25	Kommunalverwaltung, KGSt-Bericht 1/1999
Markthallen, teilmassiv	40	2.5	Kommunalverwaltung, KGSt-Bericht 1/1999
Marmeladenkochkessel	7	14.29	Obst- und Gemüseverarbeitungsindustrie
Marmorkiesreaktor (Chloranlage)	10	10	Kommunalverwaltung, KGSt-Bericht 1/1999
Martinshornanlage	8	12.5	Kommunalverwaltung, KGSt-Bericht 1/1999
Maschinelle Anlagen (automatischer Rechen, Schlammräumer, Sammelbehälter u. ä.)	8	12.5	Binnenfischerei, Teichwirtschaft, Fischzucht, fischwirtschaftliche Dienstleistungen
Maschinelle Anlagen zur Herstellung von Glasfasern	5	20	Glaserzeugende Industrie (Flachglas, Hohlglas und Glasfaser)

Anlagegut	ND	% p.a.	Abschreibungstabelle
Maschinelle Bunkereinrichtung	8	12.5	Steinkohlenbergbau
Maschinelle Einrichtungen	25	4	Energie- und Wasserversorgung (nach dem 31.12.1993)
Maschinelle Einrichtungen d. komm. Entwässerung, Dauer- u. Schneckenpumpen	15	6.67	Kommunalverwaltung, KGSt-Bericht 1/1999
Maschinelle Einrichtungen d. komm. Entwässerung, sonstige Pumpen	8	12.5	Kommunalverwaltung, KGSt-Bericht 1/1999
Maschinelle Füllorteinrichtungen	12	8.33	Steinkohlenbergbau
Maschinen	15	6.67	Energie- und Wasserversorgung (nach dem 31.12.1993)
Maschinen	10	10	Zementindustrie
Maschinen der Füllstraße einschl. Erhitzer und Rückkühler, Imprägnierpumpem	6	16.67	Fruchtsaft- und Fruchtweinindustrie
Maschinen für die Oberflächenveredelung (Härtereianlagen)	5	20	Maschinenbau
Maschinen für die Oberflächenveredelung (Lackieranlagen)	6	16.67	Maschinenbau
Maschinen für mechanische Flüssigkeitsabtrennung (z.B. Zentrifugen, Abpress-Schnecken)	10	10	Kunststoffverarbeitende Industrie
Maschinen für schwere Blech-, Rohr- und Profilbearbeitung	10	10	Schiffbau
Maschinen- u. Lagerhallen (Leichtbauweise (Holz, Faserzement, Leichtmetall))	17	5.88	Landwirtschaft und Tierzucht (nach dem 30.06.1996)
Maschinen- u. Lagerhallen (Massivbauweise)	25	4	Landwirtschaft und Tierzucht (nach dem 30.06.1996)
Maschinen und Anlagen f. d. Oberflächenveredelung u. d. Wärmebehandlung (Geschl. Anlagen)	5	20	Eisen-, Blech- und Metallwarenindustrie
Maschinen und Einrichtungen der Lagerhaltung	10	10	Steinkohlenbergbau
Maschinen und Geräte	5	20	Gem. Anlage 13 des Gesetzes zum NKFG (Neuen Kommunalen Finanzmanagement)
Maschinen zur Be- und Verarbeitung von Glasfasern	5	20	Glaserzeugende Industrie (Flachglas, Hohlglas und Glasfaser)

Anlagegut	ND	% p.a.	Abschreibungstabelle
Maschinen zur Fischverarbeitung (Tötungs-, Schlacht-, Filetier-, Waschmaschinen u. ä,)	8	12.5	Binnenfischerei, Teichwirtschaft, Fischzucht, fischwirtschaftliche Dienstleistungen
Maschinen zur Herstellung von gehärtetem Glas	10	10	Glaserzeugende Industrie (Flachglas, Hohlglas und Glasfaser)
Maschinen zur Herstellung von Spiegeln (Belege-, Lackiermaschinen etc.)	10	10	Glaserzeugende Industrie (Flachglas, Hohlglas und Glasfaser)
Maschinen zur Herstellung von Verbundglas	10	10	Glaserzeugende Industrie (Flachglas, Hohlglas und Glasfaser)
Maschinen zur Kantenbearbeitung	10	10	Glaserzeugende Industrie (Flachglas, Hohlglas und Glasfaser)
Maschinenöl- und Zylinderöl-Raffinationsanlagen (Entparaffinierung und Paraffingewinnung)	10	10	Erdölverarbeitung
Maschinenöl- und Zylinderöl-Raffinationsanlagen (Selektivbehandlung)	8	12.5	Erdölverarbeitung
Maschinen, Apparate und maschinelle Einrichtungen aller Art mit Arbeits- und Bedienungsbühnen	10	10	Chemische Industrie
Maschinenbe- und -entlüftungsanlagen	12	8.33	Mühlen (ohne ölmühlen)
Maschinenbrücken	10	10	Zigarettenindustrie
Maschinendrucktische (autom. Auslage, 3/4 Automaten)	7	14.29	Druckerei und Verlagsunternehmen mit Druckerei
Maschinendrucktische, manuell	8	12.5	Druckerei und Verlagsunternehmen mit Druckerei
Maschinenhäuser soweit Betriebsvorrichtung	40	2.5	Energie- und Wasserversorgung (nach dem 31.12.1993)
Maschinenhäuser, massiv	80	1.25	Kommunalverwaltung, KGSt-Bericht 1/1999
Maschinenhäuser, teilmassiv	40	2.5	Kommunalverwaltung, KGSt-Bericht 1/1999
Maschinenhauskräne	16	6.25	Steinkohlenbergbau
Maschinensätze TDA (Trockengleichricht-, Durchschreibe- und Aufstoßmaschinen, komb.)	8	12.5	Borstenzurichtung und Pinselindustrie
Maschinentechnik Kompostwerk	10	10	Kommunalverwaltung, KGSt-Bericht 1/1999
Maschinenwege	5	20	Forstwirtschaft (nach dem 30.09.1995)

Anlagegut	ND	% p.a.	Abschreibungstabelle
Maschiniermaschinen (Entgrannmaschinen)	10	10	Rauchwarenverarbeitung
Maskendichtprüfgerät	10	10	Kommunalverwaltung, KGSt-Bericht 1/1999
Masken-Schneidegeräte	8	12.5	Druckerei und Verlagsunternehmen mit Druckerei
Massagestühle	10	10	Friseurgewerbe und Schönheitssalons
Masse- und Rahmenfilter (z.B. Kieselgur- und Schichten-)	7	14.29	Brauereien und Mälzereien
Massewaschapparate	10	10	Brauereien und Mälzereien
Masten für Anlagen der Flugsicherung	10	10	Luftfahrtunternehmen und Flughafenbetriebe
Mastenschälmaschinen	7	14.29	Sägeindustrie und Holzbearbeitung
Material- oder Gerüstaufzüge	5	20	Maler- und Lackiererhandwerk
Material- und Gerüstaufzüge	5	20	Baugewerbe
Materialbeschickung für Zigarettenmaschinen	8	12.5	Zigarettenindustrie
Materialprüfgeräte	10	10	Allgemein verwendbare Anlagegüter
Materialprüfgeräte	7	14.29	Schuhindustrie
Material-Röntgengeräte	8	12.5	Zahntechniker
Materialsilo aus Metall und Kunststoff feststehend	10	10	Kunststoffverarbeitende Industrie
Material-Stapel- und Rückführungsgeräte	7	14.29	Schuhindustrie
Matrizen- und Dornschleifmaschinen	8	12.5	NE-Metallhalbzeugindustrie (NE-Metallhalbzeugwerke und NE-Metallgießereien)
Matrizenwaschmaschinen und -trockner	5	20	Druckerei und Verlagsunternehmen mit Druckerei
Mattieranlage	7	14.29	Herstellung von Schreib- und Zeichengeräten
Mauk- und Sumpfanlageeinrichtungen	8	12.5	Ziegelindustrie
Mauk- und Sumpfanlagen (als Betriebsvorrichtung)	20	5	Ziegelindustrie
Maukmischer	8	12.5	Ziegelindustrie
Meß- und Laboratoriumsanlagen	10	10	Energie- und Wasserversorgung (nach dem 31.12.1993)
Meß- und Prüfgeräte	6	16.67	Druckerei und Verlagsunternehmen mit Druckerei

Anlagegut	ND	% p.a.	Abschreibungstabelle
Meß- und Prüfmaschinen (allgemein)	6	16.67	Eisen-, Blech- und Metallwarenindustrie
Meß- und Prüfmaschinen (allgemein)	6	16.67	Stahlverformung
Meß- und Regelanlagen (MVA für feste Abfälle)	12	8.33	Abfallentsorgungs- und Recyclingwirtschaft
Meß- und Regelanlagen(MVA für feste und flüssige Sonderabfälle)	10	10	Abfallentsorgungs- und Recyclingwirtschaft
Meß- und Regeleinrichtungen (Bruchhohlraumverfüllung)	16	6.25	Steinkohlenbergbau
Meß- und Regeleinrichtungen (Sonstige Einrichtungen der Aufbereitung)	16	6.25	Steinkohlenbergbau
Meß- und Steuerungseinrichtungen allgemein	8	12.5	Kommunalverwaltung, KGSt-Bericht 1/1999
Meß-, Lege- und Doubliermaschinen	10	10	Textilveredelung
Meß-, Regel- und Steuerungsanlagen	15	6.67	Energie- und Wasserversorgung (nach dem 31.12.1993)
Meß-, Regel-, Steuer- und überwachungsanlagen	12	8.33	Energie- und Wasserversorgung (nach dem 31.12.1993)
Meß-, Regel-, Steuerungs- und überwachungsanlagen (Dampfkraftwerke)	15	6.67	Energie- und Wasserversorgung (nach dem 31.12.1993)
Meß-, Regel-, Steuerungs- und überwachungsanlagen (Fernwärmeversorgung)	15	6.67	Energie- und Wasserversorgung (nach dem 31.12.1993)
Meß-, Steuer- und Regelanlagen	5	20	Erfrischungsgetränke- und Mineralbrunnenindustrie
Meßapparate zur Fettbestimmung	5	20	Mühlen (ohne ölmühlen)
Meßapparate zur Feuchtigkeitsbestimmung	5	20	Mühlen (ohne ölmühlen)
Meßapparate zur Proteinbestimmung	5	20	Mühlen (ohne ölmühlen)
Meßapparate zur Sedimentationsbestimmung	5	20	Mühlen (ohne ölmühlen)
Meßapparate zur Stärkebestimmung	5	20	Mühlen (ohne ölmühlen)
Meßfahrzeuge	5	20	Fernmeldedienste
Meßgeräte (Abwasser)	10	10	Kommunalverwaltung, KGSt-Bericht 1/1999
Meßgeräte elektronisch	5	20	Garten-, Landschafts- und Sportplatzbau
Meßgeräte für die Tonmeßtechnik	5	20	Fernseh-, Film- und Hörfunkwirtschaft
Meßgeräte mechanisch	8	12.5	Garten-, Landschafts- und Sportplatzbau
Meßgeräte, mechanische und optische Prüfgeräte	7	14.29	Uhrenindustrie
Meßplatten	10	10	Stahlverformung

Anlagegut	ND	% p.a.	Abschreibungstabelle
Meßtechnische und akustische Kontroll- und überwachungsanlagen	5	20	Fernseh-, Film- und Hörfunkwirtschaft
Mech. Lade- u. Abraumgeräte an sonst. Einsatzstellen (harte und zähe Gesteinsarten)	8	12.5	Natursteinindustrie f. d. Wege-, Bahn-, Wasser- u. Betonbau
Mech. Lade- u. Abraumgeräte an sonst. Einsatzstellen (weniger harte und zähe Gesteinsarten)	10	10	Natursteinindustrie f. d. Wege-, Bahn-, Wasser- u. Betonbau
Mech. Lade- u. Abraumgeräte im Steinbruch und auf der Abdecke (harte und zähe Gesteinsarten)	4	25	Natursteinindustrie f. d. Wege-, Bahn-, Wasser- u. Betonbau
Mech. Lade- u. Abraumgeräte im Steinbruch und auf der Abdecke (weniger harte und zähe Gesteinsarten)	6	16.67	Natursteinindustrie f. d. Wege-, Bahn-, Wasser- u. Betonbau
Mech. Verladeeinrichtungen	15	6.67	Braunkohlenbergbau
Mechanikerdrehmaschinen (Patronendrehbänke)	8	12.5	Feinmechanische und Optische Industrie
Mechanische Ausleervorrichtungen	6	16.67	Eisen-, Stahl- und Tempergießereien
Mechanische Einständer-Pressen	9	11.11	Maschinenbau
Mechanische Entstaubungsmaschinen (z.B. Klopf-, Trommel-Maschinen)	10	10	Hut- und Stumpenindustrie
Mechanische Form- und Kernmaschinen	7	14.29	Eisen-, Stahl- und Tempergießereien
Mechanische Leitern	8	12.5	Garten-, Landschafts- und Sportplatzbau
Mechanische Zweiständer-Pressen	9	11.11	Maschinenbau
Medientürme	8	12.5	Kommunalverwaltung, KGSt-Bericht 1/1999
medizinisch-technische Geräte	8	12.5	Gem. Anlage 13 des Gesetzes zum NKFG (Neuen Kommunalen Finanzmanagement)
Megacode-Trainer	6	16.67	Kommunalverwaltung, KGSt-Bericht 1/1999
Mehlaufbereitungsmaschinen (elektronisch-/prozeßgesteuerte)	5	20	Brot- und Backwarenindustrie, Herst. v. Tiefkühl-/Kombinationsbackwaren, Bäckereien, Konditoreien
Mehlelevatoren	15	6.67	Mühlen (ohne ölmühlen)
Mehlsieb-/Mehlmischanlagen/ Mehlwiegevorrichtungen	6	16.67	Brot- und Backwarenindustrie, Herst. v. Tiefkühl-/Kombinationsbackwaren, Bäckereien, Konditoreien
Mehlsiebmaschinen	10	10	Süßwarenindustrie

Anlagegut	ND	% p.a.	Abschreibungstabelle
Mehlsilos/Tankanlagen einschl. Ummantelungen/Umkleidungen (schichtunabhängig)	10	10	Brot- und Backwarenindustrie, Herst. v. Tiefkühl-/Kombinationsbackwaren, Bäckereien, Konditoreien
Mehltrocknung	12	8.33	Mühlen (ohne ölmühlen)
Mehlwiegevorrichtungen (autom.)	8	12.5	Süßwarenindustrie
Mehrblattkreissägen	10	10	Spielwaren-Industrie
Mehrdiensteinrichtungen	5	20	Fernmeldedienste
Mehretagenpressen	7	14.29	Holzverarbeitende Industrie
Mehrfachbearbeitungsmaschinen (z.B. Rundtellerbearbeitungsmasch., Transferbearbeitungsmasch.)	5	20	Uhrenindustrie
Mehrfachdrahtziehmaschinen	10	10	NE-Metallhalbzeugindustrie (NE-Metallhalbzeugwerke und NE-Metallgießereien)
Mehrmuldenheissmangeln mit automatischen Zusatzgeräten, schnellaufende	5	20	Chemischreinigung, Wäscherei, Färberei
Mehrmuldenheissmangeln, schnellaufende	6	16.67	Chemischreinigung, Wäscherei, Färberei
Mehrspindelautomaten	6	16.67	Kraftfahrzeugindustrie
Mehrspindelbohrmaschinen	6	16.67	Eisen-, Blech- und Metallwarenindustrie
Mehrspindelbohrmaschinen	8	12.5	Feinmechanische und Optische Industrie
Mehrspindelbohrmaschinen	6	16.67	Stahlverformung
Mehrspindel-Gewindeschneidmaschinen	6	16.67	Feinmechanische und Optische Industrie
Mehrstufenpressen	6	16.67	Eisen-, Blech- und Metallwarenindustrie
Mehrstufenpressen	6	16.67	Stahlverformung
Mehrwalzentrikotkalander	8	12.5	Textilveredelung
Mehrzweckraupen mit Anbaugeräten	7	14.29	Torfgewinnung und -aufbereitung
Mehrzylinderschleifmaschinen	8	12.5	Sägeindustrie und Holzbearbeitung
Mehrzylinderschleifmaschinen	10	10	Spielwaren-Industrie
Melangeure	10	10	Süßwarenindustrie
Membranfilter	5	20	Brauereien und Mälzereien
Membranpumpen	8	12.5	Baugewerbe
Membranpumpen	5	20	Feinkeramische Industrie
Mengenmesser (f. Bier)	5	20	Brauereien und Mälzereien
Mengmaschinen	6	16.67	Fleischwarenindustrie, Fleischer, Schlachthöfe
Mercerisiermaschinen	7	14.29	Textilveredelung

Anlagegut	ND	% p.a.	Abschreibungstabelle
Mess- und Kontrolleinrichtungen, Steuerungsanlagen	7	14.29	Brauereien und Mälzereien
Mess- und Prüfgeräte	8	12.5	Gem. Anlage 13 des Gesetzes zum NKFG (Neuen Kommunalen Finanzmanagement)
Mess- und Prüfgeräte	10	10	Gewerbliche Erzeugung und Aufbereitung von Spinnstoffen, Spinnerei, Weberei
Mess- und Prüfgeräte	5	20	Stahl- und Eisenbau
Mess- und Prüfmaschinen (Funktionsprüfstände)	6	16.67	Maschinenbau
Mess- und Prüfmaschinen (Materialprüfstände)	6	16.67	Maschinenbau
Mess- und Prüfmaschinen (Waagen)	6	16.67	Maschinenbau
Mess- und Prüfmaschinen (Werkzeugvoreinstellgeräte)	6	16.67	Maschinenbau
Messeinrichtungen (allgemein)	18	5.56	Allgemein verwendbare Anlagegüter
Messer-Einbleimaschinen	8	12.5	Eisen-, Blech- und Metallwarenindustrie
Messerschleifanlagen	4	25	Fleischwarenindustrie, Fleischer, Schlachthöfe
Messerschleifmaschinen	8	12.5	Aluminiumfolien-Industrie
Messerschleifmaschinen	8	12.5	Druckerei und Verlagsunternehmen mit Druckerei
Messerschleifmaschinen	8	12.5	Papier und Pappe verarbeitende Industrie
Messerschleifmaschinen	10	10	Zigarettenindustrie
Messestände	6	16.67	Allgemein verwendbare Anlagegüter
Messgeräte	8	12.5	Erdölgewinnung
Messgeräte und Prüfanlagen	10	10	Feuerfeste- und Steinzeug-Industrie
Messgeräte, Abgas-	8	12.5	Allgemein verwendbare Anlagegüter
Messgeräte, Emissions- (für Kfz)	8	12.5	Allgemein verwendbare Anlagegüter
Messgeräte, Emissions- (sonstige)	8	12.5	Allgemein verwendbare Anlagegüter
Metallkreissäge	7	14.29	Kommunalverwaltung, KGSt-Bericht 1/1999
Metall-Lagertanks (Edelstahl V2A)	17	5.88	Fruchtsaft- und Fruchtweinindustrie
Metall-Lagertanks (Edelstahl V4A)	17	5.88	Fruchtsaft- und Fruchtweinindustrie
Metall-Lagertanks (glasemailliert)	15	6.67	Fruchtsaft- und Fruchtweinindustrie
Metall-Lagertanks (kunstharzverkleidet)	12	8.33	Fruchtsaft- und Fruchtweinindustrie
Metallsprühgeräte	5	20	Zahntechniker
Metallspritzpistolen einschl. Schalttafel	5	20	Maler- und Lackiererhandwerk

Anlagegut	ND	% p.a.	Abschreibungstabelle
Metallsuchgeräte	6	16.67	Fleischwarenindustrie, Fleischer, Schlachthöfe
Metallsuchgeräte	6	16.67	Ziegelindustrie
Methangasanlagen	20	5	Steinkohlenbergbau
MgO-Bottiche	10	10	Zellstoff, Holzstoff, Papier und Pappe erzeugende Industrie
MgO-Hydratisieranlagen	10	10	Zellstoff, Holzstoff, Papier und Pappe erzeugende Industrie
Mikrofilmlesegeräte	8	12.5	Kommunalverwaltung, KGSt-Bericht 1/1999
Mikrofiltration	6	16.67	Molkereien und sonstige Milchverwertung
Mikrofone (drahtgebunden)	5	20	Fernseh-, Film- und Hörfunkwirtschaft
Mikrofone (drahtlos)	3	33.33	Fernseh-, Film- und Hörfunkwirtschaft
Mikrofongalgen	5	20	Fernseh-, Film- und Hörfunkwirtschaft
Mikroprofilspalt-Maschinen	5	20	Schuhindustrie
Mikroskope	13	7.69	Allgemein verwendbare Anlagegüter
Mikroskope (Binokularmikroskope)	10	10	Kommunalverwaltung, KGSt-Bericht 1/1999
Mikroskope (elektronisch)	10	10	Gesundheitswesen
Mikroskope (mechanisch)	15	6.67	Gesundheitswesen
Mikroskope allgemein	6	16.67	Kommunalverwaltung, KGSt-Bericht 1/1999
Mikroskope mit Beleuchtungseinrichtung	10	10	Kommunalverwaltung, KGSt-Bericht 1/1999
Mikrowellen	8	12.5	Gesundheitswesen
Mikrowellengeräte	8	12.5	Allgemein verwendbare Anlagegüter
Mikrowellengeräte	5	20	Brot- und Backwarenindustrie, Herst. v. Tiefkühl-/Kombinationsbackwaren, Bäckereien, Konditoreien
Milch in verlorener Packung (Kartonabfüll u. verschlußmaschinen)	6	16.67	Molkereien und sonstige Milchverwertung
Milch- u. Rahmenplattenapparate (V2A)	8	12.5	Molkereien und sonstige Milchverwertung
Milch- und Mixpumpen	7	14.29	Süßwarenindustrie
Milchmengenmeßeinrichtungen (mechanisch u. induktiv)	5	20	Molkereien und sonstige Milchverwertung
Milchpumpen	8	12.5	Molkereien und sonstige Milchverwertung
Milchrohrleitungen	8	12.5	Molkereien und sonstige Milchverwertung

Anlagegut	ND	% p.a.	Abschreibungstabelle
Milchsäurefermentationsanlagen	8	12.5	Brauereien und Mälzereien
Milchsammelwagen-Anhänger	6	16.67	Molkereien und sonstige Milchverwertung
Milchsammelwagen-Fahrzeug	4	25	Molkereien und sonstige Milchverwertung
Minenpressen	6	16.67	Herstellung von Schreib- und Zeichengeräten
Minenschleuder für Kugelschreiber	7	14.29	Herstellung von Schreib- und Zeichengeräten
Minenspitzenfertigungsmaschine	6	16.67	Herstellung von Schreib- und Zeichengeräten
Minenstrasse	6	16.67	Herstellung von Schreib- und Zeichengeräten
Mineraldünger (Anbau-Exaktdüngerstreuer)	8	12.5	Landwirtschaft und Tierzucht (nach dem 30.06.1996)
Mineraldünger (Anbau-Schleuderdüngerstreuer)	10	10	Landwirtschaft und Tierzucht (nach dem 30.06.1996)
Mineraldünger (Fördergeräte für losen Dünger)	10	10	Landwirtschaft und Tierzucht (nach dem 30.06.1996)
Mineraldünger (Flüssigdüngungsgeräte (Injektion))	8	12.5	Landwirtschaft und Tierzucht (nach dem 30.06.1996)
Mineraldünger (Großbehälterstreuer)	10	10	Landwirtschaft und Tierzucht (nach dem 30.06.1996)
Mineraldünger (Lagerbehälter für losen Dünger (Holz-, Stahl-, Kunststoff- und Hochsilos))	20	5	Landwirtschaft und Tierzucht (nach dem 30.06.1996)
Mineraldünger (Reihendüngerstreuer)	8	12.5	Landwirtschaft und Tierzucht (nach dem 30.06.1996)
Misch- und Homogenisierungseinricht. mit dazugeh. Aggregaten, sonst. Rührwerke, Förderanlagen zu 6	8	12.5	Zementindustrie
Misch- und Kastenbeschicker	8	12.5	Ziegelindustrie
Misch- und Knetmaschinen	8	12.5	Süßwarenindustrie
Misch- und Trocknungsanlagen	8	12.5	Baugewerbe
Mischanlagen	10	10	Gewerbliche Erzeugung und Aufbereitung von Spinnstoffen, Spinnerei, Weberei
Mischanlagen	8	12.5	Kaffee- und Teeverarbeitung (ohne Kaffeemittelproduktion)
Mischanlagen (elektronisch gesteuerte)	6	16.67	Torfgewinnung und -aufbereitung
Mischanlagen (Mischtrommeln)	8	12.5	Kaffee- und Teeverarbeitung (ohne Kaffeemittelproduktion)
Mischanlagen (sonstige)	8	12.5	Torfgewinnung und -aufbereitung

Anlagegut	ND	% p.a.	Abschreibungstabelle
Mischanlagen für Werktrockenmörtel	6	16.67	Kalk-, Gips-, und Kreideindustrie
Mischanlagen mit dazugehörigen Zementsilo-, Zementförder- und Wiegeeinrichtung	6	16.67	Bimsbaustoffindustrie
Mischer	6	16.67	Kalksandsteinindustrie
Mischer	6	16.67	Schiefer- und Tonindustrie
Mischer (Rührwerke)	8	12.5	Herstellung von Schreib- und Zeichengeräten
Mischer für pulverförmige und körnige Stoffe und zähflüssige und pasteuse Stoffe	10	10	Kunststoffverarbeitende Industrie
Mischer, Betonklein-	6	16.67	Allgemein verwendbare Anlagegüter
Mischer, Kollergänge, Siebkneter, Rundbeschicker, Vorziehpressen, Abschneider	8	12.5	Feuerfeste- und Steinzeug-Industrie
Mischfuttervorratsbehälter	16	6.25	Landwirtschaft und Tierzucht (nach dem 30.06.1996)
Mischgeräte (mit bzw. ohne Vakuumanlage)	8	12.5	Zahntechniker
Mischgutverladesilos	8	12.5	Baugewerbe
Mischmaschinen	8	12.5	Borstenzurichtung und Pinselindustrie
Mischmaschinen	7	14.29	Fleischwarenindustrie, Fleischer, Schlachthöfe
Mischmaschinen	10	10	Süßwarenindustrie
Mischmaschinen (f. Kaschiermittel)	10	10	Aluminiumfolien-Industrie
Mischmaschinen (liegend u. stehend)	12	8.33	Mühlen (ohne ölmühlen)
Mischmaschinen mit Waagen	5	20	Maler- und Lackiererhandwerk
Mischtürme	8	12.5	Baugewerbe
Mischtürme einschl. Silos für Zuschläge und Bindemittel, Siloausläufe, Zuteilschnecken, u. a.	8	12.5	Kies-, Sand-, Mörtel- und Transportbetonindustrie
Mischtrommeln	8	12.5	Kaffee- und Teeverarbeitung (ohne Kaffeemittelproduktion)
Mischungsanlagen	10	10	Gewerbliche Erzeugung und Aufbereitung von Spinnstoffen, Spinnerei, Weberei
Mischungskneter	10	10	Kautschukindustrie
Mischwalzwerke	10	10	Kautschukindustrie
Mistauflader	12	8.33	Landwirtschaft und Tierzucht (nach dem 30.06.1996)

Anlagegut	ND	% p.a.	Abschreibungstabelle
Mittel- und Leichtöldestillation	15	6.67	Braunkohlenbergbau
Mitteldrahtziehmaschinen	10	10	NE-Metallhalbzeugindustrie (NE-Metallhalbzeugwerke und NE-Metallgießereien)
Mittelwellen-Senderanlagen	10	10	Fernseh-, Film- und Hörfunkwirtschaft
Mixer	5	20	Brot- und Backwarenindustrie, Herst. v. Tiefkühl-/Kombinationsbackwaren, Bäckereien, Konditoreien
Mixkühler	7	14.29	Süßwarenindustrie
Mobilbagger	5	20	Schrott- und Abbruchwirtschaft
Mobile Betonfördergeräte samt Fahrzeug und Verteilmast	4	25	Kies-, Sand-, Mörtel- und Transportbetonindustrie
Mobile Heiz- und Wärmeverteilungsanlagen	6	16.67	Gartenbau (nach dem 31.12.1997)
Mobile Heizwerke	12	8.33	Energie- und Wasserversorgung (nach dem 31.12.1993)
Mobile Klimaanlagen, Sonderbewetterungsanlagen	8	12.5	Steinkohlenbergbau
Mobile Vorortbunker und Sendestationen	6	16.67	Steinkohlenbergbau
Mobilfunkeinrichtungen	8	12.5	Fernmeldedienste
Mobilfunkendgeräte	5	20	Allgemein verwendbare Anlagegüter
Mobilfunkendgeräte	4	25	Fernmeldedienste
Mobiliar (sonstiges)	15	6.67	Gesundheitswesen
Mobilkran	4	25	Kalksandsteinindustrie
Mobilkrane	6	16.67	Abfallentsorgungs- und Recyclingwirtschaft
Mobilkrane	8	12.5	Baugewerbe
Mobiltische	12	8.33	Gartenbau (nach dem 31.12.1997)
Modell-Maschinen, Automaten mit numerischer Steuerung (CAD-/CAM-Systeme)	5	20	Schuhindustrie
Modell-Maschinen, sonstige	10	10	Schuhindustrie
Modellsägen	5	20	Zahntechniker
Momentstanzmaschinen	10	10	Lederwaren- und Kofferindustrie
Monitore	7	14.29	Allgemein verwendbare Anlagegüter
Monitore Klasse I	5	20	Fernseh-, Film- und Hörfunkwirtschaft
Monitore Klasse II	3	33.33	Fernseh-, Film- und Hörfunkwirtschaft

Anlagegut	ND	% p.a.	Abschreibungstabelle
Monopumpen	5	20	Feinkeramische Industrie
Monotypetaster	8	12.5	Druckerei und Verlagsunternehmen mit Druckerei
Monotypetaster-Zwischenbretter	4	25	Druckerei und Verlagsunternehmen mit Druckerei
Montage- und Fügemaschinen, spezielle (z.B. Steinsetzmaschinen, Stiftsetzmaschinen)	7	14.29	Uhrenindustrie
Montageanlagen	7	14.29	Uhrenindustrie
Montageautos (Kastenwagen/Kleinst-Lkw)	5	20	Vertrieb von Erdölerzeugnissen
Montagegeräte	5	20	Druckerei und Verlagsunternehmen mit Druckerei
Montage-Kopierautomaten, Montier-Kopiermaschinen	5	20	Druckerei und Verlagsunternehmen mit Druckerei
Montagemaschinen, sonstige (z.B. Magnetisiergeräte, Verklebegeräte)	5	20	Uhrenindustrie
Montagewerkzeugschrank	8	12.5	Kommunalverwaltung, KGSt-Bericht 1/1999
Montiergeräte	4	25	Vulkanisierbetriebe
Moorraupe	4	25	Garten-, Landschafts- und Sportplatzbau
Mopedbetankungsgeräte	4	25	Vertrieb von Erdölerzeugnissen
Motor. Abtrag- und Stapelgeräte	5	20	Beton- und Fertigteilindustrie
Motor. Abtrags- u. Stapelgeräte, Verladegeräte	5	20	Bimsbaustoffindustrie
Motorboote	8	12.5	Kommunalverwaltung, KGSt-Bericht 1/1999
Motoren	10	10	Steinkohlenbergbau
Motoren- und Aggregateprüfstände	8	12.5	Kraftfahrzeugindustrie
Motoren, Dieselmotoren,	15	6.67	Kommunalverwaltung, KGSt-Bericht 1/1999
Motoren, Drehstommotoren	15	6.67	Kommunalverwaltung, KGSt-Bericht 1/1999
Motoren, Elektromotoren	15	6.67	Kommunalverwaltung, KGSt-Bericht 1/1999
Motorgetriebene ästungsgeräte	5	20	Forstwirtschaft (nach dem 30.09.1995)
Motorhandkreissägen, elektrische	3	33.33	Holzverarbeitende Industrie
Motorheckenschneidegeräte	4	25	Garten-, Landschafts- und Sportplatzbau

Anlagegut	ND	% p.a.	Abschreibungstabelle
Motorpumpe	6	16.67	Kommunalverwaltung, KGSt-Bericht 1/1999
Motorpumpen	6	16.67	Garten-, Landschafts- und Sportplatzbau
Motorpumpen	6	16.67	Gartenbau (nach dem 31.12.1997)
Motorräder	7	14.29	Allgemein verwendbare Anlagegüter
Motorräder, Motorroller	6	16.67	Gem. Anlage 13 des Gesetzes zum NKFG (Neuen Kommunalen Finanzmanagement)
Motorrad	6	16.67	Kommunalverwaltung, KGSt-Bericht 1/1999
Motorroller	7	14.29	Allgemein verwendbare Anlagegüter
Motorsägen	3	33.33	Forstwirtschaft (nach dem 30.09.1995)
Motorsägen	3	33.33	Garten-, Landschafts- und Sportplatzbau
Motorsägen	6	16.67	Kommunalverwaltung, KGSt-Bericht 1/1999
Motorschürfwagen, Schürfkübelraupen	4	25	Baugewerbe
Motorschiffe und Schlepper	15	6.67	Baugewerbe
Motorschleppboote	10	10	Kies-, Sand-, Mörtel- und Transportbetonindustrie
Motorschlitten	6	16.67	Seilschwebebahnen und Schlepplifte
Motor-Seilwinden	10	10	Baugewerbe
Motorsense	6	16.67	Kommunalverwaltung, KGSt-Bericht 1/1999
Motorspritzen und Nebelgeräte	6	16.67	Gartenbau (nach dem 31.12.1997)
Motortrockenhauben	5	20	Friseurgewerbe und Schönheitssalons
Motorwinden, Anbauwinden, Seilanlagen	6	16.67	Forstwirtschaft (nach dem 30.09.1995)
Muffelöfen	10	10	Glaserzeugende Industrie (Flachglas, Hohlglas und Glasfaser)
Muffelöfen	7	14.29	Mühlen (ohne ölmühlen)
Muffelglühöfen	6	16.67	NE-Metallhalbzeugindustrie (NE-Metallhalbzeugwerke und NE-Metallgießereien)
Mulde (Großraummulde)	10	10	Kommunalverwaltung, KGSt-Bericht 1/1999
Muldenheissmangeln	10	10	Chemischreinigung, Wäscherei, Färberei
Muldenkipper	8	12.5	Kommunalverwaltung, KGSt-Bericht 1/1999
Muldenkipper	10	10	Weinbau und Weinhandel (nach dem 31.12.1988)

Anlagegut	ND	% p.a.	Abschreibungstabelle
Muldenkipper, Absetzkipper, Multiliftkipper, Liftkrankipper	4	25	Schrott- und Abbruchwirtschaft
Multiroller	6	16.67	Hut- und Stumpenindustrie
Musik und Beschallungsanlagen (einschl. Musikboxen)	4	25	Gastgewerbe
Musikautomaten	8	12.5	Allgemein verwendbare Anlagegüter
Musikinstrumente (Blasinstrumente)	10	10	Kommunalverwaltung, KGSt-Bericht 1/1999
Musikinstrumente (Schlaginstrumente)	10	10	Kommunalverwaltung, KGSt-Bericht 1/1999
Musikinstrumente (Streichinstrumente)	8	12.5	Kommunalverwaltung, KGSt-Bericht 1/1999
Musikinstrumente (Tasteninstrumente)	15	6.67	Kommunalverwaltung, KGSt-Bericht 1/1999
Musikinstrumente allgemein	10	10	Kommunalverwaltung, KGSt-Bericht 1/1999
Mutterautomaten	6	16.67	Stahlverformung
Näh- und Kettelmaschinen (einfache)	10	10	Maschinenindustrie
Näh- und Kettelmaschinen (Hochleistungs- u. Spezialnähmaschinen sowie Hochleistungskettelmaschinen)	6	16.67	Maschinenindustrie
Näh-, Stepp- und Säummaschinen	8	12.5	Papier und Pappe verarbeitende Industrie
Näh-Auszackmaschinen	5	20	Bekleidungsindustrie (ohne Lederbekleidung)
Nähbügelmaschinen	5	20	Bekleidungsindustrie (ohne Lederbekleidung)
Nähmaschinen	6	16.67	Holzverarbeitende Industrie
Nähmaschinen	8	12.5	Kommunalverwaltung, KGSt-Bericht 1/1999
Nähmaschinen	6	16.67	Torfgewinnung und -aufbereitung
Nähmaschinen mit elektrischen Antrieb	6	16.67	Spielwaren-Industrie
Nähmaschinen mit Hand- oder Fußantrieb	10	10	Spielwaren-Industrie
Naßabschneider	5	20	Schuhindustrie
Naßaufbereitung	16	6.25	Steinkohlenbergbau
Naßkollergänge	8	12.5	Ziegelindustrie
Naßschneidetischsäge	6	16.67	Kommunalverwaltung, KGSt-Bericht 1/1999

Anlagegut	ND	% p.a.	Abschreibungstabelle
Naßschrotmühlen	8	12.5	Brauereien und Mälzereien
Naßspinnenmaschinen	10	10	Gewerbliche Erzeugung und Aufbereitung von Spinnstoffen, Spinnerei, Weberei
Naßtrebersiloanlagen	10	10	Brauereien und Mälzereien
Nachreißmaschinen	6	16.67	Steinkohlenbergbau
Nachtrockner	10	10	Fleischmehlindustrie bzw. Tierkörperbeseitigung (Herstellung von tierischen Futtermitteln)
Nachttische	10	10	Gesundheitswesen
Nachttresoranlage	15	6.67	Kreditwirtschaft
Nadelmaschinen	7	14.29	Gewerbliche Erzeugung und Aufbereitung von Spinnstoffen, Spinnerei, Weberei
Nadelpistolen, Druckluft-	3	33.33	Maler- und Lackiererhandwerk
Nagel- und Klammergeräte, tragbare	3	33.33	Holzverarbeitende Industrie
Nagelbiegemaschinen	10	10	Borstenzurichtung und Pinselindustrie
Nagelmaschinen	5	20	Lederwaren- und Kofferindustrie
Nagelmaschinen, automatische	8	12.5	Borstenzurichtung und Pinselindustrie
Nahtausbügelmaschinen	5	20	Bekleidungsindustrie (ohne Lederbekleidung)
Nahtausreib-Maschinen	8	12.5	Schuhindustrie
Nahtimprägnier-Maschinen	5	20	Schuhindustrie
Narbenglasmaschinen	7	14.29	Schuhindustrie
Narbenplattenpressen	10	10	Leder-Industrie (Ledererzeugung)
Narkosegerät	5	20	Kommunalverwaltung, KGSt-Bericht 1/1999
Narkosegeräte	5	20	Gesundheitswesen
Nassabscheider	5	20	Allgemein verwendbare Anlagegüter
Nassabschneider	5	20	Holzverarbeitende Industrie
Nassdienst	12	8.33	Braunkohlenbergbau
Nassmörtel-Mischanlagen einschl. Silos, Siloausläufe, Förderrinnen und -bänder, Pumpen u. a.	6	16.67	Kies-, Sand-, Mörtel- und Transportbetonindustrie
Natur- und Polykorkmaschinen	6	16.67	Sektkellereien
NC-Maschinen	7	14.29	Feinmechanische und Optische Industrie
Nebelprüfgerät	7	14.29	Kommunalverwaltung, KGSt-Bericht 1/1999
Nebenstellenanlagen	10	10	Allgemein verwendbare Anlagegüter

Anlagegut	ND	% p.a.	Abschreibungstabelle
Netze u. ä.	3	33.33	Binnenfischerei, Teichwirtschaft, Fischzucht, fischwirtschaftliche Dienstleistungen
Netzgehege	10	10	Binnenfischerei, Teichwirtschaft, Fischzucht, fischwirtschaftliche Dienstleistungen
Netzschäler	12	8.33	Mühlen (ohne ölmühlen)
Netztrockenanlagen im Freien	13	7.69	Hochsee- und Küstenfischerei
Netzwerkverteiler	4	25	Kommunalverwaltung, KGSt-Bericht 1/1999
neugebaute Schornsteine	33	3.03	Fleischmehlindustrie bzw. Tierkörperbeseitigung (Herstellung von tierischen Futtermitteln)
Neutralisierungsanlagen	8	12.5	Erfrischungsgetränke- und Mineralbrunnenindustrie
Nicht befahrbare Brücken	15	6.67	Kalk-, Gips-, und Kreideindustrie
Nicht vollautomat. Maschinen zur Herstellung von Flachglas (Giesstische)	10	10	Glaserzeugende Industrie (Flachglas, Hohlglas und Glasfaser)
Nicht vollautomat. Maschinen zur Herstellung von Flachglas (Transporteinrichtungen dafür)	10	10	Glaserzeugende Industrie (Flachglas, Hohlglas und Glasfaser)
Nicht vollautomat. Maschinen zur Herstellung von Flachglas (Walzmaschinen)	10	10	Glaserzeugende Industrie (Flachglas, Hohlglas und Glasfaser)
Nichtautom., schnellaufende Webmaschinen und mit Anbauautomat versehene Webmaschinen	8	12.5	Gewerbliche Erzeugung und Aufbereitung von Spinnstoffen, Spinnerei, Weberei
Niederdrucköfen	5	20	NE-Metallhalbzeugindustrie (NE-Metallhalbzeugwerke und NE-Metallgießereien)
Niederdruck-Dampfkessel	10	10	Sägeindustrie und Holzbearbeitung
Niederdruck-Wärmeaustauscher	10	10	Steinkohlenbergbau
Niederspannungsfreileitungen mit überwiegend Holzmasten	25	4	Energie- und Wasserversorgung (nach dem 31.12.1993)
Niederspannungskabel außer Alu-Mantelkabel (Ortsnetze)	25	4	Energie- und Wasserversorgung (nach dem 31.12.1993)
Nierenlithotripter	8	12.5	Gesundheitswesen
Nietautomaten	7	14.29	Feinmechanische und Optische Industrie
Nietautomaten	5	20	Uhrenindustrie
Nietenautomaten	6	16.67	Eisen-, Blech- und Metallwarenindustrie

Anlagegut	ND	% p.a.	Abschreibungstabelle
Nietenautomaten	6	16.67	Stahlverformung
Nietenmaschinen	8	12.5	Eisen-, Blech- und Metallwarenindustrie
Nietenschlagmaschinen	8	12.5	Stahlverformung
Nietenstanzen	8	12.5	Stahlverformung
Niethämmer, Nietmaschinen, Wärmevorrichtungen	4	25	Stahl- und Eisenbau
Nietmaschinen	13	7.69	Allgemein verwendbare Anlagegüter
Nietmaschinen	8	12.5	Feinmechanische und Optische Industrie
Nietmaschinen	8	12.5	Stahlverformung
Nietmaschinen	10	10	Uhrenindustrie
Nietstanzen	10	10	Spielwaren-Industrie
Nivelliergerät	7	14.29	Kommunalverwaltung, KGSt-Bericht 1/1999
Notarzteinsatzwagen	5	20	Kommunalverwaltung, KGSt-Bericht 1/1999
Notbeleuchtungsanlagen	8	12.5	Heil-, Kur-, Sport- und Freizeitbäder
Notebooks	3	33.33	Allgemein verwendbare Anlagegüter
Notenpulte und Notenkissen	10	10	Fernseh-, Film- und Hörfunkwirtschaft
Notfallbehandlungssatz (mit Sauerstoff)	5	20	Gesundheitswesen
Notfallkoffer	5	20	Gesundheitswesen
Notfallkoffer	3	33.33	Kommunalverwaltung, KGSt-Bericht 1/1999
Notrufanlage Leitstelle	8	12.5	Kommunalverwaltung, KGSt-Bericht 1/1999
Notstromaggregat	15	6.67	Kommunalverwaltung, KGSt-Bericht 1/1999
Notstromaggregate	19	5.26	Allgemein verwendbare Anlagegüter
Notstromaggregate	15	6.67	Fleischmehlindustrie bzw. Tierkörperbeseitigung (Herstellung von tierischen Futtermitteln)
Notstromaggregate	15	6.67	Heil-, Kur-, Sport- und Freizeitbäder
Notstromaggregate	20	5	Landwirtschaft und Tierzucht (nach dem 30.06.1996)
Notstromaggregate, Stromgeneratoren, -umformer, Gleichrichter	15	6.67	Gem. Anlage 13 des Gesetzes zum NKFG (Neuen Kommunalen Finanzmanagement)
Notstromanlagen	10	10	Fernseh-, Film- und Hörfunkwirtschaft
Nuß-, Mandelschälmaschinen	8	12.5	Süßwarenindustrie

Anlagegut	ND	% p.a.	Abschreibungstabelle
Nußklassierung und -verladung	16	6.25	Steinkohlenbergbau
Nukleare Kontrollgeräte zur Einhaltung des Sollgewichts an Strangmaschinen	8	12.5	Zigarettenindustrie
Nuklear-Therapiegeräte	8	12.5	Gesundheitswesen
Numerier- und Paginiermaschinen	8	12.5	Druckerei und Verlagsunternehmen mit Druckerei
Numerier- und Paginiermaschinen	8	12.5	Papier und Pappe verarbeitende Industrie
Numerier- und Paginierwerke	5	20	Druckerei und Verlagsunternehmen mit Druckerei
Nut-, Rill- und Ritzmaschinen	8	12.5	Papier und Pappe verarbeitende Industrie
Nutenfräsmaschinen	8	12.5	Feinmechanische und Optische Industrie
Nutenfräsmaschinen	7	14.29	Schuhindustrie
Nuthobelmaschinen für Staylog	6	16.67	Sägeindustrie und Holzbearbeitung
Oberflächenbearbeitungsmaschinen (z.B. Bims-, Beflockungsmaschinen)	10	10	Hut- und Stumpenindustrie
Oberflächenbearbeitungsmaschinen, soweit sie einem besonderen Moderisiko unterworfen sind	5	20	Hut- und Stumpenindustrie
Oberflächenbehandlungsmaschinen (Imprägnieren, Lasieren, Lackieren, Wachsen)	5	20	Sägeindustrie und Holzbearbeitung
Oberfleckpolier-Maschinen	7	14.29	Schuhindustrie
Oberfräsen	5	20	Holzverarbeitende Industrie
Oberhitzer (Salamander)	5	20	Gastgewerbe
Oberirdische Lagerbehälter für Kraftstoffe, Heizöl	25	4	Vertrieb von Erdölerzeugnissen
Oberirdische Tankanlagen für Selbstverbraucher	8	12.5	Vertrieb von Erdölerzeugnissen
Oberlederaufrauh-Maschinen	7	14.29	Schuhindustrie
Oberleder-Markierapparate	5	20	Schuhindustrie
Oberlederstanzmaschinen	10	10	Lederwaren- und Kofferindustrie
Oberleder-Umbuggmaschinen	5	20	Schuhindustrie
Oberlederumbugmaschinen	5	20	Lederwaren- und Kofferindustrie
Obstdämpfer (Naßbetrieb)	7	14.29	Obst- und Gemüseverarbeitungsindustrie
Obst-Erntegeräte	8	12.5	Gartenbau (nach dem 31.12.1997)
Obstmühlen	8	12.5	Obst- und Gemüseverarbeitungsindustrie
Obstpressen	6	16.67	Fruchtsaft- und Fruchtweinindustrie

Anlagegut	ND	% p.a.	Abschreibungstabelle
Obstsortiermaschinen und Verlesebänder	6	16.67	Gartenbau (nach dem 31.12.1997)
Obstwaagen	11	9.09	Allgemein verwendbare Anlagegüter
Öfen (f. d. Wärmebehandlung)	5	20	Eisen-, Blech- und Metallwarenindustrie
Öfen für Aufglasurbrand (MuffelÖfen)	7	14.29	Feinkeramische Industrie
Öfen für die Wärmebehandlung und Materialerwärmung	5	20	Stahlverformung
Öfen, automatische	7	14.29	Brot- und Backwarenindustrie, Herst. v. Tiefkühl-/Kombinationsbackwaren, Bäckereien, Konditoreien
Öfen, elektrische und GasglühÖfen	5	20	Uhrenindustrie
Öfen, gemauerte (Einschieß-/ AuszugÖfen) (schichtunabhängig)	20	5	Brot- und Backwarenindustrie, Herst. v. Tiefkühl-/Kombinationsbackwaren, Bäckereien, Konditoreien
Öffentliche Telekommunikationsstellen	10	10	Fernmeldedienste
Öl- und Gasleitungen, Armaturen (bei Aktivierung sämtl. Ersatzbeschaffungen und Neuzugänge)	8	12.5	Erdölgewinnung
Öl-, Gas- und Wasseraufbereitungsanlagen	10	10	Erdölgewinnung
Ölaufbereitungsanlagen	8	12.5	Aluminiumfolien-Industrie
Ölbehälter	14	7.14	ölmühlen und Margarine-Industrie
Ölkühler und Rührwerk	14	7.14	ölmühlen und Margarine-Industrie
Ölmaschinen, automatische	5	20	Uhrenindustrie
Ölpresse	10	10	Essig- und Senffabrikation
Ölpumpen	10	10	ölmühlen und Margarine-Industrie
Ölrückkühlanlagen	5	20	Eisen-, Blech- und Metallwarenindustrie
Ölrückkühlanlagen	5	20	Stahlverformung
Öltankanlagen	33	3.03	ölmühlen und Margarine-Industrie
Öltrubpumpen	5	20	ölmühlen und Margarine-Industrie
Ösen- und Nietmaschinen	8	12.5	Druckerei und Verlagsunternehmen mit Druckerei
Öseneindrückmaschinen	5	20	Spielwaren-Industrie
Öseneinsetz-Maschinen	8	12.5	Schuhindustrie
Ösenmaschinen	5	20	Spielwaren-Industrie
Ofenanlagen (Einbauten (Retorten, Rekuperatoren, Regeneratoren))	10	10	Energie- und Wasserversorgung (nach dem 31.12.1993)

Anlagegut	ND	% p.a.	Abschreibungstabelle
Ofenanlagen (Ober- und Unterbauten (einschl. Armaturen))	20	5	Energie- und Wasserversorgung (nach dem 31.12.1993)
Ofentische	10	10	Zahntechniker
Offene Gräben (soweit Bestandteil der kommunalen Entwässerung)	20	5	Kommunalverwaltung, KGSt-Bericht 1/1999
Offene Pontons	10	10	Baugewerbe
Offene, einwandige Schuten	10	10	Baugewerbe
Offset-Andruckmaschinen, Offset-Flachformmaschinen	10	10	Druckerei und Verlagsunternehmen mit Druckerei
Offsetdruckplattenbiegemaschinen (Biege- und Abkantvorrichtungen)	8	12.5	Druckerei und Verlagsunternehmen mit Druckerei
Offsetdruckplattenschleif- und -körnapparate sowie -maschinen	6	16.67	Druckerei und Verlagsunternehmen mit Druckerei
Offsetdruckplattenschleudern	6	16.67	Druckerei und Verlagsunternehmen mit Druckerei
Offsetdruckplattenstreckapparate	6	16.67	Druckerei und Verlagsunternehmen mit Druckerei
Omnibusse	9	11.11	Allgemein verwendbare Anlagegüter
Omnibusse	6	16.67	Gem. Anlage 13 des Gesetzes zum NKFG (Neuen Kommunalen Finanzmanagement)
Omnibusse (sonstige)	7	14.29	Personen- und Güterbeförderung (im Straßen- und Schienenverkehr)
On-line-Etikettierer	5	20	Fleischwarenindustrie, Fleischer, Schlachthöfe
On-Line-Messung (NIR-Geräte)	5	20	Mühlen (ohne ölmühlen)
Ophthalmologische Grundeinheit (einschl. Zubehör)	10	10	Gesundheitswesen
Ophthalmoskopische Geräte	10	10	Gesundheitswesen
OP-Leuchten	10	10	Gesundheitswesen
Optik	3	33.33	Filmtheater
OP-Tische	10	10	Gesundheitswesen
Optische / optoelektronische Prüfgeräte für Entwicklung	5	20	Feinmechanische und Optische Industrie
Optische / optoelektronische Prüfgeräte für Fertigung	5	20	Feinmechanische und Optische Industrie
Optische und elektronische Prüfgeräte für Entwicklung	5	20	Feinmechanische und Optische Industrie
Optische und elektronische Prüfgeräte für Fertigung	5	20	Feinmechanische und Optische Industrie

Anlagegut	ND	% p.a.	Abschreibungstabelle
Orientierungssysteme	10	10	Allgemein verwendbare Anlagegüter
Ortsfeste Wasserklär u. -aufbereit. anl., ölreinig.anl., Gasreinig.- und Gasaufbereit.anl.	10	10	Schiffbau
Outdoor-Tanks	12	8.33	Brauereien und Mälzereien
Overheadprojektoren	7	14.29	Kommunalverwaltung, KGSt-Bericht 1/1999
Overhead-Projektoren	8	12.5	Allgemein verwendbare Anlagegüter
Oxydationsanlagen	5	20	Eisen-, Blech- und Metallwarenindustrie
Oxydationsanlagen	5	20	Stahlverformung
Ozondesinfektionsanlagen	7	14.29	Brauereien und Mälzereien
Ozonmeßstation	10	10	Kommunalverwaltung, KGSt-Bericht 1/1999
Ozonmessstation, Umweltmessstation	8	12.5	Gem. Anlage 13 des Gesetzes zum NKFG (Neuen Kommunalen Finanzmanagement)
Pökelapparate	4	25	Fleischwarenindustrie, Fleischer, Schlachthöfe
Pökelbottiche (Kunststoff)	4	25	Fleischwarenindustrie, Fleischer, Schlachthöfe
Pökelbottiche (V2A)	7	14.29	Fleischwarenindustrie, Fleischer, Schlachthöfe
Pökeleinspritzanlagen	8	12.5	Fleischwarenindustrie, Fleischer, Schlachthöfe
Packmaschinen	7	14.29	Kalk-, Gips-, und Kreideindustrie
Packmaschinen	5	20	Süßwarenindustrie
Packmaschinen	8	12.5	Zigarettenindustrie
Packmaschinen für Hartgebäck und Zwieback	5	20	Süßwarenindustrie
Packmaschinen und Wiegeeinrichtungen	10	10	Zementindustrie
Packtische m. lfd. Bändern	8	12.5	Süßwarenindustrie
Packungsaufbereitungsgeräte und Packungswarmhalteschränke	8	12.5	Heil-, Kur-, Sport- und Freizeitbäder
Packungskühltische	7	14.29	Heil-, Kur-, Sport- und Freizeitbäder
Paginiermaschinen	8	12.5	Allgemein verwendbare Anlagegüter
Paginiermaschinen	10	10	Kommunalverwaltung, KGSt-Bericht 1/1999
Paketausleger	8	12.5	Druckerei und Verlagsunternehmen mit Druckerei

Anlagegut	ND	% p.a.	Abschreibungstabelle
Paketier- und Schrott-	10	10	Kraftfahrzeugindustrie
Paketier-, Abfüllanlagen	5	20	Kaffee- und Teeverarbeitung (ohne Kaffeemittelproduktion)
Paketiermaschinen	5	20	Kaffee- und Teeverarbeitung (ohne Kaffeemittelproduktion)
Paketiermaschinen und Bündelungsanlagen	5	20	Ziegelindustrie
Paketierpressen (hydraulisch)	10	10	NE-Metallhalbzeugindustrie (NE-Metallhalbzeugwerke und NE-Metallgießereien)
Paketverteilanlagen	15	6.67	Personen- und Güterbeförderung (im Straßen- und Schienenverkehr)
Palettengabel	10	10	Kommunalverwaltung, KGSt-Bericht 1/1999
Palettennagelmaschinen	5	20	Holzverarbeitende Industrie
Paletten-Schrumpfanlagen	6	16.67	Papier und Pappe verarbeitende Industrie
Palett-Hubwagen, Elektro-	7	14.29	Baugewerbe
Palett-Hubwagen, Elektro-	7	14.29	Maler- und Lackiererhandwerk
Palett-Hubwagen, hydraulisch	7	14.29	Baugewerbe
Palett-Hubwagen, hydraulisch	7	14.29	Maler- und Lackiererhandwerk
Palettier- und Entpalettieranlagen	5	20	Brauereien und Mälzereien
Palettier- und Entpalettiermaschinen	5	20	Erfrischungsgetränke- und Mineralbrunnenindustrie
Palettieranlagen	8	12.5	Obst- und Gemüseverarbeitungsindustrie
Palettieranlagen	8	12.5	Papier und Pappe verarbeitende Industrie
Palettierautomaten	8	12.5	Druckerei und Verlagsunternehmen mit Druckerei
Palettierautomaten	5	20	Kalk-, Gips-, und Kreideindustrie
Palettisierungsanlagen	6	16.67	Molkereien und sonstige Milchverwertung
Palettomat	10	10	Mühlen (ohne ölmühlen)
Palisadenfertigungsanlagen	5	20	Sägeindustrie und Holzbearbeitung
Palmer und Filzkalander	8	12.5	Textilveredelung
Paniermaschinen	5	20	Fleischwarenindustrie, Fleischer, Schlachthöfe
Panzerschränke	23	4.35	Allgemein verwendbare Anlagegüter
Papier- und Pappenmaschinen	10	10	Zellstoff, Holzstoff, Papier und Pappe erzeugende Industrie

Anlagegut	ND	% p.a.	Abschreibungstabelle
Papieraufhängeanlagen	8	12.5	Druckerei und Verlagsunternehmen mit Druckerei
Papiereckenverbindungsmaschinen	10	10	Spielwaren-Industrie
Papiersackherstellungsmaschinen	8	12.5	Papier und Pappe verarbeitende Industrie
Papierschnitzel-Absauganlagen	8	12.5	Druckerei und Verlagsunternehmen mit Druckerei
Papierzählmaschinen	8	12.5	Papier und Pappe verarbeitende Industrie
Pappenritz- und Pappenbiegemaschinen	10	10	Spielwaren-Industrie
Pappscheren	8	12.5	Druckerei und Verlagsunternehmen mit Druckerei
Pappschneidemaschinen (Pappscheren)	10	10	Spielwaren-Industrie
Paraffinierungsanlagen	5	20	Molkereien und sonstige Milchverwertung
Parkettstabautomaten	6	16.67	Holzverarbeitende Industrie
Parkhäuser	80	1.25	Kommunalverwaltung, KGSt-Bericht 1/1999
Parkhäuser und Tiefgaragen	30	3.33	Vertrieb von Erdölerzeugnissen
Parkhäuser, Tiefgaragen	30	3.33	Gem. Anlage 13 des Gesetzes zum NKFG (Neuen Kommunalen Finanzmanagement)
Parkleitsystem	10	10	Kommunalverwaltung, KGSt-Bericht 1/1999
Parkplätze (in Kies, Schotter, Schlacken)	9	11.11	Allgemein verwendbare Anlagegüter
Parkplätze (mit Packlage)	19	5.26	Allgemein verwendbare Anlagegüter
Parkscheinautomat	8	12.5	Gem. Anlage 13 des Gesetzes zum NKFG (Neuen Kommunalen Finanzmanagement)
Parkscheinautomat	10	10	Kommunalverwaltung, KGSt-Bericht 1/1999
Parkuhren	15	6.67	Kommunalverwaltung, KGSt-Bericht 1/1999
Passbildautomaten	5	20	Allgemein verwendbare Anlagegüter
Passiermaschinen	8	12.5	Fischverarbeitungsindustrie
Passiermaschinen	8	12.5	Süßwarenindustrie
Passiermaschinen (Naßbetrieb)	7	14.29	Obst- und Gemüseverarbeitungsindustrie
Pasteure	7	14.29	Süßwarenindustrie
Pasteurisieranlagen, Rückkühlanlagen	8	12.5	Erfrischungsgetränke- und Mineralbrunnenindustrie
Pasteurisiergeräte (überfluter, Naßbetrieb)	7	14.29	Obst- und Gemüseverarbeitungsindustrie

Anlagegut	ND	% p.a.	Abschreibungstabelle
Pasteurisierkammern	8	12.5	Brauereien und Mälzereien
Pasteurisierungsanlagen	5	20	Brot- und Backwarenindustrie, Herst. v. Tiefkühl-/Kombinationsbackwaren, Bäckereien, Konditoreien
Pastillenmaschinen	10	10	Süßwarenindustrie
Pastinganlagen	5	20	Leder-Industrie (Ledererzeugung)
Pattenautomaten	5	20	Bekleidungsindustrie (ohne Lederbekleidung)
Pausensignalanlagen	10	10	Kommunalverwaltung, KGSt-Bericht 1/1999
Pavillionbauten, Leichtbauweise	20	5	Kommunalverwaltung, KGSt-Bericht 1/1999
PC einschl. Server u. Einbaukarten, Workstation, Laptop, Notebook	3	33.33	Kommunalverwaltung, KGSt-Bericht 1/1999
Pedeskop-Röntgenapparate	4	25	Waren- und Kaufhäuser
Pedestale	5	20	Fernseh-, Film- und Hörfunkwirtschaft
Pediküreстühle	10	10	Friseurgewerbe und Schönheitssalons
Pelettkühler	12	8.33	Mühlen (ohne ölmühlen)
Pelletizer	10	10	Kautschukindustrie
Pelznähmaschinen (Pelzbekleidungsindustrie und Kürschnerei)	7	14.29	Rauchwarenverarbeitung
Pelznähmaschinen (Rauchwarenveredlung)	7	14.29	Rauchwarenverarbeitung
Perforatoren für ausgeschlossene und Endloslochstreifen	4	25	Druckerei und Verlagsunternehmen mit Druckerei
Perforiereinrichtungen	8	12.5	Aluminiumfolien-Industrie
Perforiermaschinen	10	10	Bekleidungsindustrie (ohne Lederbekleidung)
Perforiermaschinen	7	14.29	Lederwaren- und Kofferindustrie
Perforiermaschinen	8	12.5	Papier und Pappe verarbeitende Industrie
Perforiermaschinen, Nut-, Rill- und Ritzmaschinen	8	12.5	Druckerei und Verlagsunternehmen mit Druckerei
Perimeter (dynamisch / statisch)	8	12.5	Gesundheitswesen
Peripheriegeräte (Drucker, Scanner, Bildschirme u. ä.)	3	33.33	Allgemein verwendbare Anlagegüter
Permanentsauger	8	12.5	Kommunalverwaltung, KGSt-Bericht 1/1999
Personalcomputer	3	33.33	Allgemein verwendbare Anlagegüter

Anlagegut	ND	% p.a.	Abschreibungstabelle
Personenkraftwagen	6	16.67	Allgemein verwendbare Anlagegüter
Personenkraftwagen	8	12.5	Kommunalverwaltung, KGSt-Bericht 1/1999
Personenkraftwagen	5	20	Personen- und Güterbeförderung (im Straßen- und Schienenverkehr)
Personenkraftwagen, Wohnwagen	6	16.67	Gem. Anlage 13 des Gesetzes zum NKFG (Neuen Kommunalen Finanzmanagement)
Personenwaagen	10	10	Heil-, Kur-, Sport- und Freizeitbäder
Petroleum-Raffinationsanlagen (Entschwefelung, Säure- und Selektivbehandlung	8	12.5	Erdölverarbeitung
Pfahlwerke (sonstige (Stahl))	15	6.67	Schiffbau
Pfahlwerke aus Holz	10	10	Schiffbau
Pflückmaschine	10	10	Hopfenanbau
Pflückmaschinenhalle (Leichtbauweise (Holz, Eternit))	20	5	Hopfenanbau
Pflückmaschinenhalle (Massivbauweise)	33	3.03	Hopfenanbau
Pflüge	10	10	Gartenbau (nach dem 31.12.1997)
Pflanzenschutzspritz- und -sprühgeräte	5	20	Weinbau und Weinhandel (nach dem 31.12.1988)
Pflanzmaschinen	6	16.67	Forstwirtschaft (nach dem 30.09.1995)
Pflanzmaschinen	6	16.67	Gartenbau (nach dem 31.12.1997)
Pflanzmaschinen mit Giessvorrichtung	7	14.29	Tabakanbau (nach dem 30.06.1995)
Pflanzschulgeräte	8	12.5	Forstwirtschaft (nach dem 30.09.1995)
Pflastersteinwege	10	10	Kommunalverwaltung, KGSt-Bericht 1/1999
Pflaumenentsteinmaschinen	8	12.5	Obst- und Gemüseverarbeitungsindustrie
Pflege, Anbaugeräte	4	25	Garten-, Landschafts- und Sportplatzbau
Pflugnachläufer (Packer, Krümler)	10	10	Gartenbau (nach dem 31.12.1997)
Pfostenramme	4	25	Garten-, Landschafts- und Sportplatzbau
Phenolsolvananlage	12	8.33	Braunkohlenbergbau
Phoropter (einschl. Leselampe)	8	12.5	Gesundheitswesen
Phosphatieranlagen	5	20	Eisen-, Blech- und Metallwarenindustrie
Phosphatieranlagen	5	20	Stahlverformung
Photometer	5	20	Gesundheitswesen
Photometer (Spektral- u. sonstige Photometer)	10	10	Kommunalverwaltung, KGSt-Bericht 1/1999

Anlagegut	ND	% p.a.	Abschreibungstabelle
Photovoltaikanlagen	20	5	Allgemein verwendbare Anlagegüter
Photovoltaikanlagen	20	5	Gem. Anlage 13 des Gesetzes zum NKFG (Neuen Kommunalen Finanzmanagement)
Pigmentpapier-übertragungsmaschinen	10	10	Druckerei und Verlagsunternehmen mit Druckerei
Pikiermaschinen	10	10	Rauchwarenverarbeitung
Pinselpressen	10	10	Borstenzurichtung und Pinselindustrie
Pistenpräparierfahrzeuge	6	16.67	Seilschwebebahnen und Schlepplifte
Pkw	4	25	Garten-, Landschafts- und Sportplatzbau
Plättmaschinen (Wasch- und Trockenprozess)	10	10	Gewerbliche Erzeugung und Aufbereitung von Spinnstoffen, Spinnerei, Weberei
Plüschmaschinen	6	16.67	Leder-Industrie (Ledererzeugung)
Planausleser	12	8.33	Mühlen (ohne ölmühlen)
Planetenrührer	7	14.29	Feinkeramische Industrie
Planfräser / Schaber	8	12.5	Druckerei und Verlagsunternehmen mit Druckerei
Planier- und Schürfkübelraupen	3	33.33	Kies-, Sand-, Mörtel- und Transportbetonindustrie
Planieregge (selbstfahrend)	4	25	Garten-, Landschafts- und Sportplatzbau
Planiergeräte	5	20	Braunkohlenbergbau
Planiermaschinen	8	12.5	Torfgewinnung und -aufbereitung
Planierraupe	4	25	Garten-, Landschafts- und Sportplatzbau
Planierraupen	4	25	Bimsbaustoffindustrie
Planierraupen	5	20	Forstwirtschaft (nach dem 30.09.1995)
Planierraupen	8	12.5	Kommunalverwaltung, KGSt-Bericht 1/1999
Planierraupen	4	25	Schiefer- und Tonindustrie
Planierraupen mit Schild	5	20	Schrott- und Abbruchwirtschaft
Planierraupen, Ladegeräte auf Raupen	4	25	Baugewerbe
Planierraupen,Ladegeräte auf Raupen oder luftbereift	4	25	Kalksandsteinindustrie
Plansichter	15	6.67	Mühlen (ohne ölmühlen)
Plasma-Schneidanlagen, CNC	5	20	Stahlverformung
Plastikbindemaschinen	8	12.5	Druckerei und Verlagsunternehmen mit Druckerei
Plastikmaschinen	8	12.5	Süßwarenindustrie
Plattenaufteilsägen	5	20	Holzverarbeitende Industrie

Anlagegut	ND	% p.a.	Abschreibungstabelle
Plattenbänder	14	7.14	Allgemein verwendbare Anlagegüter
Plattenbänder	7	14.29	Baugewerbe
Plattenbandförderer	6	16.67	Eisen-, Stahl- und Tempergießereien
Plattenformatsägen	5	20	Holzverarbeitende Industrie
Plattengefriermaschinen	7	14.29	Fleischwarenindustrie, Fleischer, Schlachthöfe
Plattensäge- und -schneidemaschinen	6	16.67	Leichtbauplattenindustrie
Plattensägemaschinen	10	10	NE-Metallhalbzeugindustrie (NE-Metallhalbzeugwerke und NE-Metallgießereien)
Plattenschneider	8	12.5	Kommunalverwaltung, KGSt-Bericht 1/1999
Plattenspieler (sonstige)	3	33.33	Fernseh-, Film- und Hörfunkwirtschaft
Plattenwärmetauscher	6	16.67	Sektkellereien
Plattenwärmetauscher	6	16.67	Weinbau und Weinhandel (nach dem 31.12.1988)
Plattenwalzwerke	10	10	NE-Metallhalbzeugindustrie (NE-Metallhalbzeugwerke und NE-Metallgießereien)
Plattenwege	10	10	Kommunalverwaltung, KGSt-Bericht 1/1999
Plattierungsausrüstungen	8	12.5	Gastgewerbe
Playback-Anlagen	5	20	Fernseh-, Film- und Hörfunkwirtschaft
Plexiverglasung Eislaufhalle	8	12.5	Kommunalverwaltung, KGSt-Bericht 1/1999
Plissiermaschinen	8	12.5	Papier und Pappe verarbeitende Industrie
Plotter	3	33.33	Kommunalverwaltung, KGSt-Bericht 1/1999
Pneumat. Fördereinrichtungen	10	10	Mühlen (ohne ölmühlen)
Pneumatische Betonförderanlagen (mit Betonförderrohren)	6	16.67	Baugewerbe
Pneumatische Förderanlagen	5	20	Kalksandsteinindustrie
Pneumatische Fördergeräte	8	12.5	Beton- und Fertigteilindustrie
Pneumatische Rebschneideanlage	5	20	Weinbau und Weinhandel (nach dem 31.12.1988)
Podeste	10	10	Waren- und Kaufhäuser
Polierapparate für Flachglas	10	10	Glaserzeugende Industrie (Flachglas, Hohlglas und Glasfaser)
Polierautomaten	5	20	Uhrenindustrie

Anlagegut	ND	% p.a.	Abschreibungstabelle
Poliergeräte	8	12.5	Zahntechniker
Poliermaschine	7	14.29	Herstellung von Schreib- und Zeichengeräten
Poliermaschinen	6	16.67	Fleischwarenindustrie, Fleischer, Schlachthöfe
Poliermaschinen	6	16.67	Holzverarbeitende Industrie
Poliermaschinen	8	12.5	NE-Metallhalbzeugindustrie (NE-Metallhalbzeugwerke und NE-Metallgießereien)
Poliermaschinen	8	12.5	Papier und Pappe verarbeitende Industrie
Poliermaschinen	5	20	Spielwaren-Industrie
Poliermaschinen	8	12.5	Uhrenindustrie
Poliermaschinen (Fertigungsbereich Optik)	7	14.29	Feinmechanische und Optische Industrie
Poliermaschinen (Maschinen und Anlagen für Oberflächenbehandlung)	8	12.5	Feinmechanische und Optische Industrie
Poliermaschinen (nicht unmittelbar f. Spielwarenfertigung)	8	12.5	Spielwaren-Industrie
Poliermaschinen, automatisch (Maschinen und Anlagen für Oberflächenbehandlung)	6	16.67	Feinmechanische und Optische Industrie
Poliermaschinen, mobil	5	20	Allgemein verwendbare Anlagegüter
Poliermaschinen, stationär	13	7.69	Allgemein verwendbare Anlagegüter
Poliertische für Flachglas	10	10	Glaserzeugende Industrie (Flachglas, Hohlglas und Glasfaser)
Poller (Straßenverkehr)	8	12.5	Kommunalverwaltung, KGSt-Bericht 1/1999
Polstermöbel in Bars, Hallen und Restaurants	5	20	Gastgewerbe
Polymerisationsgeräte ohne Druck	9	11.11	Zahntechniker
Polymerisationsgeräte unter Druck	5	20	Zahntechniker
Pontons	30	3.33	Allgemein verwendbare Anlagegüter
Pontons	30	3.33	Hochsee-, Küsten- und Binnenschiffahrt
Pontons	20	5	Schiffbau
Portal- und Turmdrehkrane	8	12.5	Schrott- und Abbruchwirtschaft
Portalkrane	8	12.5	Baugewerbe
Portalwaschanlagen	10	10	Allgemein verwendbare Anlagegüter
Portalwaschanlagen	6	16.67	Vertrieb von Erdölerzeugnissen

Anlagegut	ND	% p.a.	Abschreibungstabelle
Portionierautomaten bewegl.	4	25	Fleischwarenindustrie, Fleischer, Schlachthöfe
Positronen-Emissions-Computer-Tomographen	8	12.5	Gesundheitswesen
Postfachanlagen	10	10	Personen- und Güterbeförderung (im Straßen- und Schienenverkehr)
Präge- und Vulkanisierpressen	10	10	Druckerei und Verlagsunternehmen mit Druckerei
Prägekalander	8	12.5	Textilveredelung
Prägemaschinen	10	10	Fischverarbeitungsindustrie
Prägemaschinen	4	25	Kunststoffverarbeitende Industrie
Prägemaschinen (einschl. Automaten)	10	10	Aluminiumfolien-Industrie
Prägemaschinen (handbetrieben)	10	10	Lederwaren- und Kofferindustrie
Prägemaschinen (hydraulisch)	5	20	Lederwaren- und Kofferindustrie
Prägepressen	5	20	Schuhindustrie
Prägepressen (Chemiegrafische Druckplattenherstellung, galvanoplastische Einrichtungen)	10	10	Druckerei und Verlagsunternehmen mit Druckerei
Prägepressen (Stereotypie-Einrichtungen)	10	10	Druckerei und Verlagsunternehmen mit Druckerei
Prägepressen (WEITERVERARBEITUNG)	8	12.5	Druckerei und Verlagsunternehmen mit Druckerei
Präparierkästen und -wannen	7	14.29	Herstellung von Schreib- und Zeichengeräten
Präsentationsgeräte	8	12.5	Allgemein verwendbare Anlagegüter
Präzisionsdrehbänke (nicht unmittelbar f. Spielwarenfertigung)	6	16.67	Spielwaren-Industrie
Präzisionshobelmaschinen	6	16.67	Feinmechanische und Optische Industrie
Präzisionswaagen	13	7.69	Allgemein verwendbare Anlagegüter
Präzisionswaagen	6	16.67	Zahntechniker
Präzisions-Werkzeugschleifautomaten	5	20	Holzverarbeitende Industrie
Prüf- und Kontrollanlagen (Dosenabfüllanlagen)	5	20	Brauereien und Mälzereien
Prüf- und Kontrollanlagen (Dosenabfüllanlagen)	5	20	Erfrischungsgetränke- und Mineralbrunnenindustrie
Prüf- und Kontrollanlagen (Füllanlagen)	5	20	Erfrischungsgetränke- und Mineralbrunnenindustrie

Anlagegut	ND	% p.a.	Abschreibungstabelle
Prüf- und Kontrollanlagen (z.B. elektronische Flaschenausleuchtung) (Flaschenkeller)	5	20	Brauereien und Mälzereien
Prüf- und Kontrolleinrichtungen	5	20	Fruchtsaft- und Fruchtweinindustrie
Prüf-, Eich- und Meßgeräte	15	6.67	Energie- und Wasserversorgung (nach dem 31.12.1993)
Prüfgeräte f. Mesopischen Sehbereich	8	12.5	Gesundheitswesen
Prüfgeräte, Geld-	7	14.29	Allgemein verwendbare Anlagegüter
Prüfmaschinen für Gewerbe- und Gummifabrikate	10	10	Kautschukindustrie
Prüfmaschinen und Meßeinrichtungen (beweglich)	3	33.33	Schiffbau
Prüfmaschinen und Meßeinrichtungen (ortsfest)	5	20	Schiffbau
Prüfpressen	8	12.5	Beton- und Fertigteilindustrie
Pralinen-überziehmaschinen	8	12.5	Süßwarenindustrie
Pralinen-Einschlagmaschinen	5	20	Süßwarenindustrie
Prallmühlen	12	8.33	Mühlen (ohne ölmühlen)
Prallmühlen, Schleudermühlen	6	16.67	Feuerfeste- und Steinzeug-Industrie
Prallmühlen, Schleudermühlen	6	16.67	Schiefer- und Tonindustrie
Praxiseinrichtungen	10	10	Gesundheitswesen
Preß- und Stanzautomaten	5	20	Uhrenindustrie
Preßautomaten	6	16.67	Stahlverformung
Preßautomaten CNC	5	20	Stahlverformung
Preßluftatmer	6	16.67	Kommunalverwaltung, KGSt-Bericht 1/1999
Preßluftflasche	8	12.5	Kommunalverwaltung, KGSt-Bericht 1/1999
Preßlufthämmer	6	16.67	Kommunalverwaltung, KGSt-Bericht 1/1999
Preßlufthandstampfer	5	20	Beton- und Fertigteilindustrie
Preßlufttauchgerät	6	16.67	Kommunalverwaltung, KGSt-Bericht 1/1999
Preisauszeichnungsanlagen	6	16.67	Molkereien und sonstige Milchverwertung
Pressen	14	7.14	Allgemein verwendbare Anlagegüter
Pressen	10	10	Glaserzeugende Industrie (Flachglas, Hohlglas und Glasfaser)
Pressen	6	16.67	Schiefer- und Tonindustrie

Anlagegut	ND	% p.a.	Abschreibungstabelle
Pressen	10	10	Torfgewinnung und -aufbereitung
Pressen (allgemein)	8	12.5	Eisen-, Blech- und Metallwarenindustrie
Pressen (allgemein)	8	12.5	Stahlverformung
Pressen (Packpressen zum Pressen von Früchten, Naßbetrieb)	8	12.5	Obst- und Gemüseverarbeitungsindustrie
Pressen (zur Tonaufbereitung)	6	16.67	Ziegelindustrie
Pressen aller Art	8	12.5	Papier und Pappe verarbeitende Industrie
Pressen für Kunststoffe und Schichtstoffe	8	12.5	Kunststoffverarbeitende Industrie
Pressen und Stanzen einschließlich Einpreßapparate	10	10	Uhrenindustrie
Pressen, allgemein	8	12.5	Kraftfahrzeugindustrie
Pressluft- und Saugluftleitungen	10	10	Glaserzeugende Industrie (Flachglas, Hohlglas und Glasfaser)
Presslufthämmer	7	14.29	Allgemein verwendbare Anlagegüter
Presswannen	6	16.67	Molkereien und sonstige Milchverwertung
Pritschenautos zum Transport von Mineralölprodukten	7	14.29	Vertrieb von Erdölerzeugnissen
Pritschenwagen	8	12.5	Kommunalverwaltung, KGSt-Bericht 1/1999
Probenehmer	12	8.33	Mühlen (ohne ölmühlen)
Probenröster	10	10	Kaffee- und Teeverarbeitung (ohne Kaffeemittelproduktion)
Probesammler	12	8.33	Mühlen (ohne ölmühlen)
Produktionsmischanlagen	6	16.67	Erfrischungsgetränke- und Mineralbrunnenindustrie
Produktionsmischanlagen	6	16.67	Fruchtsaft- und Fruchtweinindustrie
Produktwaagen	12	8.33	Mühlen (ohne ölmühlen)
Profileindrückmaschinen	7	14.29	Holzverarbeitende Industrie
Profilfräsautomat (f. Holz)	7	14.29	Herstellung von Schreib- und Zeichengeräten
Profilfräsautomaten mit und ohne Bohrvorrichtung	5	20	Holzverarbeitende Industrie
Profilpressen	7	14.29	Holzverarbeitende Industrie
Profilspaneranlagen (einschl. Transportanlagen)	6	16.67	Sägeindustrie und Holzbearbeitung
Programmiergeräte	5	20	Druckerei und Verlagsunternehmen mit Druckerei

Anlagegut	ND	% p.a.	Abschreibungstabelle
Projektionsapparate	6	16.67	Filmtheater
Projektionswände	5	20	Fernseh-, Film- und Hörfunkwirtschaft
Projektionswände (mobil), Leinwände	7	14.29	Kommunalverwaltung, KGSt-Bericht 1/1999
Projektoren, Overhead-	8	12.5	Allgemein verwendbare Anlagegüter
Projektoren, Vorführgeräte	5	20	Fernseh-, Film- und Hörfunkwirtschaft
Prozeßrechner	5	20	Steinkohlenbergbau
Prozess-Steuerungsanlagen	5	20	Obst- und Gemüseverarbeitungsindustrie
Pulpanlagen (Dämpfer mit Rührwerk) im Naßbetrieb	8	12.5	Obst- und Gemüseverarbeitungsindustrie
Pulsometer	5	20	Kommunalverwaltung, KGSt-Bericht 1/1999
Pulverbeschichtungsanlagen	5	20	Eisen-, Blech- und Metallwarenindustrie
Pulverbeschichtungsanlagen	5	20	Stahlverformung
Pulvermischanlagen	8	12.5	Molkereien und sonstige Milchverwertung
Pulversaugmaschine	8	12.5	Kommunalverwaltung, KGSt-Bericht 1/1999
Pulversilos	10	10	Molkereien und sonstige Milchverwertung
Pumpanlagen	20	5	Energie- und Wasserversorgung (nach dem 31.12.1993)
Pumpen	6	16.67	Binnenfischerei, Teichwirtschaft, Fischzucht, fischwirtschaftliche Dienstleistungen
Pumpen	7	14.29	Brauereien und Mälzereien
Pumpen	8	12.5	Erdölgewinnung
Pumpen	8	12.5	Feinmechanische und Optische Industrie
Pumpen	5	20	Fruchtsaft- und Fruchtweinindustrie
Pumpen	5	20	Kalk-, Gips-, und Kreideindustrie
Pumpen	6	16.67	Kommunalverwaltung, KGSt-Bericht 1/1999
Pumpen aller Art für Heissteer u. -bitumen	4	25	Natursteinindustrie f. d. Wege-, Bahn-, Wasser- u. Betonbau
Pumpen aller Art im Steinbruch u. in den Brecheranlagen	6	16.67	Natursteinindustrie f. d. Wege-, Bahn-, Wasser- u. Betonbau
Pumpen für aggressive und schleissende Flüssigkeiten	6	16.67	Feuerfeste- und Steinzeug-Industrie
Pumpen für Heißwasserkreislauf	15	6.67	Energie- und Wasserversorgung (nach dem 31.12.1993)

Anlagegut	ND	% p.a.	Abschreibungstabelle
Pumpen für Sonderwasserhaltung und hydraulischen Ausbau	5	20	Steinkohlenbergbau
Pumpen im Abraum, bei der Gewinnung und Wasserhaltung	6	16.67	Schiefer- und Tonindustrie
Pumpen- und Heizaggregate	8	12.5	Baugewerbe
Pumpen und Hochdruckpumpen	6	16.67	Sektkellereien
Pumpen, stationäre	8	12.5	Schiefer- und Tonindustrie
Pumpen, transportable	5	20	Schiefer- und Tonindustrie
Pumpen, Ventilatoren und Gebläse (beweglich)	5	20	Schiffbau
Pumpen, Ventilatoren und Gebläse (ortsfest)	7	14.29	Schiffbau
Pumpenanlagen für Teer, Benzol, Säuren und Laugen	10	10	Energie- und Wasserversorgung (nach dem 31.12.1993)
Pumpenanlagen für Wasser	15	6.67	Energie- und Wasserversorgung (nach dem 31.12.1993)
Pumpenhäuser	20	5	Allgemein verwendbare Anlagegüter
Pumpenhäuser	20	5	Gem. Anlage 13 des Gesetzes zum NKFG (Neuen Kommunalen Finanzmanagement)
Pumpgestänge	8	12.5	Erdölgewinnung
Pumpstationen	20	5	Steinkohlenbergbau
Pumpwerk für Sickerwasserbehandlungsanlage (Deponie)	15	6.67	Kommunalverwaltung, KGSt-Bericht 1/1999
Punktschweißmaschinen	10	10	Spielwaren-Industrie
Punktschweißmaschinen mit Zeitunterbrecher	10	10	Spielwaren-Industrie
Putzereimaschinen (Ballenbrecher, öffner aller Art, Mischmaschinen, Schlagmaschinen)	10	10	Gewerbliche Erzeugung und Aufbereitung von Spinnstoffen, Spinnerei, Weberei
Putzmaschinen	7	14.29	Feinmechanische und Optische Industrie
Putzmaschinen (Grieß)	15	6.67	Mühlen (ohne ölmühlen)
Putztische	4	25	Feinkeramische Industrie
PVC-Einspritzmaschinen	5	20	Schuhindustrie
PVC-Granulier-Maschinen	5	20	Schuhindustrie
Pyrolyseanlagen	5	20	Stahlverformung
Qualitäts-Meßgeräte (Sodimaten)	8	12.5	Zigarettenindustrie
Quarkabfüll- u. -verpackungsmaschinen	6	16.67	Molkereien und sonstige Milchverwertung

Anlagegut	ND	% p.a.	Abschreibungstabelle
Quarkfertiger (Alu)	6	16.67	Molkereien und sonstige Milchverwertung
Quarkfertiger (Niro)	8	12.5	Molkereien und sonstige Milchverwertung
Quarkkühler	8	12.5	Molkereien und sonstige Milchverwertung
Quarkmischmaschinen u. -erhitzungsanlagen	8	12.5	Molkereien und sonstige Milchverwertung
Quarkpressen, Quarkmühlen	8	12.5	Molkereien und sonstige Milchverwertung
Quarkseparator	8	12.5	Molkereien und sonstige Milchverwertung
Quellen und Brunnenanlagen	15	6.67	Erfrischungsgetränke- und Mineralbrunnenindustrie
Quellenpumpen	7	14.29	Erfrischungsgetränke- und Mineralbrunnenindustrie
Quellfaßpumpen	20	5	Energie- und Wasserversorgung (nach dem 31.12.1993)
Querkreissägen	6	16.67	Holzverarbeitende Industrie
Querkreissägen für Schnittholzstrassen einschl. Mehrfachablängsägen	6	16.67	Sägeindustrie und Holzbearbeitung
Querschneider	8	12.5	Aluminiumfolien-Industrie
Quetschpressen	8	12.5	Spielwaren-Industrie
Quetschwalzenstühle	10	10	ölmühlen und Margarine-Industrie
Räder, Fahr-	7	14.29	Allgemein verwendbare Anlagegüter
Räder, Motor-	7	14.29	Allgemein verwendbare Anlagegüter
Räderwaschmaschinen	7	14.29	Vulkanisierbetriebe
Räderziehpressen	10	10	NE-Metallhalbzeugindustrie (NE-Metallhalbzeugwerke und NE-Metallgießereien)
Ränderier- und Stupp-Maschinen	7	14.29	Schuhindustrie
Rändermaschinen	5	20	Feinkeramische Industrie
Räucheranlagen (mechanisch)	8	12.5	Fleischwarenindustrie, Fleischer, Schlachthöfe
Räucheranlagen (stationär)	10	10	Binnenfischerei, Teichwirtschaft, Fischzucht, fischwirtschaftliche Dienstleistungen
Räucheranlagen (stationär)	10	10	Fleischwarenindustrie, Fleischer, Schlachthöfe
Räucherschränke	5	20	Binnenfischerei, Teichwirtschaft, Fischzucht, fischwirtschaftliche Dienstleistungen
Räucherschränke	6	16.67	Fleischwarenindustrie, Fleischer, Schlachthöfe

Anlagegut	ND	% p.a.	Abschreibungstabelle
Räum-, Hobel- und Stoßmaschinen	8	12.5	Kraftfahrzeugindustrie
Räumgeräte	9	11.11	Allgemein verwendbare Anlagegüter
Räummaschinen	8	12.5	Eisen-, Blech- und Metallwarenindustrie
Räummaschinen	8	12.5	Stahlverformung
Räummaschinen, -nadelmaschinen	8	12.5	Feinmechanische und Optische Industrie
Röhrenziehmaschinen	5	20	Glaserzeugende Industrie (Flachglas, Hohlglas und Glasfaser)
Röntgenbildbetrachter	10	10	Gesundheitswesen
Röntgengeräte	8	12.5	Gesundheitswesen
Röntgen-Geräte	8	12.5	Kommunalverwaltung, KGSt-Bericht 1/1999
Röstöfen	10	10	Zellstoff, Holzstoff, Papier und Pappe erzeugende Industrie
Röstanlagen	8	12.5	Zigarettenindustrie
Röstmaschinen	8	12.5	Kaffee- und Teeverarbeitung (ohne Kaffeemittelproduktion)
Rübenhackgeräte	12	8.33	Landwirtschaft und Tierzucht (nach dem 30.06.1996)
Rückenbeleimgeräte und -maschinen	8	12.5	Druckerei und Verlagsunternehmen mit Druckerei
Rückenrunde- und Abpreßautomaten	8	12.5	Druckerei und Verlagsunternehmen mit Druckerei
Rückenrundemaschinen, manuelle	8	12.5	Druckerei und Verlagsunternehmen mit Druckerei
Rückeschlepper, Zug- und Trägerfahrzeuge	6	16.67	Forstwirtschaft (nach dem 30.09.1995)
Rückewagen, Rückeanhänger	6	16.67	Forstwirtschaft (nach dem 30.09.1995)
Rückgewinnungsanlage	8	12.5	Herstellung von Schreib- und Zeichengeräten
Rückgewinnungsanlagen	10	10	Allgemein verwendbare Anlagegüter
Rückgewinnungsanlagen	8	12.5	Kies-, Sand-, Mörtel- und Transportbetonindustrie
Rückgewinnungsanlagen	10	10	Zellstoff, Holzstoff, Papier und Pappe erzeugende Industrie
Rückkühlwerke aus Kunststoff oder Metall	10	10	Brauereien und Mälzereien
Rückladeanlagen	12	8.33	Steinkohlenbergbau
Rückstapelanlagen	5	20	Ziegelindustrie
Rühr- / Knet- / Aufschlagmaschinen	7	14.29	Mühlen (ohne ölmühlen)

Anlagegut	ND	% p.a.	Abschreibungstabelle
Rühr-, Schlag- und Speiseeismaschinen	7	14.29	Gastgewerbe
Rühr-/Schlagmaschinen	5	20	Brot- und Backwarenindustrie, Herst. v. Tiefkühl-/Kombinationsbackwaren, Bäckereien, Konditoreien
Rührgerät	6	16.67	Weinbau und Weinhandel (nach dem 31.12.1988)
Rührgeräte	6	16.67	Sektkellereien
Rührmaschinen	8	12.5	Fischverarbeitungsindustrie
Rührmaschinen	8	12.5	Süßwarenindustrie
Rührmixpumpen	8	12.5	Landwirtschaft und Tierzucht (nach dem 30.06.1996)
Rührwerke	7	14.29	Feinkeramische Industrie
Rührwerke	10	10	Kautschukindustrie
Rührwerke	8	12.5	Molkereien und sonstige Milchverwertung
Rührwerke	8	12.5	Süßwarenindustrie
Rührwerke mit Motor	4	25	Molkereien und sonstige Milchverwertung
Rüttel- und Klopftische	5	20	Süßwarenindustrie
Rüttel-(Schwing-)Tische	4	25	Beton- und Fertigteilindustrie
Rüttelanlagen	4	25	Kaffee- und Teeverarbeitung (ohne Kaffeemittelproduktion)
Rüttelbohlen, Abziehbohlen	4	25	Baugewerbe
Rüttelmaschinen (mit und ohne Computersteuerung)	10	10	Sektkellereien
Rüttelplatte	8	12.5	Kommunalverwaltung, KGSt-Bericht 1/1999
Rüttelplatten	11	9.09	Allgemein verwendbare Anlagegüter
Rüttelplatten und Lufthämmer	5	20	Feuerfeste- und Steinzeug-Industrie
Radaranlagen	8	12.5	Luftfahrtunternehmen und Flughafenbetriebe
Radialbohrmaschinen	8	12.5	Eisen-, Blech- und Metallwarenindustrie
Radialbohrmaschinen	8	12.5	Feinmechanische und Optische Industrie
Radialbohrmaschinen	10	10	Stahl- und Eisenbau
Radialbohrmaschinen	8	12.5	Stahlverformung
Radios	7	14.29	Allgemein verwendbare Anlagegüter
Radios	3	33.33	Gastgewerbe
Radlader	4	25	Garten-, Landschafts- und Sportplatzbau
Radlader	6	16.67	Gartenbau (nach dem 31.12.1997)

Anlagegut	ND	% p.a.	Abschreibungstabelle
Radlader	8	12.5	Kommunalverwaltung, KGSt-Bericht 1/1999
Radlader	8	12.5	Landwirtschaft und Tierzucht (nach dem 30.06.1996)
Radlader	4	25	Schrott- und Abbruchwirtschaft
Radlader über 20 t Gesamtgewicht	5	20	Schrott- und Abbruchwirtschaft
Radlader bis 20 t Gesamtgewicht	4	25	Schrott- und Abbruchwirtschaft
Radwuchtmaschinen (bewegliche)	3	33.33	Vulkanisierbetriebe
Radwuchtmaschinen (stationäre)	4	25	Vulkanisierbetriebe
Raffinations- und Destillationsanlagen	10	10	Energie- und Wasserversorgung (nach dem 31.12.1993)
Rahmen- und Korpuspressen	7	14.29	Holzverarbeitende Industrie
Rahmenabschräg-Maschinen	7	14.29	Schuhindustrie
Rahmenauflege-Maschinen	7	14.29	Schuhindustrie
Rahmen-Aushöhlschärf-Maschinen	7	14.29	Schuhindustrie
Rahmen-Egalisier-Maschinen	7	14.29	Schuhindustrie
Rahmenfilter (z.B. Kieselgur und Schichten) aus Niro	10	10	Brauereien und Mälzereien
Rahmenfilter (z.B. Kieselgur und Schichten) aus Stahl	8	12.5	Brauereien und Mälzereien
Rahmen-Fräs-Maschinen	7	14.29	Schuhindustrie
Rahmengleis	10	10	Baugewerbe
Rahmen-Hämmer	6	16.67	Schuhindustrie
Rahmen-Heft-Maschinen	7	14.29	Schuhindustrie
Rahmenklammerheft-Maschinen	7	14.29	Schuhindustrie
Rahmen-Klopf-Maschinen	7	14.29	Schuhindustrie
Rahmenschleifmaschinen, doppelseitige	7	14.29	Holzverarbeitende Industrie
Rahmreifer	7	14.29	Süßwarenindustrie
Rahmreifer, Rahmsilo	10	10	Molkereien und sonstige Milchverwertung
Rakelschleifmaschinen	10	10	Druckerei und Verlagsunternehmen mit Druckerei
Rakelschwingen	6	16.67	Druckerei und Verlagsunternehmen mit Druckerei
Rakelwaschanlagen u. dgl.	8	12.5	Druckerei und Verlagsunternehmen mit Druckerei
Rammeinrichtung zum Anbau an Bagger, Mäkler	5	20	Baugewerbe

Anlagegut	ND	% p.a.	Abschreibungstabelle
Rammen	5	20	Stahl- und Eisenbau
Rammhämmer und Pfahlzieher	8	12.5	Baugewerbe
Rammhauben (Schlaghauben)	5	20	Baugewerbe
Rammunterwagen	12	8.33	Baugewerbe
Rampen, Lade-	25	4	Allgemein verwendbare Anlagegüter
Randnähmaschinen (Säumer)	5	20	Lederwaren- und Kofferindustrie
Rangier- und Entstaubungseinrichtungen	16	6.25	Steinkohlenbergbau
Rangiereinrichtungen (Kohlenlagerung sowie Misch- u. Umschlageinrichtungen f. Feinkohlen)	16	6.25	Steinkohlenbergbau
Rangiereinrichtungen (Sonstige Einrichtungen der Aufbereitung)	16	6.25	Steinkohlenbergbau
Rangierlokomotiven	10	10	Schrott- und Abbruchwirtschaft
Rangierroboter (Landabsatzanlagen)	10	10	Steinkohlenbergbau
Rangierroboter (Rohkohlensieb- und -brechanlagen)	10	10	Steinkohlenbergbau
Rangierroboter (Rohkohlenverladung und -transport)	10	10	Steinkohlenbergbau
Rangierroboter (Sonstige Einrichtungen der Aufbereitung)	10	10	Steinkohlenbergbau
Rasenbaumaschinen	4	25	Garten-, Landschafts- und Sportplatzbau
Rasenkantenpflug	6	16.67	Kommunalverwaltung, KGSt-Bericht 1/1999
Rasenmäher	9	11.11	Allgemein verwendbare Anlagegüter
Rasensodenschneider	4	25	Garten-, Landschafts- und Sportplatzbau
Rauchfilteranlagen	15	6.67	Energie- und Wasserversorgung (nach dem 31.12.1993)
Rauchgasentschwefelungsanlagen	13	7.69	Energie- und Wasserversorgung (nach dem 31.12.1993)
Rauchgasentsorgungsanlagen	10	10	Zellstoff, Holzstoff, Papier und Pappe erzeugende Industrie
Rauchgaskanaltrockner	5	20	Ziegelindustrie
Rauchgasreinigungseinrichtung (MVA für feste Abfälle)	12	8.33	Abfallentsorgungs- und Recyclingwirtschaft
Rauchgasreinigungseinrichtung (MVA für feste und flüssige Sonderabfälle)	10	10	Abfallentsorgungs- und Recyclingwirtschaft
Rauchgeneratoren	6	16.67	Fleischwarenindustrie, Fleischer, Schlachthöfe

Anlagegut	ND	% p.a.	Abschreibungstabelle
Rauhmaschinen	8	12.5	Textilveredelung
Rauhmaschinen	6	16.67	Vulkanisierbetriebe
Rauhmehlabsauganlagen	6	16.67	Vulkanisierbetriebe
Raum-Entfeuchter	5	20	Maler- und Lackiererhandwerk
Raumheizgeräte (mobil)	9	11.11	Allgemein verwendbare Anlagegüter
Raumkühlung, stille (Anstell- und Gärkeller)	10	10	Brauereien und Mälzereien
Raumkühlung, stille (Lagerkeller)	10	10	Brauereien und Mälzereien
Raummäßige Abmessvorrichtungen für Zuschlagstoffe u. Zement	8	12.5	Baugewerbe
Raupenbagger	5	20	Schrott- und Abbruchwirtschaft
Raupenseilbagger mit Gitterausleger über 30 t Gesamtgewicht	7	14.29	Schrott- und Abbruchwirtschaft
Raupenseilbagger mit Gitterausleger bis 30 t Gesamtgewicht	5	20	Schrott- und Abbruchwirtschaft
Rauting	10	10	Druckerei und Verlagsunternehmen mit Druckerei
Reaktionsapparate (Wecker)	14	7.14	ölmühlen und Margarine-Industrie
Reaktordruckgefäße mit Einbauten	19	5.26	Energie- und Wasserversorgung (nach dem 31.12.1993)
Reaktorgebäude mit Sicherheitshülle	19	5.26	Energie- und Wasserversorgung (nach dem 31.12.1993)
Rebanlagen	20	5	Weinbau und Weinhandel (nach dem 31.12.1988)
Rebenhäcksler	10	10	Hopfenanbau
Rebensetzmaschinen	6	16.67	Weinbau und Weinhandel (nach dem 31.12.1988)
Rechner für Auslandszahlungsverkehr (SWIFT)	5	20	Kreditwirtschaft
Rechnereinheit	4	25	Vertrieb von Erdölerzeugnissen
Reckwalzen	8	12.5	Stahlverformung
Recorder	7	14.29	Allgemein verwendbare Anlagegüter
Recovery-Türme	10	10	Zellstoff, Holzstoff, Papier und Pappe erzeugende Industrie
Refiner	10	10	Kautschukindustrie
Refraktometer	5	20	Gesundheitswesen
Regallager	8	12.5	Molkereien und sonstige Milchverwertung
Regel- und Steuereinrichtungen	10	10	Gartenbau (nach dem 31.12.1997)

Anlagegut	ND	% p.a.	Abschreibungstabelle
Regeleinrichtungen (allgemein)	18	5.56	Allgemein verwendbare Anlagegüter
Regenerierungsanlagen f. Stabilisierungsmittel	8	12.5	Brauereien und Mälzereien
Regenierungsanlagen	8	12.5	Uhrenindustrie
Registereinschneidemaschinen	8	12.5	Druckerei und Verlagsunternehmen mit Druckerei
Registermaschinen	8	12.5	Papier und Pappe verarbeitende Industrie
Registerregelanlagen und Fotosteuerungen	3	33.33	Aluminiumfolien-Industrie
Registersysteme (-stanzen) (Einrichtungen und Zubehör)	5	20	Druckerei und Verlagsunternehmen mit Druckerei
Registersysteme (-stanzen) (MONTAGE)	5	20	Druckerei und Verlagsunternehmen mit Druckerei
Registrierannahmewaagen	8	12.5	Molkereien und sonstige Milchverwertung
Registrierkassen	6	16.67	Allgemein verwendbare Anlagegüter
Registrierkassen	8	12.5	Kommunalverwaltung, KGSt-Bericht 1/1999
Regleranlagen (für Ortsrohrnetze)	20	5	Energie- und Wasserversorgung (nach dem 31.12.1993)
Reißverschluß-Thermo-Zementiermaschinen	5	20	Schuhindustrie
Reißwölfe (Aktenvernichter)	8	12.5	Allgemein verwendbare Anlagegüter
Reißwolf	10	10	Kommunalverwaltung, KGSt-Bericht 1/1999
Reifenheizer	7	14.29	Vulkanisierbetriebe
Reifenmontage- und -wuchtgeräte	4	25	Vertrieb von Erdölerzeugnissen
Reifenmontagegeräte	5	20	Personen- und Güterbeförderung (im Straßen- und Schienenverkehr)
Reifenspreizgeräte, pneumatisch	7	14.29	Vulkanisierbetriebe
Reifenwalkmaschinen	7	14.29	Vulkanisierbetriebe
Reiffelmaschinen	6	16.67	Lederwaren- und Kofferindustrie
Reifungstanks	10	10	Molkereien und sonstige Milchverwertung
Reihen- und Radialbohrmaschinen, Bohrautomaten	10	10	Kraftfahrzeugindustrie
Reihendüngerstreuer	8	12.5	Gartenbau (nach dem 31.12.1997)
Reihenfüller	6	16.67	Weinbau und Weinhandel (nach dem 31.12.1988)
Reinigungs- u. Desinfektionsgeräte	10	10	Landwirtschaft und Tierzucht (nach dem 30.06.1996)

Anlagegut	ND	% p.a.	Abschreibungstabelle
Reinigungs- und Sortiermaschinen durch Luftsichtung	10	10	Kaffee- und Teeverarbeitung (ohne Kaffeemittelproduktion)
Reinigungs- und Sortiermaschinen durch Schüttelsystem	8	12.5	Kaffee- und Teeverarbeitung (ohne Kaffeemittelproduktion)
Reinigungs- und Sortiermaschinen für Gerste, Malz und kombiniert (z.B. Aspirateure, Trieure)	7	14.29	Brauereien und Mälzereien
Reinigungs- und Waschanlagen	5	20	Kraftfahrzeugindustrie
Reinigungsanlagen	6	16.67	Erfrischungsgetränke- und Mineralbrunnenindustrie
Reinigungsanlagen	5	20	Stahlverformung
Reinigungsanlagen	10	10	Zellstoff, Holzstoff, Papier und Pappe erzeugende Industrie
Reinigungsanlagen (elektron. gesteuert)	7	14.29	Süßwarenindustrie
Reinigungsanlagen (Würzeklärung und -kühlung)	8	12.5	Brauereien und Mälzereien
Reinigungsanlagen für Behälter und Füllanlagen	7	14.29	Erfrischungsgetränke- und Mineralbrunnenindustrie
Reinigungsanlagen für Gefäße und Leitungen (Anstell- und Gärkeller)	8	12.5	Brauereien und Mälzereien
Reinigungsanlagen für Gefäße und Leitungen (Lagerkeller)	8	12.5	Brauereien und Mälzereien
Reinigungsanlagen, Wasser-	11	9.09	Allgemein verwendbare Anlagegüter
Reinigungseinricht. m. allen dazugeh. Anl. für Chlorkohlenwasserst. (automat. u. vollelektrische)	6	16.67	Chemischreinigung, Wäscherei, Färberei
Reinigungseinricht. m. allen dazugeh. Anl. für Chlorkohlenwasserstoffe (Perawin, Tri) (sonstige)	10	10	Chemischreinigung, Wäscherei, Färberei
Reinigungseinrichtungen	8	12.5	Brauereien und Mälzereien
Reinigungseinrichtungen mit allen dazugehörigen Anlagen für Benzin (automatische)	6	16.67	Chemischreinigung, Wäscherei, Färberei
Reinigungseinrichtungen mit allen dazugehörigen Anlagen für Benzin (sonstige)	10	10	Chemischreinigung, Wäscherei, Färberei
Reinigungsgeräte	8	12.5	Kommunalverwaltung, KGSt-Bericht 1/1999
Reinigungsgeräte (aller Art)	5	20	Binnenfischerei, Teichwirtschaft, Fischzucht, fischwirtschaftliche Dienstleistungen

Anlagegut	ND	% p.a.	Abschreibungstabelle
Reinigungsgeräte (Staubsauger, Shampoonierer)	3	33.33	Gastgewerbe
Reinigungsgeräte, fahrbar	9	11.11	Allgemein verwendbare Anlagegüter
Reinigungsgeräte, Teppich-	7	14.29	Allgemein verwendbare Anlagegüter
Reinigungsmaschinen	10	10	Gewerbliche Erzeugung und Aufbereitung von Spinnstoffen, Spinnerei, Weberei
Reinigungsmaschinen	6	16.67	Molkereien und sonstige Milchverwertung
Reinigungsmaschinen	14	7.14	ölmühlen und Margarine-Industrie
Reinigungspneumatiken	8	12.5	Mühlen (ohne ölmühlen)
Reinigungssysteme (produktspezifisch)	15	6.67	Mühlen (ohne ölmühlen)
Reinigungstrommel	10	10	Hutstoff-Fabrikation
Reise- und Linienomnibusse	6	16.67	Personen- und Güterbeförderung (im Straßen- und Schienenverkehr)
Reiseomnibusse	9	11.11	Allgemein verwendbare Anlagegüter
Reisezugwagen	20	5	Personen- und Güterbeförderung (im Straßen- und Schienenverkehr)
Reiss- und Mahlwerke	10	10	Torfgewinnung und -aufbereitung
Reisswölfe, Krempelwölfe, ölwölfe	8	12.5	Gewerbliche Erzeugung und Aufbereitung von Spinnstoffen, Spinnerei, Weberei
Reizstromgeräte	8	12.5	Gesundheitswesen
Reklame-Transparente	5	20	Heil-, Kur-, Sport- und Freizeitbäder
Rektifizierkolonnen, Destillierkolonnen	10	10	Zellstoff, Holzstoff, Papier und Pappe erzeugende Industrie
Reparaturmulden	6	16.67	Vulkanisierbetriebe
Repassiermaschinen	6	16.67	Waren- und Kaufhäuser
Repetierkopiermaschinen	6	16.67	Druckerei und Verlagsunternehmen mit Druckerei
Reproduktionskameras	6	16.67	Druckerei und Verlagsunternehmen mit Druckerei
Requisiten	8	12.5	Kommunalverwaltung, KGSt-Bericht 1/1999
Restbetonauswaschanlagen	8	12.5	Beton- und Fertigteilindustrie
Retortenöfen	5	20	NE-Metallhalbzeugindustrie (NE-Metallhalbzeugwerke und NE-Metallgießereien)
Rettungsboot	8	12.5	Gem. Anlage 13 des Gesetzes zum NKFG (Neuen Kommunalen Finanzmanagement)
Rettungsboot	10	10	Kommunalverwaltung, KGSt-Bericht 1/1999

Anlagegut	ND	% p.a.	Abschreibungstabelle
Rettungsfahrzeuge	6	16.67	Allgemein verwendbare Anlagegüter
Rettungstransportwagen	5	20	Kommunalverwaltung, KGSt-Bericht 1/1999
Rettungswachen	80	1.25	Kommunalverwaltung, KGSt-Bericht 1/1999
Rettungswachen (massiv)	40	2.5	Gem. Anlage 13 des Gesetzes zum NKFG (Neuen Kommunalen Finanzmanagement)
Rettungswachen (sonstige Bauweise)	20	5	Gem. Anlage 13 des Gesetzes zum NKFG (Neuen Kommunalen Finanzmanagement)
Rettungsweste	8	12.5	Kommunalverwaltung, KGSt-Bericht 1/1999
Rettungszylinder	5	20	Kommunalverwaltung, KGSt-Bericht 1/1999
Retuschiertische	8	12.5	Druckerei und Verlagsunternehmen mit Druckerei
Reversierbandwalzwerke	10	10	NE-Metallhalbzeugindustrie (NE-Metallhalbzeugwerke und NE-Metallgießereien)
Revolver drehmaschinen	8	12.5	Kraftfahrzeugindustrie
Revolver- und Langdrehautomaten	6	16.67	Feinmechanische und Optische Industrie
Revolverautomaten	7	14.29	NE-Metallhalbzeugindustrie (NE-Metallhalbzeugwerke und NE-Metallgießereien)
Revolverdrehbänke (nicht unmittelbar f. Spielwarenfertigung)	8	12.5	Spielwaren-Industrie
Revolverdrehmaschinen	6	16.67	Eisen-, Blech- und Metallwarenindustrie
Revolverdrehmaschinen	6	16.67	Feinmechanische und Optische Industrie
Revolverdrehmaschinen	6	16.67	Stahlverformung
Revolverpressen	5	20	Ziegelindustrie
Revolver-Vielstahl-Drehbänke	8	12.5	Stahl- und Eisenbau
Rhabarber	7	14.29	Gartenbau (nach dem 31.12.1997)
Riß-öffen-Maschinen	7	14.29	Schuhindustrie
Riß-Kantenausschärf-Maschinen	7	14.29	Schuhindustrie
Rißmaschinen	5	20	Lederwaren- und Kofferindustrie
Riß-Zementier-Maschinen	7	14.29	Schuhindustrie
Richtapparate, Laser-Zentriereinrichtungen	8	12.5	Feinmechanische und Optische Industrie
Richtautomaten	6	16.67	Eisen-, Blech- und Metallwarenindustrie
Richtautomaten	6	16.67	Stahlverformung

Anlagegut	ND	% p.a.	Abschreibungstabelle
Richtfunkeinrichtungen	8	12.5	Fernmeldedienste
Richtmaschinen	5	20	Beton- und Fertigteilindustrie
Richtmaschinen	8	12.5	Eisen-, Blech- und Metallwarenindustrie
Richtmaschinen	8	12.5	Stahlverformung
Richtmaschinen für Blech und Formeisen (allgemein)	12	8.33	Stahl- und Eisenbau
Richtmaschinen für Blech und Formeisen (Automaten)	8	12.5	Stahl- und Eisenbau
Riegelmaschinen	5	20	Bekleidungsindustrie (ohne Lederbekleidung)
Riemenschneidmaschinen	5	20	Lederwaren- und Kofferindustrie
Riffel- / Schleif- / Mattierbänke	10	10	Mühlen (ohne ölmühlen)
Riffelkalander	8	12.5	Textilveredelung
Rindviehhaltung (Anbindevorrichtungen)	12	8.33	Landwirtschaft und Tierzucht (nach dem 30.06.1996)
Rindviehhaltung (Eimermelkanlagen)	12	8.33	Landwirtschaft und Tierzucht (nach dem 30.06.1996)
Rindviehhaltung (Freßgitter)	12	8.33	Landwirtschaft und Tierzucht (nach dem 30.06.1996)
Rindviehhaltung (Kälberbuchten)	12	8.33	Landwirtschaft und Tierzucht (nach dem 30.06.1996)
Rindviehhaltung (Klauenpflegeeinrichtungen)	12	8.33	Landwirtschaft und Tierzucht (nach dem 30.06.1996)
Rindviehhaltung (Kraftfutterzuteilung)	12	8.33	Landwirtschaft und Tierzucht (nach dem 30.06.1996)
Rindviehhaltung (Melkstände)	12	8.33	Landwirtschaft und Tierzucht (nach dem 30.06.1996)
Rindviehhaltung (Milchsammelbehälter u. Kühleinrichtungen)	12	8.33	Landwirtschaft und Tierzucht (nach dem 30.06.1996)
Rindviehhaltung (Rohrmelkanlagen)	12	8.33	Landwirtschaft und Tierzucht (nach dem 30.06.1996)
Rindviehhaltung (Selbsttränkeanlagen)	12	8.33	Landwirtschaft und Tierzucht (nach dem 30.06.1996)
Rindviehhaltung (Stallmattenbelag)	12	8.33	Landwirtschaft und Tierzucht (nach dem 30.06.1996)
Ringhaken-Einsetzmaschinen	5	20	Schuhindustrie
Ringkernwickelmaschinen	6	16.67	Feinmechanische und Optische Industrie
Ringspaltmühlen für Glasur	5	20	Feinkeramische Industrie

Anlagegut	ND	% p.a.	Abschreibungstabelle
Ringspinnmaschinen (Dreizylinderspinnerei)	10	10	Gewerbliche Erzeugung und Aufbereitung von Spinnstoffen, Spinnerei, Weberei
Ringspinnmaschinen und Selfaktoren (Kammgarnspinnerei)	10	10	Gewerbliche Erzeugung und Aufbereitung von Spinnstoffen, Spinnerei, Weberei
Ringspinnmaschinen und Selfaktoren (Zweizylinder-, Streichgarn- und Haargarnspinnerei)	10	10	Gewerbliche Erzeugung und Aufbereitung von Spinnstoffen, Spinnerei, Weberei
Ringtransporteure	10	10	Ziegelindustrie
Ringwalzen	8	12.5	Stahlverformung
Rippenwalzwerke	8	12.5	Zigarettenindustrie
Risser	7	14.29	Weinbau und Weinhandel (nach dem 31.12.1988)
Ritzmaschinen	10	10	Spielwaren-Industrie
Roßhaarschlitzmaschinen	5	20	Borstenzurichtung und Pinselindustrie
Roboter	5	20	Kraftfahrzeugindustrie
Robustiergerät	5	20	Kreditwirtschaft
Rodepflüge (herkömmlich)	10	10	Gartenbau (nach dem 31.12.1997)
Rodepflüge (mit Rüttelvorrichtung)	6	16.67	Gartenbau (nach dem 31.12.1997)
Rodungsgeräte	6	16.67	Forstwirtschaft (nach dem 30.09.1995)
Rohfellschermaschinen	5	20	Rauchwarenverarbeitung
Rohgummispalter und andere Zerkleinerungsmaschinen	10	10	Kautschukindustrie
Rohholzaufbereitungsanlagen (insbes. Entastungsanlagen, Restholzhacker, Kappsägen)	8	12.5	Forstwirtschaft (nach dem 30.09.1995)
Rohkohlenverladung und -transport (Betriebsvorrichtung)	25	4	Steinkohlenbergbau
Rohkohlenverladung und -transport (maschinelle Anlagen)	16	6.25	Steinkohlenbergbau
Rohputzmaschinen	5	20	Feinkeramische Industrie
Rohrabpreßmaschinen	10	10	NE-Metallhalbzeugindustrie (NE-Metallhalbzeugwerke und NE-Metallgießereien)
Rohranspitzmaschinen	10	10	NE-Metallhalbzeugindustrie (NE-Metallhalbzeugwerke und NE-Metallgießereien)
Rohrbahnanlagen	10	10	Fleischwarenindustrie, Fleischer, Schlachthöfe
Rohrbrücken ud Rohrleitungen	14	7.14	ölmühlen und Margarine-Industrie

Anlagegut	ND	% p.a.	Abschreibungstabelle
Rohrbrunnen	12	8.33	Energie- und Wasserversorgung (nach dem 31.12.1993)
Rohrbrunnen	10	10	Heil-, Kur-, Sport- und Freizeitbäder
Rohre	25	4	Energie- und Wasserversorgung (nach dem 31.12.1993)
Rohrgehänge, Rohrpressgeräte mit Vortriebspressen	6	16.67	Baugewerbe
Rohrleitungen	8	12.5	Brauereien und Mälzereien
Rohrleitungen	10	10	Erfrischungsgetränke- und Mineralbrunnenindustrie
Rohrleitungen	8	12.5	Schiefer- und Tonindustrie
Rohrleitungen (beweglich)	8	12.5	Tabakanbau (nach dem 30.06.1995)
Rohrleitungen (Dampfkraftwerke)	15	6.67	Energie- und Wasserversorgung (nach dem 31.12.1993)
Rohrleitungen (Kernkraftwerke mit Leichtwasserreaktoren)	12	8.33	Energie- und Wasserversorgung (nach dem 31.12.1993)
Rohrleitungen bis zum Tankfeld einschl. der Pumpen und Verladeeinrichtungen	12	8.33	Erdölverarbeitung
Rohrleitungen einschl. Druckrohrleitungen	25	4	Energie- und Wasserversorgung (nach dem 31.12.1993)
Rohrleitungen für Mineral- und Thermalwasser sowie für Sole	10	10	Heil-, Kur-, Sport- und Freizeitbäder
Rohrleitungen, elektrische Anlagen	12	8.33	Vertrieb von Erdölerzeugnissen
Rohrleitungen, Pumpenstände, übernahme- und Verladeeinrichtungen, Feuerlöschsysteme	12	8.33	Vertrieb von Erdölerzeugnissen
Rohrpostanlagen	10	10	Allgemein verwendbare Anlagegüter
Rohrpressen (hydraulisch)	10	10	NE-Metallhalbzeugindustrie (NE-Metallhalbzeugwerke und NE-Metallgießereien)
Rohrrichtmaschinen	10	10	NE-Metallhalbzeugindustrie (NE-Metallhalbzeugwerke und NE-Metallgießereien)
Rohrziehmaschinen	10	10	NE-Metallhalbzeugindustrie (NE-Metallhalbzeugwerke und NE-Metallgießereien)
Rohstoffbeschicker (autom.)	10	10	Fleischmehlindustrie bzw. Tierkörperbeseitigung (Herstellung von tierischen Futtermitteln)

Anlagegut	ND	% p.a.	Abschreibungstabelle
Rohstoff-Lagerbehälter (Silos) f. Trockenstoffe aus Stahl, Kunststoff oder ähnlichen Materialien	10	10	Süßwarenindustrie
Rohwarenmulden	8	12.5	Fleischmehlindustrie bzw. Tierkörperbeseitigung (Herstellung von tierischen Futtermitteln)
Rollöfen	6	16.67	NE-Metallhalbzeugindustrie (NE-Metallhalbzeugwerke und NE-Metallgießereien)
Rolladenstanzautomaten	6	16.67	Holzverarbeitende Industrie
Rollbahnen, Transportbänder	6	16.67	Molkereien und sonstige Milchverwertung
Rollenbahnen	14	7.14	Allgemein verwendbare Anlagegüter
Rollenbahnen	6	16.67	Eisen-, Stahl- und Tempergießereien
Rollenkonverter	10	10	Druckerei und Verlagsunternehmen mit Druckerei
Rollen-Rotations-Buchdruckmaschinen (ggf. einschl. Falzaggregate)	10	10	Druckerei und Verlagsunternehmen mit Druckerei
Rollen-Rotations-Offsetdruckmaschinen (ggf. einschl. Falzaggregate))	10	10	Druckerei und Verlagsunternehmen mit Druckerei
Rollen-Rotations-Tiefdruckmaschinen (ggf. einschl. Falzaggregate)	10	10	Druckerei und Verlagsunternehmen mit Druckerei
Rollenschälmaschinen im Naßbetrieb	7	14.29	Obst- und Gemüseverarbeitungsindustrie
Rollenschneide-Maschinen	7	14.29	Schuhindustrie
Rollenschneidemaschinen, Schmalschnittmaschinen, Rundmesserschneidemaschinen und Besäummaschinen	8	12.5	Aluminiumfolien-Industrie
Rollenschneidmaschinen	8	12.5	Druckerei und Verlagsunternehmen mit Druckerei
Roller, Motor-	7	14.29	Allgemein verwendbare Anlagegüter
Rollierautomaten	5	20	Uhrenindustrie
Rolliermaschinen	8	12.5	Feinmechanische und Optische Industrie
Rolliermaschinen	8	12.5	Uhrenindustrie
Rollmaschinen	10	10	Zellstoff, Holzstoff, Papier und Pappe erzeugende Industrie
Rollscheren (Kreisscheren)	7	14.29	Lederwaren- und Kofferindustrie
Rollschuhbahnen	20	5	Kommunalverwaltung, KGSt-Bericht 1/1999
Rolltische	12	8.33	Gartenbau (nach dem 31.12.1997)

Anlagegut	ND	% p.a.	Abschreibungstabelle
Rolltreppen	12	8.33	Personen- und Güterbeförderung (im Straßen- und Schienenverkehr)
Rolltreppen	10	10	Steinkohlenbergbau
Rollwegweissysteme	8	12.5	Luftfahrtunternehmen und Flughafenbetriebe
Rommelfässer	5	20	Eisen-, Blech- und Metallwarenindustrie
Rommelfässer	5	20	Stahlverformung
Ronden-Stanzanlagen	8	12.5	Eisen-, Blech- und Metallwarenindustrie
Rondenstanzen	8	12.5	NE-Metallhalbzeugindustrie (NE-Metallhalbzeugwerke und NE-Metallgießereien)
Rosen	5	20	Gartenbau (nach dem 31.12.1997)
Rostöfen	10	10	Süßwarenindustrie
Rotationsdruckmaschinen	10	10	Papier und Pappe verarbeitende Industrie
Rotationsgiessanlagen	8	12.5	Kunststoffverarbeitende Industrie
Rotationskompressoren mit Elektro- oder Dieselantrieb	10	10	Maler- und Lackiererhandwerk
Rotationsschneideanlagen	8	12.5	Druckerei und Verlagsunternehmen mit Druckerei
Rotlichtgeräte	8	12.5	Gesundheitswesen
Rotomaten	7	14.29	Fleischwarenindustrie, Fleischer, Schlachthöfe
Ruderboot	10	10	Kommunalverwaltung, KGSt-Bericht 1/1999
Ruderpropeller und Außenbordmotoren	5	20	Baugewerbe
Rufanlagen	10	10	Kommunalverwaltung, KGSt-Bericht 1/1999
Rundöfen	10	10	Feinkeramische Industrie
Rundballenpressen	10	10	Landwirtschaft und Tierzucht (nach dem 30.06.1996)
Runderneuerungseinsätze und Runderneuerungsformen	3	33.33	Vulkanisierbetriebe
Rundfüller	6	16.67	Weinbau und Weinhandel (nach dem 31.12.1988)
Rundfräsen	7	14.29	Holzverarbeitende Industrie
Rundfunkgeräte	5	20	Kommunalverwaltung, KGSt-Bericht 1/1999

Anlagegut	ND	% p.a.	Abschreibungstabelle
Rundholzsortier- und Vereinzelungsanlagen	6	16.67	Sägeindustrie und Holzbearbeitung
Rundknetmaschinen	6	16.67	Stahlverformung
Rundmesserscheren	10	10	NE-Metallhalbzeugindustrie (NE-Metallhalbzeugwerke und NE-Metallgießereien)
Rundschleifmaschinen	8	12.5	Aluminiumfolien-Industrie
Rundschleifmaschinen	8	12.5	NE-Metallhalbzeugindustrie (NE-Metallhalbzeugwerke und NE-Metallgießereien)
Rundschleifmaschinen	6	16.67	Stahlverformung
Rundschleifmaschinen (CNC / NC)	6	16.67	Maschinenbau
Rundschleifmaschinen (nicht unmittelbar f. Spielwarenfertigung)	8	12.5	Spielwaren-Industrie
Rundstab- und Stangenfräsanlagen	8	12.5	Sägeindustrie und Holzbearbeitung
Rundstabfräsen	7	14.29	Holzverarbeitende Industrie
Rundstabhobelmaschinen	6	16.67	Holzverarbeitende Industrie
Rundstrickautomaten für Herstellung nahtloser Damenstrümpfe	5	20	Maschinenindustrie
Rundstrickmaschinen (einfache)	10	10	Maschinenindustrie
Rundstrickmaschinen (Feinrippmaschinen)	6	16.67	Maschinenindustrie
Rundstrickmaschinen (Hochleistungsmaschinen)	6	16.67	Maschinenindustrie
Rundstrombecken (Beton)	20	5	Binnenfischerei, Teichwirtschaft, Fischzucht, fischwirtschaftliche Dienstleistungen
Rundstrombecken (Kunststoff)	10	10	Binnenfischerei, Teichwirtschaft, Fischzucht, fischwirtschaftliche Dienstleistungen
Rundumbugmaschinen	5	20	Lederwaren- und Kofferindustrie
Rundwebmaschinen	10	10	Gewerbliche Erzeugung und Aufbereitung von Spinnstoffen, Spinnerei, Weberei
Rundwirkmaschinen (einfache)	10	10	Maschinenindustrie
Rundwirkmaschinen (Hochleistungsmaschinen)	6	16.67	Maschinenindustrie
Rupfmaschine	10	10	Hutstoff-Fabrikation
Rupfmaschinen	10	10	Rauchwarenverarbeitung
Säge- und Trennmaschinen CNC / NC	6	16.67	Maschinenbau

Anlagegut	ND	% p.a.	Abschreibungstabelle
Säge- und Trennmaschinen ohne CNC / NC	9	11.11	Maschinenbau
Sägeautomaten	6	16.67	Feinmechanische und Optische Industrie
Sägeautomaten	6	16.67	Stahlverformung
Sägeblattschärfmaschinen	8	12.5	Stahl- und Eisenbau
Sägemaschinen	8	12.5	Feinmechanische und Optische Industrie
Sägen	8	12.5	Uhrenindustrie
Sägen (allgemein)	8	12.5	Eisen-, Blech- und Metallwarenindustrie
Sägen (allgemein)	8	12.5	Stahlverformung
Sägen (Automaten)	6	16.67	Eisen-, Blech- und Metallwarenindustrie
Sägen aller Art, mobil	8	12.5	Allgemein verwendbare Anlagegüter
Sägen aller Art, mobil	7	14.29	Kommunalverwaltung, KGSt-Bericht 1/1999
Sägen aller Art, stationär	14	7.14	Allgemein verwendbare Anlagegüter
Sägen aller Art, stationär	10	10	Kommunalverwaltung, KGSt-Bericht 1/1999
Sägen-, Feil-, Trenn-, Abläng- u. Zentriermaschinen	10	10	Kraftfahrzeugindustrie
Sägenquetten	5	20	Stahlverformung
Sägeschärfautomaten	5	20	Holzverarbeitende Industrie
Sägevorrichtungen	10	10	Zellstoff, Holzstoff, Papier und Pappe erzeugende Industrie
Säulen- und Ständerbohrmaschinen,Bohrautomaten	8	12.5	Kraftfahrzeugindustrie
Säulenbohrmaschinen	8	12.5	Eisen-, Blech- und Metallwarenindustrie
Säulenbohrmaschinen	8	12.5	Feinmechanische und Optische Industrie
Säulenbohrmaschinen	8	12.5	Stahlverformung
Säulenbohrmaschinen (nicht unmittelbar f. Spielwarenfertigung)	10	10	Spielwaren-Industrie
Säurebehälter	10	10	ölmühlen und Margarine-Industrie
Säurebottiche	10	10	Zellstoff, Holzstoff, Papier und Pappe erzeugende Industrie
Säureentwickler	10	10	Molkereien und sonstige Milchverwertung
Säurenpumpen	5	20	ölmühlen und Margarine-Industrie
Saat- und Pflanzgutausbringung (Drillmaschinen, Drillkombination)	10	10	Landwirtschaft und Tierzucht (nach dem 30.06.1996)
Saat- und Pflanzgutausbringung (Einzelkorndrillmaschinen)	8	12.5	Landwirtschaft und Tierzucht (nach dem 30.06.1996)

Anlagegut	ND	% p.a.	Abschreibungstabelle
Saat- und Pflanzgutausbringung (Folienlegegeräte)	10	10	Landwirtschaft und Tierzucht (nach dem 30.06.1996)
Saat- und Pflanzgutausbringung (Kartoffel-Legemaschinen)	10	10	Landwirtschaft und Tierzucht (nach dem 30.06.1996)
Saatbettkombination	8	12.5	Gartenbau (nach dem 31.12.1997)
Sack-Aufzüge, -Rutschen, -Elevatoren	15	6.67	Mühlen (ohne ölmühlen)
Safetystichmaschinen	5	20	Bekleidungsindustrie (ohne Lederbekleidung)
Sahneautomaten	7	14.29	Gastgewerbe
Sahneautomaten/Sahnezapfer	6	16.67	Brot- und Backwarenindustrie, Herst. v. Tiefkühl-/Kombinationsbackwaren, Bäckereien, Konditoreien
Salzbadbehälter	6	16.67	Molkereien und sonstige Milchverwertung
Salzbadglühöfen	5	20	NE-Metallhalbzeugindustrie (NE-Metallhalbzeugwerke und NE-Metallgießereien)
Salzkarren, Sackkarren	4	25	Fischverarbeitungsindustrie
Salzlettenöfen	5	20	Süßwarenindustrie
Salzstreuer für den Winterdienst	8	12.5	Kommunalverwaltung, KGSt-Bericht 1/1999
Sammelbecken (Sammelbrunnen, Wasserschloß aus Beton)	50	2	Energie- und Wasserversorgung (nach dem 31.12.1993)
Sammelbehälter	10	10	Erdölgewinnung
Sammelbehälter (ohne Rücksicht auf Rauminhalt und Material z.B. Presscontainer, Wechselbehälter)	4	25	Abfallentsorgungs- und Recyclingwirtschaft
Sammelfahrzeuge für feste und flüssige Abfälle	4	25	Abfallentsorgungs- und Recyclingwirtschaft
Sammelhefter	6	16.67	Druckerei und Verlagsunternehmen mit Druckerei
Sammelstationen bei Gruppenabschreibungen zu B.c.1-B.c.4	8	12.5	Erdölgewinnung
Sammler (halbautomatische)	8	12.5	Torfgewinnung und -aufbereitung
Sammler (vollautomatische)	6	16.67	Torfgewinnung und -aufbereitung
Sandaufbereitungsanlagen für harzgebundene Sandsysteme	5	20	Eisen-, Stahl- und Tempergießereien
Sandaufbereitungsanlagen für tongebundene Sandsysteme	8	12.5	Eisen-, Stahl- und Tempergießereien
Sandblasanlagen für Flachglas	5	20	Glaserzeugende Industrie (Flachglas, Hohlglas und Glasfaser)

Anlagegut	ND	% p.a.	Abschreibungstabelle
Sandblasanlagen für Hohlglas	5	20	Glaserzeugende Industrie (Flachglas, Hohlglas und Glasfaser)
Sandfänge	8	12.5	Baugewerbe
Sandrückgewinnungsschnecken, Schöpfräder	8	12.5	Baugewerbe
Sandsilos (Beton)	15	6.67	Kalksandsteinindustrie
Sandsilos (Holz)	6	16.67	Kalksandsteinindustrie
Sandsilos (Stahl)	10	10	Kalksandsteinindustrie
Sandstrahlanlagen	5	20	Stahl- und Eisenbau
Sandstrahlgebläse	9	11.11	Allgemein verwendbare Anlagegüter
Sandstrahlgebläse	8	12.5	Baugewerbe
Sandstrahlgebläse	5	20	Vulkanisierbetriebe
Sandstrahlgeräte (Hand)	8	12.5	Zahntechniker
Sandstrahlgeräte und transportable Entzunderungsgeräte	4	25	Schiffbau
Sandstrahlgeräte, einschl. Kompressoren, transportabel	7	14.29	Maler- und Lackiererhandwerk
Sandstrahl-Schutzhelme m. Gurt u. Druckluftfeinfilter	2	50	Maler- und Lackiererhandwerk
Sandstreuer für den Winterdienst	8	12.5	Kommunalverwaltung, KGSt-Bericht 1/1999
Sargversenk- und Hebeanlagen, stationär	40	2.5	Kommunalverwaltung, KGSt-Bericht 1/1999
Sargversenk- und Hebeanlagen, transportabel	10	10	Kommunalverwaltung, KGSt-Bericht 1/1999
SAT-Anlage	5	20	Kommunalverwaltung, KGSt-Bericht 1/1999
Satellitenfunkeinrichtungen	8	12.5	Fernmeldedienste
Satellitenortungseinrichtungen	4	25	Personen- und Güterbeförderung (im Straßen- und Schienenverkehr)
Sattelschlepper	9	11.11	Allgemein verwendbare Anlagegüter
Sattelschlepper	8	12.5	Kommunalverwaltung, KGSt-Bericht 1/1999
Sauerstoff-Schutzgerät	10	10	Kommunalverwaltung, KGSt-Bericht 1/1999
Sauerteiggeräte/-anlagen	6	16.67	Brot- und Backwarenindustrie, Herst. v. Tiefkühl-/Kombinationsbackwaren, Bäckereien, Konditoreien

Anlagegut	ND	% p.a.	Abschreibungstabelle
Saugbagger einschl. Pumpanlagen und Spülrohren	4	25	Kies-, Sand-, Mörtel- und Transportbetonindustrie
Saugbagger mit Schneidkopfeinrichtung	20	5	Baugewerbe
Saugpumpen	5	20	Kalksandsteinindustrie
Saugschläuche	8	12.5	Kommunalverwaltung, KGSt-Bericht 1/1999
Saugwagen	4	25	Abfallentsorgungs- und Recyclingwirtschaft
Saunakabinen	6	16.67	Heil-, Kur-, Sport- und Freizeitbäder
SB-Waschplätze (einschl. Spritzschutz)	6	16.67	Vertrieb von Erdölerzeugnissen
Scanner	3	33.33	Allgemein verwendbare Anlagegüter
Scanner	5	20	Druckerei und Verlagsunternehmen mit Druckerei
Scanner	4	25	Kommunalverwaltung, KGSt-Bericht 1/1999
Schäftebügel-Maschinen	8	12.5	Schuhindustrie
Schäl- und Entrindungsmaschinen	10	10	Zellstoff, Holzstoff, Papier und Pappe erzeugende Industrie
Schälgänge	15	6.67	Mühlen (ohne ölmühlen)
Schälgeräte	10	10	Hopfenanbau
Schälmaschinen für Mandeln	5	20	Brot- und Backwarenindustrie, Herst. v. Tiefkühl-/Kombinationsbackwaren, Bäckereien, Konditoreien
Schälmaschinen für Obst	8	12.5	Brot- und Backwarenindustrie, Herst. v. Tiefkühl-/Kombinationsbackwaren, Bäckereien, Konditoreien
Schärfmaschinen	5	20	Lederwaren- und Kofferindustrie
Schärfmaschinen für Sägen und Werkzeuge	6	16.67	Eisen-, Blech- und Metallwarenindustrie
Schärfmaschinen für Sägen und Werkzeuge	6	16.67	Stahlverformung
Schöpfräder	4	25	Naturwerksteinindustrie, Steinbildhauer, Steinmetze
Schürf- und Kernbohrgeräte	6	16.67	Erdölgewinnung
Schürfkübelraupen	4	25	Schiefer- und Tonindustrie
Schüttelmaschinen	8	12.5	Druckerei und Verlagsunternehmen mit Druckerei
Schüttelmaschinen	8	12.5	Papier und Pappe verarbeitende Industrie

Anlagegut	ND	% p.a.	Abschreibungstabelle
Schüttelrutschen (Vibratoren)	7	14.29	Feinmechanische und Optische Industrie
Schüttelsiebe	7	14.29	Herstellung von Schreib- und Zeichengeräten
Schütteltrommeln	7	14.29	Rauchwarenverarbeitung
Schüttelwerke (u. Klopfanlagen) für Teppiche	8	12.5	Chemischreinigung, Wäscherei, Färberei
Schablonendrehbank	5	20	Spielwaren-Industrie
Schabloneneinfaßmaschinen	10	10	Lederwaren- und Kofferindustrie
Schablonenscheren	10	10	Lederwaren- und Kofferindustrie
Schachtöfen	10	10	Feuerfeste- und Steinzeug-Industrie
Schachtöfen	10	10	Kraftfahrzeugindustrie
Schachtöfen, Drehöfen ohne und mit Vorwärmesystemen wie Rosten (Lepolöfen), Sinterbändern, usw.	10	10	Zementindustrie
Schachtbrunnen (Beton oder Mauerwerk)	33	3.03	Heil-, Kur-, Sport- und Freizeitbäder
Schachtbrunnen oh. Filter (Beton oder Mauerwerk)	50	2	Energie- und Wasserversorgung (nach dem 31.12.1993)
Schachtelüberziehmaschinen	8	12.5	Druckerei und Verlagsunternehmen mit Druckerei
Schachtelüberziehmaschinen	8	12.5	Papier und Pappe verarbeitende Industrie
Schachtelüberziehmaschinen	8	12.5	Spielwaren-Industrie
Schachtelaufrichtemaschinen aller Art	8	12.5	Papier und Pappe verarbeitende Industrie
Schachtelaufschneidemaschinen	8	12.5	Druckerei und Verlagsunternehmen mit Druckerei
Schachtelhalseinsetzer	8	12.5	Druckerei und Verlagsunternehmen mit Druckerei
Schachtelhalseinsetzer	8	12.5	Papier und Pappe verarbeitende Industrie
Schachtelmaschine (Glättmaschinen)	8	12.5	Herstellung von Schreib- und Zeichengeräten
Schachtheizung	20	5	Steinkohlenbergbau
Schachtstuhl	12	8.33	Steinkohlenbergbau
Schadstoffmobil (LKW)	6	16.67	Kommunalverwaltung, KGSt-Bericht 1/1999
Schafhaltung (Schäfer-Wohnwagen)	12	8.33	Landwirtschaft und Tierzucht (nach dem 30.06.1996)
Schafhaltung (Schafpferche, (Netzgeflecht m. Pfosten))	10	10	Landwirtschaft und Tierzucht (nach dem 30.06.1996)

Anlagegut	ND	% p.a.	Abschreibungstabelle
Schafhaltung (Schafscheranlagen, transportabel)	12	8.33	Landwirtschaft und Tierzucht (nach dem 30.06.1996)
Schaftbearbeitungsmaschinen, Automaten mit numerischer Steuerung (CAD-/CAM-Systeme)	5	20	Schuhindustrie
Schaft-Dämpf- und Aktiviergeräte	4	25	Schuhindustrie
Schaftdämpfanlagen	5	20	Schuhindustrie
Schaftfutterbeschneid-Maschinen	7	14.29	Schuhindustrie
Schaftschnür-Maschinen	8	12.5	Schuhindustrie
Schallschluckkabinen, transportabel	5	20	Sägeindustrie und Holzbearbeitung
Schallschutzwände	25	4	Personen- und Güterbeförderung (im Straßen- und Schienenverkehr)
Schalt- und Steuergeräte, überwachungseinrichtungen, Verstellgerät	10	10	Steinkohlenbergbau
Schalt- und Steuerpunkte	10	10	Zigarettenindustrie
Schalt-, Meß-, Regel-, Steuerungs- und Verteilungsanlagen im Kraftwerksbereich	20	5	Energie- und Wasserversorgung (nach dem 31.12.1993)
Schaltanlagen (Dampfkraftwerke)	15	6.67	Energie- und Wasserversorgung (nach dem 31.12.1993)
Schaltanlagen (Verteilungs- und sonstige Anlagen	20	5	Energie- und Wasserversorgung (nach dem 31.12.1993)
Schaltanlagen für Licht und Kraft	17	5.88	Kommunalverwaltung, KGSt-Bericht 1/1999
Schaltanlagen, elektrisch	15	6.67	Kommunalverwaltung, KGSt-Bericht 1/1999
Schalterhalle	10	10	Kreditwirtschaft
Schaltfelder	10	10	Steinkohlenbergbau
Schalthäuser	20	5	Allgemein verwendbare Anlagegüter
Schalungsschienen	6	16.67	Baugewerbe
Schamotte-Brechwalzwerke	5	20	Feinkeramische Industrie
Scharffeuer-Unterglasuröfen	6	16.67	Feinkeramische Industrie
Schaufelkneter	10	10	ölmühlen und Margarine-Industrie
Schaufellader	5	20	Feuerfeste- und Steinzeug-Industrie
Schaufellader	4	25	Schiefer- und Tonindustrie
Schaufelradgrabenbagger auf Raupen	8	12.5	Baugewerbe
Schaufeltragen	8	12.5	Kommunalverwaltung, KGSt-Bericht 1/1999

Anlagegut	ND	% p.a.	Abschreibungstabelle
Schaufensteranlagen	8	12.5	Allgemein verwendbare Anlagegüter
Schaukästen	9	11.11	Allgemein verwendbare Anlagegüter
Schaukästen, Bildsäulen (außen)	3	33.33	Filmtheater
Schaukästen, Bildsäulen (innen)	4	25	Filmtheater
Schaukeltransporteure	4	25	Schiefer- und Tonindustrie
Schaumstoffverarbeitungsanlagen	5	20	Kunststoffverarbeitende Industrie
Schautische	10	10	Textilveredelung
Scheibenegge	8	12.5	Weinbau und Weinhandel (nach dem 31.12.1988)
Scheibeneggen	8	12.5	Gartenbau (nach dem 31.12.1997)
Scheibenpflug	10	10	Hopfenanbau
Scheibenschleifmaschinen	7	14.29	Holzverarbeitende Industrie
Scheinwerfer	8	12.5	Kommunalverwaltung, KGSt-Bericht 1/1999
Scheinwerfer, Scheinwerferanlagen	5	20	Fernseh-, Film- und Hörfunkwirtschaft
Scheitelbrechwertmesser	8	12.5	Gesundheitswesen
Scher- und Putzmaschinen	10	10	Textilveredelung
Scheren	8	12.5	Eisen-, Blech- und Metallwarenindustrie
Scheren	8	12.5	Stahlverformung
Scheren aller Art	8	12.5	Papier und Pappe verarbeitende Industrie
Scheren CNC / NC	8	12.5	Maschinenbau
Scheren ohne CNC / NC	10	10	Maschinenbau
Scheren, auch Tafelscheren	8	12.5	Feinmechanische und Optische Industrie
Scheren, mobil	8	12.5	Allgemein verwendbare Anlagegüter
Scheren, stationär	13	7.69	Allgemein verwendbare Anlagegüter
Scherenandienungstreppen (fahrbar)	8	12.5	Luftfahrtunternehmen und Flughafenbetriebe
Schermaschinen (Vor- und Nachscher-)	10	10	Rauchwarenverarbeitung
Scheuermaschinen	12	8.33	Mühlen (ohne ölmühlen)
Scheuertrommeln	10	10	Kraftfahrzeugindustrie
Scheunen, Holzkonstruktion	20	5	Kommunalverwaltung, KGSt-Bericht 1/1999
Scheunen, massiv	80	1.25	Kommunalverwaltung, KGSt-Bericht 1/1999
Scheunen, teilmassiv	40	2.5	Kommunalverwaltung, KGSt-Bericht 1/1999

Anlagegut	ND	% p.a.	Abschreibungstabelle
Schichtenfilter	8	12.5	Sektkellereien
Schichtenfilter	8	12.5	Weinbau und Weinhandel (nach dem 31.12.1988)
Schichtenfilter (aus Edelstahl)	8	12.5	Fruchtsaft- und Fruchtweinindustrie
Schiebebühnen (Elektroantrieb)	6	16.67	Kalksandsteinindustrie
Schiebebühnen (Handbetrieb)	8	12.5	Kalksandsteinindustrie
Schiebeleiter	10	10	Kommunalverwaltung, KGSt-Bericht 1/1999
Schieber	25	4	Energie- und Wasserversorgung (nach dem 31.12.1993)
Schiefermahlwerke, kombiniert (Brecher, Entstaubungen, Windsichter, Becherwerke, Siebanlagen usw.)	6	16.67	Schiefer- und Tonindustrie
Schiefersägen	5	20	Schiefer- und Tonindustrie
Schiefersägewagen	4	25	Schiefer- und Tonindustrie
Schienenbiege- und -richtmaschinen	10	10	Baugewerbe
Schienenbrecher	6	16.67	Schrott- und Abbruchwirtschaft
Schienenfahrzeuge	25	4	Allgemein verwendbare Anlagegüter
Schienengebundene Sonderfahrzeuge	6	16.67	Steinkohlenbergbau
Schienenmaterial	15	6.67	Baugewerbe
Schienenrichtgeräte	6	16.67	Steinkohlenbergbau
Schienentrennschleifgeräte	5	20	Baugewerbe
Schilder (Verkehrs- u. sonstige Hinweisschild)	15	6.67	Kommunalverwaltung, KGSt-Bericht 1/1999
Schilderbrücken	10	10	Allgemein verwendbare Anlagegüter
Schinken-Einziehmaschinen	8	12.5	Fleischwarenindustrie, Fleischer, Schlachthöfe
Schinkenmassiermaschinen	8	12.5	Fleischwarenindustrie, Fleischer, Schlachthöfe
Schinkenpressen	6	16.67	Fleischwarenindustrie, Fleischer, Schlachthöfe
Schlachtbänder	7	14.29	Fleischwarenindustrie, Fleischer, Schlachthöfe
Schlachtschragen	7	14.29	Fleischwarenindustrie, Fleischer, Schlachthöfe
Schlachtwinden, Stechelevatoren	7	14.29	Fleischwarenindustrie, Fleischer, Schlachthöfe
Schlaghämmer	8	12.5	Papier und Pappe verarbeitende Industrie

Anlagegut	ND	% p.a.	Abschreibungstabelle
Schlaghammer	6	16.67	Kommunalverwaltung, KGSt-Bericht 1/1999
Schlagkreuzmühle	10	10	Fleischmehlindustrie bzw. Tierkörperbeseitigung (Herstellung von tierischen Futtermitteln)
Schlagkreuzmühlen	7	14.29	Mühlen (ohne ölmühlen)
Schlagmaschinen	7	14.29	Beton- und Fertigteilindustrie
Schlagmaschinen	5	20	Süßwarenindustrie
Schlagräumgeräte, Mulchgeräte	6	16.67	Forstwirtschaft (nach dem 30.09.1995)
Schlagscheren	7	14.29	Lederwaren- und Kofferindustrie
Schlagschrauber (Luft und elektrisch)	3	33.33	Vulkanisierbetriebe
Schlammaufbereitung	16	6.25	Steinkohlenbergbau
Schlammbeahndlung, Gaspeicherung u.- verwertung, Gasmaschinenanlagen	20	5	Kommunalverwaltung, KGSt-Bericht 1/1999
Schlammbehandlung, Eindicker, baulicher Teil	30	3.33	Kommunalverwaltung, KGSt-Bericht 1/1999
Schlammbehandlung, Eindicker, maschineller Teil	12	8.33	Kommunalverwaltung, KGSt-Bericht 1/1999
Schlammbehandlung, Faulräume, baulicher Teil	33	3.03	Kommunalverwaltung, KGSt-Bericht 1/1999
Schlammbehandlung, Faulräume, maschineller Teil	10	10	Kommunalverwaltung, KGSt-Bericht 1/1999
Schlammbehandlung, Gasspeicherung u.- verwertung, Gasbehälter	17	5.88	Kommunalverwaltung, KGSt-Bericht 1/1999
Schlammbehandlung, Maschinelle Schlammentwässerung	10	10	Kommunalverwaltung, KGSt-Bericht 1/1999
Schlammbehandlung, Natürliche Schlammentwässerung	30	3.33	Kommunalverwaltung, KGSt-Bericht 1/1999
Schlammsaugewagen	8	12.5	Kommunalverwaltung, KGSt-Bericht 1/1999
Schlauch- und Radprüfgeräte	7	14.29	Vulkanisierbetriebe
Schlauchbeutelmaschinen	8	12.5	Fleischwarenindustrie, Fleischer, Schlachthöfe
Schlauchbeutelmaschinen	8	12.5	Kaffee- und Teeverarbeitung (ohne Kaffeemittelproduktion)
Schlauchboot	4	25	Kommunalverwaltung, KGSt-Bericht 1/1999
Schlauchhaspel	8	12.5	Kommunalverwaltung, KGSt-Bericht 1/1999

Anlagegut	ND	% p.a.	Abschreibungstabelle
Schlauchwaschstraße	8	12.5	Kommunalverwaltung, KGSt-Bericht 1/1999
Schlauchziehmaschinen	8	12.5	Papier und Pappe verarbeitende Industrie
Schlaufenknotmaschinen	4	25	Fleischwarenindustrie, Fleischer, Schlachthöfe
Schlaufenmaschinen	5	20	Bekleidungsindustrie (ohne Lederbekleidung)
Schlegelfeldhäcksler	8	12.5	Landwirtschaft und Tierzucht (nach dem 30.06.1996)
Schlegelmäher, Mulchgeräte	10	10	Landwirtschaft und Tierzucht (nach dem 30.06.1996)
Schlegelmäher, selbstfahrend	4	25	Garten-, Landschafts- und Sportplatzbau
Schleif- und Polierautomaten	5	20	Feinkeramische Industrie
Schleif- und Polierböcke	8	12.5	Feinmechanische und Optische Industrie
Schleif- und Poliermaschinen	8	12.5	Kunststoffverarbeitende Industrie
Schleif- und Trennmaschinen	6	16.67	Feuerfeste- und Steinzeug-Industrie
Schleif- und Trennschleifmaschinen	5	20	Eisen-, Stahl- und Tempergießereien
Schleifautomaten	5	20	Eisen-, Stahl- und Tempergießereien
Schleifautomaten (für Wölfe und Kutter)	4	25	Fleischwarenindustrie, Fleischer, Schlachthöfe
Schleifautomaten, elektronisch gesteuerte	5	20	Holzverarbeitende Industrie
Schleifböcke	8	12.5	Eisen-, Blech- und Metallwarenindustrie
Schleifböcke	8	12.5	Feinkeramische Industrie
Schleifböcke	10	10	Stahl- und Eisenbau
Schleifböcke	8	12.5	Stahlverformung
Schleifböcke (nicht unmittelbar f. Spielwarenfertigung)	8	12.5	Spielwaren-Industrie
Schleifbock	10	10	Kommunalverwaltung, KGSt-Bericht 1/1999
Schleifenband-Schneid-Maschinen	7	14.29	Schuhindustrie
Schleifköpfe (m. biegsamer Welle)	5	20	Beton- und Fertigteilindustrie
Schleifmaschinen	10	10	Druckerei und Verlagsunternehmen mit Druckerei
Schleifmaschinen	7	14.29	Feinmechanische und Optische Industrie
Schleifmaschinen	10	10	Lederwaren- und Kofferindustrie
Schleifmaschinen	10	10	Leichtbauplattenindustrie
Schleifmaschinen	15	6.67	Rauchwarenverarbeitung

Anlagegut	ND	% p.a.	Abschreibungstabelle
Schleifmaschinen	6	16.67	Schiefer- und Tonindustrie
Schleifmaschinen	8	12.5	Schuhindustrie
Schleifmaschinen	7	14.29	Stahl- und Eisenbau
Schleifmaschinen (allgemein)	6	16.67	Eisen-, Blech- und Metallwarenindustrie
Schleifmaschinen (allgemein)	6	16.67	Stahlverformung
Schleifmaschinen (automatisch)	6	16.67	Feinmechanische und Optische Industrie
Schleifmaschinen (automatisch)	5	20	Stahlverformung
Schleifmaschinen (Wandarm-, Ständer-, Vertikalschleifmaschinen) (Handwerk)	8	12.5	Naturwerksteinindustrie, Steinbildhauer, Steinmetze
Schleifmaschinen (Wandarm-, Ständer-, Vertikalschleifmaschinen) (Industrie)	6	16.67	Naturwerksteinindustrie, Steinbildhauer, Steinmetze
Schleifmaschinen für Puppenköpfe (feststehend)	10	10	Spielwaren-Industrie
Schleifmaschinen für Puppenköpfe mit biegsamer Welle	1	100	Spielwaren-Industrie
Schleifmaschinen mit automatischer Steuerung	5	20	Uhrenindustrie
Schleifmaschinen ohne CNC / NC	9	11.11	Maschinenbau
Schleifmaschinen, allgemeine	8	12.5	Uhrenindustrie
Schleifmaschinen, mobil	8	12.5	Allgemein verwendbare Anlagegüter
Schleifmaschinen, mobil	8	12.5	Kommunalverwaltung, KGSt-Bericht 1/1999
Schleifmaschinen, Schleifböcke	8	12.5	Kraftfahrzeugindustrie
Schleifmaschinen, stationär	15	6.67	Allgemein verwendbare Anlagegüter
Schleifmaschinen, stationär	10	10	Kommunalverwaltung, KGSt-Bericht 1/1999
Schleifsägen	5	20	Schiefer- und Tonindustrie
Schleiftische für Flachglas	10	10	Glaserzeugende Industrie (Flachglas, Hohlglas und Glasfaser)
Schleiftrommeln	7	14.29	Holzverarbeitende Industrie
Schleifwalzen / Scheiben	10	10	Gewerbliche Erzeugung und Aufbereitung von Spinnstoffen, Spinnerei, Weberei
Schlepper	12	8.33	Allgemein verwendbare Anlagegüter
Schlepper	10	10	Hopfenanbau
Schlepper	8	12.5	Kommunalverwaltung, KGSt-Bericht 1/1999
Schlepper	15	6.67	Schiffbau

Anlagegut	ND	% p.a.	Abschreibungstabelle
Schlepper	8	12.5	Weinbau und Weinhandel (nach dem 31.12.1988)
Schlepper und Geräteträger	8	12.5	Gartenbau (nach dem 31.12.1997)
Schlepper, einschl. Schubboote sowie Motorschleppbarkassen (nicht überwiegend Streckenverkehr)	15	6.67	Hochsee-, Küsten- und Binnenschiffahrt
Schlepper, Sattel-	9	11.11	Allgemein verwendbare Anlagegüter
Schlepperanbaufräsen	6	16.67	Gartenbau (nach dem 31.12.1997)
Schlepplifte, mechanischer Teil	10	10	Seilschwebebahnen und Schlepplifte
Schleuder- und Rohmühlen mit Windsichtern	6	16.67	Feuerfeste- und Steinzeug-Industrie
Schleuder- und Rohrmühlen mit Windsichtern	6	16.67	Schiefer- und Tonindustrie
Schleuderanlagen	10	10	Süßwarenindustrie
Schleuderanlagen f. Betonrohre u. Stahlbetonrohre	8	12.5	Beton- und Fertigteilindustrie
Schleuderanlagen f. Stahlbetonmasten	8	12.5	Beton- und Fertigteilindustrie
Schleudergußautomaten für Metallverarbeitung	8	12.5	Uhrenindustrie
Schleudermaschinen (Zentrifugen)	5	20	Chemischreinigung, Wäscherei, Färberei
Schleudern, Zentrifugen	6	16.67	Hut- und Stumpenindustrie
Schleuderstreuer	7	14.29	Weinbau und Weinhandel (nach dem 31.12.1988)
Schleudertankwagen	10	10	Landwirtschaft und Tierzucht (nach dem 30.06.1996)
Schleusen, Beton	80	1.25	Kommunalverwaltung, KGSt-Bericht 1/1999
Schleusen, Holz	20	5	Kommunalverwaltung, KGSt-Bericht 1/1999
Schleusen, Stahl	60	1.67	Kommunalverwaltung, KGSt-Bericht 1/1999
Schleusen, Wehre (sonstige Bauweise)	20	5	Gem. Anlage 13 des Gesetzes zum NKFG (Neuen Kommunalen Finanzmanagement)
Schleusen, Wehre (Stahl oder Beton)	40	2.5	Gem. Anlage 13 des Gesetzes zum NKFG (Neuen Kommunalen Finanzmanagement)
Schlichtanlagen (einfache)	10	10	Gewerbliche Erzeugung und Aufbereitung von Spinnstoffen, Spinnerei, Weberei
Schlicker- und Massebehältnisse aus GFK	8	12.5	Feinkeramische Industrie

Anlagegut	ND	% p.a.	Abschreibungstabelle
Schlicker- und Massebehältnisse aus Zement	10	10	Feinkeramische Industrie
Schlicker- und Massetrommeln	10	10	Feinkeramische Industrie
Schliessfachanlage	20	5	Kreditwirtschaft
Schliffaufbereitungsanlagen, z.B. Sortierungs-, Bleich- und Entwässerungsanlagen	10	10	Zellstoff, Holzstoff, Papier und Pappe erzeugende Industrie
Schlitten und Behälter	7	14.29	Weinbau und Weinhandel (nach dem 31.12.1988)
Schlitzfräsmaschinen	8	12.5	Feinmechanische und Optische Industrie
Schlitzfräsmaschinen	6	16.67	Stahlverformung
Schlitzmaschinen	8	12.5	Papier und Pappe verarbeitende Industrie
Schlitzwandmaschinen (Greifer, Meißel und Abschalrohre für Schlitzwände)	4	25	Baugewerbe
Schloßeinlaßmaschinen (automatische)	5	20	Holzverarbeitende Industrie
Schmälzanlagen	10	10	Gewerbliche Erzeugung und Aufbereitung von Spinnstoffen, Spinnerei, Weberei
Schmalspar-Stallmiststreuer	7	14.29	Weinbau und Weinhandel (nach dem 31.12.1988)
Schmalspurlokomotiven, Rangiereinrichtungen	16	6.25	Steinkohlenbergbau
Schmalspurschlepper	5	20	Weinbau und Weinhandel (nach dem 31.12.1988)
Schmelz- und Gießanlagen	7	14.29	NE-Metallhalbzeugindustrie (NE-Metallhalbzeugwerke und NE-Metallgießereien)
Schmelz- und Wärmeanlagen (f. Kaschiermittel)	10	10	Aluminiumfolien-Industrie
Schmelzöfen	8	12.5	Kraftfahrzeugindustrie
Schmelzöfen	5	20	NE-Metallhalbzeugindustrie (NE-Metallhalbzeugwerke und NE-Metallgießereien)
Schmelz-, Gieß- und Anwärmöfen	8	12.5	Aluminiumfolien-Industrie
Schmelzanlagen	5	20	Uhrenindustrie
Schmelzbehälter-, Kesselanlage	7	14.29	Herstellung von Schreib- und Zeichengeräten
Schmelzkäseherstellung (kontinuierlich)	6	16.67	Molkereien und sonstige Milchverwertung
Schmelzkippöfen	5	20	Feinmechanische und Optische Industrie
Schmelzpfannen	10	10	Molkereien und sonstige Milchverwertung

Anlagegut	ND	% p.a.	Abschreibungstabelle
Schmiedeöfen	6	16.67	NE-Metallhalbzeugindustrie (NE-Metallhalbzeugwerke und NE-Metallgießereien)
Schmiedeöfen	10	10	Stahl- und Eisenbau
Schmiede-, Niet-, Biege-, Richt- und Festwalzmaschinen	10	10	Kraftfahrzeugindustrie
Schmiedemaschinen und Schmiedehämmer CNC / NC	8	12.5	Maschinenbau
Schmiedemaschinen und Schmiedehämmer ohne CNC / NC	11	9.09	Maschinenbau
Schmiedepressen	10	10	Stahl- und Eisenbau
Schmirgelschlemmanlagen	8	12.5	Feinmechanische und Optische Industrie
Schnecken, Förder-	14	7.14	Allgemein verwendbare Anlagegüter
Schneckenpressen (unterteilt in Vor- und Nachpressen)	14	7.14	ölmühlen und Margarine-Industrie
Schneeketten	8	12.5	Kommunalverwaltung, KGSt-Bericht 1/1999
Schneepflüge	10	10	Kommunalverwaltung, KGSt-Bericht 1/1999
Schneeräumgeräte	6	16.67	Garten-, Landschafts- und Sportplatzbau
Schneeräumschild	10	10	Kommunalverwaltung, KGSt-Bericht 1/1999
Schneid- und Schweißanlagen (allgemein)	7	14.29	Stahlverformung
Schneid- und Schweissanlagen, Schweissumformer	7	14.29	Stahl- und Eisenbau
Schneid- und Schweissanlagen, Schweissumformer (Montagegeräte)	5	20	Stahl- und Eisenbau
Schneide- und Schweißanlagen (allgemein)	7	14.29	Eisen-, Blech- und Metallwarenindustrie
Schneide-, Biege- und Richtmaschinen für Betonstahl (Handantrieb)	4	25	Baugewerbe
Schneide-, Biege- und Richtmaschinen für Betonstahl (Motorantrieb)	10	10	Baugewerbe
Schneideautomaten	5	20	Brot- und Backwarenindustrie, Herst. v. Tiefkühl-/Kombinationsbackwaren, Bäckereien, Konditoreien
Schneidemaschine	8	12.5	Kommunalverwaltung, KGSt-Bericht 1/1999

Anlagegut	ND	% p.a.	Abschreibungstabelle
Schneidemaschinen	5	20	Brot- und Backwarenindustrie, Herst. v. Tiefkühl-/Kombinationsbackwaren, Bäckereien, Konditoreien
Schneidemaschinen	8	12.5	Papier und Pappe verarbeitende Industrie
Schneidemaschinen	10	10	Spielwaren-Industrie
Schneidemaschinen (Folienschneidemaschinen, Rollenabschneider, Querschneider, Schälmaschinen)	8	12.5	Kunststoffverarbeitende Industrie
Schneidemaschinen (Hanf)	10	10	Gewerbliche Erzeugung und Aufbereitung von Spinnstoffen, Spinnerei, Weberei
Schneidemaschinen aller Art	8	12.5	Druckerei und Verlagsunternehmen mit Druckerei
Schneidemaschinen, mobil	8	12.5	Allgemein verwendbare Anlagegüter
Schneidemaschinen, stationär	13	7.69	Allgemein verwendbare Anlagegüter
Schneidgerät	8	12.5	Kommunalverwaltung, KGSt-Bericht 1/1999
Schneidkopfsauger und -spüler	12	8.33	Kies-, Sand-, Mörtel- und Transportbetonindustrie
Schneidmühle	6	16.67	Herstellung von Schreib- und Zeichengeräten
Schneidmühlen (Abfallzerkleinerungsmaschinen)	8	12.5	Feinmechanische und Optische Industrie
Schneidmaschinen, allgemeine	8	12.5	Uhrenindustrie
Schneidmaschinen, vollautomatische	5	20	Uhrenindustrie
Schneidmischer (Kutter)	7	14.29	Fleischwarenindustrie, Fleischer, Schlachthöfe
Schnellläufer-Feinstwalzwerke f. d. Aufbereitung unter 1 mm	6	16.67	Ziegelindustrie
Schnellläufer-Strecken	10	10	Gewerbliche Erzeugung und Aufbereitung von Spinnstoffen, Spinnerei, Weberei
Schnellbohrmaschinen über 3000 U/min (nicht unmittelbar f. Spielwarenfertigung)	8	12.5	Spielwaren-Industrie
Schnellbrandöfen	6	16.67	Ziegelindustrie
Schnellhefterherstellungsmaschinen	8	12.5	Papier und Pappe verarbeitende Industrie
Schnellklebepressen	7	14.29	Schuhindustrie
Schnellkupplungsrohre und zugehörige Armaturen	6	16.67	Baugewerbe

Anlagegut	ND	% p.a.	Abschreibungstabelle
Schnellmischer, ortsfest und Handmischer mit Stativ	5	20	Maler- und Lackiererhandwerk
Schnellnäher	5	20	Bekleidungsindustrie (ohne Lederbekleidung)
Schnellnäher	5	20	Lederwaren- und Kofferindustrie
Schnellnäher m. Zusatzvorrichtung	5	20	Bekleidungsindustrie (ohne Lederbekleidung)
Schnellschleifer	8	12.5	Zahntechniker
Schnelltrockenanlage mit Gas- oder Elektro-Heizung	6	16.67	Spielwaren-Industrie
Schnittabakstauanlagen	10	10	Zigarettenindustrie
Schnittblumen und -stauden	4	25	Gartenbau (nach dem 31.12.1997)
Schnittfräsmaschinen	7	14.29	Lederwaren- und Kofferindustrie
Schnittfräs-Maschinen	7	14.29	Schuhindustrie
Schnittgehölze	10	10	Gartenbau (nach dem 31.12.1997)
Schnittkantenspritz-Maschinen	7	14.29	Schuhindustrie
Schnittpolier-Maschinen	7	14.29	Schuhindustrie
Schockfroster einschl. Tankanlagen	5	20	Brot- und Backwarenindustrie, Herst. v. Tiefkühl-/Kombinationsbackwaren, Bäckereien, Konditoreien
Schokolade-Fünfwalzwerke	8	12.5	Süßwarenindustrie
Schokoladenüberzugmaschinen	8	12.5	Süßwarenindustrie
Schokoladenpulver-Füllmaschinen	5	20	Süßwarenindustrie
Schornsteinanlage	25	4	Kommunalverwaltung, KGSt-Bericht 1/1999
Schornsteine	40	2.5	Energie- und Wasserversorgung (nach dem 31.12.1993)
Schornsteine (aus Mauerwerk o. Beton)	33	3.03	Allgemein verwendbare Anlagegüter
Schornsteine (aus Metall)	10	10	Allgemein verwendbare Anlagegüter
Schornsteine aus Blech	10	10	Fleischmehlindustrie bzw. Tierkörperbeseitigung (Herstellung von tierischen Futtermitteln)
Schornsteine aus Mauerwerk (einschl. Kesselfuchs)	33	3.03	Fleischmehlindustrie bzw. Tierkörperbeseitigung (Herstellung von tierischen Futtermitteln)
Schornsteine aus Mauerwerk und Beton	40	2.5	Kommunalverwaltung, KGSt-Bericht 1/1999
Schornsteine aus Metall	20	5	Kommunalverwaltung, KGSt-Bericht 1/1999

Anlagegut	ND	% p.a.	Abschreibungstabelle
Schornsteine herkömmlicher Art, die heute der Abführung von ölgasen dienen	25	4	Fleischmehlindustrie bzw. Tierkörperbeseitigung (Herstellung von tierischen Futtermitteln)
Schotterbettreinigungsgeräte	6	16.67	Steinkohlenbergbau
Schrägspaltmaschinen	5	20	Lederwaren- und Kofferindustrie
Schränke, Kühl-	10	10	Allgemein verwendbare Anlagegüter
Schränke, Panzer-	23	4.35	Allgemein verwendbare Anlagegüter
Schränke, Stahl-	14	7.14	Allgemein verwendbare Anlagegüter
Schränkmaschinen	5	20	Holzverarbeitende Industrie
Schragencontainer / -lager	10	10	Zigarettenindustrie
Schragenfüller / -entleerer	8	12.5	Zigarettenindustrie
Schrankenanlage, elektrisch betrieben	15	6.67	Kommunalverwaltung, KGSt-Bericht 1/1999
Schrankenanlage, handbetrieben	20	5	Kommunalverwaltung, KGSt-Bericht 1/1999
Schrapperanlagen	6	16.67	Kies-, Sand-, Mörtel- und Transportbetonindustrie
Schrapperentmistung	10	10	Landwirtschaft und Tierzucht (nach dem 30.06.1996)
Schraubautomaten	6	16.67	Eisen-, Blech- und Metallwarenindustrie
Schrauben- und Mischquirle	5	20	Feinkeramische Industrie
Schrauben- und Turbokompressoren (-verdichter) (Kühlung)	7	14.29	Brauereien und Mälzereien
Schrauben- und Turboverdichter	8	12.5	Brauereien und Mälzereien
Schraubenautomaten	8	12.5	Eisen-, Blech- und Metallwarenindustrie
Schraubenkompressoren	5	20	Holzverarbeitende Industrie
Schraubenpumpen mit Elektro- oder Dieselantrieb	8	12.5	Maler- und Lackiererhandwerk
Schraubenverdichter, Vakuumpumpen, Kühlanlagen	5	20	Sägeindustrie und Holzbearbeitung
Schraubmaschinen	4	25	Baugewerbe
Schreib-, Rechen- und Büromaschinen usw.	5	20	Chemische Industrie
Schreibgerätemontageautomat	6	16.67	Herstellung von Schreib- und Zeichengeräten
Schreibheftherstellungsmaschinen	8	12.5	Papier und Pappe verarbeitende Industrie
Schreibmaschinen	9	11.11	Allgemein verwendbare Anlagegüter

Anlagegut	ND	% p.a.	Abschreibungstabelle
Schreibmaschinen	8	12.5	Kommunalverwaltung, KGSt-Bericht 1/1999
Schreibsetzmaschinen (IBM, Varityper u. a.)	5	20	Druckerei und Verlagsunternehmen mit Druckerei
Schreitausbau	7	14.29	Steinkohlenbergbau
Schriften (Messing)	8	12.5	Druckerei und Verlagsunternehmen mit Druckerei
Schriften und Linien (druckende Teile)	4	25	Druckerei und Verlagsunternehmen mit Druckerei
Schriftengeneratoren	5	20	Fernseh-, Film- und Hörfunkwirtschaft
Schriftgießmaschinen, sonstige (Ludlow, Nebitype u. a.)	10	10	Druckerei und Verlagsunternehmen mit Druckerei
Schriftzeichenträger (Programme)	3	33.33	Druckerei und Verlagsunternehmen mit Druckerei
Schrotdarren	14	7.14	ölmühlen und Margarine-Industrie
Schrotmühlen	10	10	Landwirtschaft und Tierzucht (nach dem 30.06.1996)
Schrotrümpfe	12	8.33	Brauereien und Mälzereien
Schrumpffolienanlage	4	25	Holzverarbeitende Industrie
Schrumpffolienanlagen	6	16.67	Feuerfeste- und Steinzeug-Industrie
Schrumpffolienverpackungsmaschinen	8	12.5	Druckerei und Verlagsunternehmen mit Druckerei
Schrumpftunnel	6	16.67	Weinbau und Weinhandel (nach dem 31.12.1988)
Schußspulautomaten und Copsmaschinen	7	14.29	Gewerbliche Erzeugung und Aufbereitung von Spinnstoffen, Spinnerei, Weberei
Schubboote, die überwiegend im Streckenverkehr eingesetzt werden	12	8.33	Hochsee-, Küsten- und Binnenschiffahrt
Schubkasteneinpaßmaschinen	5	20	Holzverarbeitende Industrie
Schubleichter	15	6.67	Hochsee-, Küsten- und Binnenschiffahrt
Schubstangen- u. Kettenentmistung	10	10	Landwirtschaft und Tierzucht (nach dem 30.06.1996)
Schuhbodenrauhautomaten, mechanisch gest.	6	16.67	Schuhindustrie
Schuhmarkepräge-Maschinen	7	14.29	Schuhindustrie
Schuleinrichtungen / Einrichtungen von Kindertagesstätten	10	10	Kommunalverwaltung, KGSt-Bericht 1/1999
Schulgebäude (massiv)	40	2.5	Gem. Anlage 13 des Gesetzes zum NKFG (Neuen Kommunalen Finanzmanagement)

Anlagegut	ND	% p.a.	Abschreibungstabelle
Schulgebäude (sonstige Bauweise)	20	5	Gem. Anlage 13 des Gesetzes zum NKFG (Neuen Kommunalen Finanzmanagement)
Schulgebäude, massiv	80	1.25	Kommunalverwaltung, KGSt-Bericht 1/1999
Schulgebäude, teilmassiv	40	2.5	Kommunalverwaltung, KGSt-Bericht 1/1999
Schuppen	16	6.25	Allgemein verwendbare Anlagegüter
Schuppen und andere Behelfsbauten	5	20	Kalk-, Gips-, und Kreideindustrie
Schuppen, Holzkonstruktion	20	5	Kommunalverwaltung, KGSt-Bericht 1/1999
Schuppen, massiv	80	1.25	Kommunalverwaltung, KGSt-Bericht 1/1999
Schuppen, teilmassiv	40	2.5	Kommunalverwaltung, KGSt-Bericht 1/1999
Schuppentransporteure	10	10	Ziegelindustrie
Schurscheiben	8	12.5	Beton- und Fertigteilindustrie
Schuten	20	5	Hochsee-, Küsten- und Binnenschiffahrt
Schuten	15	6.67	Kies-, Sand-, Mörtel- und Transportbetonindustrie
Schutenlader, Schutensauger, Grundsauger für schwimmende Leitung	20	5	Baugewerbe
Schutzanzug (Chemie)	3	33.33	Kommunalverwaltung, KGSt-Bericht 1/1999
Schutzgaserzeuger	8	12.5	Eisen-, Blech- und Metallwarenindustrie
Schutzgaserzeuger	8	12.5	Stahlverformung
Schutzgas-Schweißanlagen	7	14.29	Eisen-, Blech- und Metallwarenindustrie
Schutzgas-Schweißanlagen	7	14.29	Stahlverformung
Schutzhütten und Zelte	10	10	Forstwirtschaft (nach dem 30.09.1995)
Schwabbelböcke	8	12.5	Holzverarbeitende Industrie
Schwarzdeckenfertiger, Schleppverteiler	6	16.67	Baugewerbe
Schwarzdeckenfräsen über 1,0 m Fräsbreite	6	16.67	Baugewerbe
Schwarzdeckenfräsen bis 1,0 m Fräsbreite	4	25	Baugewerbe
Schwefel- und Schwefelsäure-Gewinnungsanlagen	8	12.5	Erdölverarbeitung
Schwefelöfen	10	10	Zellstoff, Holzstoff, Papier und Pappe erzeugende Industrie

Anlagegut	ND	% p.a.	Abschreibungstabelle
Schwefeldioxydanlagen, flüssige	10	10	Zellstoff, Holzstoff, Papier und Pappe erzeugende Industrie
Schweißanl., Schweißgleichrichter, Schweißautom., Fusarc- und Ellira-Schweißanlagen (bewegl.)	5	20	Schiffbau
Schweißanl., Schweißgleichrichter, Schweißautom., Fusarc- und Ellira-Schweißanlagen (ortsfest)	5	20	Schiffbau
Schweißanlagen (allgemein)	7	14.29	Kraftfahrzeugindustrie
Schweißanlagen (CNC-gesteuerte)	6	16.67	Kraftfahrzeugindustrie
Schweißanlagen CNC / NC	6	16.67	Maschinenbau
Schweißanlagen ohne CNC / NC	8	12.5	Maschinenbau
Schweißautomaten und Schweißmaschinen	7	14.29	NE-Metallhalbzeugindustrie (NE-Metallhalbzeugwerke und NE-Metallgießereien)
Schweißdächer (fest oder auf Schienen)	7	14.29	Schiffbau
Schweißdächer (transportabel)	5	20	Schiffbau
Schweißgeräte	13	7.69	Allgemein verwendbare Anlagegüter
Schweißgeräte	6	16.67	Feinmechanische und Optische Industrie
Schweißgeräte	6	16.67	Kommunalverwaltung, KGSt-Bericht 1/1999
Schweißgeräte	9	11.11	Zahntechniker
Schweißgeräte, Folien-	13	7.69	Allgemein verwendbare Anlagegüter
Schweißmaschinen (allgemein)	7	14.29	Eisen-, Blech- und Metallwarenindustrie
Schweißmaschinen, allgemein	7	14.29	Stahlverformung
Schweißpläne, Schweißzulagen, Schweißroste und Schweißlehren	5	20	Schiffbau
Schweißtransformatoren	6	16.67	Feinmechanische und Optische Industrie
Schweißzelte	3	33.33	Schiffbau
Schweinehaltung (Abferkelbuchten)	8	12.5	Landwirtschaft und Tierzucht (nach dem 30.06.1996)
Schweinehaltung (Ferkelaufzuchtbuchten)	8	12.5	Landwirtschaft und Tierzucht (nach dem 30.06.1996)
Schweinehaltung (Flüssigfütterungsanlagen)	8	12.5	Landwirtschaft und Tierzucht (nach dem 30.06.1996)
Schweinehaltung (Flatdeckanlagen)	8	12.5	Landwirtschaft und Tierzucht (nach dem 30.06.1996)
Schweinehaltung (Futterdämpfer)	8	12.5	Landwirtschaft und Tierzucht (nach dem 30.06.1996)

Anlagegut	ND	% p.a.	Abschreibungstabelle
Schweinehaltung (Futterdosierungswaagen)	8	12.5	Landwirtschaft und Tierzucht (nach dem 30.06.1996)
Schweinehaltung (Futtermuser)	8	12.5	Landwirtschaft und Tierzucht (nach dem 30.06.1996)
Schweinehaltung (Futtertröge)	8	12.5	Landwirtschaft und Tierzucht (nach dem 30.06.1996)
Schweinehaltung (Sauenaufstallung)	8	12.5	Landwirtschaft und Tierzucht (nach dem 30.06.1996)
Schweinehaltung (Schweinemastbuchten)	8	12.5	Landwirtschaft und Tierzucht (nach dem 30.06.1996)
Schweinehaltung (Tränkebecken u. -nippelanlagen)	8	12.5	Landwirtschaft und Tierzucht (nach dem 30.06.1996)
Schweinehaltung (Trockenfütterungsanlagen)	8	12.5	Landwirtschaft und Tierzucht (nach dem 30.06.1996)
Schweissgeräte	6	16.67	Torfgewinnung und -aufbereitung
Schwelöfen	12	8.33	Braunkohlenbergbau
Schwellenbearbeitungs- und -verlege-maschinen	6	16.67	Baugewerbe
Schwellenhobel- und Bohranlagen	8	12.5	Sägeindustrie und Holzbearbeitung
Schwenkarmstanzen, Brückenstanzen und ähnliche Stanzen	10	10	Bekleidungsindustrie (ohne Lederbekleidung)
Schwenkarmstanzen, schwere	8	12.5	Lederwaren- und Kofferindustrie
schwere Mehrwalzenkalander (Rollkalander)	10	10	Textilveredelung
Schwergrubber	10	10	Gartenbau (nach dem 31.12.1997)
Schwertauflöser	8	12.5	Baugewerbe
Schwertransportwagen	4	25	Schiffbau
Schwimm- und Badebecken	20	5	Heil-, Kur-, Sport- und Freizeitbäder
Schwimmbecken mit Sprungturm (massiv)	30	3.33	Kommunalverwaltung, KGSt-Bericht 1/1999
Schwimmdocks einschließlich Dockgruben	25	4	Schiffbau
Schwimmelevatoren einschl. Zubehör	10	10	Kies-, Sand-, Mörtel- und Transportbetonindustrie
Schwimmende Förderbandanlagen	10	10	Baugewerbe
Schwimmende Greifbagger, schwimmende Krane	18	5.56	Baugewerbe
Schwimmkörper	10	10	Kies-, Sand-, Mörtel- und Transportbetonindustrie

Anlagegut	ND	% p.a.	Abschreibungstabelle
Schwimmkräne und Schwimmgreifer	10	10	Kies-, Sand-, Mörtel- und Transportbetonindustrie
Schwimmsport- und Spielgeräte	5	20	Heil-, Kur-, Sport- und Freizeitbäder
Schwingförderer (Vibratoren)	5	20	Stahlverformung
Schwingsiebe	6	16.67	Baugewerbe
Scraper	5	20	Schiefer- und Tonindustrie
Seeschiffe, sonstige	12	8.33	Hochsee-, Küsten- und Binnenschiffahrt
Segelyachten	20	5	Allgemein verwendbare Anlagegüter
Sehtestgerät (Nykometer)	12	8.33	Kommunalverwaltung, KGSt-Bericht 1/1999
Sehtestgerät (Schnelltester)	8	12.5	Kommunalverwaltung, KGSt-Bericht 1/1999
Sehtestgeräte	8	12.5	Gesundheitswesen
Seifenbehälter	10	10	ölmühlen und Margarine-Industrie
Seifenzersetzungsbehälter	5	20	ölmühlen und Margarine-Industrie
Seilbagger	6	16.67	Garten-, Landschafts- und Sportplatzbau
Seilbahnen	8	12.5	Eisen-, Stahl- und Tempergießereien
Seilbahnmaschinen (> 90 kW / 120 PS)	10	10	Steinkohlenbergbau
Seiltransport und -kontrollwagen	10	10	Steinkohlenbergbau
Seitenkantenklebemaschinen	8	12.5	Druckerei und Verlagsunternehmen mit Druckerei
Seitenkipplader	6	16.67	Steinkohlenbergbau
Seiten-Klebezwick-Maschinen	5	20	Schuhindustrie
Seitenpflug	10	10	Hopfenanbau
Seitzfilter für Leinöl	14	7.14	ölmühlen und Margarine-Industrie
Sektfüllvorrichtungen	6	16.67	Sektkellereien
Sektflaschenverdrahtungsmaschinen	6	16.67	Sektkellereien
Sektkapselfaltmaschinen	6	16.67	Sektkellereien
Sektstopfenverschlußmaschinen	6	16.67	Sektkellereien
Selbständige Fördereinrichtungen (bewegliche)	3	33.33	Zementindustrie
Selbständige Fördereinrichtungen (stationäre (soweit nicht zum Hauptaggregat gehörig))	8	12.5	Zementindustrie
Selbstfahrerfeldhäcksler	8	12.5	Landwirtschaft und Tierzucht (nach dem 30.06.1996)

Anlagegut	ND	% p.a.	Abschreibungstabelle
Sende- / Empfangsanlagen f. Satellitenfunk (einschl. Träger)	20	5	Fernmeldedienste
Sender-überwachungseinrichtungen	10	10	Fernseh-, Film- und Hörfunkwirtschaft
Senderegieeinrichtungen für Bild und Ton	5	20	Fernseh-, Film- und Hörfunkwirtschaft
Senfmahlgänge aller Art sowie Siebmaschinen (Säure- und Salzeinwirkung)	5	20	Essig- und Senffabrikation
Senfsaaten-Reinigungsmaschine	10	10	Essig- und Senffabrikation
Sengmaschinen	8	12.5	Textilveredelung
Senk-Fräsmaschinen	6	16.67	Steinkohlenbergbau
Senklader	6	16.67	Steinkohlenbergbau
Sensibilisierungseinrichtungen	10	10	Druckerei und Verlagsunternehmen mit Druckerei
Separator	6	16.67	Weinbau und Weinhandel (nach dem 31.12.1988)
Separatoren	12	8.33	Mühlen (ohne ölmühlen)
Separatoren	6	16.67	Sektkellereien
Separatoren (Filterkeller)	7	14.29	Brauereien und Mälzereien
Separatoren (Würzeklärung und -kühlung)	7	14.29	Brauereien und Mälzereien
Separatoren (Zentrifugen) einschl. Rüttelsieb und Drehbürstensieb	5	20	Fruchtsaft- und Fruchtweinindustrie
Separatoren (zum Schleudern von Säften) im Naßbetrieb	7	14.29	Obst- und Gemüseverarbeitungsindustrie
Separatoren für Lecithingewinnung	10	10	ölmühlen und Margarine-Industrie
Service- und Tranchierwagen	5	20	Gastgewerbe
Serviettenautomaten	8	12.5	Papier und Pappe verarbeitende Industrie
Sessel, Stühle, Sofas in Vorräumen	3	33.33	Filmtheater
Sesselbahnen, mechanischer Teil und Betriebsvorrichtungen	12	8.33	Seilschwebebahnen und Schlepplifte
Setz- und Absetzautomaten	6	16.67	Feuerfeste- und Steinzeug-Industrie
Setzanlagen	5	20	Ziegelindustrie
Setzkeile und Gießformen zu Einzelbuchstabengießmaschinen	4	25	Druckerei und Verlagsunternehmen mit Druckerei
Setzmaschinen	12	8.33	Steinkohlenbergbau
Setzmaschinen-Matrizen (andere) einschl. Spatienkeile (Linotype, Monotype, Ludlow u.a.)	3	33.33	Druckerei und Verlagsunternehmen mit Druckerei

Anlagegut	ND	% p.a.	Abschreibungstabelle
Shapingmaschinen (nicht unmittelbar f. Spielwarenfertigung)	10	10	Spielwaren-Industrie
Shop-Einrichtungen (einschl. technischer Geräte - z.B. Kühleinrichtungen, Backöfen)	6	16.67	Vertrieb von Erdölerzeugnissen
Shredder	6	16.67	Abfallentsorgungs- und Recyclingwirtschaft
Shredder	6	16.67	Allgemein verwendbare Anlagegüter
Shredder und Mühlen	6	16.67	Schrott- und Abbruchwirtschaft
Sichelmäher, selbstfahrend	4	25	Garten-, Landschafts- und Sportplatzbau
Sicherheitslaufroste	10	10	Kommunalverwaltung, KGSt-Bericht 1/1999
Sicherheitsleitern, fahrbar (Montage-Anhängeleitern)	8	12.5	Baugewerbe
Sicherheitsleitern, fahrbar (Montage-Anhängeleitern)	8	12.5	Maler- und Lackiererhandwerk
Sichteranlagen	8	12.5	Molkereien und sonstige Milchverwertung
Sichteranlagen / Entschlämmungsanlagen	16	6.25	Steinkohlenbergbau
Sichtmaschinen	15	6.67	Mühlen (ohne ölmühlen)
Sickenmaschinen	10	10	Eisen-, Blech- und Metallwarenindustrie
Sickenmaschinen	10	10	Spielwaren-Industrie
Sickenmaschinen	10	10	Stahlverformung
Sickenmaschinen (automatisch)	7	14.29	Spielwaren-Industrie
Sieb- und Klassierungsanlagen	5	20	Kalksandsteinindustrie
Sieb-, Sortier- und Waschanlagen	8	12.5	Beton- und Fertigteilindustrie
Siebanlagen	7	14.29	Schiefer- und Tonindustrie
Siebanlagen	7	14.29	Torfgewinnung und -aufbereitung
Siebbandpressen	5	20	Abfallentsorgungs- und Recyclingwirtschaft
Siebbespannungsmaschinen	10	10	Mühlen (ohne ölmühlen)
Siebdruckanlage	15	6.67	Kommunalverwaltung, KGSt-Bericht 1/1999
Siebdruckmaschine (autom.)	6	16.67	Herstellung von Schreib- und Zeichengeräten
Siebdruckmaschinen	6	16.67	Eisen-, Blech- und Metallwarenindustrie
Siebdruck-Maschinen	7	14.29	Schuhindustrie

Anlagegut	ND	% p.a.	Abschreibungstabelle
Siebdruckrahmen	4	25	Druckerei und Verlagsunternehmen mit Druckerei
Siebeinrichtungen mit den dazugehörigen Rutschen u. Zubehör (harte und zähe Gesteinsarten)	5	20	Natursteinindustrie f. d. Wege-, Bahn-, Wasser- u. Betonbau
Siebeinrichtungen mit den dazugehörigen Rutschen u. Zubehör (weniger harte und zähe Gesteinsarten)	8	12.5	Natursteinindustrie f. d. Wege-, Bahn-, Wasser- u. Betonbau
Siebentschichtungsanlagen	6	16.67	Druckerei und Verlagsunternehmen mit Druckerei
Siebkisten	5	20	ölmühlen und Margarine-Industrie
Siebkneter	8	12.5	Feinkeramische Industrie
Siebmaschinen	10	10	Kaffee- und Teeverarbeitung (ohne Kaffeemittelproduktion)
Siebmaschinen	10	10	Kautschukindustrie
Siebmaschinen, Siebvorrichtungen (z.B. Schwingsiebe, Siebwechselvorrichtungen)	10	10	Kunststoffverarbeitende Industrie
Siebpressen	5	20	Brauereien und Mälzereien
Siebrundbeschicker, Tonraspler, Siebkneter	8	12.5	Ziegelindustrie
Siebspanngeräte	6	16.67	Druckerei und Verlagsunternehmen mit Druckerei
Siebsysteme	12	8.33	Steinkohlenbergbau
Siebvorrichtungen	7	14.29	Feuerfeste- und Steinzeug-Industrie
Siebwaschanlagen	6	16.67	Druckerei und Verlagsunternehmen mit Druckerei
Siebzylinder	15	6.67	Mühlen (ohne ölmühlen)
Signal- und mobile Fernmeldeanlagen	5	20	Fernseh-, Film- und Hörfunkwirtschaft
Signalanlagen	15	6.67	Kommunalverwaltung, KGSt-Bericht 1/1999
Signalanlagen (nach gesetzlichen Vorschriften)	33	3.03	Allgemein verwendbare Anlagegüter
Signalanlagen (sonstige)	15	6.67	Allgemein verwendbare Anlagegüter
Signiermaschinen	7	14.29	Obst- und Gemüseverarbeitungsindustrie
Silberrückgewinnungsanlagen	6	16.67	Druckerei und Verlagsunternehmen mit Druckerei
Silberspritzanlagen	8	12.5	Druckerei und Verlagsunternehmen mit Druckerei
Siloanlagen aus Beton	25	4	Bimsbaustoffindustrie

Anlagegut	ND	% p.a.	Abschreibungstabelle
Siloanlagen aus Beton (harte und zähe Gesteinsarten)	10	10	Natursteinindustrie f. d. Wege-, Bahn-, Wasser- u. Betonbau
Siloanlagen aus Beton (weniger harte und zähe Gesteinsarten)	15	6.67	Natursteinindustrie f. d. Wege-, Bahn-, Wasser- u. Betonbau
Siloanlagen aus Holz	6	16.67	Bimsbaustoffindustrie
Siloanlagen aus Holz (harte und zähe Gesteinsarten)	5	20	Natursteinindustrie f. d. Wege-, Bahn-, Wasser- u. Betonbau
Siloanlagen aus Holz (weniger harte und zähe Gesteinsarten)	8	12.5	Natursteinindustrie f. d. Wege-, Bahn-, Wasser- u. Betonbau
Siloanlagen aus Stahl	10	10	Natursteinindustrie f. d. Wege-, Bahn-, Wasser- u. Betonbau
Siloanlagen in Blechkonstruktion	9	11.11	Bimsbaustoffindustrie
Silobauten (Beton)	33	3.03	Allgemein verwendbare Anlagegüter
Silobauten (Beton)	33	3.03	Fleischmehlindustrie bzw. Tierkörperbeseitigung (Herstellung von tierischen Futtermitteln)
Silobauten (Beton)	28	3.57	Gem. Anlage 13 des Gesetzes zum NKFG (Neuen Kommunalen Finanzmanagement)
Silobauten (Kunststoff oder Stahl)	17	5.88	Gem. Anlage 13 des Gesetzes zum NKFG (Neuen Kommunalen Finanzmanagement)
Silobauten (Kunststoff)	17	5.88	Allgemein verwendbare Anlagegüter
Silobauten (Mauerwerk)	20	5	Fleischmehlindustrie bzw. Tierkörperbeseitigung (Herstellung von tierischen Futtermitteln)
Silobauten (Stahl (massiv))	20	5	Fleischmehlindustrie bzw. Tierkörperbeseitigung (Herstellung von tierischen Futtermitteln)
Silobauten (Stahl)	25	4	Allgemein verwendbare Anlagegüter
Silobauten (Wellblech)	12	8.33	Fleischmehlindustrie bzw. Tierkörperbeseitigung (Herstellung von tierischen Futtermitteln)
Silobauten aus Beton	25	4	Mühlen (ohne ölmühlen)
Silobauten aus Stahl (massiv)	20	5	Mühlen (ohne ölmühlen)
Silobauten aus Wellblech	12	8.33	Mühlen (ohne ölmühlen)
Silobauten, aus Mauerwerk und Beton	40	2.5	Kommunalverwaltung, KGSt-Bericht 1/1999
Silobauten, aus Stahl	20	5	Kommunalverwaltung, KGSt-Bericht 1/1999
Siloeinfahrwinden	14	7.14	Mühlen (ohne ölmühlen)
Silofahrzeuge und Mischfahrzeuge	3	33.33	Zementindustrie

Anlagegut	ND	% p.a.	Abschreibungstabelle
Silometer	5	20	Mühlen (ohne ölmühlen)
Silos	50	2	ölmühlen und Margarine-Industrie
Silos (eiserne, mobil)	4	25	Kalk-, Gips-, und Kreideindustrie
Silos (eiserne, stationär)	8	12.5	Kalk-, Gips-, und Kreideindustrie
Silos (hölzerne)	6	16.67	Kalk-, Gips-, und Kreideindustrie
Silos aus Beton	15	6.67	Schiefer- und Tonindustrie
Silos aus Eisen	10	10	Schiefer- und Tonindustrie
Silos aus Holz	6	16.67	Schiefer- und Tonindustrie
Silos für feinstvermahlene Hartstoffe mit Austraggeräten	5	20	Feinkeramische Industrie
Silostreugerät	8	12.5	Kommunalverwaltung, KGSt-Bericht 1/1999
Simulatorgebäude für Unterdruckkammer	25	4	Luftfahrtunternehmen und Flughafenbetriebe
Sinkkästenreinigungswagen	7	14.29	Kommunalverwaltung, KGSt-Bericht 1/1999
Siroccoröster	8	12.5	Süßwarenindustrie
Skiabfahrten	15	6.67	Seilschwebebahnen und Schlepplifte
Slipanlagen, betoniert (Sohle)	20	5	Schiffbau
Slipanlagen, betoniert (Winden und Wagen)	10	10	Schiffbau
Slotter (Stanzen, Schlitzen, Drucken)	8	12.5	Papier und Pappe verarbeitende Industrie
SO2-Dosiergerät	6	16.67	Weinbau und Weinhandel (nach dem 31.12.1988)
SO2-Dosiergeräte	6	16.67	Sektkellereien
Software (Anwendungen Spezial)	5	20	Kommunalverwaltung, KGSt-Bericht 1/1999
Software (Anwendungen Standard)	3	33.33	Kommunalverwaltung, KGSt-Bericht 1/1999
Software (Betriebssysteme u. Netzwerk)	3	33.33	Kommunalverwaltung, KGSt-Bericht 1/1999
Sohlenaktiviergeräte	6	16.67	Schuhindustrie
Sohlenanfeucht-Maschinen	7	14.29	Schuhindustrie
Sohlen-Auflege-Maschinen	7	14.29	Schuhindustrie
Sohlen-Aufnagel-Maschinen	6	16.67	Schuhindustrie
Sohlen-Aufrauh-Maschinen	7	14.29	Schuhindustrie
Sohlen-Aufschraub-Maschinen	6	16.67	Schuhindustrie

Anlagegut	ND	% p.a.	Abschreibungstabelle
Sohlen-Beschneid-Maschinen	7	14.29	Schuhindustrie
Sohlen-Kopierfräs-Maschinen	5	20	Schuhindustrie
Sohlenrandeinfärb-Maschinen	7	14.29	Schuhindustrie
Sohlen-Randfräs-Maschinen	5	20	Schuhindustrie
Sohlen-Randrauh-Maschinen	5	20	Schuhindustrie
Sohlen-Randschraub-Maschinen	7	14.29	Schuhindustrie
Sohlen-Stempel-Maschinen	5	20	Schuhindustrie
Solarabsorberanlagen	10	10	Heil-, Kur-, Sport- und Freizeitbäder
Solaranlage	15	6.67	Kommunalverwaltung, KGSt-Bericht 1/1999
Solaranlagen	10	10	Allgemein verwendbare Anlagegüter
Solaranlagen	10	10	Gem. Anlage 13 des Gesetzes zum NKFG (Neuen Kommunalen Finanzmanagement)
Solebehälter	10	10	Molkereien und sonstige Milchverwertung
Solegeneratoren, offen und geschlossen, und Soleleitungen	10	10	Brauereien und Mälzereien
Sole-Kühlbehälter	5	20	ölmühlen und Margarine-Industrie
Soleleitungen	8	12.5	Sektkellereien
Solepumpen	4	25	Molkereien und sonstige Milchverwertung
Soleverdampfer	10	10	Molkereien und sonstige Milchverwertung
Sondeneinrichtungen bei Gruppenabschreibungen zu B.a.1-B.a.7	8	12.5	Erdölgewinnung
Sonderöfen	5	20	Kraftfahrzeugindustrie
Sonderfahrzeuge	7	14.29	Kommunalverwaltung, KGSt-Bericht 1/1999
Sonderfräsmaschinen	8	12.5	Kraftfahrzeugindustrie
Sonographiegeräte	5	20	Gesundheitswesen
Sonst. elektr. Ausrüstungen	8	12.5	Aluminiumfolien-Industrie
Sonst. Wasserverteilungs- und Aufbereitungsanlagen	10	10	Gartenbau (nach dem 31.12.1997)
sonstige (z. B. Voll-, Trenn-, Spaltgatter)	8	12.5	Holzverarbeitende Industrie
sonstige (z. B. Voll-, Trenn-, Spaltgatter)	8	12.5	Sägeindustrie und Holzbearbeitung

Anlagegut	ND	% p.a.	Abschreibungstabelle
Sonstige Ausputz- und Fertigmacherei-Maschinen	8	12.5	Schuhindustrie
Sonstige bauliche Anlagen (Hofbefestigungen, Brücken (Leichtbauweise), Stege u. ä.)	10	10	Binnenfischerei, Teichwirtschaft, Fischzucht, fischwirtschaftliche Dienstleistungen
Sonstige Bauwerke (Stützmauern, Rampen, Bunker usw.)	15	6.67	Kalk-, Gips-, und Kreideindustrie
Sonstige Be- und Verarbeitungsanlagen	8	12.5	Maschinenbau
sonstige Beregnungsanlagen	10	10	Forstwirtschaft (nach dem 30.09.1995)
Sonstige Betriebsvorrichtungen (Freistehende Rampen, Kamine, Kanäle, Kanalisation, Gruben usw.)	20	5	Chemische Industrie
Sonstige Bodenbefestigungsmaschinen	8	12.5	Schuhindustrie
Sonstige Bodenvorbereitungsmaschinen	8	12.5	Schuhindustrie
Sonstige Brech- und Sortiermaschinen	12	8.33	Steinkohlenbergbau
sonstige festeingebaute Hebebühnen	10	10	Vulkanisierbetriebe
Sonstige Filter	6	16.67	Sektkellereien
sonstige Filter	6	16.67	Weinbau und Weinhandel (nach dem 31.12.1988)
sonstige Fräs- und Hobelmaschinen für ein- und mehrseitige Bearbeitung	7	14.29	Sägeindustrie und Holzbearbeitung
sonstige Fräsmaschinen	10	10	NE-Metallhalbzeugindustrie (NE-Metallhalbzeugwerke und NE-Metallgießereien)
Sonstige Gießereianlagen	7	14.29	Kraftfahrzeugindustrie
Sonstige Heringslogger (bei einheitl. Abschreibung zu 3.a und 3.b)	20	5	Hochsee- und Küstenfischerei
Sonstige Heringslogger (Motoren)	10	10	Hochsee- und Küstenfischerei
Sonstige Heringslogger (Schiffskörper)	25	4	Hochsee- und Küstenfischerei
sonstige Holztransportanlagen	6	16.67	Sägeindustrie und Holzbearbeitung
Sonstige Kühlanlagen	8	12.5	Erfrischungsgetränke- und Mineralbrunnenindustrie
sonstige Kräne	10	10	Sägeindustrie und Holzbearbeitung
Sonstige masch. Einrichtungen d. komm. Entwässerung, z.B. Schieber, Regel	20	5	Kommunalverwaltung, KGSt-Bericht 1/1999
Sonstige Mess- und Prüfmaschinen	6	16.67	Maschinenbau
Sonstige Pumpen	8	12.5	Erfrischungsgetränke- und Mineralbrunnenindustrie

Anlagegut	ND	% p.a.	Abschreibungstabelle
Sonstige Schaftbearbeitungsmaschinen	7	14.29	Schuhindustrie
Sonstige Schienenbearbeitungs- und -verlegemaschinen	6	16.67	Baugewerbe
Sonstige Spezialfahrzeuge	7	14.29	Kommunalverwaltung, KGSt-Bericht 1/1999
sonstige Tanks für Milchtransporte	6	16.67	Molkereien und sonstige Milchverwertung
Sonstige Unterhaltungsautomaten (z. B. Flipper)	5	20	Allgemein verwendbare Anlagegüter
Sonstige Zwickerei-Maschinen	8	12.5	Schuhindustrie
Sortenabrechnungssystem	5	20	Kreditwirtschaft
Sortier- und Entladeanlagen	6	16.67	Sägeindustrie und Holzbearbeitung
Sortier- und Stapelmaschinen für Bretter (elektronisch gesteuerte)	6	16.67	Sägeindustrie und Holzbearbeitung
Sortier- und Stapelmaschinen für Bretter (sonstige)	8	12.5	Sägeindustrie und Holzbearbeitung
Sortier-, Sieb- und Brechanlagen (Maschineneinheit), fahrbare	4	25	Bimsbaustoffindustrie
Sortier-, Sieb- und Brechanlagen (Maschineneinheit), ortsfeste	6	16.67	Bimsbaustoffindustrie
Sortieranlagen	6	16.67	Abfallentsorgungs- und Recyclingwirtschaft
Sortiergeräte aller Art	8	12.5	Binnenfischerei, Teichwirtschaft, Fischzucht, fischwirtschaftliche Dienstleistungen
Sortiergeräte, Geld-	7	14.29	Allgemein verwendbare Anlagegüter
Sortiermaschine	8	12.5	Herstellung von Schreib- und Zeichengeräten
Sortiermaschinen	8	12.5	Aluminiumfolien-Industrie
Sortiertische (rotierend) bei Säureeinwirkung	5	20	Obst- und Gemüseverarbeitungsindustrie
Sortiertische (rotierend) im Naßbetrieb	7	14.29	Obst- und Gemüseverarbeitungsindustrie
Sossieranlagen	8	12.5	Zigarettenindustrie
Spänebrecher	7	14.29	NE-Metallhalbzeugindustrie (NE-Metallhalbzeugwerke und NE-Metallgießereien)
Spänebrecher	6	16.67	Schrott- und Abbruchwirtschaft

Anlagegut	ND	% p.a.	Abschreibungstabelle
Späneeinblas- und Fördervorrichtungen für Dampfkesselbefeuerung	8	12.5	Sägeindustrie und Holzbearbeitung
Spänesilos aus Beton	15	6.67	Holzverarbeitende Industrie
Spänesilos aus Beton	15	6.67	Sägeindustrie und Holzbearbeitung
Spänesilos aus Holz	6	16.67	Holzverarbeitende Industrie
Spänesilos aus Holz, Blech, Aluminium	6	16.67	Sägeindustrie und Holzbearbeitung
Spänesilos aus Stahl	12	8.33	Holzverarbeitende Industrie
Spänesilos aus Stahl	12	8.33	Sägeindustrie und Holzbearbeitung
Spänetransportanlagen, pneumatische	6	16.67	Sägeindustrie und Holzbearbeitung
Spänetrocknungsanlagen	10	10	Rauchwarenverarbeitung
Spänezerreisser	6	16.67	Sägeindustrie und Holzbearbeitung
Spül- und Entwicklungströge sowie -wannen	6	16.67	Druckerei und Verlagsunternehmen mit Druckerei
Spül- und Naßkratzmaschinen (automatische)	5	20	Borstenzurichtung und Pinselindustrie
Spülanlagen einschl. Pumpen	4	25	Kies-, Sand-, Mörtel- und Transportbetonindustrie
Spülerschuten, Klappschuten	18	5.56	Baugewerbe
Spülmaschinen, Geschirr-	7	14.29	Allgemein verwendbare Anlagegüter
Spülpumpen	8	12.5	Erdölgewinnung
Spülrohrleitungen	6	16.67	Baugewerbe
Spülschlauch	5	20	Kommunalverwaltung, KGSt-Bericht 1/1999
Spülwagen	4	25	Abfallentsorgungs- und Recyclingwirtschaft
Spaltlampen	6	16.67	Gesundheitswesen
Spaltmaschinen	5	20	Lederwaren- und Kofferindustrie
Spaltmesserabziehapparate	7	14.29	Schuhindustrie
Spalt-Trennkreissägen, Format-Besäumungskreissägen	5	20	Holzverarbeitende Industrie
Spanende Sondermaschinen mit einer starken kunden- o. bauteilspezifischen Auslegung	8	12.5	Maschinenbau
Spann- und Muldenpressen	8	12.5	Textilveredelung
Spanneinrichtungen für Spannbeton	5	20	Beton- und Fertigteilindustrie
Spannhämmer	8	12.5	Eisen-, Blech- und Metallwarenindustrie

Anlagegut	ND	% p.a.	Abschreibungstabelle
Spannrahmen	8	12.5	Textilveredelung
Spannungskonstanthalter	5	20	Druckerei und Verlagsunternehmen mit Druckerei
Sparatoren	10	10	ölmühlen und Margarine-Industrie
Sparenrolleggen	8	12.5	Gartenbau (nach dem 31.12.1997)
Spargelpflanzungen	8	12.5	Gartenbau (nach dem 31.12.1997)
Spargelschneidemaschinen (Naßbetrieb)	5	20	Obst- und Gemüseverarbeitungsindustrie
Spatenmaschinen	6	16.67	Gartenbau (nach dem 31.12.1997)
Spatenpflug	6	16.67	Weinbau und Weinhandel (nach dem 31.12.1988)
Speckabschwartmaschinen	5	20	Fleischwarenindustrie, Fleischer, Schlachthöfe
Speckschneider	6	16.67	Fleischwarenindustrie, Fleischer, Schlachthöfe
Speicher, Wasser-	20	5	Allgemein verwendbare Anlagegüter
Speicheraspirateure	12	8.33	Mühlen (ohne ölmühlen)
Speichersysteme (Zigaretten, Packungen, Gebinde)	8	12.5	Zigarettenindustrie
Speise-Dämpfapparate	12	8.33	Mühlen (ohne ölmühlen)
Speiseeisgeräte/-anlagen/-automaten	7	14.29	Brot- und Backwarenindustrie, Herst. v. Tiefkühl-/Kombinationsbackwaren, Bäckereien, Konditoreien
Speiseleitungen (einschl. Maste)	20	5	Personen- und Güterbeförderung (im Straßen- und Schienenverkehr)
Speisewasseraufbereitungs- anlagen	15	6.67	Energie- und Wasserversorgung (nach dem 31.12.1993)
Speisewasseraufbereitungsanlagen	12	8.33	Allgemein verwendbare Anlagegüter
Speisewasservorwärmer	12	8.33	Brauereien und Mälzereien
Spektralanalysegeräte	8	12.5	Gesundheitswesen
Spezial-Bügelmaschinen (z.B. Plisseemaschinen)	5	20	Hut- und Stumpenindustrie
Spezialbohrmaschinen	5	20	Feinmechanische und Optische Industrie
Spezialdampfkessel, öl-, gasbeheizt	10	10	Chemischreinigung, Wäscherei, Färberei
Spezialdampfkessel, kohlebeheizt	12	8.33	Chemischreinigung, Wäscherei, Färberei
Spezialdampfkessel, Schnelldampferzeuger (genehmigungs-freie bis 150 l und bis zu 10 atm.)	5	20	Chemischreinigung, Wäscherei, Färberei
Spezialdrehmaschinen	6	16.67	Eisen-, Blech- und Metallwarenindustrie

Anlagegut	ND	% p.a.	Abschreibungstabelle
Spezialdrehmaschinen	6	16.67	Feinmechanische und Optische Industrie
Spezialdrehmaschinen	6	16.67	Stahlverformung
Spezialfahrzeuge Beleuchtungstechnik	5	20	Fernseh-, Film- und Hörfunkwirtschaft
Spezialfahrzeuge Fernsehtechnik	5	20	Fernseh-, Film- und Hörfunkwirtschaft
Spezialfahrzeuge Filmtechnik	5	20	Fernseh-, Film- und Hörfunkwirtschaft
Spezialfahrzeuge Hörfunktechnik	5	20	Fernseh-, Film- und Hörfunkwirtschaft
Spezialfahrzeuge im Flughafenbereich	8	12.5	Luftfahrtunternehmen und Flughafenbetriebe
Spezialfahrzeuge mit Turmdrehkran	3	33.33	Kies-, Sand-, Mörtel- und Transportbetonindustrie
Spezialfahrzeuge Sendertechnik	5	20	Fernseh-, Film- und Hörfunkwirtschaft
Spezial-Fertigungs-Mikroskope	8	12.5	Zahntechniker
Spezialfräsmaschinen	6	16.67	Eisen-, Blech- und Metallwarenindustrie
Spezialfräsmaschinen	6	16.67	Feinmechanische und Optische Industrie
Spezialfräsmaschinen	6	16.67	Stahlverformung
Spezial-Lastkraftwagen für Steintransport	3	33.33	Natursteinindustrie f. d. Wege-, Bahn-, Wasser- u. Betonbau
Spezialliegen (elektrisch oder hydraulisch verstellbar)	7	14.29	Heil-, Kur-, Sport- und Freizeitbäder
Spezial-Lkw zur Anlieferung von Holz in langer und kurzer Form	5	20	Forstwirtschaft (nach dem 30.09.1995)
Spezial-Mörtelfahrzeuge	3	33.33	Kies-, Sand-, Mörtel- und Transportbetonindustrie
Spezialmühlen (elektr.)	4	25	Kaffee- und Teeverarbeitung (ohne Kaffeemittelproduktion)
Spezialmasch. d. Damenindustrie sowie Stick- und Strickmaschinen, soweit bes. Moderisiko unterworfen	4	25	Hut- und Stumpenindustrie
Spezialmaschinen sowie Stick- und Strickmaschinen	6	16.67	Hut- und Stumpenindustrie
Spezialmaschinen zur Faßherstellung	5	20	Holzverarbeitende Industrie
Spezialregale	6	16.67	Waren- und Kaufhäuser
Spezialschleifmaschinen für Kanten-, Falz und Profilarbeiten	6	16.67	Holzverarbeitende Industrie
Spezialschleifmaschinen für Rundstäbe	6	16.67	Holzverarbeitende Industrie
Spezialveredelungsmaschinen (Form- und Appreturmaschinen für Wirk- und Strickwaren)	6	16.67	Maschinenindustrie

Anlagegut	ND	% p.a.	Abschreibungstabelle
Spezialveredelungsmaschinen (Kombinierte Strumpf-Färbe und Formmaschinen)	6	16.67	Maschinenindustrie
Spezialveredelungsmaschinen (Strumpfplastifizier- und Formmaschinen)	7	14.29	Maschinenindustrie
Spezialverlade-Anlagen (gleisgebunden)	8	12.5	Ziegelindustrie
Spezialverlade-Anlagen, orts- oder gleisgebundene	8	12.5	Kalksandsteinindustrie
Spezialwagen	25	4	Allgemein verwendbare Anlagegüter
Spezialwerkzeuge und typengebundene Vorrichtungen	5	20	Kraftfahrzeugindustrie
Spielgeräte (Wippe, Rutsche, Schaukel, Klettergeräte usw.)	8	12.5	Gem. Anlage 13 des Gesetzes zum NKFG (Neuen Kommunalen Finanzmanagement)
Spielgeräte (Wippe, Rutsche, Schaukel, Klettergeräte usw.)	8	12.5	Kommunalverwaltung, KGSt-Bericht 1/1999
Spielplätze	10	10	Kommunalverwaltung, KGSt-Bericht 1/1999
Spielplätze, Bolzplätze	10	10	Gem. Anlage 13 des Gesetzes zum NKFG (Neuen Kommunalen Finanzmanagement)
Spinatturbinen (Naßbetrieb)	7	14.29	Obst- und Gemüseverarbeitungsindustrie
Spindelöl-Raffinationsanlagen (Entparaffinierung, Filter- und Kontaktverfahren)	10	10	Erdölverarbeitung
Spindelöl-Raffinationsanlagen (Säure- und Selektivbehandlung)	8	12.5	Erdölverarbeitung
Spindelbandnähmaschinen	10	10	Gewerbliche Erzeugung und Aufbereitung von Spinnstoffen, Spinnerei, Weberei
Spindelmäher, selbstfahrend	4	25	Garten-, Landschafts- und Sportplatzbau
Spindelpressen	8	12.5	Druckerei und Verlagsunternehmen mit Druckerei
Spinnmaschinen (einfache)	10	10	Gewerbliche Erzeugung und Aufbereitung von Spinnstoffen, Spinnerei, Weberei
Spiralwärmeaustauscher	10	10	Weinbau und Weinhandel (nach dem 31.12.1988)
Spiralwickel- und Einziehmaschinen	8	12.5	Druckerei und Verlagsunternehmen mit Druckerei

Anlagegut	ND	% p.a.	Abschreibungstabelle
Spiralwickel- und Einziehmaschinen	8	12.5	Papier und Pappe verarbeitende Industrie
Spitz- und Schälmaschinen	12	8.33	Mühlen (ohne ölmühlen)
Spitzendrehbänke	10	10	Stahl- und Eisenbau
Spitzeneindampfapparate	5	20	Schuhindustrie
Spitzenfräs-Maschinen	7	14.29	Schuhindustrie
Spitzenzwick-Maschinen	7	14.29	Schuhindustrie
Spitzmaschine	7	14.29	Herstellung von Schreib- und Zeichengeräten
Splittstreumaschinen	6	16.67	Baugewerbe
Sportanlagen (nur Sozialgebäude u.a. Funktionsgebäude)	40	2.5	Gem. Anlage 13 des Gesetzes zum NKFG (Neuen Kommunalen Finanzmanagement)
Sportgeräte (Fitnessgeräte usw.)	10	10	Kommunalverwaltung, KGSt-Bericht 1/1999
Sporthafen	40	2.5	Kommunalverwaltung, KGSt-Bericht 1/1999
Sporthallen, Holzkonstruktion	20	5	Kommunalverwaltung, KGSt-Bericht 1/1999
Sporthallen, massiv	80	1.25	Kommunalverwaltung, KGSt-Bericht 1/1999
Sporthallen, teilmassiv	40	2.5	Kommunalverwaltung, KGSt-Bericht 1/1999
Sportplätze (Rasen- und Hartplätze)	20	5	Gem. Anlage 13 des Gesetzes zum NKFG (Neuen Kommunalen Finanzmanagement)
Sportplätze (Rasen- und Hartplätze)	20	5	Kommunalverwaltung, KGSt-Bericht 1/1999
Sprühgeräte/-anlagen	5	20	Brot- und Backwarenindustrie, Herst. v. Tiefkühl-/Kombinationsbackwaren, Bäckereien, Konditoreien
Sprühtürme (Zerstäuberanlagen)	10	10	Molkereien und sonstige Milchverwertung
Spreader oder Softner	10	10	Gewerbliche Erzeugung und Aufbereitung von Spinnstoffen, Spinnerei, Weberei
Sprechanlagen	10	10	Kommunalverwaltung, KGSt-Bericht 1/1999
Sprechfunkanlagen	8	12.5	Kommunalverwaltung, KGSt-Bericht 1/1999

Anlagegut	ND	% p.a.	Abschreibungstabelle
Springleranlagen	20	5	Kommunalverwaltung, KGSt-Bericht 1/1999
Sprinkleranlagen	20	5	Allgemein verwendbare Anlagegüter
Sprinkleranlagen / Feuerlöschanlagen	20	5	Mühlen (ohne ölmühlen)
Spritbehälter	10	10	Zellstoff, Holzstoff, Papier und Pappe erzeugende Industrie
Spritz- und Trockenboxen, kombiniert mit Trockenabscheidung	10	10	Maler- und Lackiererhandwerk
Spritzanlagen	5	20	Schuhindustrie
Spritzapparate	7	14.29	Druckerei und Verlagsunternehmen mit Druckerei
Spritzblasformmaschinen	6	16.67	Kunststoffverarbeitende Industrie
Spritzen	6	16.67	Kommunalverwaltung, KGSt-Bericht 1/1999
Spritzenpumpen	5	20	Kommunalverwaltung, KGSt-Bericht 1/1999
Spritzgeräte für Spachtelmasse und Kunstharzputze	5	20	Maler- und Lackiererhandwerk
Spritzgeräte, elektrostatisch (Generatoren)	5	20	Maler- und Lackiererhandwerk
Spritzgeräte, elektrostatisch (Handsprühpistolen mit Zuleitung)	4	25	Maler- und Lackiererhandwerk
Spritzgiessmaschinen	6	16.67	Kunststoffverarbeitende Industrie
Spritzgußmaschinen (automatisch)	6	16.67	Feinmechanische und Optische Industrie
Spritzgußmaschinen (handbedient)	6	16.67	Feinmechanische und Optische Industrie
Spritzgussautomaten	8	12.5	Kautschukindustrie
Spritzgussmaschinen	13	7.69	Allgemein verwendbare Anlagegüter
Spritzkabinen	6	16.67	Holzverarbeitende Industrie
Spritzkabinen mit Wasserauswaschung	10	10	Maler- und Lackiererhandwerk
Spritzmaschine für Haftkleber	5	20	Kommunalverwaltung, KGSt-Bericht 1/1999
Spritzmaschinen	6	16.67	Baugewerbe
Spritzmaschinen (Schneckenpressen, Extruder)	10	10	Kautschukindustrie
Spritzständer	5	20	Lederwaren- und Kofferindustrie
Sprunganlagen aus Stahl und Stahlbeton, ohne Sprungbretter	25	4	Heil-, Kur-, Sport- und Freizeitbäder
Sprungbrett (Schwimmbad)	10	10	Kommunalverwaltung, KGSt-Bericht 1/1999

Anlagegut	ND	% p.a.	Abschreibungstabelle
Sprungbretter, komplette	5	20	Heil-, Kur-, Sport- und Freizeitbäder
Sprungeinrichtungen in Frei- u. Hallenbädern	15	6.67	Kommunalverwaltung, KGSt-Bericht 1/1999
Spul-, Haspel- und Fachmaschinen (automatische)	7	14.29	Garnbearbeitung in der Textilindustrie
Spul-, Haspel- und Fachmaschinen (einfache)	10	10	Garnbearbeitung in der Textilindustrie
Spul-, Haspel- und Fachmaschinen (hochtourige)	8	12.5	Garnbearbeitung in der Textilindustrie
Spul-, Haspel- und Schärmaschinen (andere Hochleistungsmaschinen)	6	16.67	Maschinenindustrie
Spul-, Haspel- und Schärmaschinen (einfache)	10	10	Maschinenindustrie
Spul-, Haspel- und Schärmaschinen (Hochleistungs-Kreuzspulmaschinen)	6	16.67	Maschinenindustrie
Spulengatter	10	10	Kautschukindustrie
Spulmaschinen	10	10	Kautschukindustrie
Squashhallen	20	5	Allgemein verwendbare Anlagegüter
Stählerne Silos f. Zuschlagstoffe u. Zement, einschl. Silozubehör (Verschlüsse, Abluftfilter)	8	12.5	Baugewerbe
Ställe (Leichtbauweise (Holz, Faserzement, Leichtmetall))	17	5.88	Landwirtschaft und Tierzucht (nach dem 30.06.1996)
Ställe (Massivbauweise)	25	4	Landwirtschaft und Tierzucht (nach dem 30.06.1996)
Ställe (Offenställe)	10	10	Landwirtschaft und Tierzucht (nach dem 30.06.1996)
Stände,Verkaufs-	8	12.5	Allgemein verwendbare Anlagegüter
Ständerbohrmaschinen	10	10	Stahl- und Eisenbau
Ständer-Doppel-Schleifmaschinen	8	12.5	Feinmechanische und Optische Industrie
Stückbriefverteilanlagen einschl. Codiereinrichtungen	10	10	Personen- und Güterbeförderung (im Straßen- und Schienenverkehr)
Stückverzinkung	6	16.67	Eisen-, Blech- und Metallwarenindustrie
Stülpschachtelklebemaschinen	8	12.5	Druckerei und Verlagsunternehmen mit Druckerei
Stülpschachtelklebemaschinen	8	12.5	Papier und Pappe verarbeitende Industrie
Stabilisierungsfilter	10	10	Brauereien und Mälzereien
Stachelbeerputzmaschinen (Naßbetrieb)	7	14.29	Obst- und Gemüseverarbeitungsindustrie

Anlagegut	ND	% p.a.	Abschreibungstabelle
Stadiontribüne	20	5	Kommunalverwaltung, KGSt-Bericht 1/1999
Stadtnetze aus Gußeisen	40	2.5	Energie- und Wasserversorgung (nach dem 31.12.1993)
Stadtnetze aus Stahl	30	3.33	Energie- und Wasserversorgung (nach dem 31.12.1993)
Stadtnetzleitungen aus Gußeisen	40	2.5	Energie- und Wasserversorgung (nach dem 31.12.1993)
Stadtnetzleitungen aus Stahl	30	3.33	Energie- und Wasserversorgung (nach dem 31.12.1993)
Staffiermaschinen	5	20	Bekleidungsindustrie (ohne Lederbekleidung)
Stahlband- und Gitterbandöfen	10	10	Süßwarenindustrie
Stahlbauöfen (Einschieß-/Auszugöfen)	8	12.5	Brot- und Backwarenindustrie, Herst. v. Tiefkühl-/Kombinationsbackwaren, Bäckereien, Konditoreien
Stahldruckpressen	10	10	Feinkeramische Industrie
Stahlgelenk-Nietmaschinen	5	20	Schuhindustrie
Stahlschränke	14	7.14	Allgemein verwendbare Anlagegüter
Stahlschränke	20	5	Kommunalverwaltung, KGSt-Bericht 1/1999
Stahlspundwände	20	5	Allgemein verwendbare Anlagegüter
Stallüfter	10	10	Landwirtschaft und Tierzucht (nach dem 30.06.1996)
Stallmiststreuer	10	10	Landwirtschaft und Tierzucht (nach dem 30.06.1996)
Stallraumheizung (bewegl.)	10	10	Landwirtschaft und Tierzucht (nach dem 30.06.1996)
Stallschlepper	8	12.5	Landwirtschaft und Tierzucht (nach dem 30.06.1996)
Stallungen, Holzbauten	20	5	Kommunalverwaltung, KGSt-Bericht 1/1999
Stallungen, massiv	80	1.25	Kommunalverwaltung, KGSt-Bericht 1/1999
Stallungen, teilmassiv	40	2.5	Kommunalverwaltung, KGSt-Bericht 1/1999
Stampf- und Rüttelgeräte	8	12.5	Kommunalverwaltung, KGSt-Bericht 1/1999
Stampfer	11	9.09	Allgemein verwendbare Anlagegüter

Anlagegut	ND	% p.a.	Abschreibungstabelle
Stampfer	8	12.5	Herstellung von Schreib- und Zeichengeräten
Stampfer (Vibrations-/ Explosionsstampfer)	4	25	Garten-, Landschafts- und Sportplatzbau
Stampfmaschinen (einfache Bauart)	7	14.29	Beton- und Fertigteilindustrie
Stampfmaschinen (hochentwickelte Bauart)	4	25	Beton- und Fertigteilindustrie
Standarten, Preisauszeichnungsanlagen, Leuchtkassetten, Leuchttische, Außenbeleuchtung	3	33.33	Vertrieb von Erdölerzeugnissen
Standbahnen	6	16.67	Eisen-, Stahl- und Tempergießereien
Standmesserschleifmaschine (automatisch)	8	12.5	Hutstoff-Fabrikation
Standsägen	6	16.67	Fleischwarenindustrie, Fleischer, Schlachthöfe
Stangen-Drehautomaten	8	12.5	Kraftfahrzeugindustrie
Stangenkartoniermaschinen	8	12.5	Zigarettenindustrie
Stangensägemaschinen	10	10	NE-Metallhalbzeugindustrie (NE-Metallhalbzeugwerke und NE-Metallgießereien)
Stannioliermaschinen (Kapselmaschinen)	5	20	Brauereien und Mälzereien
Stanz- u. Verschlußmaschinen	6	16.67	Molkereien und sonstige Milchverwertung
Stanz-, Nibbelmaschinen (CNC / NC ohne Laser)	8	12.5	Maschinenbau
Stanz-, Nibbelmaschinen (CNC / NC, kombiniert mit Laser)	6	16.67	Maschinenbau
Stanzautomaten	6	16.67	Feinmechanische und Optische Industrie
Stanzautomaten	6	16.67	Maschinenbau
Stanzautomaten	7	14.29	NE-Metallhalbzeugindustrie (NE-Metallhalbzeugwerke und NE-Metallgießereien)
Stanzautomaten (CNC)	5	20	Eisen-, Blech- und Metallwarenindustrie
Stanzautomaten CNC	5	20	Stahlverformung
Stanzen	14	7.14	Allgemein verwendbare Anlagegüter
Stanzen	8	12.5	Feinmechanische und Optische Industrie
Stanzen	10	10	Kautschukindustrie

Anlagegut	ND	% p.a.	Abschreibungstabelle
Stanzen aller Art	8	12.5	Druckerei und Verlagsunternehmen mit Druckerei
Stanzen aller Art	8	12.5	Papier und Pappe verarbeitende Industrie
Stanzklotzabrichtmaschinen	8	12.5	Lederwaren- und Kofferindustrie
Stanzmaschinen	10	10	Aluminiumfolien-Industrie
Stapel- und Beschickungsvorrichtungen	5	20	Sägeindustrie und Holzbearbeitung
Stapeleinrichtungen (z. B. Rundstapler)	8	12.5	Druckerei und Verlagsunternehmen mit Druckerei
Stapelfahrzeuge/Flurförderzeuge	5	20	Beton- und Fertigteilindustrie
Stapelgeräte, automatische	5	20	Holzverarbeitende Industrie
Stapelwendeapparate	8	12.5	Druckerei und Verlagsunternehmen mit Druckerei
Stapelwendegeräte	8	12.5	Papier und Pappe verarbeitende Industrie
Stapelwender (automatisch)	5	20	Molkereien und sonstige Milchverwertung
Stapler	8	12.5	Allgemein verwendbare Anlagegüter
Stapler	5	20	Gartenbau (nach dem 31.12.1997)
Stationäre Bagger	6	16.67	Schrott- und Abbruchwirtschaft
Stationäre Datenlesestationen	8	12.5	Steinkohlenbergbau
Stationäre Fördermittel wie Schrägaufzüge	8	12.5	Zementindustrie
Stationäre Hauptschaltanlagen (im Füllortbereich an Tagesschächten)	12	8.33	Steinkohlenbergbau
Stationäre pneumatische Förderanlagen für Baustoffe (zentral)	12	8.33	Steinkohlenbergbau
Stationäre Siloanlagen mit Ausnahme der maschinellen Ausrüstungen (Beton)	15	6.67	Zementindustrie
Stationäre Siloanlagen mit Ausnahme der maschinellen Ausrüstungen (Eisen)	12	8.33	Zementindustrie
Stationäre Siloanlagen mit Ausnahme der maschinellen Ausrüstungen (Holz)	6	16.67	Zementindustrie
Stationäre Vibro-Automaten	5	20	Bimsbaustoffindustrie
Stationäre Wein- und Sektleitungen	10	10	Sektkellereien
stationäre Weinleitungen	10	10	Weinbau und Weinhandel (nach dem 31.12.1988)

Anlagegut	ND	% p.a.	Abschreibungstabelle
Statische Walzen	10	10	Garten-, Landschafts- und Sportplatzbau
Stauanlagen	20	5	Binnenfischerei, Teichwirtschaft, Fischzucht, fischwirtschaftliche Dienstleistungen
Stauanlagen und Sammler aus Beton oder Mauerwerk	33	3.03	Forstwirtschaft (nach dem 30.09.1995)
Stauanlagen und Sammler aus Eisen oder Stahl	25	4	Forstwirtschaft (nach dem 30.09.1995)
Stauanlagen und Sammler aus Holz	10	10	Forstwirtschaft (nach dem 30.09.1995)
Staubabscheidungsanlagen	8	12.5	Brauereien und Mälzereien
Staubfilter	14	7.14	ölmühlen und Margarine-Industrie
Staubfilteranlagen	10	10	Gewerbliche Erzeugung und Aufbereitung von Spinnstoffen, Spinnerei, Weberei
Staubfilteranlagen	6	16.67	Holzverarbeitende Industrie
Staubfilteranlagen	10	10	Zigarettenindustrie
Staubsauger (Selbstbedienung)	3	33.33	Vertrieb von Erdölerzeugnissen
Staubsauger, Industrie-	7	14.29	Allgemein verwendbare Anlagegüter
Staubsauger, Industrie-	3	33.33	Maler- und Lackiererhandwerk
Stauchautomaten	5	20	Holzverarbeitende Industrie
Stauchmaschinen	10	10	Allgemein verwendbare Anlagegüter
Stauchmaschinen	5	20	Spielwaren-Industrie
Stauchmaschinen	8	12.5	Stahlverformung
Steaker	5	20	Fleischwarenindustrie, Fleischer, Schlachthöfe
Steckleiter	8	12.5	Kommunalverwaltung, KGSt-Bericht 1/1999
Stegeschlitzmaschinen und -automaten	8	12.5	Papier und Pappe verarbeitende Industrie
Stegesteckmaschinen und -automaten	8	12.5	Papier und Pappe verarbeitende Industrie
Stegheftmaschinen	10	10	Spielwaren-Industrie
Stehende Tonsilos aus Stahl oder Beton mit unterer Austragung	8	12.5	Ziegelindustrie
Steigenklebeautomaten	6	16.67	Molkereien und sonstige Milchverwertung
Steigrohre (bei Aktivierung der neu- oder ersatzbeschafften Steigrohre)	6	16.67	Erdölgewinnung
Steigsichter (f. Getreide)	12	8.33	Mühlen (ohne ölmühlen)

Anlagegut	ND	% p.a.	Abschreibungstabelle
Steinausleser	12	8.33	Mühlen (ohne ölmühlen)
Steinaussonderungsbrecher	6	16.67	Ziegelindustrie
Steinbrecher und -mühlen	10	10	Baugewerbe
Steinbrecher und -mühlen	6	16.67	Kies-, Sand-, Mörtel- und Transportbetonindustrie
Steinbrecher, leichte (z.B. Backen-, Prallbrecher)	7	14.29	Beton- und Fertigteilindustrie
Steinbrecher, schwere (z.B. Hammerbrecher)	10	10	Beton- und Fertigteilindustrie
Steinbruch-Werkzeuge	2	50	Natursteinindustrie f. d. Wege-, Bahn-, Wasser- u. Betonbau
Steindruckmaschinen	10	10	Druckerei und Verlagsunternehmen mit Druckerei
Steinnachbearbeitungsmaschinen	3	33.33	Beton- und Fertigteilindustrie
Steinpressen	10	10	Beton- und Fertigteilindustrie
Steinsägegatter (mit vier Ständern)	15	6.67	Naturwerksteinindustrie, Steinbildhauer, Steinmetze
Steinschliff- und Refinerschliffanlagen	10	10	Zellstoff, Holzstoff, Papier und Pappe erzeugende Industrie
Steintransportwagen (Kipploren usw.) Baggerbeladung (harte und zähe Gesteinsarten)	2	50	Natursteinindustrie f. d. Wege-, Bahn-, Wasser- u. Betonbau
Steintransportwagen (Kipploren usw.) Baggerbeladung (weniger harte und zähe Gesteinsarten)	4	25	Natursteinindustrie f. d. Wege-, Bahn-, Wasser- u. Betonbau
Steintransportwagen (Kipploren usw.) Handbeladung (harte und zähe Gesteinsarten)	5	20	Natursteinindustrie f. d. Wege-, Bahn-, Wasser- u. Betonbau
Steintransportwagen (Kipploren usw.) Handbeladung (weniger harte und zähe Gesteinsarten)	8	12.5	Natursteinindustrie f. d. Wege-, Bahn-, Wasser- u. Betonbau
Steintrennmaschinen	4	25	Baugewerbe
Stellwerkseinrichtungen	12	8.33	Braunkohlenbergbau
Stempelmaschine mit Photozellensteuerung	6	16.67	Herstellung von Schreib- und Zeichengeräten
Stempelmaschinen	8	12.5	Allgemein verwendbare Anlagegüter
Stempelmaschinen	5	20	Feinkeramische Industrie
Steppmaschinen	5	20	Lederwaren- und Kofferindustrie
Stepp-Maschinen aller Art	5	20	Schuhindustrie

Anlagegut	ND	% p.a.	Abschreibungstabelle
Steppmaschinen-Zwei Nadeln	5	20	Bekleidungsindustrie (ohne Lederbekleidung)
Steppstichdoppelmaschinen	5	20	Lederwaren- und Kofferindustrie
Steppstichdurchnäh-Maschinen	7	14.29	Schuhindustrie
Stereoanlage (Eislaufhalle)	5	20	Kommunalverwaltung, KGSt-Bericht 1/1999
Stereometalle	6	16.67	Druckerei und Verlagsunternehmen mit Druckerei
Sterilisationsanlagen (Autoklaven)	10	10	Molkereien und sonstige Milchverwertung
Sterilisator	10	10	Fleischmehlindustrie bzw. Tierkörperbeseitigung (Herstellung von tierischen Futtermitteln)
Sterilisatoren	10	10	Allgemein verwendbare Anlagegüter
Sterilisatoren	5	20	Mühlen (ohne ölmühlen)
Sterilisatoren (Heißluft und Gas)	8	12.5	Gesundheitswesen
Sterilisatoren (Heißluft und Gas)	8	12.5	Kommunalverwaltung, KGSt-Bericht 1/1999
Sterilisierapparate (f. Gurken, Naßbetrieb)	5	20	Obst- und Gemüseverarbeitungsindustrie
Sterilisiergerät	6	16.67	Weinbau und Weinhandel (nach dem 31.12.1988)
Sterilisiergeräte/-anlagen	5	20	Brot- und Backwarenindustrie, Herst. v. Tiefkühl-/Kombinationsbackwaren, Bäckereien, Konditoreien
Sterilmilchfüllmaschinen	6	16.67	Molkereien und sonstige Milchverwertung
Sterilmilchrundfüller	6	16.67	Molkereien und sonstige Milchverwertung
Sternfärbeapparate	7	14.29	Textilveredelung
Sternradrechen	12	8.33	Landwirtschaft und Tierzucht (nach dem 30.06.1996)
Steuergeräte	5	20	Fernseh-, Film- und Hörfunkwirtschaft
Steuerungsanlagen	5	20	Molkereien und sonstige Milchverwertung
Steuerungsanlagen (elektron.)	8	12.5	Kaffee- und Teeverarbeitung (ohne Kaffeemittelproduktion)
Steuerungsanlagen für Insetting	5	20	Druckerei und Verlagsunternehmen mit Druckerei
Stichform-Maschinen	7	14.29	Schuhindustrie

Anlagegut	ND	% p.a.	Abschreibungstabelle
Stichpolier-Maschinen	7	14.29	Schuhindustrie
Stickautomaten	5	20	Bekleidungsindustrie (ohne Lederbekleidung)
Stickoxydminderungsanlagen	13	7.69	Energie- und Wasserversorgung (nach dem 31.12.1993)
Stiefelformpressen	5	20	Schuhindustrie
Stieleinschlagmaschinen	8	12.5	Borstenzurichtung und Pinselindustrie
Stielumwickelmaschinen	5	20	Bekleidungsindustrie (ohne Lederbekleidung)
Stoß- und Pendelaufgeber, Dosierschieber	8	12.5	Baugewerbe
Stoßmaschinen	8	12.5	Stahlverformung
Stoff- und Lederbearbeitungsmaschinen	8	12.5	Kraftfahrzeugindustrie
Stoffgruben, Ausblasebehälter	10	10	Zellstoff, Holzstoff, Papier und Pappe erzeugende Industrie
Stofflöser für Roh- und Hilfsstoffe	10	10	Zellstoff, Holzstoff, Papier und Pappe erzeugende Industrie
Stofflege-Maschinen	7	14.29	Schuhindustrie
Stoffmahl- und Mischanlagen	10	10	Zellstoff, Holzstoff, Papier und Pappe erzeugende Industrie
Stoffstreichmaschinen	8	12.5	Kautschukindustrie
Stoffumkehrmaschinen	10	10	Textilveredelung
Stoll- und Streckmaschinen	6	16.67	Leder-Industrie (Ledererzeugung)
Stollen	60	1.67	Energie- und Wasserversorgung (nach dem 31.12.1993)
Stopfmaschinen für Gleise u. Weichen	6	16.67	Baugewerbe
Straßen (Anlieger-, Hauptverkehrsstraßen) Wege, Plätze, Parkflächen	30	3.33	Gem. Anlage 13 des Gesetzes zum NKFG (Neuen Kommunalen Finanzmanagement)
Straßen aus Beton	40	2.5	Kommunalverwaltung, KGSt-Bericht 1/1999
Straßen aus Verbundsteinpflaster	10	10	Kommunalverwaltung, KGSt-Bericht 1/1999
Straßen mit schwerer Packlage	20	5	Kommunalverwaltung, KGSt-Bericht 1/1999
Straßen ohne schwere Packlage	15	6.67	Kommunalverwaltung, KGSt-Bericht 1/1999

Anlagegut	ND	% p.a.	Abschreibungstabelle
Straßen- und Stadtmobiliar	10	10	Gem. Anlage 13 des Gesetzes zum NKFG (Neuen Kommunalen Finanzmanagement)
Straßenabläufe einschl. Anschlußkanäle	40	2.5	Kommunalverwaltung, KGSt-Bericht 1/1999
Straßenabläufe einschl. Anschlusskanäle	50	2	Gem. Anlage 13 des Gesetzes zum NKFG (Neuen Kommunalen Finanzmanagement)
Straßenablaufreinigungswagen	7	14.29	Kommunalverwaltung, KGSt-Bericht 1/1999
Straßenaufrauh-Brenner	4	25	Maler- und Lackiererhandwerk
Straßenbeleuchtung	19	5.26	Allgemein verwendbare Anlagegüter
Straßenbeleuchtung	20	5	Kommunalverwaltung, KGSt-Bericht 1/1999
Straßenbeleuchtungsanlagen	20	5	Energie- und Wasserversorgung (nach dem 31.12.1993)
Straßenbeleuchtungsanlagen (Kandelaber u. Anschlußleitung)	20	5	Energie- und Wasserversorgung (nach dem 31.12.1993)
Straßenbrücken (Holz)	15	6.67	Allgemein verwendbare Anlagegüter
Straßenbrücken (Stahl und Beton)	33	3.03	Allgemein verwendbare Anlagegüter
Straßenfräse	5	20	Kommunalverwaltung, KGSt-Bericht 1/1999
Straßenmarkierungsgeräte (handgeführt)	5	20	Maler- und Lackiererhandwerk
Straßenmarkierungsgeräte mit Fahrantrieb	6	16.67	Maler- und Lackiererhandwerk
Straßenschilder	20	5	Kommunalverwaltung, KGSt-Bericht 1/1999
Straßentrockner	8	12.5	Baugewerbe
Strahlanlagen	5	20	Eisen-, Blech- und Metallwarenindustrie
Strahlanlagen	5	20	Stahlverformung
Strahlautomaten (Vollautomat)	8	12.5	Zahntechniker
Strahlenmeßausrüstung	10	10	Kommunalverwaltung, KGSt-Bericht 1/1999
Strahlgeräte für Edelmetall (Feinkorn)	5	20	Zahntechniker
Strainer	10	10	Kautschukindustrie
Strandkörbe	5	20	Heil-, Kur-, Sport- und Freizeitbäder
Stranggießanlagen	10	10	Aluminiumfolien-Industrie
Strangpressen	7	14.29	Ziegelindustrie

Anlagegut	ND	% p.a.	Abschreibungstabelle
Strassenfahrzeuge (Zugmaschinen, Lkw, Pkw, Feuerfahrzeuge, Elektrokarren, Stapler usw.)	5	20	Chemische Industrie
Strebausrüstungen (Gleitkappen, Gleitkappenzüge, Blaswände, Vorkopfausträge)	5	20	Steinkohlenbergbau
Strecköfen	10	10	Glaserzeugende Industrie (Flachglas, Hohlglas und Glasfaser)
Strecken	10	10	Gewerbliche Erzeugung und Aufbereitung von Spinnstoffen, Spinnerei, Weberei
Strecken (einfache)	10	10	Gewerbliche Erzeugung und Aufbereitung von Spinnstoffen, Spinnerei, Weberei
Strecken, einfache	10	10	Gewerbliche Erzeugung und Aufbereitung von Spinnstoffen, Spinnerei, Weberei
Streckenausbaumaschinen ohne integrierte Sprengbohrausrüstung	6	16.67	Steinkohlenbergbau
Streckenvortriebsmaschinen	6	16.67	Steinkohlenbergbau
Streckmaschinen mit Nadelstäben (einfache)	10	10	Gewerbliche Erzeugung und Aufbereitung von Spinnstoffen, Spinnerei, Weberei
Streich- und Kaschieranlagen	6	16.67	Kunststoffverarbeitende Industrie
Streichmaschinen (Seal)	5	20	Rauchwarenverarbeitung
Streichmaschinen einschl. der Anlagen für Streichfarbenaufbereitung und Trocknung	10	10	Zellstoff, Holzstoff, Papier und Pappe erzeugende Industrie
Streifen- und Würfelschneidemaschinen im Naßbetrieb	7	14.29	Obst- und Gemüseverarbeitungsindustrie
Streifen- und Würfelschneidemaschinen im Naßbetrieb bei Säureeinwirkung	5	20	Obst- und Gemüseverarbeitungsindustrie
Streifenschneidmaschinen	7	14.29	Lederwaren- und Kofferindustrie
Streuautomaten für den Winterdienst	8	12.5	Kommunalverwaltung, KGSt-Bericht 1/1999
Streufahrzeuge	8	12.5	Kommunalverwaltung, KGSt-Bericht 1/1999
Streugutkästen	15	6.67	Kommunalverwaltung, KGSt-Bericht 1/1999
Strichskiaskope (m. Orangefilter)	8	12.5	Gesundheitswesen

Anlagegut	ND	% p.a.	Abschreibungstabelle
Stripperanlagen (Entgärung)	10	10	Zellstoff, Holzstoff, Papier und Pappe erzeugende Industrie
Strohverbrennungsanlagen	10	10	Landwirtschaft und Tierzucht (nach dem 30.06.1996)
Strom-, Dampf-, Gas-, Druckluft-, Wasser- und Wärmenetze	20	5	Steinkohlenbergbau
Stromerzeuger	3	33.33	Garten-, Landschafts- und Sportplatzbau
Stromerzeuger	8	12.5	Kommunalverwaltung, KGSt-Bericht 1/1999
Stromerzeuger, transportabel bis 3,4 KVA	5	20	Maler- und Lackiererhandwerk
Stromerzeuger, transportabel bis 7,5 KVA	8	12.5	Maler- und Lackiererhandwerk
Stromerzeugung	19	5.26	Allgemein verwendbare Anlagegüter
Stromgeneratoren	19	5.26	Allgemein verwendbare Anlagegüter
Stromschienen- und Oberleitungsanlagen	20	5	Personen- und Güterbeförderung (im Straßen- und Schienenverkehr)
Stromumformer	19	5.26	Allgemein verwendbare Anlagegüter
Stromversorgungs- und Verteilereinrichtungen der Beleuchtungstechnik	5	20	Fernseh-, Film- und Hörfunkwirtschaft
Stromversorgungsanlagen	15	6.67	Luftfahrtunternehmen und Flughafenbetriebe
Stromversorgungsanlagen, Notstromaggregate (beweglich)	10	10	Binnenfischerei, Teichwirtschaft, Fischzucht, fischwirtschaftliche Dienstleistungen
Stromversorgungsleitungen	20	5	Kommunalverwaltung, KGSt-Bericht 1/1999
Stromverteiler (Märkte)	10	10	Kommunalverwaltung, KGSt-Bericht 1/1999
Stromverteileranlagen	10	10	Gem. Anlage 13 des Gesetzes zum NKFG (Neuen Kommunalen Finanzmanagement)
Stubbenfräse	4	25	Garten-, Landschafts- und Sportplatzbau
Studio-/Atelierkabel	5	20	Fernseh-, Film- und Hörfunkwirtschaft
Studioausführung	5	20	Fernseh-, Film- und Hörfunkwirtschaft
Studiotonbandmaschinen	5	20	Fernseh-, Film- und Hörfunkwirtschaft
Stutzmaschine	10	10	Hutstoff-Fabrikation

Anlagegut	ND	% p.a.	Abschreibungstabelle
Sudhauseinrichtungen (Vormaischer, Maischbottiche, Maischpfannen, Würzepfannen)	14	7.14	Brauereien und Mälzereien
Sudhausreinigungsanlagen einschl. Behälter, Pumpen, Leitungen, Düsen und Schaltelemente	8	12.5	Brauereien und Mälzereien
Sumpfeinrichtungen	10	10	Steinkohlenbergbau
Synchronisationsanlagen	5	20	Fernseh-, Film- und Hörfunkwirtschaft
Tabakeinfädelmaschinen	7	14.29	Tabakanbau (nach dem 30.06.1995)
Tabakschneidemaschinen	10	10	Zigarettenindustrie
Tablettiermaschinen für Pressmassen	10	10	Kunststoffverarbeitende Industrie
Tabliermaschinen	8	12.5	Süßwarenindustrie
Tacker, kraftbetrieben	7	14.29	Schuhindustrie
Tackzwick- und Einbinde-Maschinen	7	14.29	Schuhindustrie
Tafeln	15	6.67	Kommunalverwaltung, KGSt-Bericht 1/1999
Tafelscheren	10	10	NE-Metallhalbzeugindustrie (NE-Metallhalbzeugwerke und NE-Metallgießereien)
Tafelscheren	10	10	Stahl- und Eisenbau
Tafel-Stanniolier- und Einschlagmaschinen	5	20	Süßwarenindustrie
Tampondruck-Maschinen	7	14.29	Schuhindustrie
Tank- u. Zapfanlagen für Treibstoffe, Heizöl usw.	10	10	Natursteinindustrie f. d. Wege-, Bahn-, Wasser- u. Betonbau
Tank- und Kesselwagenfüllstationen, Schiffslöschanlagen (einschl. Dämpferückgewinnungsanlagen)	12	8.33	Vertrieb von Erdölerzeugnissen
Tank- und Waschplatz	15	6.67	Kommunalverwaltung, KGSt-Bericht 1/1999
Tank- und Zapfanlagen	15	6.67	Kommunalverwaltung, KGSt-Bericht 1/1999
Tank- und Zapfanlagen für Farbe, Verschnitt und Verdünnung	10	10	Druckerei und Verlagsunternehmen mit Druckerei
Tankanlagen, Ladestationen	10	10	Steinkohlenbergbau
Tankanlagen, Treib- und Schmierstoff-	14	7.14	Allgemein verwendbare Anlagegüter
Tankdatenerfassungsanlagen	5	20	Personen- und Güterbeförderung (im Straßen- und Schienenverkehr)
Tankentwicklungsanlagen für Filme	6	16.67	Druckerei und Verlagsunternehmen mit Druckerei

Anlagegut	ND	% p.a.	Abschreibungstabelle
Tankkähne mit eigenem Antrieb	16	6.25	Vertrieb von Erdölerzeugnissen
Tankkähne ohne eigenen Antrieb	15	6.67	Hochsee-, Küsten- und Binnenschiffahrt
Tankkähne ohne eigenen Antrieb	20	5	Vertrieb von Erdölerzeugnissen
Tankkraftwagen (mit über 7,5 to zulässigem Gesamtgewicht)	5	20	Vertrieb von Erdölerzeugnissen
Tanklöschfahrzeug	10	10	Kommunalverwaltung, KGSt-Bericht 1/1999
Tanklager für Sonderabfälle	10	10	Abfallentsorgungs- und Recyclingwirtschaft
Tankmilchabgabe	6	16.67	Molkereien und sonstige Milchverwertung
Tankmilchannahme (elektronisch)	6	16.67	Molkereien und sonstige Milchverwertung
Tankmilchannahme (mechanisch)	6	16.67	Molkereien und sonstige Milchverwertung
Tankmotorschiffe	12	8.33	Hochsee-, Küsten- und Binnenschiffahrt
Tanks	10	10	Schiefer- und Tonindustrie
Tanks (V2A, mobil)	8	12.5	Molkereien und sonstige Milchverwertung
Tanks einschl. der Rohrleitungen im Tankfeld (andere Tanks)	25	4	Erdölverarbeitung
Tanks einschl. der Rohrleitungen im Tankfeld (Schwimmdachtanks und Drucktanks (Flüssiggastanks))	20	5	Erdölverarbeitung
Tanks für filtriertes Bier (z.B. Drucktanks) aus Aluminium, Stahl und sonstige	12	8.33	Brauereien und Mälzereien
Tanks für filtriertes Bier (z.B. Drucktanks, Puffertanks, drucklose Tanks) aus Niro	15	6.67	Brauereien und Mälzereien
Tanks oder Fässer aus Beton, Holz, Edelstahl	17	5.88	Weinbau und Weinhandel (nach dem 31.12.1988)
Tanks, Behälter (Alu, Stahl)	12	8.33	Erfrischungsgetränke- und Mineralbrunnenindustrie
Tanks, Behälter (Niro)	15	6.67	Erfrischungsgetränke- und Mineralbrunnenindustrie
Tanks, Brennstoff-	25	4	Allgemein verwendbare Anlagegüter
Tankstellengebäude (Tankwarträume, Werkstatträume, usw.) auf eigenen Grundstücken	25	4	Vertrieb von Erdölerzeugnissen

Anlagegut	ND	% p.a.	Abschreibungstabelle
Tankstellengebäude (Tankwarträume, Werkstatträume, usw.) auf fremden Grundstücken	12	8.33	Vertrieb von Erdölerzeugnissen
Tankwagen (Pflanzenschutzgerät)	10	10	Hopfenanbau
Tankwagen-Füllanlagen einschl. Mengenmeßzähler	12	8.33	Vertrieb von Erdölerzeugnissen
Tankwiegeanlage	6	16.67	Molkereien und sonstige Milchverwertung
Tapetenaufschäumanlagen	6	16.67	Papier und Pappe verarbeitende Industrie
Tapetenbeleimgeräte	3	33.33	Maler- und Lackiererhandwerk
Tapetendruck- und -prägemaschinen	8	12.5	Papier und Pappe verarbeitende Industrie
Tapetenentferngeräte, Elektrische Beheizung	3	33.33	Maler- und Lackiererhandwerk
Taschenaufnähautomaten	5	20	Bekleidungsindustrie (ohne Lederbekleidung)
Taschenpaspelautomaten	5	20	Bekleidungsindustrie (ohne Lederbekleidung)
Taschentuchherstellungsmaschinen	8	12.5	Papier und Pappe verarbeitende Industrie
Tauch- und Vulkanisiergeräte	8	12.5	Kautschukindustrie
Tauchanlagen	6	16.67	Holzverarbeitende Industrie
Tauchanlagen für nahtlose Teile	8	12.5	Kunststoffverarbeitende Industrie
Tauchanlagen, Tauchbecken	7	14.29	Fleischwarenindustrie, Fleischer, Schlachthöfe
Tauchbäder	10	10	Kautschukindustrie
Tauchentfettungsanlage	7	14.29	Herstellung von Schreib- und Zeichengeräten
Taucheranzug	8	12.5	Kommunalverwaltung, KGSt-Bericht 1/1999
Taucherschutzhelm	8	12.5	Kommunalverwaltung, KGSt-Bericht 1/1999
Tauchertelefon	5	20	Kommunalverwaltung, KGSt-Bericht 1/1999
Tauchgerät	8	12.5	Kommunalverwaltung, KGSt-Bericht 1/1999
Tauchgeräte	8	12.5	Herstellung von Schreib- und Zeichengeräten
Tauchhärtegeräte	7	14.29	Zahntechniker
Tauchkörperpumpen	6	16.67	Baugewerbe

Anlagegut	ND	% p.a.	Abschreibungstabelle
Tauchpumpe	5	20	Kommunalverwaltung, KGSt-Bericht 1/1999
Tauchpumpen	4	25	Braunkohlenbergbau
Tauchverdampfer (Kühler)-	10	10	Molkereien und sonstige Milchverwertung
Tauchwagen	7	14.29	Fleischwarenindustrie, Fleischer, Schlachthöfe
Technikmaschinen mit biegsamer Welle u. Handstück	6	16.67	Zahntechniker
Technikmaschinen mit Handstückmotor	6	16.67	Zahntechniker
Technikmaschinen mit Luftantrieb	5	20	Zahntechniker
Techniktische	10	10	Zahntechniker
Technische öfen	7	14.29	Schiffbau
Technische Einrichtungen (incl. Regelung)	8	12.5	Gartenbau (nach dem 31.12.1997)
Technische Einrichtungen für Breitbandverteilnetze	10	10	Fernmeldedienste
Teer- u. Bitumen-Mischanlagen (fahrbar, komplett (ohne Pumpen))	6	16.67	Natursteinindustrie f. d. Wege-, Bahn-, Wasser- u. Betonbau
Teer- u. Bitumen-Mischanlagen (stationär, komplett (ohne Pumpen))	10	10	Natursteinindustrie f. d. Wege-, Bahn-, Wasser- u. Betonbau
Teer- und Bitumenkocher	8	12.5	Baugewerbe
Teeranlagen	8	12.5	Eisen-, Stahl- und Tempergießereien
Teerkocher	10	10	Kommunalverwaltung, KGSt-Bericht 1/1999
Teerspritze	10	10	Kommunalverwaltung, KGSt-Bericht 1/1999
Teichanlagen (künstlich angelegt)	20	5	Binnenfischerei, Teichwirtschaft, Fischzucht, fischwirtschaftliche Dienstleistungen
Teiche, Löschwasser-	20	5	Allgemein verwendbare Anlagegüter
Teichentladungsund -reinigungsmaschinen (Bagger, Raupen, Absaugvorrichtungen)	8	12.5	Binnenfischerei, Teichwirtschaft, Fischzucht, fischwirtschaftliche Dienstleistungen
Teichmönche (Beton)	20	5	Binnenfischerei, Teichwirtschaft, Fischzucht, fischwirtschaftliche Dienstleistungen

Anlagegut	ND	% p.a.	Abschreibungstabelle
Teichmönche (Kunststoff, Holz)	10	10	Binnenfischerei, Teichwirtschaft, Fischzucht, fischwirtschaftliche Dienstleistungen
Teigaufbereitungsmaschinen (automatische)	6	16.67	Brot- und Backwarenindustrie, Herst. v. Tiefkühl-/Kombinationsbackwaren, Bäckereien, Konditoreien
Teigaufbereitungsmaschinen (elektronische- / prozeßgesteuerte)	5	20	Brot- und Backwarenindustrie, Herst. v. Tiefkühl-/Kombinationsbackwaren, Bäckereien, Konditoreien
Teigaufbereitungsmaschinen mit Handbetrieb	10	10	Brot- und Backwarenindustrie, Herst. v. Tiefkühl-/Kombinationsbackwaren, Bäckereien, Konditoreien
Teigknet- und -mischmaschinen	10	10	Gastgewerbe
Teigknetmaschinen	8	12.5	Brot- und Backwarenindustrie, Herst. v. Tiefkühl-/Kombinationsbackwaren, Bäckereien, Konditoreien
Teigknetmaschinen	10	10	Süßwarenindustrie
Teigpressen	7	14.29	Mühlen (ohne ölmühlen)
Teigschnellkneter	6	16.67	Brot- und Backwarenindustrie, Herst. v. Tiefkühl-/Kombinationsbackwaren, Bäckereien, Konditoreien
Teigwalzen	10	10	Gastgewerbe
Telefonanschaltgeräte	5	20	Fernseh-, Film- und Hörfunkwirtschaft
Telefone, Auto-	5	20	Allgemein verwendbare Anlagegüter
Telefonendeinrichtungen	5	20	Fernmeldedienste
Tele-Kobalt-Therapiegeräte	8	12.5	Gesundheitswesen
Telekommunikationsanlagen	5	20	Fernmeldedienste
Telekommunikationseinrichtungen, Betriebsfunkanlagen, Antennenmasten	10	10	Gem. Anlage 13 des Gesetzes zum NKFG (Neuen Kommunalen Finanzmanagement)
Telekommunikationseinrichtungen, mobil	5	20	Kommunalverwaltung, KGSt-Bericht 1/1999
Telekommunukationseinrichtungen, fest	10	10	Kommunalverwaltung, KGSt-Bericht 1/1999
Telescheckanlage	5	20	Kreditwirtschaft
Teleskopbagger	7	14.29	Baugewerbe
Teleskopbagger	7	14.29	Garten-, Landschafts- und Sportplatzbau
Teletypesetter-Matrizen	1	100	Druckerei und Verlagsunternehmen mit Druckerei
Tellerwalzen	10	10	ölmühlen und Margarine-Industrie

Anlagegut	ND	% p.a.	Abschreibungstabelle
Temperöfen	10	10	Eisen-, Stahl- und Tempergießereien
Temperöfen	10	10	Glaserzeugende Industrie (Flachglas, Hohlglas und Glasfaser)
Temperaturmessung für Silos	12	8.33	Mühlen (ohne ölmühlen)
Temperiermaschinen (automatisch)	5	20	Süßwarenindustrie
Temperiermaschinen (sonstige)	10	10	Süßwarenindustrie
Tennisanlagen	10	10	Gastgewerbe
Tennishallen	20	5	Allgemein verwendbare Anlagegüter
Tennishallen / Squaschhallen u.ä.	30	3.33	Kommunalverwaltung, KGSt-Bericht 1/1999
Teppiche	8	12.5	Kommunalverwaltung, KGSt-Bericht 1/1999
Teppiche und Brücken, einfache	3	33.33	Gastgewerbe
Teppiche und Brücken, hochwertige Orientteppiche (Anschaffungskosten über 1.000 DM/qm)	15	6.67	Gastgewerbe
Teppiche und Brücken, normale	5	20	Gastgewerbe
Teppiche, hochwertige (ab 1.000 DM/qm)	15	6.67	Allgemein verwendbare Anlagegüter
Teppiche, normale	8	12.5	Allgemein verwendbare Anlagegüter
Teppichreinigungsgeräte (transportabel)	7	14.29	Allgemein verwendbare Anlagegüter
Teppichreinigungsgeräte, transportabel	4	25	Maler- und Lackiererhandwerk
Teppichreinigungsmaschinen, sonstige	4	25	Chemischreinigung, Wäscherei, Färberei
Texografiegeräte	5	20	Bekleidungsindustrie (ohne Lederbekleidung)
Text- u. Datenendeinrichtungen	5	20	Fernmeldedienste
Textendeinrichtungen	6	16.67	Allgemein verwendbare Anlagegüter
Textilzuschneidemaschinen (Bandmesser)	10	10	Spielwaren-Industrie
Textilzuschneidemaschinen (Kreismesser)	8	12.5	Spielwaren-Industrie
Theatergebäude	80	1.25	Kommunalverwaltung, KGSt-Bericht 1/1999
Theken mit Glas	6	16.67	Waren- und Kaufhäuser
Theken ohne Glas	10	10	Waren- und Kaufhäuser
Theken- u. Kellnerausgaben, fahrbar	5	20	Gastgewerbe

Anlagegut	ND	% p.a.	Abschreibungstabelle
Theken, einfache	8	12.5	Gastgewerbe
Theken, Verkaufs-	10	10	Allgemein verwendbare Anlagegüter
Thekenzapfanlagen, Premix- und Postmixgeräte	5	20	Erfrischungsgetränke- und Mineralbrunnenindustrie
Theodolit	7	14.29	Kommunalverwaltung, KGSt-Bericht 1/1999
Thermalwasserkühlanlagen	5	20	Erfrischungsgetränke- und Mineralbrunnenindustrie
Thermische Nachverbrennung	4	25	Fleischwarenindustrie, Fleischer, Schlachthöfe
Thermische Verbindungsanlagen	6	16.67	Uhrenindustrie
Thermoformmaschinen	6	16.67	Kunststoffverarbeitende Industrie
Thermo-Zementier- und Umbuggmaschinen	5	20	Schuhindustrie
Tiefdruck-Andruckmaschinen (Bogen und Rolle)	10	10	Druckerei und Verlagsunternehmen mit Druckerei
Tiefdruckformzylinder	8	12.5	Druckerei und Verlagsunternehmen mit Druckerei
Tiefdruck-Raster	8	12.5	Druckerei und Verlagsunternehmen mit Druckerei
Tiefgaragen	80	1.25	Kommunalverwaltung, KGSt-Bericht 1/1999
Tiefgefrieranlagen (z. B. Härtetunnel)	7	14.29	Süßwarenindustrie
Tiefkälteanlagen	10	10	Süßwarenindustrie
Tiefkühlanlagen	5	20	Eisen-, Blech- und Metallwarenindustrie
Tiefkühlanlagen	5	20	Stahlverformung
Tiefkühlräume	10	10	Süßwarenindustrie
Tiefkühlschränke, Tiefkühltruhen, Tiefkühlzellen (transportabel) und ähnliche Verkaufseinrichtungen	5	20	Süßwarenindustrie
Tieflader	8	12.5	Baugewerbe
Tiefladeranhänger	4	25	Schrott- und Abbruchwirtschaft
Tiefladerzugmaschinen	4	25	Schrott- und Abbruchwirtschaft
Tieflochbohrmaschinen	8	12.5	Eisen-, Blech- und Metallwarenindustrie
Tieflochbohrmaschinen	8	12.5	Stahlverformung
Tiefzieh- u. Abfüllanlagen	6	16.67	Molkereien und sonstige Milchverwertung
Tiefziehgeräte	10	10	Zahntechniker

Anlagegut	ND	% p.a.	Abschreibungstabelle
Tiefziehmaschinen	6	16.67	Papier und Pappe verarbeitende Industrie
Tiegelöfen	5	20	NE-Metallhalbzeugindustrie (NE-Metallhalbzeugwerke und NE-Metallgießereien)
Tiegeldruckmaschinen und Druckautomaten	8	12.5	Druckerei und Verlagsunternehmen mit Druckerei
Tiere (übrige Kühe)	5	20	Landwirtschaft und Tierzucht (nach dem 30.06.1996)
Tiere (Damtiere)	10	10	Landwirtschaft und Tierzucht (nach dem 30.06.1996)
Tiere (Milchkühe)	3	33.33	Landwirtschaft und Tierzucht (nach dem 30.06.1996)
Tiere (Zuchtböcke und -schafe)	3	33.33	Landwirtschaft und Tierzucht (nach dem 30.06.1996)
Tiere (Zuchtbullen)	3	33.33	Landwirtschaft und Tierzucht (nach dem 30.06.1996)
Tiere (Zuchteber und -sauen)	2	50	Landwirtschaft und Tierzucht (nach dem 30.06.1996)
Tiere (Zuchthengste)	5	20	Landwirtschaft und Tierzucht (nach dem 30.06.1996)
Tiere (Zuchtstuten)	10	10	Landwirtschaft und Tierzucht (nach dem 30.06.1996)
Tintenleiterfräsmaschine	8	12.5	Herstellung von Schreib- und Zeichengeräten
Tischausleser	12	8.33	Mühlen (ohne ölmühlen)
Tischbohrmaschinen	8	12.5	Feinmechanische und Optische Industrie
Tischbohrmaschinen	5	20	NE-Metallhalbzeugindustrie (NE-Metallhalbzeugwerke und NE-Metallgießereien)
Tischbohrmaschinen, Bohrautomaten -	8	12.5	Kraftfahrzeugindustrie
Tischfräsen	7	14.29	Holzverarbeitende Industrie
Tischkreissägen	10	10	Spielwaren-Industrie
Toilettenkabinen	9	11.11	Allgemein verwendbare Anlagegüter
Toilettenpapierherstellungsmaschinen	8	12.5	Papier und Pappe verarbeitende Industrie
Toilettenwagen	9	11.11	Allgemein verwendbare Anlagegüter
Ton- u. Fernsehfunkeinrichtungen	10	10	Fernmeldedienste
Tonaudiometer	8	12.5	Gesundheitswesen
Tonbandgeräte	3	33.33	Filmtheater

Anlagegut	ND	% p.a.	Abschreibungstabelle
Tonbandgeräte, Kassettenrecorder	3	33.33	Fernseh-, Film- und Hörfunkwirtschaft
Tonbandgeräte, Kassettenrecorder im Außeneinsatz	2	50	Fernseh-, Film- und Hörfunkwirtschaft
Tonbrecher (Prallmühlen)	10	10	Feinkeramische Industrie
Tongeräte	6	16.67	Filmtheater
Tonhobel (m. Antrieb)	8	12.5	Ziegelindustrie
Tonmühlen	8	12.5	Ziegelindustrie
Tonmeßgeräte der Fernseh-Meßtechnik	5	20	Fernseh-, Film- und Hörfunkwirtschaft
Tonmischer	10	10	Ziegelindustrie
Tonometer	8	12.5	Gesundheitswesen
Tonregieeinrichtungen einschl. Mischpulte, Verstärker u. Verteileranlagen (Fernsehen)	5	20	Fernseh-, Film- und Hörfunkwirtschaft
Tonregieeinrichtungen einschl. Mischpulte, Verstärker u. Verteileranlagen (Hörfunk)	5	20	Fernseh-, Film- und Hörfunkwirtschaft
Tonreiniger	8	12.5	Ziegelindustrie
Tonschneider, Tonschnitzler	10	10	Feinkeramische Industrie
Tonschrägaufzüge	10	10	Ziegelindustrie
Tonsilos mit Austraggeräten	7	14.29	Feinkeramische Industrie
Tontrocknungsanlagen, Trockenanlagen für andere Rohstoffe	10	10	Feuerfeste- und Steinzeug-Industrie
Torffabrikationsanlagen, sonstige	10	10	Torfgewinnung und -aufbereitung
Torfstechmaschinen	8	12.5	Torfgewinnung und -aufbereitung
Trübungsmeßgeräte	5	20	Brauereien und Mälzereien
Trafostation für Sickerwasserbehandlungsanlage (Deponie)	15	6.67	Kommunalverwaltung, KGSt-Bericht 1/1999
Trafostationshäuser	20	5	Allgemein verwendbare Anlagegüter
Trafostationshäuser	20	5	Energie- und Wasserversorgung (nach dem 31.12.1993)
Tragbarer Erdlochbohrer	3	33.33	Garten-, Landschafts- und Sportplatzbau
Tragestühle	5	20	Kommunalverwaltung, KGSt-Bericht 1/1999
Tragetaschenherstellungsmaschinen	8	12.5	Papier und Pappe verarbeitende Industrie
Tragkraftspritze	10	10	Kommunalverwaltung, KGSt-Bericht 1/1999

Anlagegut	ND	% p.a.	Abschreibungstabelle
Traglufthallen	10	10	Allgemein verwendbare Anlagegüter
Traktor	8	12.5	Garten-, Landschafts- und Sportplatzbau
Traktoren	12	8.33	Allgemein verwendbare Anlagegüter
Traktoren	8	12.5	Kommunalverwaltung, KGSt-Bericht 1/1999
Traktoren	8	12.5	Gem. Anlage 13 des Gesetzes zum NKFG (Neuen Kommunalen Finanzmanagement)
Traktoren, Klein-	8	12.5	Allgemein verwendbare Anlagegüter
Tranbehälter	10	10	Fleischmehlindustrie bzw. Tierkörperbeseitigung (Herstellung von tierischen Futtermitteln)
Transferlinien	6	16.67	Maschinenbau
Transferpressen (CNC / NC)	6	16.67	Maschinenbau
Transferstraßen	5	20	Kraftfahrzeugindustrie
Transformatoren	20	5	Kommunalverwaltung, KGSt-Bericht 1/1999
Transformatoren (Dampfkraftwerke)	20	5	Energie- und Wasserversorgung (nach dem 31.12.1993)
Transformatoren (Kernkraftwerke mit Leichtwasserreaktoren)	16	6.25	Energie- und Wasserversorgung (nach dem 31.12.1993)
Transformatoren (Verteilungs- und sonstige Anlagen)	20	5	Energie- und Wasserversorgung (nach dem 31.12.1993)
Transformatoren (Wasserkraftwerke)	20	5	Energie- und Wasserversorgung (nach dem 31.12.1993)
Transformatoren und elektrische Anlagen	20	5	Heil-, Kur-, Sport- und Freizeitbäder
Transformatoren- und Schalthäuser, Trafostationshäuser	20	5	Gem. Anlage 13 des Gesetzes zum NKFG (Neuen Kommunalen Finanzmanagement)
Transformatoren, Gleichrichter und Batterieladegeräte	10	10	Steinkohlenbergbau
Transport (Ackerwagen und Kipper)	12	8.33	Landwirtschaft und Tierzucht (nach dem 30.06.1996)
Transport (Aufsatzbehälter)	12	8.33	Landwirtschaft und Tierzucht (nach dem 30.06.1996)
Transport (Container)	12	8.33	Landwirtschaft und Tierzucht (nach dem 30.06.1996)
Transport- und Aufbaugeräte	8	12.5	Erdölgewinnung

Anlagegut	ND	% p.a.	Abschreibungstabelle
Transport- und Aufbaugeräte bei Gruppenabschreibung zu A.1-A.11	8	12.5	Erdölgewinnung
Transport- und Entstaubungsanlage, Fremdkörperabscheidungseinrichtungen	16	6.25	Steinkohlenbergbau
Transport- und Verladeeinrichtungen für Rohöl	10	10	Erdölgewinnung
Transport- und Verlesebänder	7	14.29	Obst- und Gemüseverarbeitungsindustrie
Transport-, Sieb- und Aufbereitungseinrichtungen und -maschinen	16	6.25	Steinkohlenbergbau
Transportable Brückenwaagen	5	20	Schrott- und Abbruchwirtschaft
Transportable Geräte (Faßspülapparate, Feuerlöscher, Stapler, Kleinkompressoren, Aufsetztanks)	5	20	Vertrieb von Erdölerzeugnissen
Transportable Tankstellengeräte (ölkabinette, ölschränke, sonstige ölabgabegeräte etc.)	5	20	Vertrieb von Erdölerzeugnissen
Transportanhänger	6	16.67	Forstwirtschaft (nach dem 30.09.1995)
Transportanlagen	6	16.67	Brauereien und Mälzereien
Transportanlagen	7	14.29	Schuhindustrie
Transportanlagen (Elevatoren, Förderschnecken, Transportbänder, Rollenbahnen)	7	14.29	Fleischmehlindustrie bzw. Tierkörperbeseitigung (Herstellung von tierischen Futtermitteln)
Transportanlagen für Backwaren/ Tiefkühlprodukte	6	16.67	Brot- und Backwarenindustrie, Herst. v. Tiefkühl-/Kombinationsbackwaren, Bäckereien, Konditoreien
Transportanlagen für die Chemischreinigung und Teppichreinigung einschl. Trockenanlage für Teppiche	8	12.5	Chemischreinigung, Wäscherei, Färberei
Transportanlagen für heißen Koks, Löschtürme, Trockenlöschanlagen	10	10	Energie- und Wasserversorgung (nach dem 31.12.1993)
Transportanlagen für Kohle und kalten Koks	20	5	Energie- und Wasserversorgung (nach dem 31.12.1993)
Transportanlagen in Steillagen	8	12.5	Weinbau und Weinhandel (nach dem 31.12.1988)
Transportbänder	14	7.14	Allgemein verwendbare Anlagegüter
Transportbänder	7	14.29	Feinmechanische und Optische Industrie
Transportbänder	6	16.67	Sektkellereien

Anlagegut	ND	% p.a.	Abschreibungstabelle
Transportbänder	6	16.67	Weinbau und Weinhandel (nach dem 31.12.1988)
Transportbänder (Ferag, Müller-Martini)	8	12.5	Druckerei und Verlagsunternehmen mit Druckerei
Transportbänder und -bandanlagen	6	16.67	Kalk-, Gips-, und Kreideindustrie
Transportbahnen ((keine Rohrbahnanlagen) Hängegut)	6	16.67	Fleischwarenindustrie, Fleischer, Schlachthöfe
Transportbahnen ((keine Rohrbahnanlagen) Tierkörper)	10	10	Fleischwarenindustrie, Fleischer, Schlachthöfe
Transportbandanlagen	6	16.67	Ziegelindustrie
Transportbandanlagen (rückbar)	5	20	Braunkohlenbergbau
Transportbehälter	12	8.33	Gartenbau (nach dem 31.12.1997)
Transportbehälter für Fruchtzubereitungen	4	25	Obst- und Gemüseverarbeitungsindustrie
Transportbetonmischer	6	16.67	Baugewerbe
Transportcontainer	10	10	Allgemein verwendbare Anlagegüter
Transportcontainer (V2A)	6	16.67	Molkereien und sonstige Milchverwertung
Transporteinrichtungen für Gemenge (Aufzüge)	10	10	Glaserzeugende Industrie (Flachglas, Hohlglas und Glasfaser)
Transporteinrichtungen für Gemenge (Bänder, Hängebahnen etc.)	10	10	Glaserzeugende Industrie (Flachglas, Hohlglas und Glasfaser)
Transporteinrichtungen für Gemenge (Silos)	10	10	Glaserzeugende Industrie (Flachglas, Hohlglas und Glasfaser)
Transportgeräte (unter chem. oder therm. Einflüssen)	5	20	Eisen-, Blech- und Metallwarenindustrie
Transportkarren aus Metall	6	16.67	Fleischwarenindustrie, Fleischer, Schlachthöfe
Transportpontons	20	5	Hochsee-, Küsten- und Binnenschiffahrt
Transportpumpen	7	14.29	Erdölgewinnung
Transportschnecken	10	10	Fleischmehlindustrie bzw. Tierkörperbeseitigung (Herstellung von tierischen Futtermitteln)
Transportschnecken	12	8.33	Mühlen (ohne ölmühlen)
Transporttanks (Container)	5	20	Brauereien und Mälzereien
Transvasiermaschinen	6	16.67	Sektkellereien
Traubenabsauganlagen	8	12.5	Weinbau und Weinhandel (nach dem 31.12.1988)

Anlagegut	ND	% p.a.	Abschreibungstabelle
Traubenbütten aus Kunststoff	10	10	Weinbau und Weinhandel (nach dem 31.12.1988)
Traubenförderschnecke	10	10	Weinbau und Weinhandel (nach dem 31.12.1988)
Traubenmühle (einschl. evtl. Abbeervorrichtung)	8	12.5	Weinbau und Weinhandel (nach dem 31.12.1988)
Traubentransportwagen	7	14.29	Weinbau und Weinhandel (nach dem 31.12.1988)
Traubenvollernter	6	16.67	Weinbau und Weinhandel (nach dem 31.12.1988)
Trauerhallen	80	1.25	Kommunalverwaltung, KGSt-Bericht 1/1999
Treberförderanlagen	10	10	Brauereien und Mälzereien
Treberpressen	12	8.33	Brauereien und Mälzereien
Trebertrocknungsanlagen	10	10	Brauereien und Mälzereien
Treibstofftankanlagen	20	5	Landwirtschaft und Tierzucht (nach dem 30.06.1996)
Trennanlagen (zur Trennung von Leichtmetall-und Schwermetallkleinzeug)	10	10	NE-Metallhalbzeugindustrie (NE-Metallhalbzeugwerke und NE-Metallgießereien)
Trennbandsägen	5	20	Holzverarbeitende Industrie
Trennbandsägen	5	20	Sägeindustrie und Holzbearbeitung
Trennkreissägen	5	20	Sägeindustrie und Holzbearbeitung
Trennleinen	5	20	Heil-, Kur-, Sport- und Freizeitbäder
Trennmaschinen, mobil	7	14.29	Allgemein verwendbare Anlagegüter
Trennmaschinen, stationär	10	10	Allgemein verwendbare Anlagegüter
Trennsägen (mit zwei Ständern)	4	25	Naturwerksteinindustrie, Steinbildhauer, Steinmetze
Trennschleifer	8	12.5	Kommunalverwaltung, KGSt-Bericht 1/1999
Trennschleifer / Steintrennmaschinen	4	25	Garten-, Landschafts- und Sportplatzbau
Trennschleifmaschinen	8	12.5	Feinmechanische und Optische Industrie
Trennschleifmaschinen	8	12.5	Stahlverformung
Trennvorrichtungen	4	25	Eisen-, Stahl- und Tempergießereien
Treppe außerhalb von Gebäuden, teilmassiv	40	2.5	Kommunalverwaltung, KGSt-Bericht 1/1999
Treppen außerhalb von Gebäuden, Holzkonstrukt	20	5	Kommunalverwaltung, KGSt-Bericht 1/1999

Anlagegut	ND	% p.a.	Abschreibungstabelle
Treppen außerhalb von Gebäuden, massiv	80	1.25	Kommunalverwaltung, KGSt-Bericht 1/1999
Tresoranlage (Stahltür, Stahlkammern, Boden- und Deckenverstärkung)	25	4	Kreditwirtschaft
Tresoranlagen	25	4	Allgemein verwendbare Anlagegüter
Tresore	23	4.35	Allgemein verwendbare Anlagegüter
Tresore, Panzerschränke	20	5	Kommunalverwaltung, KGSt-Bericht 1/1999
Tresterschleudern	5	20	Fruchtsaft- und Fruchtweinindustrie
Trestersilos	10	10	Fruchtsaft- und Fruchtweinindustrie
Trestertrockner	8	12.5	Fruchtsaft- und Fruchtweinindustrie
Tribünenanlagen	12	8.33	Heil-, Kur-, Sport- und Freizeitbäder
Triebhärteanlagen, automatische	4	25	Uhrenindustrie
Triebwagen (S-Bahn, U-Bahn, Straßenbahn)	20	5	Personen- und Güterbeförderung (im Straßen- und Schienenverkehr)
Trieure, Hochleistungs-	10	10	Mühlen (ohne ölmühlen)
Trinkhalmherstellungsmaschinen	6	16.67	Papier und Pappe verarbeitende Industrie
Trinkwasseraufbereitungsanlagen	8	12.5	Erfrischungsgetränke- und Mineralbrunnenindustrie
Trocken arbeitende Maschinen (Blas- und Mischmaschinen)	10	10	Hut- und Stumpenindustrie
Trocken arbeitende Maschinen (kombinierte Geräte dieser Art)	8	12.5	Hut- und Stumpenindustrie
Trockenöfen	8	12.5	Eisen-, Blech- und Metallwarenindustrie
Trockenöfen	5	20	Feinmechanische und Optische Industrie
Trockenöfen	10	10	Glaserzeugende Industrie (Flachglas, Hohlglas und Glasfaser)
Trockenöfen	6	16.67	NE-Metallhalbzeugindustrie (NE-Metallhalbzeugwerke und NE-Metallgießereien)
Trockenöfen	8	12.5	Spielwaren-Industrie
Trockenanlage	8	12.5	Herstellung von Schreib- und Zeichengeräten
Trockenanlagen	8	12.5	Feinmechanische und Optische Industrie
Trockenanlagen	8	12.5	Schuhindustrie
Trockenanlagen	10	10	Spielwaren-Industrie
Trockenanlagen (infrarot)	6	16.67	Feinmechanische und Optische Industrie

Anlagegut	ND	% p.a.	Abschreibungstabelle
Trockenanlagen (Trockentürme, Exhaustoren, Staubzyklone)	14	7.14	ölmühlen und Margarine-Industrie
Trockenanlagen mit Transportautomatik	8	12.5	Schiefer- und Tonindustrie
Trockenanlagen, Infrarot u. Ultra	5	20	Schuhindustrie
Trockenapparate	10	10	Gewerbliche Erzeugung und Aufbereitung von Spinnstoffen, Spinnerei, Weberei
Trockenapparate und -einrichtungen (auch Infratrockner)	8	12.5	Hut- und Stumpenindustrie
Trockendienst	15	6.67	Braunkohlenbergbau
Trockendocks	25	4	Schiffbau
Trockeneinrichtungen (z. B. Vorwärmeschränke, Trockenkammern, Trockenmaschinen, Trockenschränke)	10	10	Kautschukindustrie
Trockenentstaubungsanlagen	7	14.29	Schuhindustrie
Trockengeräte	7	14.29	Druckerei und Verlagsunternehmen mit Druckerei
Trockengerüste und Warmluftanlagen	10	10	Feuerfeste- und Steinzeug-Industrie
Trockenhorden	10	10	Druckerei und Verlagsunternehmen mit Druckerei
Trockenkammern mit Einrichtungen (massive)	8	12.5	Holzverarbeitende Industrie
Trockenkammern mit Einrichtungen (sonstige)	6	16.67	Holzverarbeitende Industrie
Trockenkammern mit Einrichtungen, massive	8	12.5	Sägeindustrie und Holzbearbeitung
Trockenkammern mit Einrichtungen, sonstige (Aluminium)	6	16.67	Sägeindustrie und Holzbearbeitung
Trockenkammern mit Umlufttrocknung	10	10	Maler- und Lackiererhandwerk
Trockenkammern und -schränke (sonstige)	10	10	Feinkeramische Industrie
Trockenkammern und -schränke mit automatischer Vorrichtung	5	20	Feinkeramische Industrie
Trockenkammern, Trockenschränke	5	20	Zahntechniker
Trockenkollergänge	8	12.5	Ziegelindustrie
Trockenläufer	10	10	Brauereien und Mälzereien
Trockenmaschinen	8	12.5	Aluminiumfolien-Industrie

Anlagegut	ND	% p.a.	Abschreibungstabelle
Trockenmaschinen	8	12.5	Gewerbliche Erzeugung und Aufbereitung von Spinnstoffen, Spinnerei, Weberei
Trockenmaschinen (Tumbler)	6	16.67	Chemischreinigung, Wäscherei, Färberei
Trockenmaschinen und -apparate	8	12.5	Textilveredelung
Trockenpressen	7	14.29	Druckerei und Verlagsunternehmen mit Druckerei
Trockenschnecken	5	20	ölmühlen und Margarine-Industrie
Trockenschränke	8	12.5	Borstenzurichtung und Pinselindustrie
Trockenschränke	10	10	Kommunalverwaltung, KGSt-Bericht 1/1999
Trockenschränke (Druckformenherstellung Tiefdruck)	7	14.29	Druckerei und Verlagsunternehmen mit Druckerei
Trockenschränke (Einrichtungen und Zubehör)	7	14.29	Druckerei und Verlagsunternehmen mit Druckerei
Trockenschrank-Feuchtigkeitsmesser	5	20	Holzverarbeitende Industrie
Trockenschrotmühlen	10	10	Brauereien und Mälzereien
Trockentanklöschfahrzeug	10	10	Kommunalverwaltung, KGSt-Bericht 1/1999
Trockentrebersilos	20	5	Brauereien und Mälzereien
Trockentrommeln	14	7.14	ölmühlen und Margarine-Industrie
Trockner	10	10	Druckerei und Verlagsunternehmen mit Druckerei
Trockner mit Tansportautomatik (z. B. Schaukeltrockner)	6	16.67	Feuerfeste- und Steinzeug-Industrie
Trockner und Trocknungsanlagen für Granulate und Pulver	8	12.5	Kunststoffverarbeitende Industrie
Trockner, Wäsche-	8	12.5	Allgemein verwendbare Anlagegüter
Trocknungsanlagen	10	10	Brauereien und Mälzereien
Trocknungsanlagen	8	12.5	Kunststoffverarbeitende Industrie
Trocknungsanlagen	10	10	Mühlen (ohne ölmühlen)
Trocknungsanlagen (Folienhaus) Stahl-/Holzkonstruktion	15	6.67	Tabakanbau (nach dem 30.06.1995)
Trocknungsanlagen (Holz)	30	3.33	Tabakanbau (nach dem 30.06.1995)
Trocknungsanlagen mit automatischem Aufzug	15	6.67	Tabakanbau (nach dem 30.06.1995)
Trocknungsanlagen, Durchlauf bis 150 m lang	10	10	Maler- und Lackiererhandwerk
Trocknungsanlagen, sonstige	10	10	Schiefer- und Tonindustrie

Anlagegut	ND	% p.a.	Abschreibungstabelle
Trocknungsanlagen, thermische	10	10	Torfgewinnung und -aufbereitung
Trocknungsanlagen, Trockenschränke	7	14.29	Papier und Pappe verarbeitende Industrie
Trocknungsgeräte, Bau-	5	20	Allgemein verwendbare Anlagegüter
Trog- und Tellermischer ab 250 l (au- tom.) einschl. Mischerbühnen und	6	16.67	Baugewerbe
Trogkettenförderer	12	8.33	Mühlen (ohne ölmühlen)
Trommelöfen	5	20	NE-Metallhalbzeugindustrie (NE-Metallhalbzeugwerke und NE-Metallgießereien)
Trommel-(Rohr-)Mühlen	10	10	Feinkeramische Industrie
Trommel-, Trog- und Tellerkleinmischer bis 225 l	5	20	Baugewerbe
Trommelaufbereitung	12	8.33	Steinkohlenbergbau
Trommelmischer (ab 250 l)	8	12.5	Baugewerbe
Trommeln, Sandstrahlanlagen, Druckstrahl-Lappanlagen, Roto-Finish-Geräte	5	20	Feinmechanische und Optische Industrie
Trubbehälter mit Rührwerk	14	7.14	ölmühlen und Margarine-Industrie
Trubpressen	10	10	Brauereien und Mälzereien
Trubsammelgefäße	14	7.14	Brauereien und Mälzereien
Tuben-Abfüll- und Verschlußmaschinen (Säure- und Salzeinwirkung)	5	20	Essig- und Senffabrikation
Tumbler	8	12.5	Fleischwarenindustrie, Fleischer, Schlachthöfe
Tunnel	70	1.43	Gem. Anlage 13 des Gesetzes zum NKFG (Neuen Kommunalen Finanzmanagement)
Tunnel für Straßen- und Schienenverkehr	75	1.33	Personen- und Güterbeförderung (im Straßen- und Schienenverkehr)
Tunnelöfen	7	14.29	Ziegelindustrie
Tunnelöfen einschl. Generatoren u. Tunnelofenwagen f. übr. Erzeugnisse der feinkeramischen Industrie	6	16.67	Feinkeramische Industrie
Tunnelöfen einschl. Generatoren u. Tunnelofenwagen f. Gegenst. a. graubl. Steinzeug, Ton-u.Töpferw.	8	12.5	Feinkeramische Industrie
Tunnelöfen und Herdwagenöfen	10	10	Feuerfeste- und Steinzeug-Industrie
Tunnelanlagen	50	2	Kommunalverwaltung, KGSt-Bericht 1/1999

Anlagegut	ND	% p.a.	Abschreibungstabelle
Tunnelfräsen, Schrämgeräte, Bodenlösegeräte	6	16.67	Baugewerbe
Tunnelpasteure	8	12.5	Erfrischungsgetränke- und Mineralbrunnenindustrie
Tunnelpasteure (Dosenabfüllanlagen)	7	14.29	Brauereien und Mälzereien
Tunnelpasteure (Flaschenkeller)	7	14.29	Brauereien und Mälzereien
Turbinen und Generatoren mit Fundamenten	22	4.55	Energie- und Wasserversorgung (nach dem 31.12.1993)
Turbinenfräsgeräte	8	12.5	Zahntechniker
Turbogeneratoraggregate (Dampfkraftwerke)	15	6.67	Energie- und Wasserversorgung (nach dem 31.12.1993)
Turbogeneratoraggregate (Kernkraftwerke mit Leichtwasserreaktoren)	12	8.33	Energie- und Wasserversorgung (nach dem 31.12.1993)
Turmkrane mit Lastmoment über 160 kNm	8	12.5	Baugewerbe
Turmkrane mit Lastmoment bis 160 kNm	7	14.29	Baugewerbe
Turmsterilisatoren	7	14.29	Molkereien und sonstige Milchverwertung
Turnhallen, massiv	80	1.25	Kommunalverwaltung, KGSt-Bericht 1/1999
Turnhallen, teilmassiv	40	2.5	Kommunalverwaltung, KGSt-Bericht 1/1999
Typische Tankanlagen (Gasometer, Lagertanks)	20	5	Chemische Industrie
Übergabestationen	20	5	Energie- und Wasserversorgung (nach dem 31.12.1993)
ÜberladebrÜcken	10	10	Luftfahrtunternehmen und Flughafenbetriebe
Übernahme- und Übergabeeinrichtungen fÜr Sende- u. Empfangsleitungen (leitungsgeb. u. drahtlos)	5	20	Fernseh-, Film- und Hörfunkwirtschaft
Übertragungs- und Steuereinrichtungen	5	20	Steinkohlenbergbau
Übertragungseinrichtungen	8	12.5	Fernmeldedienste
Überwachungsanlagen	11	9.09	Allgemein verwendbare Anlagegüter
Überwachungseinheiten (IntensivÜberwachung)	8	12.5	Gesundheitswesen

Anlagegut	ND	% p.a.	Abschreibungstabelle
Überwendlingmaschinen	5	20	Holzverarbeitende Industrie
Überwendlingsmaschinen	5	20	Spielwaren-Industrie
Überzug-/Glasieranlagen	5	20	Brot- und Backwarenindustrie, Herst. v. Tiefkühl-/Kombinationsbackwaren, Bäckereien, Konditoreien
Übrige Fabrikgebäude	40	2.5	Eisen-, Stahl- und Tempergießereien
Übrige Strauchbeeren	10	10	Gartenbau (nach dem 31.12.1997)
Uferbefestigungen (Beton, Mauerwerk und Stahlspundwände)	20	5	Zementindustrie
Uferbefestigungen (sonstige Anlagen)	8	12.5	Zementindustrie
Uhrenanlagen	15	6.67	Kommunalverwaltung, KGSt-Bericht 1/1999
Uhrenanlagen	8	12.5	Personen- und Güterbeförderung (im Straßen- und Schienenverkehr)
Uhrenanlagen, Anzeigetafeln	8	12.5	Heil-, Kur-, Sport- und Freizeitbäder
Uhrenreinigungsmaschinen	5	20	Uhrenindustrie
Ultrafiltrationsanlagen	6	16.67	Molkereien und sonstige Milchverwertung
Ultra-Hocherhitzungsanlagen	6	16.67	Molkereien und sonstige Milchverwertung
Ultrakurzwellen-Senderanlagen	10	10	Fernseh-, Film- und Hörfunkwirtschaft
Ultraschalldoppler	5	20	Gesundheitswesen
Ultraschallendoskopie	5	20	Gesundheitswesen
Ultraschallgeräte	5	20	Gesundheitswesen
Ultraschallgeräte	8	12.5	Kommunalverwaltung, KGSt-Bericht 1/1999
Ultraschallgeräte	10	10	Landwirtschaft und Tierzucht (nach dem 30.06.1996)
Ultraschallgeräte	5	20	Zahntechniker
Ultraschallgeräte (nicht medizinisch)	10	10	Allgemein verwendbare Anlagegüter
Ultraschallkardiographen (UKG)	8	12.5	Gesundheitswesen
Ultraschallmessung für Silofüllstand	12	8.33	Mühlen (ohne ölmühlen)
Ultraschallwaschanlagen	4	25	Uhrenindustrie
Um- und Wiederaufroller	10	10	Druckerei und Verlagsunternehmen mit Druckerei
Umbördelmaschinen	8	12.5	Papier und Pappe verarbeitende Industrie
Umbugmaschinen	5	20	Lederwaren- und Kofferindustrie

Anlagegut	ND	% p.a.	Abschreibungstabelle
Umdruck-, überziehpressen	10	10	Druckerei und Verlagsunternehmen mit Druckerei
Umform-Aggregate	14	7.14	ölmühlen und Margarine-Industrie
Umformende Sondermaschinen mit einer starken kunden- oder bauteilspezifischen Auslegung	6	16.67	Maschinenbau
Umformeranlagen	20	5	Energie- und Wasserversorgung (nach dem 31.12.1993)
Umformerwerke, Unterwerke (elektr. und maschineller Teil)	20	5	Personen- und Güterbeförderung (im Straßen- und Schienenverkehr)
Umkehrosmoseanlagen	6	16.67	Molkereien und sonstige Milchverwertung
Umkleidekabinen, Holzkonstruktion	20	5	Kommunalverwaltung, KGSt-Bericht 1/1999
Umkleidekabinen, massiv	80	1.25	Kommunalverwaltung, KGSt-Bericht 1/1999
Umkleidekabinen, teilmassiv	40	2.5	Kommunalverwaltung, KGSt-Bericht 1/1999
Umlaufanlagen (Kanäle, Gräben, Rohrleitungen u. ä.)	20	5	Binnenfischerei, Teichwirtschaft, Fischzucht, fischwirtschaftliche Dienstleistungen
Umluftkühlung (Anstell- und Gärkeller)	8	12.5	Brauereien und Mälzereien
Umluftkühlung (Lagerkeller)	8	12.5	Brauereien und Mälzereien
Umlufttarare	12	8.33	Mühlen (ohne ölmühlen)
Umreifungsgeräte	3	33.33	Holzverarbeitende Industrie
Umreifungsgeräte	3	33.33	Sägeindustrie und Holzbearbeitung
Umreifungsmaschinen	8	12.5	Druckerei und Verlagsunternehmen mit Druckerei
Umroller	8	12.5	Papier und Pappe verarbeitende Industrie
Umschmelzöfen	10	10	Druckerei und Verlagsunternehmen mit Druckerei
Umstechautomaten	5	20	Bekleidungsindustrie (ohne Lederbekleidung)
Umstechmaschinen	5	20	Bekleidungsindustrie (ohne Lederbekleidung)
Umweltmeßstation	10	10	Kommunalverwaltung, KGSt-Bericht 1/1999
Umzäunung aus Draht	15	6.67	Kommunalverwaltung, KGSt-Bericht 1/1999

Anlagegut	ND	% p.a.	Abschreibungstabelle
Umzäunung aus Eisen m. Sockel	20	5	Kommunalverwaltung, KGSt-Bericht 1/1999
Umzäunung aus Holz	8	12.5	Kommunalverwaltung, KGSt-Bericht 1/1999
Umzäunung aus Mauerwerk u. Beton	30	3.33	Kommunalverwaltung, KGSt-Bericht 1/1999
Umzäunungen	20	5	Vertrieb von Erdölerzeugnissen
Umzäunungen (Holz, Draht) im Abbaugelände	5	20	Kalk-, Gips-, und Kreideindustrie
Umzäunungen aus Draht	10	10	Vertrieb von Erdölerzeugnissen
Umzäunungen aus Holz	5	20	Vertrieb von Erdölerzeugnissen
Umzäunungen aus Mauerwerk (auf eigenen Grundstücken)	20	5	Vertrieb von Erdölerzeugnissen
Umzäunungen aus Mauerwerk (auf fremden Grundstücken)	12	8.33	Vertrieb von Erdölerzeugnissen
Umzäunungen und Einfriedungen (Beton und Mauerwerk)	20	5	Zementindustrie
Umzäunungen und Einfriedungen (Draht mit massivem Sockel)	10	10	Zementindustrie
Umzäunungen und Einfriedungen (sonstige Umzäunungen)	5	20	Zementindustrie
Unimog	8	12.5	Kommunalverwaltung, KGSt-Bericht 1/1999
Unisolierte Lagerbehälter	20	5	ölmühlen und Margarine-Industrie
Universalbagger	6	16.67	Kies-, Sand-, Mörtel- und Transportbetonindustrie
Universal-Bohrmaschinen, ein- oder mehrspindlige	5	20	Holzverarbeitende Industrie
Universaldampframmen	12	8.33	Baugewerbe
Universalfräsmaschinen	8	12.5	Feinmechanische und Optische Industrie
Universalfräsmaschinen	6	16.67	Spielwaren-Industrie
Universal-Holzbearbeitungsmaschinen	5	20	Spielwaren-Industrie
Universalrammen, dieselhydraulisch oder für Explosionsbären	8	12.5	Baugewerbe
Unkrautbürste	3	33.33	Kommunalverwaltung, KGSt-Bericht 1/1999
Unkrautspritze	6	16.67	Kommunalverwaltung, KGSt-Bericht 1/1999
Unruhabzählmaschinen	4	25	Uhrenindustrie

Anlagegut	ND	% p.a.	Abschreibungstabelle
Unterdruckkammern (Simulationsanlagen)	10	10	Luftfahrtunternehmen und Flughafenbetriebe
Unterflurbetankungsanlagen (einschl. Rohrleitungen)	15	6.67	Luftfahrtunternehmen und Flughafenbetriebe
Untergrundlockerer	8	12.5	Gartenbau (nach dem 31.12.1997)
Unterhaltungsautomaten	3	33.33	Gastgewerbe
Unterhaltungsautomaten, Musik-	8	12.5	Allgemein verwendbare Anlagegüter
Unterhaltungsautomaten, sonstige (z. B. Flipper)	5	20	Allgemein verwendbare Anlagegüter
Unterhaltungsautomaten, Video-	6	16.67	Allgemein verwendbare Anlagegüter
Unterirdische Behälter einschl. Rohrleitungen	16	6.25	Vertrieb von Erdölerzeugnissen
Unterirdische Lagerbehälter einschl. Rohrleitungen	16	6.25	Vertrieb von Erdölerzeugnissen
Unterirdische Tankbehälter	16	6.25	Vertrieb von Erdölerzeugnissen
Untersuchungs- und Arbeitsgruben	25	4	Personen- und Güterbeförderung (im Straßen- und Schienenverkehr)
Untersuchungsstühle	10	10	Gesundheitswesen
Untersuchungstische	10	10	Gesundheitswesen
Untertagegasspeicher	33	3.03	Energie- und Wasserversorgung (nach dem 31.12.1993)
Unterwasserbetoniereinrichtungen	5	20	Baugewerbe
Unterwasserdruckstrahlmassageanlagen	5	20	Heil-, Kur-, Sport- und Freizeitbäder
Unterwassermotorpumpen	8	12.5	Baugewerbe
Unterwasserpumpen	8	12.5	Heil-, Kur-, Sport- und Freizeitbäder
Unterwasserscheinwerfer	5	20	Heil-, Kur-, Sport- und Freizeitbäder
Urodynamischer u. Uroflow-Meßplatz	10	10	Gesundheitswesen
UV-Bestrahlungsgeräte	8	12.5	Gesundheitswesen
UV-Desinfektionsanlagen für Wasser, Luft	7	14.29	Brauereien und Mälzereien
Vakuum- u. Pumpentankwagen	8	12.5	Landwirtschaft und Tierzucht (nach dem 30.06.1996)
Vakuumaggregate und Trockenpressen	6	16.67	Ziegelindustrie
Vakuumanlagen	6	16.67	Baugewerbe
Vakuumbedampfungsanlagen	5	20	Eisen-, Blech- und Metallwarenindustrie
Vakuumbedampfungsanlagen	5	20	Stahlverformung

Anlagegut	ND	% p.a.	Abschreibungstabelle
Vakuumdampfeinrichtungen	5	20	Spielwaren-Industrie
Vakuumformmaschinen	6	16.67	Feinmechanische und Optische Industrie
Vakuum-Knetanlagen	7	14.29	ölmühlen und Margarine-Industrie
Vakuum-Kochmaschinen (auch kontinuierliche)	8	12.5	Süßwarenindustrie
Vakuum-Kolbenpumpen	10	10	ölmühlen und Margarine-Industrie
Vakuummatratzen	6	16.67	Kommunalverwaltung, KGSt-Bericht 1/1999
Vakuumpfannen (Kochkessel)	10	10	Molkereien und sonstige Milchverwertung
Vakuumpressen	5	20	Feinkeramische Industrie
Vakuumpumpen	6	16.67	Baugewerbe
Vakuumpumpen	8	12.5	Zahntechniker
Vakuum-Pumpen	5	20	ölmühlen und Margarine-Industrie
Vakuumtrommelfilter	10	10	Brauereien und Mälzereien
Ventilatoren	14	7.14	Allgemein verwendbare Anlagegüter
Ventilatoren (bei Rauchgasen)	2	50	Ziegelindustrie
Ventilbodenleger	8	12.5	Papier und Pappe verarbeitende Industrie
Ver- und Entchromungsanlagen	7	14.29	Druckerei und Verlagsunternehmen mit Druckerei
Verbindungsgeleise, Weichen, Aufzüge und Bremsbahnen, fest verlegt	10	10	Natursteinindustrie f. d. Wege-, Bahn-, Wasser- u. Betonbau
Verbrennungskessel	10	10	Zellstoff, Holzstoff, Papier und Pappe erzeugende Industrie
Verbundlokomotiven	12	8.33	Steinkohlenbergbau
Verchromungsanlagen	10	10	Druckerei und Verlagsunternehmen mit Druckerei
Verdüsungsmaschinen (Schaumstoffherstellung)	8	12.5	Kautschukindustrie
Verdampfer	10	10	Brauereien und Mälzereien
Verdampfer	14	7.14	ölmühlen und Margarine-Industrie
Verdunstungs- und Luftkondensatoren	10	10	Brauereien und Mälzereien
Verdunstungskondensatoren -	10	10	Molkereien und sonstige Milchverwertung
Veredlungsmaschinen mit elektronischer Steuerung	6	16.67	Textilveredelung
Verfüllschnecke	4	25	Garten-, Landschafts- und Sportplatzbau

Anlagegut	ND	% p.a.	Abschreibungstabelle
Vergütungs- und Verspiegelungsanlagen	5	20	Feinmechanische und Optische Industrie
Vergrößerungsgeräte	6	16.67	Druckerei und Verlagsunternehmen mit Druckerei
Verkaufsbuden	8	12.5	Allgemein verwendbare Anlagegüter
Verkaufsstände	8	12.5	Allgemein verwendbare Anlagegüter
Verkaufstheken	10	10	Allgemein verwendbare Anlagegüter
Verkaufstheken	10	10	Kommunalverwaltung, KGSt-Bericht 1/1999
Verkehrsrechner (Verkehrsleitsystem)	10	10	Gem. Anlage 13 des Gesetzes zum NKFG (Neuen Kommunalen Finanzmanagement)
Verkehrsrechner (Verkehrsleitsystem)	10	10	Kommunalverwaltung, KGSt-Bericht 1/1999
Verkupferungsanlagen	7	14.29	Druckerei und Verlagsunternehmen mit Druckerei
Verladeanlagen, stationäre	10	10	Torfgewinnung und -aufbereitung
Verladekräne auf Schienen	12	8.33	Kies-, Sand-, Mörtel- und Transportbetonindustrie
Verlegemaschinen f. Verbundsteinpflaster	4	25	Garten-, Landschafts- und Sportplatzbau
Verleimpressen	7	14.29	Holzverarbeitende Industrie
Vermahlungssysteme (produktspezifisch)	15	6.67	Mühlen (ohne ölmühlen)
Vermessungsgeräte	6	16.67	Zahntechniker
Vermessungsgeräte, elektronisch	8	12.5	Allgemein verwendbare Anlagegüter
Vermessungsgeräte, elektronisch	5	20	Kommunalverwaltung, KGSt-Bericht 1/1999
Vermessungsgeräte, elektronisch (Laser)	5	20	Baugewerbe
Vermessungsgeräte, mechanisch	12	8.33	Allgemein verwendbare Anlagegüter
Vermessungsgeräte, mechanisch	8	12.5	Baugewerbe
Vermessungsgeräte, mechanisch	8	12.5	Kommunalverwaltung, KGSt-Bericht 1/1999
Vermittlungseinrichtungen	10	10	Fernmeldedienste
Vermuffungsanlagen	8	12.5	Feuerfeste- und Steinzeug-Industrie
Verpackungsanlagen und Verpackungsmaschinen	10	10	Zellstoff, Holzstoff, Papier und Pappe erzeugende Industrie

Anlagegut	ND	% p.a.	Abschreibungstabelle
Verpackungsautomaten	5	20	Brot- und Backwarenindustrie, Herst. v. Tiefkühl-/Kombinationsbackwaren, Bäckereien, Konditoreien
Verpackungsautomaten	5	20	Feinmechanische und Optische Industrie
Verpackungsautomaten	6	16.67	Herstellung von Schreib- und Zeichengeräten
Verpackungsmaschine (elektronische)	5	20	Herstellung von Schreib- und Zeichengeräten
Verpackungsmaschinen	13	7.69	Allgemein verwendbare Anlagegüter
Verpackungsmaschinen	5	20	Brauereien und Mälzereien
Verpackungsmaschinen	6	16.67	Brot- und Backwarenindustrie, Herst. v. Tiefkühl-/Kombinationsbackwaren, Bäckereien, Konditoreien
Verpackungsmaschinen	6	16.67	Feinmechanische und Optische Industrie
Verpackungsmaschinen	7	14.29	Fleischwarenindustrie, Fleischer, Schlachthöfe
Verpackungsmaschinen	6	16.67	Sägeindustrie und Holzbearbeitung
Verpackungsmaschinen	10	10	Zellstoff, Holzstoff, Papier und Pappe erzeugende Industrie
Verpackungsmaschinen aller Art	8	12.5	Druckerei und Verlagsunternehmen mit Druckerei
Verpackungsmaschinen, Auszeichnungsgeräten u. ä.	8	12.5	Binnenfischerei, Teichwirtschaft, Fischzucht, fischwirtschaftliche Dienstleistungen
Verpresspumpen für Zementmörtel	5	20	Baugewerbe
Verrohrungsmaschinen	8	12.5	Baugewerbe
Verschiebebühnen, Krananlagen	15	6.67	Energie- und Wasserversorgung (nach dem 31.12.1993)
Verschließautomaten	6	16.67	Eisen-, Blech- und Metallwarenindustrie
Verschließmaschinen	8	12.5	Eisen-, Blech- und Metallwarenindustrie
Verschlußmaschine	6	16.67	Weinbau und Weinhandel (nach dem 31.12.1988)
Verschlußmaschinen	7	14.29	Molkereien und sonstige Milchverwertung
Verschmelzmaschinen für Hohlglas	10	10	Glaserzeugende Industrie (Flachglas, Hohlglas und Glasfaser)
Verschnürmaschinen	8	12.5	Druckerei und Verlagsunternehmen mit Druckerei
Verschnürmaschinen, Bindemaschinen	6	16.67	Sägeindustrie und Holzbearbeitung
Verschneidböcke (automatische)	8	12.5	Brauereien und Mälzereien

Anlagegut	ND	% p.a.	Abschreibungstabelle
Verschneidböcke (mechanische)	10	10	Brauereien und Mälzereien
Versiegelungsmaschine für Minen	6	16.67	Herstellung von Schreib- und Zeichengeräten
Versorgungsleitungen Sickerwasserbehandlungsanlage	15	6.67	Kommunalverwaltung, KGSt-Bericht 1/1999
Verstärker	7	14.29	Allgemein verwendbare Anlagegüter
Verstärker	4	25	Filmtheater
Verteileranlage (Steuerung)	6	16.67	Weinbau und Weinhandel (nach dem 31.12.1988)
Verteilungsanlagen für chemische Produkte, Wasser, Dampf, Sole, Gas usw.	15	6.67	Chemische Industrie
Verticutierer	8	12.5	Kommunalverwaltung, KGSt-Bericht 1/1999
Vertikal-Drehmaschinen CNC / NC	6	16.67	Maschinenbau
Vertikal-Drehmaschinen ohne CNC / NC	8	12.5	Maschinenbau
Vertikale Bearbeitungszentren (CNC / NC)	6	16.67	Maschinenbau
Vertikalkreissägen (Rundmesser)	6	16.67	Fleischwarenindustrie, Fleischer, Schlachthöfe
Vertikalmesserzuschneidemaschinen	5	20	Bekleidungsindustrie (ohne Lederbekleidung)
Vertikutiergeräte	4	25	Garten-, Landschafts- und Sportplatzbau
Vertikutiergeräte	4	25	Gartenbau (nach dem 31.12.1997)
Vervielfältigungsgeräte	7	14.29	Allgemein verwendbare Anlagegüter
Verwaltungs- und Wohngebäude, massiv	80	1.25	Kommunalverwaltung, KGSt-Bericht 1/1999
Verwaltungs- und Wohngeböude, teilmassiv	40	2.5	Kommunalverwaltung, KGSt-Bericht 1/1999
Verwaltungsgebäude (massiv)	40	2.5	Gem. Anlage 13 des Gesetzes zum NKFG (Neuen Kommunalen Finanzmanagement)
Verwaltungsgebäude (sonstige Bauweise)	20	5	Gem. Anlage 13 des Gesetzes zum NKFG (Neuen Kommunalen Finanzmanagement)
Verwiegeanlagen (Kutter)	5	20	Fleischwarenindustrie, Fleischer, Schlachthöfe
Verzahnmaschinen, Zahnfertigbearbeitungsmaschinen	9	11.11	Maschinenbau

Anlagegut	ND	% p.a.	Abschreibungstabelle
Verzinnungsanlagen	5	20	Eisen-, Blech- und Metallwarenindustrie
Verzinnungsanlagen	5	20	Stahlverformung
Vibrationsaustragungsapparate	10	10	Mühlen (ohne ölmühlen)
Vibrationspressen	4	25	Kalksandsteinindustrie
Vibrationssiebe	5	20	Fleischmehlindustrie bzw. Tierkörperbeseitigung (Herstellung von tierischen Futtermitteln)
Vibrationswalzen	4	25	Baugewerbe
Vibratoren	10	10	ölmühlen und Margarine-Industrie
Vibratoren	5	20	Zahntechniker
Vibrorinnen	8	12.5	Baugewerbe
Video-übertragungsgeräte	3	33.33	Gastgewerbe
Videoanlagen, überwachungsanlagen	5	20	Gem. Anlage 13 des Gesetzes zum NKFG (Neuen Kommunalen Finanzmanagement)
Videoautomaten	6	16.67	Allgemein verwendbare Anlagegüter
Videogeräte	7	14.29	Allgemein verwendbare Anlagegüter
Viehtransporter (o. Antrieb)	20	5	Landwirtschaft und Tierzucht (nach dem 30.06.1996)
Viehwaagen (automatisch)	6	16.67	Fleischwarenindustrie, Fleischer, Schlachthöfe
Vielblattsägen	5	20	Holzverarbeitende Industrie
Vielkanalgerät	10	10	Kommunalverwaltung, KGSt-Bericht 1/1999
Vielschnittdrehmaschinen	6	16.67	Feinmechanische und Optische Industrie
Vielzweckschneider	7	14.29	Fleischwarenindustrie, Fleischer, Schlachthöfe
Visitenkartenautomaten	5	20	Allgemein verwendbare Anlagegüter
Viskosiebe	4	25	Feinkeramische Industrie
Viskositätssteuergeräte	8	12.5	Druckerei und Verlagsunternehmen mit Druckerei
Vitrinen	9	11.11	Allgemein verwendbare Anlagegüter
Vitrinen	8	12.5	Gastgewerbe
Vitrinen	5	20	Waren- und Kaufhäuser
Vitrinen/Schaukästen	10	10	Kommunalverwaltung, KGSt-Bericht 1/1999
Vollautom. Abpackmaschinen für 1/4 u. 1/2 kg	8	12.5	ölmühlen und Margarine-Industrie

Anlagegut	ND	% p.a.	Abschreibungstabelle
Vollautomat. Maschinen zur Herstellung von Flachglas (Walzmaschinen)	10	10	Glaserzeugende Industrie (Flachglas, Hohlglas und Glasfaser)
Vollautomat. Maschinen zur Herstellung von Flachglas (Ziehmaschinen)	10	10	Glaserzeugende Industrie (Flachglas, Hohlglas und Glasfaser)
Vollautomat. Maschinen zur Herstellung von Hohl- und Pressglas	10	10	Glaserzeugende Industrie (Flachglas, Hohlglas und Glasfaser)
Vollautomatik für Dachziegel (Pressen bis einschl. Hubgerüst)	6	16.67	Ziegelindustrie
Vollautomatik für Mauerziegel (Pressen bis einschl. Hubgerüst)	6	16.67	Ziegelindustrie
Vollautomatische Form- und Kernanlagen	5	20	Eisen-, Stahl- und Tempergießereien
Vollautomatische Siebdruckmaschine	6	16.67	Druckerei und Verlagsunternehmen mit Druckerei
Vollerntemaschinen (einreihig)	7	14.29	Landwirtschaft und Tierzucht (nach dem 30.06.1996)
Vollerntemaschinen (mehrreihig)	5	20	Landwirtschaft und Tierzucht (nach dem 30.06.1996)
Vollgutkontrollanlagen	5	20	Brauereien und Mälzereien
Vollschutzanzug	3	33.33	Kommunalverwaltung, KGSt-Bericht 1/1999
Vollsichtmasken	3	33.33	Kommunalverwaltung, KGSt-Bericht 1/1999
Vor- und Feinwalzwerke (einschl. Reversier- und Waschwalzwerke)	8	12.5	Aluminiumfolien-Industrie
Vorback- u. Gerstelöfen	5	20	Brot- und Backwarenindustrie, Herst. v. Tiefkühl-/Kombinationsbackwaren, Bäckereien, Konditoreien
Vordarden, Feinkarden (einfache)	10	10	Gewerbliche Erzeugung und Aufbereitung von Spinnstoffen, Spinnerei, Weberei
Vorderkappenauftragmaschinen	5	20	Schuhindustrie
Vorderkipper	4	25	Baugewerbe
Vorderteilumwendeapparate	5	20	Schuhindustrie
Vorfeldbeleuchtung im Abfertigungsbereich	10	10	Luftfahrtunternehmen und Flughafenbetriebe
Vorgelege / Antriebsgruppe	10	10	Erdölgewinnung
Vorhang	7	14.29	Kommunalverwaltung, KGSt-Bericht 1/1999

Anlagegut	ND	% p.a.	Abschreibungstabelle
Vorkarden, Wickelmaschinen und Feinkarden	10	10	Gewerbliche Erzeugung und Aufbereitung von Spinnstoffen, Spinnerei, Weberei
Vorklassierung	16	6.25	Steinkohlenbergbau
Vorkocher (Sterilisator)	8	12.5	Fleischmehlindustrie bzw. Tierkörperbeseitigung (Herstellung von tierischen Futtermitteln)
Vorlagen	20	5	ölmühlen und Margarine-Industrie
Vorrats- und Lagerbehälter im Produktionsbereich, soweit branchen-typisch	10	10	Kautschukindustrie
Vorratstanks	12	8.33	Süßwarenindustrie
Vorreinigung u. Spaltung: Behälter, Pumpen, Rohrleitungen, Reinigungskästen usw.	7	14.29	ölmühlen und Margarine-Industrie
Vorrichtungen für Teichdüngung und -desinfektion	8	12.5	Binnenfischerei, Teichwirtschaft, Fischzucht, fischwirtschaftliche Dienstleistungen
Vorrichtungen zur Sauerstoffversorgung	5	20	Binnenfischerei, Teichwirtschaft, Fischzucht, fischwirtschaftliche Dienstleistungen
Vorsatzanklebemaschinen	8	12.5	Druckerei und Verlagsunternehmen mit Druckerei
Vorspinnmaschinen	10	10	Gewerbliche Erzeugung und Aufbereitung von Spinnstoffen, Spinnerei, Weberei
Vorspinn-Maschinen	10	10	Gewerbliche Erzeugung und Aufbereitung von Spinnstoffen, Spinnerei, Weberei
Vorwärm- und Ausschneidewerke	10	10	Kautschukindustrie
Vorwärmöfen	6	16.67	Zahntechniker
Vorwärmeanlagen (Dampfkraftwerke)	15	6.67	Energie- und Wasserversorgung (nach dem 31.12.1993)
Vorwärmeanlagen (Kernkraftwerke mit Leichtwasserreaktoren)	12	8.33	Energie- und Wasserversorgung (nach dem 31.12.1993)
Vorwärmegeräte für Thermoplaste und Pressmassen	10	10	Kunststoffverarbeitende Industrie
Vorwärmer	10	10	Feuerfeste- und Steinzeug-Industrie
Vorweichen	10	10	Brauereien und Mälzereien
Vulkanisier-Pressen	5	20	Schuhindustrie
Wärmeaustauscher	10	10	Brauereien und Mälzereien

Anlagegut	ND	% p.a.	Abschreibungstabelle
Wärmeaustauscher	10	10	Zellstoff, Holzstoff, Papier und Pappe erzeugende Industrie
Wärmer	14	7.14	ölmühlen und Margarine-Industrie
Wärmerückgewinnungsanlagen	15	6.67	Heil-, Kur-, Sport- und Freizeitbäder
Wärmeschränke	8	12.5	Gastgewerbe
Wärmeschränke	10	10	Süßwarenindustrie
Wärmetauscher	15	6.67	Allgemein verwendbare Anlagegüter
Wärmetauscher	15	6.67	Energie- und Wasserversorgung (nach dem 31.12.1993)
Wärmetauscher	15	6.67	Fleischmehlindustrie bzw. Tierkörperbeseitigung (Herstellung von tierischen Futtermitteln)
Wärmetauscher	10	10	Molkereien und sonstige Milchverwertung
Wärmetherapiegeräte	8	12.5	Gesundheitswesen
Wärmetherapiegeräte	8	12.5	Kommunalverwaltung, KGSt-Bericht 1/1999
Wäschebehandlungs-, Schuhputzmaschinen	5	20	Steinkohlenbergbau
Wäscher	5	20	Fleischwarenindustrie, Fleischer, Schlachthöfe
Wäschereiausrüstungen	7	14.29	Gastgewerbe
Wäschereimaschinen	10	10	Gewerbliche Erzeugung und Aufbereitung von Spinnstoffen, Spinnerei, Weberei
Wäschereimaschinen, automatische	7	14.29	Gastgewerbe
Wäschetrockner	8	12.5	Allgemein verwendbare Anlagegüter
Wäschetrockner	8	12.5	Kommunalverwaltung, KGSt-Bericht 1/1999
Wäschewarmhalteschränke	8	12.5	Heil-, Kur-, Sport- und Freizeitbäder
Wölfe	7	14.29	Fleischwarenindustrie, Fleischer, Schlachthöfe
Würfelmaschinen	8	12.5	Fischverarbeitungsindustrie
Würfelpressen	12	8.33	Mühlen (ohne ölmühlen)
Würstchenaufhängelinien	7	14.29	Fleischwarenindustrie, Fleischer, Schlachthöfe
Würstchenschälmaschinen	8	12.5	Fleischwarenindustrie, Fleischer, Schlachthöfe

Anlagegut	ND	% p.a.	Abschreibungstabelle
Würzebelüftungsvorrichtungen einschl. Luft-EK-Filter	8	12.5	Brauereien und Mälzereien
Würzekühler	10	10	Brauereien und Mälzereien
Würzemengenmeßgeräte (z.B. Ringkolben- oder Ovalradzähler)	5	20	Brauereien und Mälzereien
Waagen	6	16.67	Binnenfischerei, Teichwirtschaft, Fischzucht, fischwirtschaftliche Dienstleistungen
Waagen	6	16.67	Feinmechanische und Optische Industrie
Waagen	10	10	Kommunalverwaltung, KGSt-Bericht 1/1999
Waagen	14	7.14	Landwirtschaft und Tierzucht (nach dem 30.06.1996)
Waagen	10	10	Steinkohlenbergbau
Waagen (Obst-, Gemüse-, Fleisch- u. ä.)	11	9.09	Allgemein verwendbare Anlagegüter
Waagen aller Art für Zement	6	16.67	Baugewerbe
Waagen aller Art für Zuschlagstoffe	6	16.67	Baugewerbe
Waagen im Betrieb (Meßkopf)	5	20	Fleischwarenindustrie, Fleischer, Schlachthöfe
Waagen, Brücken-	20	5	Allgemein verwendbare Anlagegüter
Waagen, Präzisions-	13	7.69	Allgemein verwendbare Anlagegüter
Wabensilo (Stahl)	15	6.67	Fleischmehlindustrie bzw. Tierkörperbeseitigung (Herstellung von tierischen Futtermitteln)
Wabensilo (Stahl)	15	6.67	Mühlen (ohne ölmühlen)
Waffelautomaten	8	12.5	Süßwarenindustrie
Waffelschneidemaschinen	8	12.5	Süßwarenindustrie
Waffen und optische Geräte	20	5	Forstwirtschaft (nach dem 30.09.1995)
Wagen, Bau-	12	8.33	Allgemein verwendbare Anlagegüter
Wagen, Hub-	8	12.5	Allgemein verwendbare Anlagegüter
Wagen, Kessel-	25	4	Allgemein verwendbare Anlagegüter
Wagen, Kombi-	6	16.67	Allgemein verwendbare Anlagegüter
Wagen, Lastkraft-	9	11.11	Allgemein verwendbare Anlagegüter
Wagen, Personenkraft-	6	16.67	Allgemein verwendbare Anlagegüter
Wagen, Spezial-	25	4	Allgemein verwendbare Anlagegüter
Wagen, Toiletten-	9	11.11	Allgemein verwendbare Anlagegüter
Wagen, Wohn-	8	12.5	Allgemein verwendbare Anlagegüter

Anlagegut	ND	% p.a.	Abschreibungstabelle
Wagenheber (fahrbar)	5	20	Vertrieb von Erdölerzeugnissen
Wagenheber und bewegliche Hebebühnen	5	20	Vulkanisierbetriebe
Wagenwaschanlagen	20	5	Kommunalverwaltung, KGSt-Bericht 1/1999
Waggon-, Fahrzeug-, Behälterwaagen	16	6.25	Steinkohlenbergbau
Waggonkippanlagen	10	10	Braunkohlenbergbau
Waggons	25	4	Allgemein verwendbare Anlagegüter
Waggonwaagen	15	6.67	Braunkohlenbergbau
Waldarbeiterschutzwagen	10	10	Forstwirtschaft (nach dem 30.09.1995)
Walken	12	8.33	Rauchwarenverarbeitung
Walkmaschinen	7	14.29	Textilveredelung
Walzölumlaufanlagen	8	12.5	Aluminiumfolien-Industrie
Walzeggen	8	12.5	Gartenbau (nach dem 31.12.1997)
Walzen	10	10	Gartenbau (nach dem 31.12.1997)
Walzen- / Schneckenaustragungen	12	8.33	Mühlen (ohne ölmühlen)
Walzenanhänger	10	10	Kommunalverwaltung, KGSt-Bericht 1/1999
Walzenauftragsmaschinen	6	16.67	Leder-Industrie (Ledererzeugung)
Walzenbrecher	10	10	Ziegelindustrie
Walzenkörper (f. Veredlungsmaschinen)	2	50	Aluminiumfolien-Industrie
Walzenlader	6	16.67	Steinkohlenbergbau
Walzenpoliermaschinen	8	12.5	Aluminiumfolien-Industrie
Walzenschleifmaschinen	8	12.5	Aluminiumfolien-Industrie
Walzenschleifmaschinen	8	12.5	NE-Metallhalbzeugindustrie (NE-Metallhalbzeugwerke und NE-Metallgießereien)
Walzenstühle	14	7.14	Mühlen (ohne ölmühlen)
Walzenstreuer	7	14.29	Weinbau und Weinhandel (nach dem 31.12.1988)
Walzenstuhl	10	10	Essig- und Senffabrikation
Walzentrockner	10	10	Molkereien und sonstige Milchverwertung
Walzenwaschanlagen	8	12.5	Druckerei und Verlagsunternehmen mit Druckerei
Walzmaschinen CNC / NC	8	12.5	Maschinenbau

Anlagegut	ND	% p.a.	Abschreibungstabelle
Walzmaschinen ohne CNC / NC	10	10	Maschinenbau
Walztische	10	10	Druckerei und Verlagsunternehmen mit Druckerei
Walzwerke	8	12.5	Eisen-, Blech- und Metallwarenindustrie
Walzwerke	8	12.5	Ziegelindustrie
Walzwerke, Kollergänge, Kugelmühlen, Hammermühlen, Ringwalzmühlen, Schlagkreuzmühlen	8	12.5	Feuerfeste- und Steinzeug-Industrie
Walzwerke, Kollergänge, Kugelmühlen, Hammermühlen, Ringwalzmühlen, Schlagkreuzmühlen	8	12.5	Schiefer- und Tonindustrie
Wandarm- und Säulenschleifmaschinen (Flächen-, Stufen- und Profil-)	7	14.29	Beton- und Fertigteilindustrie
Wandtresor	20	5	Kreditwirtschaft
Warenautomaten	5	20	Allgemein verwendbare Anlagegüter
Warenschaummaschinen	10	10	Bekleidungsindustrie (ohne Lederbekleidung)
Warmhalter	8	12.5	Ziegelindustrie
Warmhalteschränke	8	12.5	Heil-, Kur-, Sport- und Freizeitbäder
Warmpolier-Maschinen	7	14.29	Schuhindustrie
Warmsetzmaschinen	6	16.67	Stahlverformung
Warmwalzwerke	10	10	NE-Metallhalbzeugindustrie (NE-Metallhalbzeugwerke und NE-Metallgießereien)
Warmwasseranlagen (Autogeiser)	7	14.29	Friseurgewerbe und Schönheitssalons
Warmwasserleitungen für Warmwasser über 35 Grad C	10	10	Heil-, Kur-, Sport- und Freizeitbäder
Warmwasserleitungen für Warmwasser bis 35 Grad C	33	3.03	Heil-, Kur-, Sport- und Freizeitbäder
Warmwasserversorgungsleitungen	20	5	Kommunalverwaltung, KGSt-Bericht 1/1999
Warn- und Alarmanlagen einschl. überwachung der Wasserparameter	8	12.5	Binnenfischerei, Teichwirtschaft, Fischzucht, fischwirtschaftliche Dienstleistungen
Wasch- und Abkochmaschinen	7	14.29	Textilveredelung
Wasch- und Beizanlagen	5	20	Feinmechanische und Optische Industrie
Wasch- und Reinigungsanlagen	8	12.5	Feuerfeste- und Steinzeug-Industrie
Wasch- und Reinigungsanlagen	8	12.5	Schiefer- und Tonindustrie

Anlagegut	ND	% p.a.	Abschreibungstabelle
Wasch- und Sortieranlagen	8	12.5	Baugewerbe
Wasch- und Toilettenwagen	6	16.67	Baugewerbe
Wasch-, Sortier- und Dosieranlagen einschl. Zubehör und Waagen	6	16.67	Kies-, Sand-, Mörtel- und Transportbetonindustrie
Waschanlage, Waschstraße	5	20	Gem. Anlage 13 des Gesetzes zum NKFG (Neuen Kommunalen Finanzmanagement)
Waschanlagen (z.B. für Formen, Kisten, Rosinen)	5	20	Brot- und Backwarenindustrie, Herst. v. Tiefkühl-/Kombinationsbackwaren, Bäckereien, Konditoreien
Waschanlagen, Portal-	10	10	Allgemein verwendbare Anlagegüter
Waschautomaten (Launderetten)	5	20	Chemischreinigung, Wäscherei, Färberei
Waschbergebehandlung	16	6.25	Steinkohlenbergbau
Waschmaschinen	10	10	Allgemein verwendbare Anlagegüter
Waschmaschinen	5	20	Borstenzurichtung und Pinselindustrie
Waschmaschinen	8	12.5	Kommunalverwaltung, KGSt-Bericht 1/1999
Waschmaschinen bzw. -anlagen (Metallreinigungsmaschinen)	6	16.67	Maschinenbau
Waschmaschinen für Staubmasken	10	10	Steinkohlenbergbau
Waschmaschinen, sonstige	8	12.5	Chemischreinigung, Wäscherei, Färberei
Waschmaschinen,automatische	5	20	Chemischreinigung, Wäscherei, Färberei
Waschschleudermaschinen	5	20	Chemischreinigung, Wäscherei, Färberei
Waschstraßen, Auto-	10	10	Allgemein verwendbare Anlagegüter
Waschtrommeln	8	12.5	Baugewerbe
Waschtrommeln	5	20	Rauchwarenverarbeitung
Waschwassertransport und -klärung	16	6.25	Steinkohlenbergbau
Waschzellenfilter	10	10	Zellstoff, Holzstoff, Papier und Pappe erzeugende Industrie
Wasser- und Dampfleitungen im Werk	25	4	Energie- und Wasserversorgung (nach dem 31.12.1993)
Wasser- und Druckwasserkessel mit Rauchgasen beheizt	3	33.33	Ziegelindustrie
Wasser- und Getränkeleitungen (Edelstahl)	10	10	Erfrischungsgetränke- und Mineralbrunnenindustrie
Wasser- und Getränkeleitungen (Kunststoff)	8	12.5	Erfrischungsgetränke- und Mineralbrunnenindustrie

Anlagegut	ND	% p.a.	Abschreibungstabelle
Wasser-/Dampfaufbereitungsanlagen (schichtunabhängig)	5	20	Brot- und Backwarenindustrie, Herst. v. Tiefkühl-/Kombinationsbackwaren, Bäckereien, Konditoreien
Wasser-/Misch-/Temperieranlagen	5	20	Brot- und Backwarenindustrie, Herst. v. Tiefkühl-/Kombinationsbackwaren, Bäckereien, Konditoreien
Wasseraufbereitungs- und reinigungsanlagen	20	5	Energie- und Wasserversorgung (nach dem 31.12.1993)
Wasseraufbereitungsanlagen	10	10	Gastgewerbe
Wasseraufbereitungsanlagen	10	10	Fleischmehlindustrie bzw. Tierkörperbeseitigung (Herstellung von tierischen Futtermitteln)
Wasseraufbereitungsanlagen	12	8.33	Allgemein verwendbare Anlagegüter
Wasseraufbereitungsanlagen	5	20	Chemischreinigung, Wäscherei, Färberei
Wasseraufbereitungsanlagen	6	16.67	Fruchtsaft- und Fruchtweinindustrie
Wasseraufbereitungsanlagen	10	10	Kalksandsteinindustrie
Wasseraufbereitungsanlagen	6	16.67	Molkereien und sonstige Milchverwertung
Wasseraufbereitungsanlagen aus Beton	20	5	Heil-, Kur-, Sport- und Freizeitbäder
Wasseraufbereitungsanlagen aus GfK	10	10	Heil-, Kur-, Sport- und Freizeitbäder
Wasseraufbereitungsanlagen aus Stahl	10	10	Heil-, Kur-, Sport- und Freizeitbäder
Wasseraufbereitungsanlagen, Wasserenthärtungsanlagen, Wasserreinigungsanlagen	10	10	Gem. Anlage 13 des Gesetzes zum NKFG (Neuen Kommunalen Finanzmanagement)
Wasserbaderwärmer	8	12.5	Zahntechniker
Wasserballfelder und -tore	5	20	Heil-, Kur-, Sport- und Freizeitbäder
Wasserbehälter	10	10	Baugewerbe
Wasserbehälter (Kaltwasser) aus Stahl, Kunststoff, Niro oder gemauert	15	6.67	Brauereien und Mälzereien
Wasserbehälter und -reserven (Heißwasser) und Vorwärmer	10	10	Brauereien und Mälzereien
Wasserentgasungsanlagen (Sauerstoffreduktion)	8	12.5	Brauereien und Mälzereien
Wasserenthärtungsanlagen	12	8.33	Allgemein verwendbare Anlagegüter
Wasserenthärtungsanlagen	20	5	Heil-, Kur-, Sport- und Freizeitbäder
Wasserentsorgungsanlagen im Steinbruch und Produktionsbereich	6	16.67	Kalk-, Gips-, und Kreideindustrie
Wasserfässer	10	10	Kommunalverwaltung, KGSt-Bericht 1/1999

Anlagegut	ND	% p.a.	Abschreibungstabelle
Wasserfahrzeuge (Dampfer, Motorschiffe, Tanker, Kähne und Boote)	20	5	Chemische Industrie
Wasserfernleitungen aus Beton	50	2	Energie- und Wasserversorgung (nach dem 31.12.1993)
Wasserfernleitungen aus Stahl	33	3.03	Energie- und Wasserversorgung (nach dem 31.12.1993)
Wasserhaltungspumpen (offen)	10	10	Braunkohlenbergbau
Wasserhaltungsrohrleitungen (frostfrei verlegt)	15	6.67	Braunkohlenbergbau
Wasserhaltungsrohrleitungen (nicht frostfrei verlegt)	10	10	Braunkohlenbergbau
Wasserhochdruckreiniger	8	12.5	Allgemein verwendbare Anlagegüter
Wasserkühlmaschinen	10	10	Steinkohlenbergbau
Wasserkalander (Quetschen)	7	14.29	Textilveredelung
Wasserkraftwerke (Betriebsgebäude (massiv) mit Kraftwerkstiefbauten)	50	2	Energie- und Wasserversorgung (nach dem 31.12.1993)
Wasserleitungen	30	3.33	Kommunalverwaltung, KGSt-Bericht 1/1999
Wasser-Meß- und Temperieranlagen	10	10	Süßwarenindustrie
Wassermisch-, -kühl- und -zirkulationsgeräte	8	12.5	Druckerei und Verlagsunternehmen mit Druckerei
Wasserpumpe	6	16.67	Kommunalverwaltung, KGSt-Bericht 1/1999
Wasserpumpen (allgem. Wasserversorgung)	10	10	Feuerfeste- und Steinzeug-Industrie
Wasser-Rückkühlanlagen	8	12.5	Druckerei und Verlagsunternehmen mit Druckerei
Wasserrückkühler	10	10	Steinkohlenbergbau
Wasserreinigungsanlagen	11	9.09	Allgemein verwendbare Anlagegüter
Wasserringpumpen (Vakuum)	10	10	ölmühlen und Margarine-Industrie
Wasserrohr-Dampfkessel	15	6.67	Fleischmehlindustrie bzw. Tierkörperbeseitigung (Herstellung von tierischen Futtermitteln)
Wasserrutschen	10	10	Heil-, Kur-, Sport- und Freizeitbäder
Wassersauger	12	8.33	Kommunalverwaltung, KGSt-Bericht 1/1999
Wasserschöpfbecken/ Wasserschöpfstellen	20	5	Kommunalverwaltung, KGSt-Bericht 1/1999
Wasserspeicher	20	5	Allgemein verwendbare Anlagegüter

Anlagegut	ND	% p.a.	Abschreibungstabelle
Wasserspeicher (Kunststoff, Stahl, Beton)	15	6.67	Gartenbau (nach dem 31.12.1997)
Wassersprengwagen	8	12.5	Baugewerbe
Wassertürme	40	2.5	Gem. Anlage 13 des Gesetzes zum NKFG (Neuen Kommunalen Finanzmanagement)
Wassertürme	40	2.5	Kommunalverwaltung, KGSt-Bericht 1/1999
Wassertretbecken, massiv	30	3.33	Kommunalverwaltung, KGSt-Bericht 1/1999
Wasserversorgung (Betriebsgebäude (massiv))	50	2	Energie- und Wasserversorgung (nach dem 31.12.1993)
Wasserversorgungsanlagen	8	12.5	Kalk-, Gips-, und Kreideindustrie
Wasserversorgungsanlagen	10	10	Natursteinindustrie f. d. Wege-, Bahn-, Wasser- u. Betonbau
Wasserverteilung (z. B. Behälter, Pumpen, Leitungen)	15	6.67	Kalksandsteinindustrie
Wasserzähler	15	6.67	Energie- und Wasserversorgung (nach dem 31.12.1993)
Webmaschinen für Schwergewebe	10	10	Gewerbliche Erzeugung und Aufbereitung von Spinnstoffen, Spinnerei, Weberei
Wechselaufbauten	11	9.09	Allgemein verwendbare Anlagegüter
Wechselaufbauten für Sammelfahrzeuge	4	25	Abfallentsorgungs- und Recyclingwirtschaft
Wechselgeräte, Geld-	7	14.29	Allgemein verwendbare Anlagegüter
Wechselsteuerstempler	5	20	Kreditwirtschaft
Wege und Plätze (wassergebunden)	15	6.67	Kommunalverwaltung, KGSt-Bericht 1/1999
Wege und Plätze aus Beton	40	2.5	Kommunalverwaltung, KGSt-Bericht 1/1999
Wege und Plätze aus Verbundsteinpflaster	10	10	Kommunalverwaltung, KGSt-Bericht 1/1999
Wege u.Plätze mit schwerer Packlage	20	5	Kommunalverwaltung, KGSt-Bericht 1/1999
Wege u. Plätze ohne schwere Packlage	15	6.67	Kommunalverwaltung, KGSt-Bericht 1/1999
Wege, Plätze, Parkflächen (in einfacher Bauart)	10	10	Gem. Anlage 13 des Gesetzes zum NKFG (Neuen Kommunalen Finanzmanagement)

Anlagegut	ND	% p.a.	Abschreibungstabelle
Wegebrücken (Holz)	15	6.67	Allgemein verwendbare Anlagegüter
Wegebrücken (Stahl und Beton)	33	3.03	Allgemein verwendbare Anlagegüter
Wegehobel, Walzen	10	10	Forstwirtschaft (nach dem 30.09.1995)
Wehre, Ein- und Auslaufbauwerke (Bauwerke)	40	2.5	Energie- und Wasserversorgung (nach dem 31.12.1993)
Weichen	8	12.5	Baugewerbe
Weichen (einschl. Heizung)	20	5	Personen- und Güterbeförderung (im Straßen- und Schienenverkehr)
Weichen (nach gesetzlichen Vorschriften)	33	3.03	Allgemein verwendbare Anlagegüter
Weichen (sonstige)	15	6.67	Allgemein verwendbare Anlagegüter
Weiheranlagen, Rundholz	20	5	Sägeindustrie und Holzbearbeitung
Wein- und Sektkühlanlagen	10	10	Sektkellereien
Weinkühlanlagen	8	12.5	Weinbau und Weinhandel (nach dem 31.12.1988)
Weinpressen	8	12.5	Weinbau und Weinhandel (nach dem 31.12.1988)
Weinpumpe	6	16.67	Weinbau und Weinhandel (nach dem 31.12.1988)
Wellpappenanlagen	10	10	Papier und Pappe verarbeitende Industrie
Wendeautomaten	5	20	Bekleidungsindustrie (ohne Lederbekleidung)
Wendevorrichtungen	5	20	Holzverarbeitende Industrie
Wendezug	12	8.33	Steinkohlenbergbau
Werftmontagehallen (Stahlbau)	25	4	Schiffbau
Werg-Reinigungsmaschinen	10	10	Gewerbliche Erzeugung und Aufbereitung von Spinnstoffen, Spinnerei, Weberei
Werkstätten	10	10	Steinkohlenbergbau
Werkstatteinrichtung	10	10	Kommunalverwaltung, KGSt-Bericht 1/1999
Werkstatteinrichtungen	14	7.14	Allgemein verwendbare Anlagegüter
Werkstatteinrichtungen	10	10	Gem. Anlage 13 des Gesetzes zum NKFG (Neuen Kommunalen Finanzmanagement)
Werkstattgebäude, massiv	80	1.25	Kommunalverwaltung, KGSt-Bericht 1/1999
Werkstattgebäude, teilmassiv	40	2.5	Kommunalverwaltung, KGSt-Bericht 1/1999

Anlagegut	ND	% p.a.	Abschreibungstabelle
Werkstattmaschinen	10	10	Steinkohlenbergbau
Werkstattmaschinen (Rep.-Werkstätten)	10	10	Natursteinindustrie f. d. Wege-, Bahn-, Wasser- u. Betonbau
Werkstattmaschinen und -geräte	10	10	Kommunalverwaltung, KGSt-Bericht 1/1999
Werkstattmaschinen, ortsfest	10	10	Steinkohlenbergbau
Werkstattschiffe	25	4	Hochsee-, Küsten- und Binnenschiffahrt
Werkzeuge	8	12.5	Kommunalverwaltung, KGSt-Bericht 1/1999
Werkzeuge für Maschinen	3	33.33	Herstellung von Schreib- und Zeichengeräten
Werkzeuge, z. B. Rohr- und Gestängezangen, Mitnehmer-, Schwerstangen, Messgeräte	4	25	Erdölgewinnung
Werkzeugschärfeinrichtungen (einschl. Härte-, Schränk-, Stauch- und Schleifmaschinen)	5	20	Sägeindustrie und Holzbearbeitung
Werkzeugschärfeinrichtungen (Furnierwerke)	5	20	Sägeindustrie und Holzbearbeitung
Werkzeugschärfeinrichtungen (Hobelwerke)	5	20	Sägeindustrie und Holzbearbeitung
Werkzeugschleif- und Schärfmaschinen	8	12.5	Feinmechanische und Optische Industrie
Werkzeugschleifmaschinen	8	12.5	NE-Metallhalbzeugindustrie (NE-Metallhalbzeugwerke und NE-Metallgießereien)
Werkzeugschleifmaschinen (CNC / NC)	6	16.67	Maschinenbau
Wetterkühlanlagen	20	5	Steinkohlenbergbau
Wetterkühlmaschinen	10	10	Steinkohlenbergbau
Wetterkühlwand	10	10	Steinkohlenbergbau
Wettermaschinen	20	5	Steinkohlenbergbau
Whirlpool	14	7.14	Brauereien und Mälzereien
Whirlpool	10	10	Heil-, Kur-, Sport- und Freizeitbäder
Wickelei- und Aufmachmaschinen	10	10	Garnbearbeitung in der Textilindustrie
Wickelmaschinen	8	12.5	Textilveredelung
Wiegeeinrichtung	8	12.5	Weinbau und Weinhandel (nach dem 31.12.1988)
Wiegeeinrichtung zur Gemengeherstellung	10	10	Glaserzeugende Industrie (Flachglas, Hohlglas und Glasfaser)

Anlagegut	ND	% p.a.	Abschreibungstabelle
Wildgatter	15	6.67	Forstwirtschaft (nach dem 30.09.1995)
Wildgatter, beweglich	10	10	Forstwirtschaft (nach dem 30.09.1995)
Winden aller Art (Aufzugs-, Bremsberg-, Rangierwinden) (harte und zähe Gesteinsarten)	8	12.5	Natursteinindustrie f. d. Wege-, Bahn-, Wasser- u. Betonbau
Winden aller Art (weniger harte und zähe Gesteinsarten)	12	8.33	Natursteinindustrie f. d. Wege-, Bahn-, Wasser- u. Betonbau
Winden, mobil	11	9.09	Allgemein verwendbare Anlagegüter
Winden, stationär	15	6.67	Allgemein verwendbare Anlagegüter
Winden: Handwinden	17	5.88	Kommunalverwaltung, KGSt-Bericht 1/1999
Winden: Motorwinden	8	12.5	Kommunalverwaltung, KGSt-Bericht 1/1999
Windkraftanlagen	16	6.25	Allgemein verwendbare Anlagegüter
Windkraftanlagen	15	6.67	Gem. Anlage 13 des Gesetzes zum NKFG (Neuen Kommunalen Finanzmanagement)
Windmühlen (f. Wasserförderung)	16	6.25	Landwirtschaft und Tierzucht (nach dem 30.06.1996)
Windsichter	6	16.67	Abfallentsorgungs- und Recyclingwirtschaft
Windsichter	6	16.67	Baugewerbe
Windsichter	8	12.5	Kalksandsteinindustrie
Windsichter, Magnetabschneider und Siebanlagen	6	16.67	Schrott- und Abbruchwirtschaft
Windsichtung	12	8.33	Mühlen (ohne ölmühlen)
Winterdienstgeräte allgemein	8	12.5	Kommunalverwaltung, KGSt-Bericht 1/1999
Wischmaschine	8	12.5	Herstellung von Schreib- und Zeichengeräten
Wischwalzenwaschmaschinen	8	12.5	Druckerei und Verlagsunternehmen mit Druckerei
Wohncontainer	10	10	Allgemein verwendbare Anlagegüter
Wohncontainer	10	10	Gem. Anlage 13 des Gesetzes zum NKFG (Neuen Kommunalen Finanzmanagement)
Wohnhäuser (auch Mehrfamilienhäuser)	50	2	Gem. Anlage 13 des Gesetzes zum NKFG (Neuen Kommunalen Finanzmanagement)
Wohnmobile	8	12.5	Allgemein verwendbare Anlagegüter

Anlagegut	ND	% p.a.	Abschreibungstabelle
Wohnwagen	8	12.5	Allgemein verwendbare Anlagegüter
Wohnwagen	4	25	Fernseh-, Film- und Hörfunkwirtschaft
Wolfmaschinen	10	10	Hut- und Stumpenindustrie
Workstations	3	33.33	Allgemein verwendbare Anlagegüter
Wrasenabsauganlagen	7	14.29	Fleischwarenindustrie, Fleischer, Schlachthöfe
Wulstmaschinen	10	10	Spielwaren-Industrie
Wulstrahmenmaschinen	5	20	Lederwaren- und Kofferindustrie
Wurfschaufellader	6	16.67	Steinkohlenbergbau
Wurfschaufellader, Kippschaufellader	5	20	Baugewerbe
Wurftrockner	8	12.5	Schiefer- und Tonindustrie
Wurstfüllmaschinen	7	14.29	Fleischwarenindustrie, Fleischer, Schlachthöfe
Wurstkühlmaschinen	7	14.29	Fleischwarenindustrie, Fleischer, Schlachthöfe
Wurstmassiermaschinen	7	14.29	Fleischwarenindustrie, Fleischer, Schlachthöfe
Wursttrennmaschinen	5	20	Fleischwarenindustrie, Fleischer, Schlachthöfe
Yachten, Segel-	20	5	Allgemein verwendbare Anlagegüter
Zähler (nach dem 31.12.1993)	15	6.67	Energie- und Wasserversorgung
Zählgeräte (Auswertungsgeräte)	5	20	Personen- und Güterbeförderung (im Straßen- und Schienenverkehr)
Zählgeräte, Geld-	7	14.29	Allgemein verwendbare Anlagegüter
Zählmaschinen	8	12.5	Druckerei und Verlagsunternehmen mit Druckerei
Züge, Hochgeschwindigkeits-	25	4	Allgemein verwendbare Anlagegüter
Zackenschneidmaschinen	5	20	Lederwaren- und Kofferindustrie
Zackenschneid-Maschinen	8	12.5	Schuhindustrie
Zahnarzt	10	10	Gesundheitswesen
Zahnradautomaten	5	20	Spielwaren-Industrie
Zahnradfräsmaschinen	6	16.67	Eisen-, Blech- und Metallwarenindustrie
Zahnradfräsmaschinen	6	16.67	Stahlverformung
Zapfanlagen, Treib- und Schmierstoff-	14	7.14	Allgemein verwendbare Anlagegüter
Zapfenschneid- und Schlitzmaschinen, auch kombinierte	5	20	Holzverarbeitende Industrie

Anlagegut	ND	% p.a.	Abschreibungstabelle
Zapfgeräte	4	25	Molkereien und sonstige Milchverwertung
Zapfsäulen für Treib- und Schmierstoffe einschl. mechan. oder elektron. Rechenwerk	6	16.67	Vertrieb von Erdölerzeugnissen
Zapfwelleneggen (Kreisel-, Rüttel-, Taumeleggen)	8	12.5	Gartenbau (nach dem 31.12.1997)
Zargen-Stanzmaschinen	10	10	Spielwaren-Industrie
Zeichenband-Einlegemaschinen	8	12.5	Papier und Pappe verarbeitende Industrie
Zeichenblockherstellungsmaschinen	8	12.5	Papier und Pappe verarbeitende Industrie
Zeichengeräte, elektronisch	8	12.5	Allgemein verwendbare Anlagegüter
Zeichengeräte, elektronisch	5	20	Baugewerbe
Zeichengeräte, mechanisch	14	7.14	Allgemein verwendbare Anlagegüter
Zeichengeräte, mechanisch	10	10	Baugewerbe
Zeigerannahmewaagen	10	10	Molkereien und sonstige Milchverwertung
Zeilengießmaschinen, lochbandgesteuerte	8	12.5	Druckerei und Verlagsunternehmen mit Druckerei
Zeilengießmaschinen, manuell bedienbare	10	10	Druckerei und Verlagsunternehmen mit Druckerei
Zeilenräumgeräte (Stockräumer)	6	16.67	Gartenbau (nach dem 31.12.1997)
Zeiterfassungsgeräte	8	12.5	Allgemein verwendbare Anlagegüter
Zeiterfassungsgeräte	8	12.5	Kommunalverwaltung, KGSt-Bericht 1/1999
Zeitmeßanlagen	8	12.5	Heil-, Kur-, Sport- und Freizeitbäder
Zellenpontons	12	8.33	Baugewerbe
Zellstoffästefänger	10	10	Zellstoff, Holzstoff, Papier und Pappe erzeugende Industrie
Zellstoffauflöser	10	10	Zellstoff, Holzstoff, Papier und Pappe erzeugende Industrie
Zellstoffbütten	10	10	Zellstoff, Holzstoff, Papier und Pappe erzeugende Industrie
Zellstoffdrucksortierer	10	10	Zellstoff, Holzstoff, Papier und Pappe erzeugende Industrie
Zellstoffeindicker	10	10	Zellstoff, Holzstoff, Papier und Pappe erzeugende Industrie
Zellstoffkocher	10	10	Zellstoff, Holzstoff, Papier und Pappe erzeugende Industrie

Anlagegut	ND	% p.a.	Abschreibungstabelle
Zellstoffmischer	10	10	Zellstoff, Holzstoff, Papier und Pappe erzeugende Industrie
Zellstoffrefiner	10	10	Zellstoff, Holzstoff, Papier und Pappe erzeugende Industrie
Zelte, Arbeits-	6	16.67	Allgemein verwendbare Anlagegüter
Zelte, Bier-	8	12.5	Allgemein verwendbare Anlagegüter
Zementpumpen und Zubehör	8	12.5	Baugewerbe
Zementsilos (aus Metall)	10	10	Leichtbauplattenindustrie
Zementstreugeräte	6	16.67	Baugewerbe
Zentrale überwachungs- und Kommunikationseinrichtungen (leitungsgebunden und drahtlos)	5	20	Fernseh-, Film- und Hörfunkwirtschaft
Zentrale Anlagen für Bild und Ton in Hauptschaltraum und Endkontrolle	5	20	Fernseh-, Film- und Hörfunkwirtschaft
Zentrale Mess- und Steuerwarten (Leitstände maschineller Einrichtungen	10	10	Zementindustrie
Zentrale Pumpenanlagen für Hydraulik	6	16.67	Feuerfeste- und Steinzeug-Industrie
Zentrale Steuerungs- und überwachungsanlagen	8	12.5	Kraftfahrzeugindustrie
Zentralreinigungsanlagen für Leitungen und Gefäße	8	12.5	Brauereien und Mälzereien
Zentrierautomaten	7	14.29	Feinmechanische und Optische Industrie
Zentriermaschinen	8	12.5	Feinmechanische und Optische Industrie
Zentrifuge	8	12.5	Hutstoff-Fabrikation
Zentrifugen	10	10	Allgemein verwendbare Anlagegüter
Zentrifugen	8	12.5	Feinmechanische und Optische Industrie
Zentrifugen	8	12.5	Gesundheitswesen
Zentrifugen	8	12.5	Kommunalverwaltung, KGSt-Bericht 1/1999
Zentrifugen	5	20	Rauchwarenverarbeitung
Zentrifugen	7	14.29	Textilveredelung
Zentrifugen (beweglich)	5	20	Abfallentsorgungs- und Recyclingwirtschaft
Zentrifugen (stationär)	6	16.67	Abfallentsorgungs- und Recyclingwirtschaft
Zentrifugen zum Entfetten von Minen	7	14.29	Herstellung von Schreib- und Zeichengeräten

Anlagegut	ND	% p.a.	Abschreibungstabelle
Zentrifugen, Bactofugen	8	12.5	Molkereien und sonstige Milchverwertung
Zerkleinerer	6	16.67	Abfallentsorgungs- und Recyclingwirtschaft
Zerkleinerungsmaschinen (Brecher, Scheiben-, Perplexmühlen, Riffelwalzen-, Diagonalwalzenstühle)	10	10	ölmühlen und Margarine-Industrie
Zerkleinerungsmaschinen (z.B. Mühlen, Bandgranulatoren) und Regenerierungsanlagen	8	12.5	Kunststoffverarbeitende Industrie
Zerlegebänder	6	16.67	Fleischwarenindustrie, Fleischer, Schlachthöfe
Zerlegehilfen, -maschinen	6	16.67	Fleischwarenindustrie, Fleischer, Schlachthöfe
Zerlegesägen	6	16.67	Fleischwarenindustrie, Fleischer, Schlachthöfe
Zettel- und Schäranlagen (einfache)	10	10	Gewerbliche Erzeugung und Aufbereitung von Spinnstoffen, Spinnerei, Weberei
Zickzack- und Ringöfen	10	10	Ziegelindustrie
Zickzackmaschinen	5	20	Bekleidungsindustrie (ohne Lederbekleidung)
Zick-Zack-Nähmaschinen	5	20	Lederwaren- und Kofferindustrie
Ziegelmauer	17	5.88	Allgemein verwendbare Anlagegüter
Ziehmaschinen CNC / NC	8	12.5	Maschinenbau
Ziehmaschinen ohne CNC / NC	11	9.09	Maschinenbau
Ziehpressen	6	16.67	Eisen-, Blech- und Metallwarenindustrie
Ziehpressen	8	12.5	Spielwaren-Industrie
Zielrichterturm	50	2	Kommunalverwaltung, KGSt-Bericht 1/1999
Zifferblattdruckmaschinen	5	20	Uhrenindustrie
Zifferblatt-Prägemaschinen	5	20	Uhrenindustrie
Zigarettenaufreißmaschinen	10	10	Zigarettenindustrie
Zigarettenautomaten	8	12.5	Allgemein verwendbare Anlagegüter
Zigarettenstrangmaschinen	8	12.5	Zigarettenindustrie
Zimmermädchenwagen	3	33.33	Gastgewerbe
Zinkdruckpressen	10	10	Druckerei und Verlagsunternehmen mit Druckerei
Zinkenfräsen	7	14.29	Holzverarbeitende Industrie

Anlagegut	ND	% p.a.	Abschreibungstabelle
Zinkensägen	8	12.5	Holzverarbeitende Industrie
Zirkularstreifenscheren	10	10	NE-Metallhalbzeugindustrie (NE-Metallhalbzeugwerke und NE-Metallgießereien)
Zuckermühlen	8	12.5	Süßwarenindustrie
Zuckerrübenverladeeinrichtungen	10	10	Landwirtschaft und Tierzucht (nach dem 30.06.1996)
Zuckersiloanlagen	8	12.5	Erfrischungsgetränke- und Mineralbrunnenindustrie
Zuckersilos	14	7.14	Sektkellereien
Zuckerziehmaschinen	8	12.5	Süßwarenindustrie
Zuführeinrichtungen, automatische	5	20	Uhrenindustrie
Zugsicherungs- und Signalanlagen für den Bahnbereich	20	5	Personen- und Güterbeförderung (im Straßen- und Schienenverkehr)
Zuluftanlagen, ortsfest	7	14.29	Maler- und Lackiererhandwerk
Zurichtegeräte und -maschinen (3-M, Aliter u. a.)	6	16.67	Druckerei und Verlagsunternehmen mit Druckerei
Zusammentrag- und Zusammenführmaschinen	8	12.5	Druckerei und Verlagsunternehmen mit Druckerei
Zusammentragmaschinen	12	8.33	Allgemein verwendbare Anlagegüter
Zusammentragmaschinen und -automaten	8	12.5	Papier und Pappe verarbeitende Industrie
Zusatzaggregate	10	10	Zellstoff, Holzstoff, Papier und Pappe erzeugende Industrie
Zusatzanlagen und Zusatzmaschinen der Ausrüstung	10	10	Zellstoff, Holzstoff, Papier und Pappe erzeugende Industrie
Zusatzeinrichtungen (Laser, Drucker, Waagen)	8	12.5	Zigarettenindustrie
Zuschneideanlagen (Automat. Schnittbilddarstellung)	5	20	Bekleidungsindustrie (ohne Lederbekleidung)
Zuschneideanlagen (Halbautomaten)	5	20	Bekleidungsindustrie (ohne Lederbekleidung)
Zuschneideanlagen (Vollautomaten)	5	20	Bekleidungsindustrie (ohne Lederbekleidung)
Zuschneidemaschinen	7	14.29	Maschinenindustrie
Zwangsmischer	6	16.67	Beton- und Fertigteilindustrie
Zwangsmischer bis 100 l Fassungsvermögen mit Elektro-, Diesel- oder Benzinmotor	5	20	Maler- und Lackiererhandwerk

Anlagegut	ND	% p.a.	Abschreibungstabelle
Zwei- u. Mehrnadelmaschinen	5	20	Bekleidungsindustrie (ohne Lederbekleidung)
Zweinadel-Armabwärtsmaschinen	5	20	Bekleidungsindustrie (ohne Lederbekleidung)
Zwickerei-Maschinen, Automaten mit numerischer Steuerung (CAD-/CAM-Systeme)	5	20	Schuhindustrie
Zwickmaschinen	10	10	Lederwaren- und Kofferindustrie
Zwiebackschneidemaschinen	10	10	Süßwarenindustrie
Zwiebelschneidemaschinen	10	10	Fischverarbeitungsindustrie
Zwillingsmaschinen	7	14.29	Fleischwarenindustrie, Fleischer, Schlachthöfe
Zwillingspressen	8	12.5	Druckerei und Verlagsunternehmen mit Druckerei
Zwirnmaschinen (doppeldrähtige)	7	14.29	Garnbearbeitung in der Textilindustrie
Zwirnmaschinen (einfache, im Naßverfahren laufende)	8	12.5	Garnbearbeitung in der Textilindustrie
Zwirnmaschinen (einfache, im Trockenverfahren laufende)	10	10	Garnbearbeitung in der Textilindustrie
Zwirnmaschinen (hochtourige)	7	14.29	Garnbearbeitung in der Textilindustrie
Zwischenfutter-Zementiermaschinen	5	20	Schuhindustrie
Zwischenstationen	8	12.5	Steinkohlenbergbau
Zwischenstockgerät	6	16.67	Weinbau und Weinhandel (nach dem 31.12.1988)
Zylinderheissmangeln	15	6.67	Chemischreinigung, Wäscherei, Färberei
Zylindermacherei	10	10	Gewerbliche Erzeugung und Aufbereitung von Spinnstoffen, Spinnerei, Weberei
Zylindermaschinen	5	20	Bekleidungsindustrie (ohne Lederbekleidung)
Zylinder-Messerschleifmaschine	8	12.5	Hutstoff-Fabrikation
Zylindersägen	8	12.5	Holzverarbeitende Industrie
Zylinderschleif- und -poliermaschinen	8	12.5	Druckerei und Verlagsunternehmen mit Druckerei
Zylinderschleifmaschinen	7	14.29	Holzverarbeitende Industrie

Alle Angaben ohne Gewähr

Im Fachverlag für Steuern und Recht GmbH, Weinheim sind von Dipl.-Kfm. Elmar Goldstein bislang folgende Bücher erschienen:

Anlagenbuchhaltung - leicht gemacht
Inventur - leicht gemacht
DATEV-Buchhaltung – leicht gemacht
Die Steuerberaterrechnung
Kontierungstabelle für die Vereinsbuchhaltung

Weitere Bücher sind im Haufe-Lexware Verlag, Freiburg erhältlich:

Richtig Kontieren von A bis Z, Bestell-Nr. 1134
Schnelleinstieg in die DATEV-Buchführung, Bestell-Nr 1135
Belege richtig kontieren und buchen, Bestell-Nr 1170
Lienig: Praktische Buchführung für Vereine, Bestell-Nr 7019
Jahresabschluss – leicht gemacht, Bestell-Nr 1136
GmbH-Jahresabschluss leicht gemacht, Bestell-Nr 6179
Jahresabschluss der Personengesellschaften, Bestell-Nr 11001
Betriebsausgaben von A bis Z, Bestell-Nr 1034
Betriebsprüfung im Unternehmen, Bestell-Nr 3084